Rechtsbeistand und Prozesskostenhilfe in Verfahren zur Vollstreckung eines Europäischen Haftbefehls

Internationales und Europäisches Strafverfahrensrecht

Herausgegeben von Hans-Heiner Kühne und Robert Esser

Band 20

PETER LANG

Lena Mitterhuber

Rechtsbeistand und Prozesskostenhilfe in Verfahren zur Vollstreckung eines Europäischen Haftbefehls

Unter besonderer Berücksichtigung der EU-Richtlinie 2016/1919 über Prozesskostenhilfe

PETER LANG

Bibliografische Information der Deutschen Nationalbibliothek
Die Deutsche Nationalbibliothek verzeichnet diese Publikation
in der Deutschen Nationalbibliografie; detaillierte bibliografische
Daten sind im Internet über http://dnb.d-nb.de abrufbar.

Zugl.: Passau, Univ., Diss., 2020

D 739
ISSN 1611-275X
ISBN 978-3-631-83620-0 (Print)
E-ISBN 978-3-631-84195-2 (E-PDF)
E-ISBN 978-3-631-84196-9 (EPUB)
E-ISBN 978-3-631-84197-6 (MOBI)
DOI 10.3726/b18137

Peter Lang – Berlin · Bern · Bruxelles · New York ·
Oxford · Warszawa · Wien

Diese Publikation wurde begutachtet.

www.peterlang.com

Meinen Eltern

Vorwort

Die Arbeit wurde von der Juristischen Fakultät der Universität Passau im Sommersemester 2020 als Dissertation angenommen. Sie hat den Stand August 2019. Das Gesetz zur Neuregelung des Rechts der notwendigen Verteidigung vom 10. Dezember 2019 sowie vereinzelt auch aktuellere Literatur und Rechtsprechung wurden für die Veröffentlichung nachträglich berücksichtigt.

Mein herzlicher Dank gilt meinem Doktorvater, Herrn Professor Dr. *Robert Esser*, der diese Arbeit angeregt und mich während meiner Studienzeit in Passau und als wissenschaftliche Mitarbeiterin an seinem Lehrstuhl stets gefördert hat. Frau Professorin Dr. *Bettina Noltenius* danke ich für die zügige Erstellung des Zweitgutachtens. Bei den Herausgebern dieser Schriftenreihe bedanke ich mich für die freundliche Aufnahme meiner Arbeit.

Die Dissertation hat mich viele Jahre begleitet und ich bin all denjenigen zutiefst dankbar, die sie durch ihre uneingeschränkte Unterstützung erst ermöglicht haben. Ganz besonderen Dank schulde ich Dr. *Gerrit Niehoff* und Dr. *Gerrit Tönningsen*, die mir während dieser Zeit jederzeit zur Seite standen. Ich danke ihnen auch für viele wertvolle Anregungen und die hilfreiche Durchsicht des Manuskripts. *Dunja el Missiri* und *Sabrina Bennstein* danke ich für ihre große Anteilnahme.

Von Herzen danke ich zudem meinen Eltern, die mich stets liebevoll unterstützt und auf meinem Weg begleitet haben. Ihnen ist diese Arbeit gewidmet.

Frankfurt am Main, im September 2020
Lena Mitterhuber

Inhaltsverzeichnis

Abkürzungsverzeichnis

A	Österreich
a.A.	andere Ansicht
a.F.	alte Fassung
ABlEG	Amtsblatt der Europäischen Gemeinschaften
ABlEU	Amtsblatt der Europäischen Union
Abs.	Absatz
Aufl.	Auflage
Az.	Aktenzeichen
B	Belgien
Beschl.	Beschluss
BGBl.	Bundesgesetzblatt
BGH	Bundesgerichtshof
BRAK	Bundesrechtsanwaltskammer
BUL	Bulgarien
BVerfG	Bundesverfassungsgericht
bzw.	beziehungsweise
CCBE	Council of Bars and Law Societies of Europe
CETS	Council of Europe Treaty Series
CH	Schweiz
D	Deutschland
d.h.	das heißt
DAV	Deutscher Anwaltverein
ders.	derselbe
dies.	dieselbe
E	Entscheidung; Entwurf
E (Land)	Spanien
EAW	European Arrest Warrant (Europäischer Haftbefehl)
ECBA	European Criminal Bar Association
EGMR	Europäischer Gerichtshof für Menschenrechte
EH	Europäischer Haftbefehl
EHRLR	European Human Rights Law Review
Einf.	Einführung
Einl.	Einleitung
EJCCLCJ	European Journal of Crime Criminal Law and Criminal Justice

EMRK	Europäische Konvention zum Schutz der Menschenrechte und Grundfreiheiten
ERA-Forum	Journal of the Academy of European Law
EST	Estland
ETS	European Treaty Series
EU	Europäische Union
EuAlÜbk	Europäische Auslieferungsübereinkommen
EU-AuslÜbk	Vertrag über die Europäische Union über die Auslieferung zwischen den Mitgliedstaaten der Europäischen Union
EuCLR	European Criminal Law Review
eucrim	The European Criminal Law Associations' Forum
EuGRZ	Europäische Grundrechte Zeitschrift
EuR	Europarecht (Zeitschrift)
EU-VereinfAuslÜbk	Vertrag über die Europäische Union über das vereinfachte Auslieferungsverfahren zwischen den Mitgliedstaaten der Europäischen Union
F	Frankreich
f./ff.	folgende
Fahrplan	Fahrplan zur Stärkung der Verfahrensrechte von Verdächtigen oder Beschuldigten in Strafverfahren
FS	Festschrift
G	Gesetz
GEO	Georgien
ggf.	gegebenenfalls
GK	Große Kammer
GR	Griechenland
GrCh	Charta der Grundrechte der Europäischen Union
GVG	Gerichtsverfassungsgesetz
H	Ungarn
h.M.	herrschende Meinung
HRC	Menschenrechtsausschuss der Vereinten Nationen (*Human Rights Committee)*
HRRS	Höchstrichterliche Rechtsprechung zum Strafrecht (Zeitschrift)
Hrsg.	Herausgeber
hrsgg.	herausgegeben
I	Italien

ICLQ	The International and Comparative Law Quarterly
IK-EMRK	Internationaler Kommentar zur Europäischen Menschenrechtskonvention
insb.	insbesondere
IPBRP	Internationaler Pakt über bürgerliche und politische Rechte
IRG	Gesetz über die internationale Rechtshilfe in Strafsachen
IWRZ	Zeitschrift für Internationales Wirtschaftsrecht
KK-EMRK/GG	EMRK/GG Konkordanzkommentar zum europäischen und deutschen Grundrechtsschutz
KK-StPO	Karlsruher Kommentar zur Strafprozessordnung
KriPoZ	Kriminalpolitische Zeitschrift
krit.	kritisch
KRO	Kroatien
LIT	Litauen
LR	Löwe-Rosenberg (Kommentar)
m. Anm. v.	mit Anmerkung von
m.w.N.	mit weiteren Nachweisen
MAH	Münchener Anwaltshandbuch
MAZ	Mazedonien
MLT	Malta
MüKo	Münchener Kommentar
n.F.	Neue Fassung
NCLR	New Criminal Law Review
NJECL	New Journal of European Criminal Law
NJW	Neue Juristische Wochenschrift
NL	Niederlande
NStZ	Neue Zeitschrift für Strafrecht
P	Portugal
PL	Polen
R	Russland
RB-E	Vorschlag für einen Rahmenbeschluss des Rates über bestimmte Verfahrensrechte in Strafverfahren innerhalb der Europäischen Union
RbEuHb	Rahmenbeschluss über den Europäischen Haftbefehl und die Übergabeverfahren zwischen den Mitgliedstaaten
RiVASt	Richtlinien für den Verkehr mit dem Ausland in strafrechtlichen Angelegenheiten
RL	Richtlinie

RL-PKH	Richtlinie 2016/1919/EU des Europäischen Parlaments und des Rates v. 26.10.2016 über Prozesskostenhilfe für Verdächtige und beschuldigte Personen in Strafverfahren sowie für gesuchte Personen in Verfahren zur Vollstreckung eines Europäischen Haftbefehls
RL-RB	Richtlinie 2013/48/EU des Europäischen Parlaments und des Rates v. 22.10.2013 über das Recht auf Zugang zu einem Rechtsbeistand in Strafverfahren und in Verfahren zur Vollstreckung des Europäischen Haftbefehls sowie über das Recht auf Benachrichtigung eines Dritten bei Freiheitsentzug und das Recht auf Kommunikation mit Dritten und mit Konsularbehörden während des Freiheitsentzugs
Rn.	Randnummer
RUM	Rumänien
RVG	Rechtsanwaltsvergütungsgesetz
S	Schweden
S.	Satz; Seite
SDÜ	Schengener Durchführungsübereinkommen
SIS	Schengener Informationssystem
SK-StPO	Systematischer Kommentar zur Strafprozessordnung
SLO	Slowakische Republik
SM	San Marino
sog.	sogenannte
SSW	Satzger/Schluckebier/Widmaier, Kommentar zur Strafprozessordnung
StPO	Strafprozessordnung
StraFo	Strafverteidiger Forum
StRR	StrafRechtsReport (Zeitschrift)
StV	Der Strafverteidiger (Zeitschrift)
TRK	Türkei
u.a.	und andere; unter anderem
UK	Vereinigtes Königreich
UKR	Ukraine
Urt.	Urteil
v.	von; vom
vgl.	vergleiche
Vorb.	Vorbemerkung
VV-RVG	Vergütungsverzeichnis zum Rechtsanwaltsvergütungsgesetz
Ziff.	Ziffer
ZIS	Zeitschrift für Internationale Strafrechtsdogmatik
ZPO	Zivilprozessordnung

ZRP	Zeitschrift für Rechtspolitik
zust.	zustimmend
ZYP	Zypern

A. Einleitung

I. Problemstellung

Der Europäisierung der Strafverfolgung wird schon lange attestiert, dass sie sich erheblich zu Lasten des Einzelnen auswirke und eine effektive Verteidigung untergrabe.[1] Dies wird zum einen auf die Funktionsweise des Grundsatzes der gegenseitigen Anerkennung zurückgeführt, mit dem die strafrechtliche Zusammenarbeit zwischen den Mitgliedstaaten der Europäischen Union intensiviert wird.[2] Zum anderen wird durch den stetigen Ausbau der europäischen Maßnahmen und Behörden zur Unterstützung der Strafverfolgung ein Ungleichgewicht zwischen der europäisch geförderten Strafverfolgung und dem Individualrechtsschutz der betroffenen Bürger gesehen.[3] Die Entwicklung kulminierte in der Errichtung einer Europäischen Staatsanwaltschaft.[4]

Als prominentes Beispiel für die Europäisierung der Strafverfolgung kann dabei der Rahmenbeschluss über den Europäischen Haftbefehl und die Übergabeverfahren zwischen den Mitgliedstaaten (*RbEuHb*) gelten.[5] Bei diesem handelt es sich um das erste Instrument, mit dem im Strafrecht der Grundsatz der gegenseitigen Anerkennung in der EU umgesetzt wurde.[6] Mithilfe eines Europäischen Haftbefehls ist es einem Mitgliedstaat seit 2002 möglich, eine zum Zwecke der Strafverfolgung oder Strafvollstreckung gesuchte Person vereinfacht in einem anderen Mitgliedstaat der Europäischen Union festnehmen und überstellen zu lassen. Das in dem festnehmenden Mitgliedsstaat stattfindende Verfahren, in dem über die Übergabe der gesuchten Person entschieden wird, bezeichnet man als Verfahren zur Vollstreckung eines Europäischen Haftbefehls

---

1 Vgl. u.a. *Salditt*, StV 2003, 136 f.; *Heine*, S. 73 ff. m.w.N.; Streinz/*Satzger*, Art. 82 AEUV, Rn. 11 ff. m.w.N.; *Schünemann*, StV 2016, 178 (181 ff.).

2 Dazu unten S. 40 ff.

3 So etwa *Ahlbrecht*, StV 2012, 491 ff. m.w.N.; näherer Überblick zu den Polizei- und Strafverfolgungsinstitutionen der Union bei *Esser*, EuIntStR, § 3 m.w.N.

4 Vgl. Verordnung (EU) 2017/1939 des Rates v. 12.10.2017 zur Durchführung einer Verstärkten Zusammenarbeit zur Errichtung der Europäischen Staatsanwaltschaft (EUStA), ABlEU Nr. L 283 v. 31.10.2017, S. 1.

5 Vgl. Rahmenbeschluss des Rates 2002/584/JI über den Europäischen Haftbefehl und die Übergabeverfahren zwischen den Mitgliedstaaten v. 13.6.2002, ABlEG Nr. L 190 v. 18.7.2002, S. 1 ff., in Kraft seit dem 7.8.2002.

6 Näher zum RbEuHb unten S. 38 ff.

(*Übergabeverfahren*). Das System des Europäischen Haftbefehls ist nunmehr seit über zehn Jahren implementiert und gilt in der Praxis als bewährt.[7]

Ein derart gesuchter „europäischer Beschuldigter“ befindet sich allerdings oftmals in einer schwierigen Lage.[8] So drohen ihm im Vollstreckungsstaat des Europäischen Haftbefehls schwerwiegende Eingriffe in sein Freiheitsgrundrecht, während er sich zugleich einem auf Beschleunigung angelegten Übergabeverfahren ausgesetzt sieht.[9] In dem Übergabeverfahren wird er unter anderem damit konfrontiert, dass die Ausstellung und die Vollstreckung eines Europäischen Haftbefehls nach unterschiedlichen Rechtsordnungen erfolgt und ihm in mindestens einem der beiden Staaten die erforderlichen Sprach- und Rechtskenntnisse fehlen werden.[10] Der gesuchten Person kann zudem ihre Übergabe an einen anderen Staat drohen, obwohl sie die dem Europäischen Haftbefehl zugrunde liegende Tat nicht begangen haben kann, sie wegen dieser bereits verurteilt wurde oder ihre Verurteilung schon lange zurückliegt oder in Abwesenheit erfolgte.[11]

In einer solchen Situation wird eine gesuchte Person oftmals auf fachkundige Unterstützung angewiesen sein und sich eines Rechtsbeistandes bedienen wollen. Um die strukturellen Defizite europäischer Verteidigung kompensieren zu können, wird zudem seit Langem eine sogenannte doppelte Verteidigung als essentiell angesehen, mithin zeitgleich sowohl im Vollstreckungsstaat als auch im Ausstellungsstaat eines Europäischen Haftbefehls.[12] Um derartigen Rechtsbeistand in Anspruch nehmen zu können, werden viele gesuchte Personen jedoch staatliche Unterstützung benötigen, etwa im Wege der Bestellung eines Pflichtbeistandes oder der Bewilligung von Prozesskostenhilfe. Unter dem Begriff Prozesskostenhilfe („*legal aid*“) versteht man gemeinhin die rechtliche Beratung, Unterstützung und Vertretung für beschuldigte Personen, die denjenigen Personen ohne ausreichende finanzielle Mittel oder im Interesse der Rechtspflege kostenlos zur Verfügung gestellt wird.[13] Die große Bedeutung von

7 Vgl. etwa *Burchard*, in: Böse (Hrsg.), EnzEuR Bd. 9, § 14, Rn. 6.

8 Vgl. sehr anschaulich etwa S/L/G/H, Einl., Rn. 197.

9 Zum Ablauf des Verfahrens unten S. 48 ff.

10 Vgl. etwa *Salditt*, StV 2003, 136; näher unten S. 61 ff., 267 ff. m.w.N.

11 Vgl. jeweils anschauliche Fallbeispiele von Fair Trials International bei *Mansell*, EuCLR 2012, 37 ff.

12 Im Einzelnen unten S. 267 ff. m.w.N.

13 So etwa die Definition in den United Nations Principles and Guidelines on Access to Legal Aid in Criminal Justice Systems, Resolution adopted by the General Assembly on 20 December 2012, A/RES/67/187 (abrufbar unter www.un.org/ga/search/ view_doc.asp?symbol=A/RES/67/187 [Stand: 24.9.2018]), Erwägungsgrund Nr. 8, S. 4.

Prozesskostenhilfe in Strafverfahren hat die UN für die 193 Mitgliedstaaten der Vereinten Nationen im Jahr 2012 wie folgt hervorgehoben:

> "...legal aid is an essential element of a functioning criminal justice system that is based on the rule of law, a foundation for the enjoyment of other rights, including the right to a fair trial, and an important safeguard that ensures fundamental fairness and public trust in the criminal justice process".[14]

Während der Europäische Haftbefehl allerdings seit 2002 in der Praxis angewandt wird, hinkte die Schaffung gemeinsamer Verfahrensstandards in der EU und die Stärkung einer „Europäischen Strafverteidigung" lange Zeit hinterher.[15] Die vielfältigen Maßnahmen der EU zur Schaffung eines einheitlichen Raumes der Freiheit, der Sicherheit und des Rechts (Art. 67 AEUV) hinterließen vielmehr den Eindruck, dass sie „vor allem die *Sicherheit* und weniger das *Recht*, geschweige denn die *Freiheit*"[16] betrafen. Erst seit dem Jahr 2010 kommt es auf der Basis des *„Fahrplan[s] zur Stärkung der Verfahrensrechte von Verdächtigen oder Beschuldigten in Strafverfahren"* (*Fahrplan*) zu einer „schrittweisen" Schaffung von gemeinsamen Mindeststandards auf Ebene der EU, von (A) Übersetzungen und Dolmetschleistungen bis (F) Untersuchungshaft.[17] Der „Fahrplan" wurde in das sog. *Stockholmer Programm* des Europäischen Rates aufgenommen, mit dem die politische Agenda der EU für die Jahre 2010 bis 2014 im Raum der Freiheit, der Sicherheit und des Rechts festgelegt wurde.[18] Das Programm offenbarte eine „neue Schwerpunktsetzung" in der EU[19] und anhand des „Fahrplans" sollen die Verfahrensrechte sowie die Achtung der Rechtsstaatlichkeit in Strafverfahren in der Europäischen Union im Interesse des gegenseitigen

---

14 Vgl. United Nations Principles and Guidelines on Access to Legal Aid in Criminal Justice Systems, ebenda, Principle 1, S. 5.

15 Vgl. insbesondere das Scheitern des Vorschlags für einen Rahmenbeschluss des Rates über bestimmte Verfahrensrechte in Strafverfahren innerhalb der Europäischen Union, KOM (2004) 328 endg. v. 28.4.2004, näher unten S. 109 ff.

16 Vgl. *Esser*, in: Sieber/Satzger/v. Heintschel-Heinegg (Hrsg.), Europäisches Strafrecht, § 53, Rn. 52; ähnlich auch *Thurnberg Schunke*, S. 5 m.w.N.

17 Vgl. Entschließung des Rates der Europäischen Union v. 30.11.2009 über einen Fahrplan zur Stärkung der Verfahrensrechte von Verdächtigen oder Beschuldigten in Strafverfahren, ABlEU Nr. C 295 v. 4.12.2009, S. 1 ff., insbesondere Anhang und Erwägungsgrund Nr. 11; näher *Esser*, in: Sieber/Satzger/v. Heintschel-Heinegg (Hrsg.), Europäisches Strafrecht, § 53, Rn. 59 ff.; *Blackstock*, EuCLR 2012, 20.

18 Vgl. „Das Stockholmer Programm – Ein offenes und sicheres Europa im Dienste und zum Schutz der Bürger", ABlEU Nr. C 115 v. 4.5.2010, S. 1 (10), unter 2.4.

19 Dazu und näher *Zeder*, EuR 2012, 34 (50 ff.).

Vertrauens gestärkt werden[20]. Es sei an der Zeit, das Gleichgewicht zwischen der Erleichterung der Strafverfolgung und den Verfahrensrechten zu verbessern.[21] In Umsetzung des „Fahrplans“ sind seither unter anderem die EU-Richtlinie 2010/64 über das Recht auf Dolmetschleistungen und Übersetzungen[22] und die EU-Richtlinie 2012/13/EU über das Recht auf Belehrung und Unterrichtung in Strafverfahren[23] zu nennen.[24]

Im Hinblick auf das Recht auf Rechtsbeistand und unentgeltlichen Rechtsbeistand einer Person sind auf der Ebene der EU mittlerweile ebenfalls Fortschritte zu verzeichnen. Die Grundlage legte die EU-Richtlinie 2013/48 über das Recht auf Zugang zu Rechtsbeistand in Strafverfahren und in Verfahren zur Vollstreckung des Europäischen Haftbefehls (*RL-RB*)[25], die von den Mitgliedstaaten bis Ende November 2016 umzusetzen war[26]. Die RL-RB sah unter anderem

---

20 Vgl. Erwägungsgründe Nr. 8, 10 zur Entschließung des Rates, ABlEU Nr. C 295 v. 4.12.2009, S. 1 (2).

21 Vgl. Erwägungsgrund Nr. 10, ABlEU Nr. C 295 v. 4.12.2009, S. 1 (2).

22 Vgl. ABlEU Nr. L 280 v. 26.10.2010, S. 1 ff. Umsetzung in Deutschland durch das Gesetz zur Stärkung der Verfahrensrechte von Beschuldigten im Strafverfahren, vgl. BGBl. I S. 1938 v. 2.7.2013, dazu zudem BT-Drs. 17/13528. Näher zur Umsetzung in Deutschland etwa *Christl*, NStZ, 2014, 376; krit. *Yalçın*, ZRP 2013, 104 („Stigma des Finanzierungsvorbehalts“).

23 Vgl. ABlEU Nr. L 142 v. 1.6.2012, S. 1 ff.; im Einzelnen etwa *Esser*, in: FS Wolter, S. 1329 (1338 ff.). Umsetzung in Deutschland ebenfalls mit dem Gesetz zur Stärkung der Verfahrensrechte von Beschuldigten im Strafverfahren, BGBl. I S. 1938 v. 2.7.2013.

24 Siehe ferner Richtlinie 2016/343/EU über die Stärkung bestimmter Aspekte der Unschuldsvermutung und des Rechts auf Anwesenheit in der Verhandlung in Strafverfahren, ABlEU Nr. L 65/1 v. 11.3.2016, S. 1 ff.; Richtlinie 2016/800/EU über Verfahrensgarantien in Strafverfahren gegen Kinder, ABlEU Nr. L 132 v. 21.5.2016, S. 1 ff.; für einen näheren Überblick der einzelnen Maßnahmen auf der Basis des „Fahrplans“ vgl. *Esser*, in: Sieber/Satzger/v. Heintschel-Heinegg (Hrsg.), Europäisches Strafrecht, § 53, Rn. 95 ff.; zudem Mitteilung der Kommission, KOM(2013) 820 endg. v. 27.11.2013; *Blackstock*, EuCLR 2012, 20 (24 ff.).

25 Vgl. Richtlinie 2013/48/EU des Europäischen Parlaments und des Rates v. 22.10.2013, mit dem vollständigen Titel und Inhalt: *„über das Recht auf Zugang zu einem Rechtsbeistand in Strafverfahren und in Verfahren zur Vollstreckung des Europäischen Haftbefehls sowie über das Recht auf Benachrichtigung eines Dritten bei Freiheitsentzug und das Recht auf Kommunikation mit Dritten und mit Konsularbehörden während des Freiheitsentzugs“*, ABlEU Nr. L 294 v. 6.11.2013, S. 1 ff.; im Einzelnen etwa G/P/K/*Schneider*, III D 18, Rn. 1 ff.; *Symeonidou-Kastanidou*, EuCLR 2015, 68 ff.

26 Vgl. Art. 15 Abs. 1 RL-RB. Die Umsetzung in Deutschland erfolgte durch das Zweite Gesetz zur Stärkung der Verfahrensrechte von Beschuldigten im Strafverfahren und

gemeinsame Mindeststandards hinsichtlich des Rechts auf Zugang zu einem Rechtsbeistand in Strafverfahren (Art. 3 RL-RB) sowie in Verfahren zur Vollstreckung eines Europäischen Haftbefehls (Art. 10 RL-RB) vor. Die RL-RB wurde als *„ein notwendiger Meilenstein zur Schaffung gemeinsamer Verfahrensrechte als Gegengewicht zur Zusammenarbeit von Polizei und Justiz in der Strafverfolgung“* begrüßt.[27] Für gesuchte Personen in Übergabeverfahren enthielt die Richtlinie dabei insbesondere ein Recht auf Rechtsbeistand sowohl im Vollstreckungsstaat als auch im Ausstellungsstaat eines Europäischen Haftbefehls.[28]

Bisher offen blieb jedoch die oftmals entscheidende Frage, inwieweit ein Staat auch verpflichtet ist, den Zugang zu einem Rechtsbeistand in finanzieller Hinsicht zu ermöglichen. Der Zugang zu einem Rechtsbeistand kann daran scheitern, dass der gesuchten Person die finanziellen Mittel für den Rechtsbeistand fehlen werden oder sie aus anderen Gründen nicht in der Lage ist, ihr Recht effektiv auszuüben. Gerade der Bereich der Prozesskostenhilfe gilt jedoch als *„Achilles heel“*[29] vieler Mitgliedstaaten der EU und in Untersuchungen wurden vielfache Defizite in der Praxis festgestellt[30]. Ohne gemeinsame Vorgaben

---

zur Änderung des Schöffenrechts vom 27.8.2017, BGBl. I 2017, 3295 v. 4.9.2017; näher zu diesem etwa *Esser*, KriPoZ 3/2017, 167 ff.

27 So etwa DAV-Pressemitteilung Nr. 18/13 v. 30.5.2013 (abrufbar unter www.anwaltverein.de) [Stand: 29.10.2018], auch wenn Kompromisse gemacht werden mussten; ähnlich ECBA Press release v. 19.6.2013 (abrufbar unter www.ecba.org); *Anagnostopoulos*, EuCLR 2014, 3 (18) (*„step in the right direction“*).

28 Näher zur RL-RB unten S. 143 ff. (Vollstreckungsstaat) und S. 274 ff. (Ausstellungsstaat), zur Bedeutung der doppelten Verteidigung S. 267 ff. m.w.N.

29 Vgl. *Namoradze*, Adoption of the Legal Aid Directive in the EU: Step Forward to end class Justice?, Conference Paper 2017 (abrufbar unter http://internationallegalaidgroup.org) [Stand: 31.10.2018], S. 2.

30 Vgl. insbesondere zu *legal aid* in Strafverfahren *Cape/Namoradze/Smith/Spronken* (Hrsg.), Effective Criminal Defence in Europe, 2010; *Spronken/Vermeulen/de Vocht/van Puyenbroeck*, EU Procedural Rights in Criminal Proceedings, 2009 (abrufbar unter http://arno.unimaas.nl/show.cgi?fid=16315) [Stand: 18.10.2018]; ferner Fair Trials International, Report, The practical operation of legal aid in the EU v. Juli 2012 (abrufbar unter www.fairtrials.org) [Stand: 29.10.2018]; Commission Staff Working Document, Impact Assessment zur RL-PKH, SWD(2013) 476 final v. 27.11.2013. Allgemeinere Untersuchung zudem bei *Barendrecht/Kistemaker/Scholten/u.a.*, Legal Aid in Europe: Nine Different Ways to Guarantee Access to Justice?, Full Report 2014 (abrufbar unter www.hiil.org/projects) [Stand: 18.10.2018].

zur Prozesskostenhilfe besteht das Risiko, dass das Recht auf Zugang zu einem Rechtsbeistand praktisch wirkungslos bleibt.[31]

Von besonderer Bedeutung ist daher nunmehr die EU-Richtlinie 2016/1919 über Prozesskostenhilfe (im Folgenden: *RL-PKH*), die am 26. Oktober 2016 verabschiedet wurde.[32] Diese ist von den Mitgliedstaaten bis zum 25. Mai 2019 in nationales Recht umzusetzen.[33] Mit der Richtlinie werden gemeinsame Mindeststandards über Prozesskostenhilfe für Verdächtige und beschuldigte Personen in Strafverfahren (Art. 4 RL-PKH) sowie für gesuchte Personen in Verfahren zur Vollstreckung eines Europäischen Haftbefehls (Art. 5 RL-PKH) vorgesehen. Als *„Prozesskostenhilfe"* gilt dabei die Bereitstellung finanzieller Mittel durch einen Mitgliedstaat für die Unterstützung durch einen Rechtsbeistand, sodass das Recht auf Zugang zu einem Rechtsbeistand wahrgenommen werden kann (Art. 3 RL-PKH). Die RL-PKH soll die RL-RB ergänzen und die Effektivität des Rechts auf Zugang zu einem Rechtsbeistand gewährleisten.[34]

Die ersten Reaktionen auf die RL-PKH fallen seither unterschiedlich aus. Einerseits wird die RL-PKH für das deutsche Strafverfahren als ein *„wahrhafte[r] Quantensprung"*[35] angesehen, deren Folgen *„bahnbrechend"* sein werden[36]. Die RL-PKH sei ein *„game changer"* in der langwierigen Debatte um den Zeitpunkt der Bestellung eines Pflichtverteidigers im deutschen Strafprozess[37] und löse erheblichen und tiefgehenden Umsetzungsbedarf in Deutschland aus[38]. Offen ist, ob dies auch für das Übergabeverfahren gilt.[39] Andererseits wird kritisiert,

---

31 Vgl. so auch Commission Staff Working Document, Impact Assessment zur RL-PKH, SWD(2013) 476 final v. 27.11.2013, S. 14: "*risks not being practical and effective*".

32 Vgl. Richtlinie 2016/1919/EU des Europäischen Parlaments und des Rates v. 26.10.2016 *„über Prozesskostenhilfe für Verdächtige und beschuldigte Personen in Strafverfahren sowie für gesuchte Personen in Verfahren zur Vollstreckung eines Europäischen Haftbefehls"*, ABlEU Nr. L 297 v. 4.11.2016, S. 1 ff.

33 Vgl. Art. 12 Abs. 1 RL-PKH. Umgesetzt in Deutschland mit Wirkung zum 13. Dezember 2019 durch das Gesetz zur Neuregelung des Rechts der notwendigen Verteidigung, BGBl. I S. 2128 v. 12.12.2019.

34 Vgl. Erwägungsgrund Nr. 1 und Art. 1 Abs. 2 RL-PKH.

35 *Schlothauer*, StV 2018, 169 (170).

36 *Brodowski*, Editorial StV 8/2017.

37 *Jahn/Zink*, in: FS Graf-Schlicker, S. 475 (476).

38 Vgl. *Jahn/Zink*, in: FS Graf-Schlicker, S. 475 (476 f.); ähnlich *Schlothauer/Neuhaus/Matt/Brodowski*, HRRS 2018, 55 (55).

39 Das Übergabeverfahren wurde in den ersten Beiträgen zur RL-PKH regelmäßig von der Prüfung ausgenommen, vgl. etwa *Jahn/Zink*, in: FS Graf-Schlicker, S. 475 (479); *Schlothauer*, StV 2018, 169 (169).

dass eine Stärkung der Prozesskostenhilfe auf Ebene der EU im Vergleich zu dem Ausbau der transnationalen Strafverfolgung nicht mehr als *„den Anblick einer lächerlichen Maus"* biete.[40] Bei der Schaffung von EU-Verfahrensstandards wird zudem stets das Risiko eines *„race to the bottom"* gesehen, mit Mindeststandards, die allenfalls den geringsten gemeinsamen Nenner in den Mitgliedstaaten verfestigen.[41] Von Seiten des Bundesministeriums der Justiz und für Verbraucherschutz (*BMJV*) wurde im Oktober 2018 ein Referentenentwurf vorlegt, wie die RL-PKH in Deutschland umgesetzt werden könnte.[42] Im Juni 2019 folgte der Gesetzesentwurf der Bundesregierung.[43]

II. Gegenstand und Gang der Untersuchung

Die vorliegende Arbeit geht der Frage nach, ob und inwieweit die RL-PKH tatsächlich zu einer Stärkung des Rechts auf Zugang zu einem Rechtsbeistand führen wird, wie vom Unionsgesetzgeber beabsichtigt. Der Fokus der Untersuchung liegt dabei auf dem Recht auf unentgeltlichen Rechtsbeistand für gesuchte Personen in Verfahren zur Vollstreckung eines Europäischen Haftbefehls. Es sollen insbesondere die derzeitige Ausgestaltung und Anwendung der Rechtslage in Deutschland analysiert und die diesbezüglichen Anforderungen und Auswirkungen der RL-PKH herausgearbeitet werden.

Im Fokus dieser Untersuchung stehen damit nicht Beschuldigte in rein innerstaatlichen Strafverfahren, sondern zur Strafverfolgung gesuchte Personen in Übergabeverfahren auf der Grundlage des RbEuHb. Dies hat mehrere Gründe. Erstens sieht die RL-PKH wie schon die anderen EU-Richtlinien *gesonderte*

---

40 Vgl. *Schünemann*, StV 2016, 178 (182), noch zum Richtlinienentwurf.

41 Vgl. etwa *European Criminal Policy Initiative*, ZIS 2013, 412 (427 f.); ähnlich *Brants*, in: Vervaele (Hrsg.), European Evidence Warrant, S. 103 (118).

42 Vgl. Referentenentwurf des BMJV, Entwurf eines Gesetzes zur Neuregelung des Rechts der notwendigen Verteidigung v. 11.10.2018 (abrufbar unter www.bmjv.de) [Stand 29.6.2019].

43 Vgl. Gesetzesentwurf der Bundesregierung, Entwurf eines Gesetzes zur Neuregelung des Rechts der notwendigen Verteidigung v. 12.6.2019 (abrufbar unter www.bmjv.de) [Stand 29.6.2019]. Die RL-PKH wurde sodann im Dezember 2019 durch das Gesetz zur Neuregelung des Rechts der notwendigen Verteidigung umgesetzt, vgl. BGBl. I S. 2128 v. 12.12.2019, mit Wirkung zum 13. Dezember 2019. Diese Arbeit wurde im August 2019 als Dissertation eingereicht. Zu diesem Zeitpunkt waren nur der Referentenentwurf und der Gesetzesentwurf der Bundesregierung veröffentlicht. Das Gesetz zur Neuregelung des Rechts der notwendigen Verteidigung wurde nachträglich für die Veröffentlichung dieser Arbeit berücksichtigt.

Regelungen für diese Personengruppe vor, die im Gegensatz zu Verdächtigen und beschuldigten Personen in innerstaatlichen Strafverfahren als *„gesuchte Personen"* bezeichnet werden.[44] Einer solchen Trennung folgt auch das bisherige deutsche Recht, da Rechtsbeistand für gesuchte Personen in Übergabeverfahren nicht in der deutschen Strafprozessordnung (*StPO*), sondern gesondert im Gesetz über die internationale Rechtshilfe in Strafsachen (*IRG*)[45] geregelt wird. Auf die Vorgaben der deutschen StPO zu einem Pflichtverteidiger und die Anforderungen der RL-PKH für innerstaatliche Strafverfahren wird in dieser Arbeit jedoch mitunter insoweit zurückgekommen, wie sie für Übergabeverfahren entsprechend gelten oder sie sich als Vergleichsmaßstab eignen.

Mit der gesonderten Untersuchung der RL-PKH für gesuchte Personen in Übergabeverfahren wird zudem den Besonderheiten und Schwierigkeiten Rechnung getragen, die diese Konstellation aufwirft. Gesuchte Personen in Übergabeverfahren könnten in besonderem Maße eine Stärkung der Verfahrensstandards auf Ebene der EU benötigen. Denn während sich Beschuldigte in rein innerstaatlichen Strafverfahren beispielsweise auf die gemeinsamen Verfahrensstandards des Art. 6 der Europäischen Konvention zum Schutz der Menschenrechte und Grundfreiheiten (*EMRK*) berufen können, sind diese auf Übergabeverfahren bisher nicht oder nur eingeschränkt anwendbar.[46] Während Verdächtige oder beschuldigte Personen in innerstaatlichen Strafverfahren in allen Mitgliedstaaten Prozesskostenhilfe erhalten können, soll dies für gesuchte Personen in Übergabeverfahren bisher nicht der Fall sein.[47] Darüber hinaus wird bei der grenzüberschreitenden Zusammenarbeit der Mitgliedstaaten in Strafsachen das besondere Risiko gesehen, dass rein nationale Verfahrensrechte keinen ausreichenden Schutz bieten.[48] Ausgangspunkt dieser Untersuchung ist daher auch die Überlegung, dass transnationale Konstellationen einen transnationalen Beschuldigtenschutz erfordern[49] und die Verteidigungs- und Beschuldigtenrechte

---

44 Vgl. insbesondere Art. 1 Abs. 1, Art. 2 Abs. 2 und Art. 5 RL-PKH.

45 Vgl. Gesetz über die internationale Rechtshilfe in Strafsachen v. 23.12.1982 (BGBl. I 2071), i.d.F. der Bekanntmachung vom 27.6.1994 (BGBl. I 1537), zuletzt geändert durch Gesetz v. 27.8.2017 (BGBl. I 3295).

46 Näher unten S. 79 ff. m.w.N.

47 Vgl. Begründung Nr. 11 der Kommission zum RL-PKH-E, KOM(2013) 824 endg. v. 27.11.2013.

48 Vgl. etwa G/P/K/*Böse*, vor § 78 IRG, Rn. 34; *Böse*, in: Ambos (Hrsg.), Europäisches Strafrecht post-Lissabon, S. 57 (67); *Thurnberg Schunke*, S. 123 ff.

49 Vgl. *Esser*, ERA-Forum 2003, 70 (90), zur Konzeption des RbEuHb.

speziell auf die besonderen Gefährdungen einer grenzüberschreitenden Strafverfolgung zugeschnitten werden müssten[50].

Defizite bei den Verfahrensrechten gesuchter Personen und der Verteidigung in Übergabeverfahren wurden zudem durch gesonderte Studien zur Anwendung des Europäischen Haftbefehls in Deutschland und anderen Mitgliedstaaten der EU bestätigt. Diese Studien werden in der Untersuchung berücksichtigt, um die Defizite der bisherigen Rechtslage und den Mehrwert der RL-PKH für Übergabeverfahren zu analysieren. Zugrunde gelegt werden können u.a. die Evaluationsberichte im Rahmen der vierten Runde der gegenseitigen Begutachtungen von Seiten des Rates der Europäischen Union aus dem Jahr 2009[51], die Studie zur effektiven Verteidigung in Übergabeverfahren der Nichtregierungsorganisation JUSTICE aus dem Jahr 2012[52], und Untersuchungen zum Europäischen

---

50 Vgl. *Ahlbrecht/Lagodny*, StraFo 2003, 329 (333 ff); *Böse*, in: Ambos (Hrsg.), Europäisches Strafrecht post-Lissabon, S. 57 (67); *Thurnberg-Schunke*, S. 126 f. („defence rights must be *tailor-made* for the EAW procedure"); auch *Burchard*, in: Böse (Hrsg.), EnzEuR Bd. 9, § 14, Rn. 8 ff., Rn. 53 ff.

51 Für den Evaluationsbericht zu Deutschland vgl. Evaluation report on the fourth round of mutual evaluations, „The practical application of the European Arrest Warrant and corresponding surrender procedures between Member States", Report on Germany, Ratsdok. 7058/1/09 v. 31.3.2009. Für die Evaluierung zu Deutschland wurden im September 2008 Interviews mit Vertretern u.a. des Bundesministeriums für Justiz und Verbraucherschutz, der Generalstaatsanwaltschaften Berlin, Koblenz und Frankfurt sowie Richtern des Oberlandesgerichtes Berlin und Frankfurt geführt sowie zwei Rechtsanwälte (*Matt* und *Rosenthal*) befragt. Näher zur Methodik und für eine Liste aller Interviewpartner in Deutschland vgl. Evaluationsbericht zu Deutschland, Ratsdok. 7058/1/09 v. 31.3.2009, S. 3 ff., 50 f. Zur Stellungnahme Deutschlands vgl. Follow-up to the report on Germany, Ratsdok. 14446/11 v. 21.9.2011. Näher zu den Untersuchungen und Ergebnissen des Rates und den Evaluationsberichten anderer Mitgliedstaaten siehe den Abschlussbericht des Rates der Europäischen Union, Ratsdok. 8302/2/09 v. 18.5.2009 m.w.N.

52 Vgl. JUSTICE Report, European Arrest Warrants, Ensuring an effective defence, 2012, geschrieben von *Blackstock* (abrufbar unter www.justice.org.uk/european-arrest-warrant/ [Stand: 18.10.2018]). Für die Studie wurden Vertreter der Justizministerien, Staatsanwaltschaft und Rechtsanwaltschaft aus zehn Mitgliedstaaten des RbEuHb interviewt (Dänemark, Niederlande, Italien, Vereinigtes Königreich, Polen, Schweden, Deutschland, Griechenland, Irland und Portugal). Ferner wurden 72 Fallbeispiele aus der Praxis von zumeist zwei Rechtsanwälten pro Staat aus einem Zeitraum von zwei Jahren ausgewertet. Näher zu Methodik und Defiziten der Studie siehe S. 18 ff., die Namen der Interviewpartner sowie Teilnehmer der Studie finden sich auf S. 4 ff. Näher zur Lage in Deutschland ab S. 54 ff.

Haftbefehl mit Blick auf den Verhältnismäßigkeitsgrundsatz[53] sowie aus Sicht der Verteidigung[54].

Die Arbeit ist in sechs Kapitel untergliedert. Das erste Kapitel (B) befasst sich mit den Grundlagen des Verfahrens zur Vollstreckung eines Europäischen Haftbefehls. Nach einem kurzen Überblick über die klassische Auslieferung wird auf die Grundlagen und Neuerungen des Rahmenbeschlusses über den Europäischen Haftbefehl von 2002 eingegangen. Im Fokus steht sodann der typische Ablauf eines Übergabeverfahrens in Deutschland als Vollstreckungsstaat eines Europäischen Haftbefehls.

Im zweiten Kapitel (C) werden sodann die bisherigen unionsrechtlichen und völkerrechtlichen Rahmenbedingungen und Mindestvorgaben im Hinblick auf das Recht auf Rechtsbeistand und Prozesskostenhilfe in Übergabeverfahren untersucht. Hierfür ist zunächst auf etwaige Grundlagen im RbEuHb selbst einzugehen (I), bevor der Frage nachgegangen wird, warum die EMRK für die Verfahrensrechte gesuchter Personen im Vollstreckungsstaat des Übergabeverfahrens bisher wenig Schutz bietet (II). Als Schwerpunkt dieses Kapitels wird insbesondere die derzeitige Rechtsprechung des Europäischen Gerichtshofs für Menschenrechte (*EGMR*) dargestellt und kritisch hinterfragt, nach der die Beschuldigtenrechte des Art. 6 Abs. 3 EMRK in Übergabeverfahren keine Anwendung finden. Anschließend werden weitere Rechtsquellen auf ihren Gehalt zu etwaigen gemeinsamen Mindeststandards zu Rechtsbeistand und Prozesskostenhilfe in Übergabeverfahren untersucht (III bis V): der Internationale Pakt über bürgerliche und politische Rechte (*IPBPR*), der gescheiterte Vorschlag für einen Rahmenbeschluss des Rates über bestimmte Verfahrensrechte in Strafverfahren innerhalb der Europäischen Union, sowie die Charta der Grundrechte der Europäischen Union (*GrCh*).

Im dritten Kapitel (D) wird ein näherer Überblick über die Hintergründe, die Entstehungsgeschichte sowie den Regelungsgehalt der RL-PKH gegeben.

Im vierten (E) und fünften (F) Kapitel sollen sodann ausführlich die Anforderungen des deutschen IRG und der RL-PKH im Hinblick auf unentgeltlichen

53 Vgl. *Albers/Beauvais/Bohnert/u.a.*, Pilot Project, Towards a common evaluation framework to assess mutual trust in the field of EU judicial cooperation in criminal matters, Final Report 2013 (abrufbar unter www.jura.uni-bonn.de) [Stand: 18.10.2018], insbesondere zu Frankreich, Niederlande und Deutschland.

54 Vgl. etwa *Goldsmith*/CCBE/European Lawyers Foundation, EAW-Rights: Analysis of the implementation and operation of the European Arrest Warrant from the point of view of defence practitioners, Final Report 2016 (abrufbar unter www.europeanlawyersfoundation.eu) [Stand: 31.8.2018].

Rechtsbeistand für gesuchte Personen in Übergabeverfahren untersucht werden. Da beim Übergabeverfahren zwei Staaten beteiligt sind, wird die Prüfung in die Situation der gesuchten Person im Vollstreckungsstaat (E) und im Ausstellungsstaat (F) eines Europäischen Haftbefehls unterteilt:

Das vierte Kapitel E ist dem Recht einer gesuchten Person auf unentgeltlichen Rechtsbeistand im Vollstreckungsstaat eines Europäischen Haftbefehls gewidmet. Der Vollstreckungsstaat ist der Staat, in dem die gesuchte Person regelmäßig festgenommen und das Übergabeverfahren als solches durchgeführt wird. Dabei werden zunächst die Vorgaben zum Recht auf Rechtsbeistand im Vollstreckungsstaat im Überblick vorgestellt, wie sie sich aus dem nationalen Recht in Deutschland sowie der RL-RB ergeben (I). Schwerpunkt dieses Kapitels ist sodann die Auseinandersetzung mit verschiedenen Aspekten des Rechts auf unentgeltlichen Rechtsbeistand im Vollstreckungsstaat des Übergabeverfahrens. Hierbei geht es insbesondere um die Voraussetzungen der Gewährung unentgeltlichen Rechtsbeistandes im Vollstreckungsstaat (II), Zeitpunkt (III) und das Verfahren bis zur Bestellung eines unentgeltlichen Rechtsbeistandes (IV) sowie dessen Vergütung (V).

Im Rahmen dieser Themen wird jeweils dreistufig vorgegangen. Zunächst werden die jeweiligen bisherigen Vorgaben des nationalen Rechts in Deutschland als Vollstreckungsstaat eines Europäischen Haftbefehls vorgestellt. Sodann werden konkrete Defizite des Status quo herausgearbeitet, wobei insbesondere Kritik in der Literatur und den bereits erwähnten Studien berücksichtigt wird. In einem dritten Schritt werden die Anforderungen der RL-PKH für das jeweilige Unterthema dargestellt und näher untersucht, auch im Hinblick auf ihre Folgen und den Umsetzungsbedarf im deutschen Recht. Dabei werden auch der Referentenentwurf[55] und Regierungsentwurf[56] zur Umsetzung der RL-PKH in Deutschland berücksichtigt.[57]

---

55 Referentenentwurf des BMJV, Entwurf eines Gesetzes zur Neuregelung des Rechts der notwendigen Verteidigung v. 11.10.2018 (abrufbar unter www.bmjv.de) [Stand 29.6.2019].

56 Gesetzesentwurf der Bundesregierung, Entwurf eines Gesetzes zur Neuregelung des Rechts der notwendigen Verteidigung v. 12.6.2019 (abrufbar unter www.bmjv.de) [Stand 29.6.2019].

57 Die RL-PKH wurde im Dezember 2019 durch das Gesetz zur Neuregelung des Rechts der notwendigen Verteidigung umgesetzt, vgl. BGBl. I S. 2128 v. 12.12.2019, mit Wirkung zum 13. Dezember 2019. Diese Arbeit wurde im August 2019 als Dissertation eingereicht. Zu diesem Zeitpunkt waren nur der Referentenentwurf und der Gesetzesentwurf der Bundesregierung veröffentlicht. Das Gesetz zur Neuregelung des Rechts

Das fünfte Kapitel F behandelt sodann die Möglichkeiten eines unentgeltlichen Rechtsbeistandes im Ausstellungsstaat eines Europäischen Haftbefehls, mithin während sich die gesuchte Person noch im Übergabeverfahren des Vollstreckungsstaates befindet. Im Ausstellungsstaat eines Europäischen Haftbefehls wird ein nationaler Haftbefehl oder ein vollstreckbares Strafurteil zugrunde liegen. Der Schwerpunkt des Kapitels F liegt auf der doppelten (unentgeltlichen) Verteidigung in Übergabeverfahren und dem dafür erforderlichen Zusammenspiel der beteiligten Staaten. Daher wird zunächst die Bedeutung der doppelten Verteidigung in Übergabeverfahren erörtert (I), bevor auf das Recht auf Rechtsbeistand im Ausstellungsstaat nach der RL-RB und dem Bedarf an ausdrücklichen Regelungen für die doppelte Verteidigung eingegangen wird (II). Es folgt eine Untersuchung der derzeitigen Möglichkeiten unentgeltlichen Rechtsbeistandes im Ausstellungsstaat, insbesondere in Deutschland als Ausstellungsstaat eines Europäischen Haftbefehls. Sodann soll im Einzelnen auf die Vorgaben und den Umsetzungsbedarf der RL-PKH zur Ermöglichung unentgeltlichen doppelten Rechtsbeistandes eingegangen werden (III).

Im abschließenden Kapitel G werden die Ergebnisse der Untersuchung zusammengefasst und der Mehrwert der RL-PKH für Übergabeverfahren gewürdigt. Zudem wird ein Ausblick gegeben über die Auswirkungen der RL-PKH für die Stärkung der europäischen Verteidigung in grenzüberschreitenden Strafverfahren insgesamt, mithin über das Übergabeverfahren hinaus.

---

der notwendigen Verteidigung wurde nachträglich für die Veröffentlichung dieser Arbeit berücksichtigt.

B. Grundlagen des Übergabeverfahrens

Bevor die Arbeit auf die bisherigen Rahmenbedingungen des Rechts auf Rechtsbeistand und Prozesskostenhilfe eingeht, soll zunächst ein Überblick über die Grundlagen und den Verfahrensablauf des Übergabeverfahrens auf der Basis eines Europäischen Haftbefehls gegeben werden.

I. Klassische Auslieferung

Als Auslieferung gilt gemeinhin die Überstellung eines Verdächtigen oder Verurteilten in einen anderen Staat zum Zwecke der dortigen Strafverfolgung oder Strafvollstreckung.[58] Die Auslieferung zählt als eine der drei Säulen der Rechtshilfe zwischen Staaten, neben der sonstigen Rechtshilfe und der Vollstreckungshilfe.[59] Unter Rechtshilfe versteht man nach klassischer Ansicht jede Unterstützung fremder Strafverfolgung, die auf ein Ersuchen für ein ausländisches Strafverfahren gewährt wird.[60] Bei der klassischen Auslieferung wird ein sogenannter Verfolgter dabei auf Ersuchen des *ersuchenden Staates* durch den um Auslieferung *ersuchten Staat* überstellt.[61]

Dabei spielt sich die Rechtshilfe in einem Dreiecksverhältnis zwischen dem ersuchenden Staat, dem ersuchten Staat und dem von der Rechthilfemaßnahme betroffenen Person ab.[62] Hintergrund der internationalen Rechtshilfe in Strafsache bildet das Gebot der Achtung fremder Gebietshoheit und die internationale Solidarität bei der Verfolgung von Straftaten, da ein Staat nur auf seinem eigenen Staatsgebiet hoheitlich tätig werden darf und einen Verfolgten etwa nicht eigenmächtig zur Strafverfolgung aus dem anderen Staat mitnehmen darf.[63]

Grundlegend für den Auslieferungsverkehr mit anderen Staaten und eine etwaige völkerrechtliche Pflicht zur Auslieferung sind die zwischenstaatlichen

58 Vgl. S/L/G/H, Einl., Rn. 13; *Burchard*, in: Böse (Hrsg.), EnzEuR Bd. 9, § 14, Rn. 1.

59 Vgl. näher und jeweils im Überblick S/L/G/H, Einl., Rn. 13 ff.

60 Vgl. *Böhm*, in: IStR in der Praxis, Rn. 696; *Burchard*, in: Böse (Hrsg.), EnzEuR Bd. 9, § 14, Rn. 8.

61 Vgl. auch *Burchard*, in: Böse (Hrsg.), EnzEuR Bd. 9, § 14, Rn. 1.

62 Vgl. G/P/K/*Vogel*, vor § 1 IRG, Rn. 15.

63 Vgl. G/P/K/*Vogel*, vor § 1 IRG, Rn. 15 ff.; *Burchard*, in: Böse (Hrsg.), EnzEuR Bd. 9, § 14, Rn. 2.

Auslieferungsbeziehungen der beteiligten Staaten.[64] Besonders hervorzuheben ist das aus dem Rechtskreis des Europarates stammende Europäische Auslieferungsübereinkommen vom 13. Dezember 1957 (EuAlÜbk)[65], welches durch vier Zusatzprotokolle[66] ergänzt wird. Das EuAlÜbk gilt als „Mutterkonvention" des vertraglichen europäischen Auslieferungsrechts.[67] Das Übereinkommen begründet unter anderem eine Auslieferungsverpflichtung zwischen den Vertragsparteien (Art. 1 EuAlÜbk) und enthält Regelungen zu den Grundprinzipien der Auslieferung, Auslieferungshindernissen sowie Anforderungen an das Auslieferungsersuchen.[68] Das EuAlÜbk wurde bereits von 50 Staaten ratifiziert, auch von Nichtmitgliedstaaten des Europarates wie Israel, der Republik Korea und Südafrika.[69]

Darüber hinaus reichen die klassischen Auslieferungsbeziehungen zwischen den Staaten von ergänzenden Übereinkommen auf Ebene der EU[70] und des Schengen-Raumes[71] bis hin zu diversen bilateralen und deliktsspezifi-

---

64 Vgl. *Böhm*, in: IStR in der Praxis, Rn. 696, 701 ff.; im Überblick *Hackner/Schierholt*, Rn. 22 ff., 54 ff.; *Schork*, S. 49 ff; *Kühne*, § 3, Rn. 82 ff.

65 Europäisches Auslieferungsübereinkommen v. 13.12.1957, in Kraft seit dem 18.4.1960, ETS Nr. 24 (abrufbar unter www.conventions.coe.int), vgl. auch BGBl. II 1964, 1371. Deutsches Zustimmungsgesetz v. 3.11.1964 (BGBl. 1964 II, 1369), in Deutschland in Kraft getreten am 1.1.1977 (BGBl. 1976 II, 1778).

66 Vgl. 1. ZP-EuAlÜbk v. 15.10.1975, ETS Nr. 86; 2. ZP-EuAlÜbk v. 17.3.1978, ETS Nr. 98 (BGBl. 1990 II, 118; 1991 II, 874); 3. ZP-EuAlÜbk v. 10.11.2010, CETS Nr. 209; 4. ZP-EuAlÜbk v. 20.9.2012, CETS Nr. 212.

67 Vgl. S/L/G/H/*Schomburg*, Vorb. II A, Rn. 1.

68 Nach Art. 26 EuAlÜbk können jedoch Vorbehalte zu Bestimmungen des EuAlÜbk erklärt werden, wovon viele Mitgliedstaaten Gebrauch gemacht haben: Alle Vorbehalte und Erklärungen sind unter www.conventions.coe.int abrufbar.

69 Zum Ratifikationsstand siehe www.conventions.coe.int.

70 Vgl. Übereinkommen v. 27.9.1996 aufgrund von Artikel K.3 des Vertrags über die Europäische Union über die Auslieferung zwischen den Mitgliedstaaten der Europäischen Union (EU-AuslÜbk), ABlEG Nr. C 313 v. 23.10.1996, S. 11 ff.; BGBl. 1998 II, 2253; sowie Übereinkommen v. 10.3.1995 aufgrund von Artikel K.3 des Vertrags über die Europäische Union über das vereinfachte Auslieferungsverfahren zwischen den Mitgliedstaaten der Europäischen Union (EU-VereinfAuslÜbk), ABlEG Nr. C 78 v. 30.3.1995, S. 2 ff.; BGBl. 1998 II, 2229.

71 Vgl. Art. 59 ff. des Schengener Durchführungsübereinkommens (SDÜ): Übereinkommen v. 19.6.1990 zur Durchführung des Übereinkommens von Schengen v. 14.6.1985 zwischen den Regierungen der Staaten der Benelux-Wirtschaftsunion, der Bundesrepublik Deutschland und der Französischen Republik betreffend den schrittweisen

schen Verträgen[72]. Das Ergebnis gilt praktisch als „Normendschungel" und „Rechtshilfechaos".[73]

Soweit ein Übereinkommen keine Vorgaben enthält, ist in Deutschland zudem das Gesetz über die internationale Rechtshilfe in Strafsachen (IRG) zu beachten.[74] Für die klassische Auslieferung an das Ausland gelten die §§ 2 bis 42 IRG. Nach § 1 Abs. 3 IRG gehen völkerrechtliche Vereinbarungen den Vorschriften des IRG grundsätzlich vor.[75]

Das IRG gilt insbesondere auch für das innerstaatliche Verfahren im ersuchenden Staat, das auf das Ersuchen um Auslieferung folgt, da die völkerrechtlichen Verträge für das Verfahren kaum Vorgaben vorsehen.[76] Das innerstaatliche klassische Auslieferungsverfahren in Deutschland ist zweigeteilt und besteht aus einem Zulässigkeits- und einem Bewilligungsverfahren[77]: Im justiziellem Zulässigkeitsverfahren wird die Rechtmäßigkeit der Auslieferung in einem gerichtlichen Verfahren geprüft, während es im gouvernementalen Bewilligungsverfahren um die Rechtmäßigkeit und insbesondere die außen- und kriminalpolitische Zweckmäßigkeit der Auslieferung geht.[78]

Dem Zulässigkeitsverfahren wird dabei strafprozessrechtsähnlicher Charakter zugesprochen, während beim Bewilligungsverfahren der Verwaltungscharakter überwiegen soll.[79] Das Auslieferungsverfahren wird jedoch grundsätzlich nicht als ein eigenständiges Strafverfahren angesehen, sondern nur als ein Verfahren zur Unterstützung der ausländischen Strafverfolgung.[80] Maßgeblich hierfür ist,

---

Abbau der Kontrollen an den gemeinsamen Grenzen, ABlEG Nr. L 239 v. 22.9.2000, S. 19 ff., BGBl. 1993 II, 1010; 1994 II, 631.

72 Vgl. etwa Vertrag v. 14.4.1987 zwischen der Bunderepublik Deutschland und Australien über die Auslieferung (BGBl. 1990 II, 110, 716).

73 Vgl. S/L/G/H/*Schomburg*, II Einf., Rn. 4. Unter www.bmj.de/SiteGlobals/Functions/ThemenIndex/themenIndex_RiVASt.html findet sich für jeden Staat eine aktuelle Übersicht der im Verhältnis zur Bundesrepublik Deutschland maßgeblichen Übereinkommen sowie Hinweise zum jeweiligen Verfahrensablauf.

74 Vgl. Gesetz über die internationale Rechtshilfe in Strafsachen v. 23.12.1982 (BGBl. I S. 2071), i.d.F. der Bekanntmachung vom 27.6.1994 (BGBl. I S. 1537), hier in der Fassung von Gesetz v. 27.8.2017 (BGBl. I S. 3295). Zuletzt geändert in Umsetzung der RL-PKH durch Gesetz v. 10.12.2019, BGBl. I S. 2128.

75 Näher *Böhm*, in: IStR in der Praxis, Rn. 701.

76 Vgl. *Hackner/Schierholt*, Rn. 55; G/P/K/*Vogel*, vor § 1 IRG, Rn. 102.

77 Vgl. *Böhm*, in: IStR in der Praxis, Rn. 703.

78 Vgl. G/P/K/*Vogel*, vor § 1 IRG, Rn. 101, 103.

79 Näher G/P/K/*Vogel*, vor § 1 IRG, Rn. 9 ff., 101.

80 Vgl. *Böhm*, in: IStR in der Praxis, Rn. 697.

dass im Auslieferungsverfahren der Schuldverdacht gegen die gesuchte Person grundsätzlich nicht durch den ersuchten Staat nachgeprüft wird.[81]

II. Übergabeverfahren nach dem Europäischen Haftbefehl

Die Übergabe gesuchter Personen zum Zwecke der Strafverfolgung oder Strafvollstreckung zwischen den Mitgliedstaaten der Europäischen Union richtet sich dagegen nach dem Rahmenbeschluss über den Europäischen Haftbefehl (RbEuHb). Der RbEuHb ersetzt die klassischen Auslieferungsbeziehungen zwischen den Mitgliedstaaten.[82] Nach einem Überblick zu den Grundlagen des Europäischen Haftbefehls (dazu 1) und der Terminologie dieser Arbeit (2) soll auf den Ablauf des Übergabeverfahrens eingegangen werden (3) und die Schwierigkeiten europäischer Verteidigung (4).

1. Rahmenbeschluss über den Europäischen Haftbefehl

a) Grundlagen

Der Rahmenbeschluss des Rates „*über den Europäischen Haftbefehl und die Übergabeverfahren zwischen den Mitgliedstaaten*" wurde am 13. Juni 2002 verabschiedet.[83] Dies erfolgte als Instrument der vormals dritten Säule der polizeilichen und justiziellen Zusammenarbeit in Strafsachen auf der Grundlage von Art. 31 Abs. 1 *lit.* a, b, Art. 34 Abs. 2 *lit.* b EUV a.F.[84] Als Rahmenbeschluss war der RbEuHb hinsichtlich des zu erreichenden Zieles verbindlich, ihm kam jedoch keine unmittelbare Wirkung zu.[85] Mit Inkrafttreten des Vertrags von Lissabon behielt das Instrument des Rahmenbeschlusses seine Rechtswirkung.[86] Seit Ablauf der Übergangszeit zum 1. Dezember 2014 ist das geltende Unionsrecht für ihn wirksam.[87] Dazu zählen insbesondere die Befugnis der Kommission

---

81 Vgl. *Böhm*, in: IStR in der Praxis, Rn. 697; G/P/K/*Vogel*, vor § 1 IRG, Rn. 105.

82 Vgl. Art. 31 Abs. 1 RbEuHb, näher S/L/G/H/*Hackner*, § 78 IRG, Rn. 5 ff. m.w.N.

83 Vgl. Rahmenbeschluss des Rates 2002/584/JI, ABlEG Nr. L 190 v. 18.7.2002, S. 1 ff., in Kraft seit dem 7.8.2002, im Folgenden in der Fassung des Änderungsrahmenbeschlusses des Rates 2009/299/JI vom 26.2.2009, ABlEG Nr. L 81 v. 27.3.2009, S. 24 ff.

84 Näher zum Instrument des Rahmenbeschlusses vgl. *Tinkl*, S. 89 ff.; *Murschetz*, S. 306 ff.

85 Vgl. Art. 34 Abs. 2 *lit.* b S. 2, 3 EUV a.F.; ebenda.

86 Vgl. Art. 9 des Protokolls Nr. 36 über die Übergangsbestimmungen.

87 Vgl. Art. 10 Abs. 1 und 3 des Protokolls Nr. 36 über die Übergangsbestimmungen; G/P/K/*Böse*, vor § 78 IRG, Rn. 4; A/K/R/*Meyer*, vor §§ 78 ff. IRG, Rn. 747.

zur Einleitung eines Vertragsverletzungsverfahrens (Art. 258 AEUV) und die Zuständigkeit des EuGH für Vorlageverfahren (Art. 267 AEUV).[88]

Ein Europäischer Haftbefehl wird als eine „*justizielle Entscheidung*" definiert, „*die in einem Mitgliedstaat ergangen ist und die Festnahme und Übergabe einer gesuchten Person durch einen anderen Mitgliedstaat zur Strafverfolgung oder zur Vollstreckung einer Freiheitsstrafe oder einer freiheitsentziehenden Maßregel der Sicherung bezweckt*" (Art. 1 Abs. 1 RbEuHb). Der Europäische Haftbefehl ist ein Fahndungsinstrument und ein Ersuchen um Festnahme und Übergabe, das auf der Anerkennung eines nationalen Haftbefehls des Ausstellungsstaates durch den Vollstreckungsstaat beruht.[89] Er ersetzt das klassische Auslieferungsersuchen.[90] Die Entscheidung, ob die gesuchte Person durch den Vollstreckungsstaat während des Übergabeverfahrens in Auslieferungshaft genommen wird, obliegt nach Art. 12 RbEuHb allerdings weiterhin dem Vollstreckungsstaat, auf der Basis des Rechts des Vollstreckungsstaates. Der Begriff Europäischer „Haftbefehl" ist insoweit missverständlich.[91]

Mit dem RbEuHb sollte die justizielle Zusammenarbeit zwischen den Mitgliedstaaten vereinfacht und beschleunigt werden, um das Ziel eines einheitlichen Raums der Freiheit, der Sicherheit und des Rechts (vgl. Art. 67 AEUV) zu fördern.[92] An die Stelle der klassischen Auslieferung sollte ein „*System der Übergabe zwischen Justizbehörden*" von verdächtigen oder verurteilten Personen zum Zwecke der Strafverfolgung oder zur Vollstreckung strafrechtlicher Urteile treten.[93] Zu den Neuerungen des Übergabesystems nach dem RbEuHb gehören unter anderem der Wegfall des politischen Bewilligungsverfahrens, die Reduzierung von Auslieferungshindernissen und die Einführung von Fristen.[94] Darüber hinaus sind nach dem RbEuHb unter bestimmten Voraussetzungen

---

88 Vgl. A/K/R/*Meyer*, vor §§ 78 ff. IRG, Rn. 747.

89 Vgl. *Böhm*, in: IStR in der Praxis, Rn. 916.

90 Vgl. *Böhm*, in: IStR in der Praxis, Rn. 916.

91 Vgl. *Böhm*, in: IStR in der Praxis, Rn. 916; *Burchard*, in: Böse (Hrsg.), Europäisches Strafrecht mit polizeilicher Zusammenarbeit (EnzEuR Bd. 9), § 14, Rn. 8.

92 Vgl. Erwägungsgrund Nr. 5 RbEuHb; näher zu der Entstehungsgeschichte vgl. *Murschetz*, S. 302 ff.; *Tinkl*, S. 78 ff.

93 Vgl. Erwägungsgrund Nr. 5 RbEuHb; auch etwa EuGH (GK), Rs. C-396/11 (Radu), 29.1.2013, Rn. 33 m.w.N. = NJW 2013, 1145.

94 Vgl. auch Überblick bei von der Groeben/Schwarze/Hatje/*Meyer*, Art. 82 AEUV, Rn. 20; *Burchard*, in: Böse (Hrsg.), EnzEuR Bd. 9, § 14, Rn. 7; näher im Vergleich zum klassischen Auslieferungsverfahren *Rohlff*, S. 40 ff.

auch deutsche Staatsangehörige an einen Mitgliedstaat der Europäischen Union auszuliefern.[95]

Der RbEuHb war bis Ende 2003 in das nationale Recht umzusetzen. In Deutschland wurde das erste Europäische Haftbefehlsgesetz vom 21. Juli 2004[96] durch das Bundesverfassungsgericht für nichtig erklärt, da der deutsche Gesetzgeber vom RbEuHb belassene Spielräume nicht grundrechtsschonend genug genutzt und deutsche Staatsangehörige nicht hinreichend geschützt habe.[97] Darauf folgte das (zweite) Europäische Haftbefehlsgesetz vom 20. Juli 2006.[98] Zu seiner Umsetzung wurde ein Achter Teil (§§ 78 ff. IRG) in das IRG eingefügt und im Übrigen auf die allgemeinen Vorgaben zum klassischen Auslieferungsverfahren verwiesen (§ 78 Abs. 1 IRG).[99] Dabei wurde die politische Komponente des Bewilligungsverfahrens in abgewandelter Form beibehalten (§ 79 IRG).

b) Grundsatz der gegenseitigen Anerkennung

Der RbEuHb ist das erste Instrument im Bereich der justiziellen Zusammenarbeit in Strafsachen in der EU, das auf dem Grundsatz der gegenseitigen Anerkennung basiert.[100] Der Grundsatz der gegenseitigen Anerkennung war auf der Sondertagung des Europäischen Rates in Tampere im Oktober 1999 zum „*Eckstein*" der justiziellen Zusammenarbeit in Zivil- und Strafsachen innerhalb der Union ernannt worden.[101] Seit dem Vertrag von Lissabon ist er in den Art. 67 Abs. 3, 82 Abs. 1 AEUV ausdrücklich als Grundlage der justiziellen Zusammenarbeit in Strafsachen in der Union verankert.[102] Mittlerweile liegt der Grundsatz

95 Vgl. näher *Böhm*, in: IStR in der Praxis, Rn. 960 ff. m.w.N.

96 Vgl. BGBl. I, S. 1748 ff.

97 Vgl. BVerfG, Beschl. v. 18.7.2005, BVerfGE 113, 273 = NJW 2005, 2289. Näherer Überblick zur deutschen Umsetzungsgeschichte bei *Burchard*, in: Böse (Hrsg.), EnzEuR Bd. 9, § 14, Rn. 10 ff. m.w.N.; G/P/K/*Böse*, vor § 78 IRG, Rn. 40 ff. m.w.N.; zu der Entscheidung des BVerfG bei *Noltenius*, S. 193 ff. Zur Umsetzung des RbEuHb in Österreich etwa *Murschetz*, S. 309 f.

98 Vgl. BGBl. I, S. 1721 ff.; näher und krit. u.a. *Böhm*, NJW 2006, 2592; *Böhm*, in: IStR in der Praxis, Rn. 908 ff.

99 Ebenda; vgl. auch *Burchard*, in: Böse (Hrsg.), EnzEuR Bd. 9, § 14, Rn. 12 f. m.w.N.

100 Vgl. auch Erwägungsgrund Nr. 6 RbEuHb; G/P/K/*Böse*, vor § 78 IRG, 17 f.

101 Vgl. Erwägungsgrund Nr. 6 RbEuHb; Tampere Europäischer Rat, Schlussfolgerungen des Vorsitzes (abrufbar unter http://www.consilium.europa.eu, Stichwort Tampere), Nr. 33.

102 Näher zum Grundsatz der gegenseitigen Anerkennung nach dem Vertrag von Lissabon vgl. *Böse*, in: Ambos (Hrsg.), Europäisches Strafrecht post-Lissabon, S. 57 ff.; siehe zudem *Noltenius*, S. 43 ff. und näher zum Vertrag von Lissabon S. 200 ff.

der gegenseitigen Anerkennung vielen Maßnahmen der strafrechtlichen Zusammenarbeit zugrunde.[103]

Der Grundsatz der gegenseitigen Anerkennung besagt, dass eine in einem EU-Mitgliedstaat rechtswirksam ergangene justizielle Entscheidung auch von allen anderen Mitgliedstaaten als rechtmäßig anerkannt werden muss.[104] Grundlage der gegenseitigen Anerkennung ist dabei – jedenfalls in der Theorie – ein hohes Maß an Vertrauen in die Rechtsstaatlichkeit der Rechtsordnungen der anderen Mitgliedstaaten.[105] Der Grundsatz stammt ursprünglich aus dem Binnenmarktrecht und diente der Herstellung der Verkehrsfähigkeit von Waren.[106] Für die Übertragung auf die strafrechtliche Zusammenarbeit sprach, dass die gegenseitige Anerkennung auch ohne vollständige Harmonisierung des nationalen Rechts erfolgen kann.[107] Die strafrechtliche Zusammenarbeit habe sich über die gegenseitige Anerkennung nationaler Entscheidungen mithin „souveränitätsschonend" intensivieren lassen, ohne das nationale Recht zuvor mühsam angleichen zu müssen.[108]

Durch den Grundsatz des gegenseitigen Vertrauens wird von den Mitgliedstaaten verlangt, in Bezug auf den Raum der Freiheit, der Sicherheit und des Rechts grundsätzlich davon auszugehen, dass alle anderen Mitgliedstaaten das Unionsrecht und die dort anerkannten Grundrechte beachten und einen gleichwertigen und wirksamen Schutz der Grundrechte bieten.[109] Nach Ansicht des EuGH können die Mitgliedstaaten zudem unionsrechtlich verpflichtet sein, die Beachtung der Grundrechte durch die übrigen Mitgliedstaaten zu unterstellen,

---

103 Vgl. Überblicke bei S/L/G/H/*Gleß*, Einf. HT III, Rn. 55; *Esser*, EuIntStR, § 5, Rn. 16 ff.

104 Vgl. Streinz/*Satzger*, Art. 82 AEUV, Rn. 9; von der Groeben/Schwarze/Hatje/*Meyer*, Art. 82 AEUV, Rn. 5; *Esser*, EuIntStR, § 5, Rn. 15.

105 Vgl. Erwägungsgrund Nr. 10 RbEuHb; zudem von der Groeben/Schwarze/Hatje/*Breitenmoser/Weyeneth*, Art. 67 AEUV, Rn. 123; EuGH (GK), Urt. v. 5.4.2016, C-404/15 und C-659/15 PPU (Pál Aranyosi und Robert Căldăraru), Rn. 76 f. m.w.N., NJW 2016, 1709 (17111).

106 Vgl. *Esser*, EuIntStR, § 5, Rn. 13; näher *Böse*, in: Ambos (Hrsg.), Europäisches Strafrecht post-Lissabon, S. 57 (58).

107 Vgl. G/P/K/*Böse*, vor § 78 IRG, Rn. 17 f. m.w.N.

108 Vgl. *Gaede*, in: Böse (Hrsg.), EnzEuR Bd. 9, § 3, Rn. 48 („Misstrauen gegenüber fremdem, strafverfahrensrechtlichen Zwang gleichsam mit einem normativen Schlag durch gegenseitiges Vertrauen ersetzt"); G/P/K/*Böse*, vor § 78 IRG, Rn. 18; näher *Heine*, S. 69 ff. m.w.N.

109 Vgl. u.a. EuGH (GK), Urt. v. 5.4.2016, C-404/15 und C-659/15 PPU (Pál Aranyosi und Robert Căldăraru), Rn. 77, NJW 2016, 1709 (1711); EuGH (GK), Urt. v. 26.7.2018, C-216/18 PPU, Rn. 36 m.w.N., BeckRS 2018, 16206 = EuGRZ 2018, 396.

sodass sie von den anderen Mitgliedstaaten weder ein höheres Schutzniveau als das des Unionsrechts verlangen können, noch nachprüfen können, ob der andere Mitgliedstaat die durch die Union gewährleisteten Grundrechte tatsächlich beachtet habe.[110]

Ob und inwieweit dieses gegenseitige Vertrauen allerdings berechtigt ist und welche Grenzen die gegenseitige Anerkennung haben muss, wird seither umfassend diskutiert.[111] Kritisiert wird unter anderem, dass es für das gegenseitige Vertrauen an einer gemeinsamen Basis fehle und sich die gegenseitige Anerkennung erheblich zum Nachteil des Einzelnen auswirke.[112] Das Gleichgewicht zwischen den Eingriffsmöglichkeiten und Rechtsschutzgarantien gerate bei einer Anerkennung von Entscheidungen aus einem anderen Mitgliedstaat ohne EU-weite Mindeststandards außer Balance.[113] Mitunter könne der Richter im Vollstreckungsstaat, dem ein Europäischer Haftbefehl vorliege, bisher *„nur hoffen“*, dass die Rechte des Beschuldigten auch im Ausstellungsstaat hinreichend gewährleistet seien.[114] Die bisherigen Mindeststandards insbesondere aus der EMRK gelten für ein einheitliches Schutzniveau in der EU als nicht ausreichend und der Rechtsschutz durch den EGMR als zu langsam und wenig wirksam.[115] Auch deshalb sollen mit den EU-Richtlinien gemeinsame Mindeststandards

---

110 Vgl. EuGH (GK), Urt. v. 26.7.2018, C-216/18 PPU, Rn. 37 m.w.N., BeckRS 2018, 16206 = EuGRZ 2018, 396.

111 Vgl. nähere Überblicke u.a. bei von der Groeben/Schwarze/Hatje/*Meyer*, Art. 82 AEUV, Rn. 6 („dringend begründungsbedürftig“); *Meyer*, EuR 2017, 163 m.w.N. Vgl. auch GA *Sharpston*, Schlussantrag v. 18.10.2012, Rs. C-396/11 (Radu), Rn. 71 f., wonach der Schutz der Grundrechte und -freiheiten „ein *prius*“ darstelle, der das Bestehen und die Entwicklung eines Raumes der Freiheit, der Sicherheit und des Rechts legitimiere.

112 Vgl. krit. und m.w.N. u.a. S/L/G/H/*Hackner*, III A 1, Rn. 7; Streinz/*Satzger*, Art. 82 AEUV, Rn. 11 ff.; *Gaede*, in: Böse (Hrsg.), EnzEuR Bd. 9, § 3, Rn. 47 ff.; für einen Überblick aber im Ergebnis positiver auch G/P/K/*Böse*, vor § 78 IRG, Rn. 19 ff. m.w.N. Zu Kritik im Überblick und dieser teilweise zustimmend auch *Gerson*, S. 474 ff.

113 Vgl. *Murschetz*, S. 303 ff.

114 Vgl. *Plekksepp*, S. 43.

115 Umfassend zu den Vorteilen von EU-Rechtsakten gegenüber der EMRK: *Esser*, BRAK-Mitteilung 2/2007, 53 ff.; *Vogel/Matt*, StV 2007, 206 (211 f.); vgl. zudem Erwägungsgrund Nr. 3 RL-PKH; *Morgan*, in: Vermeulen (Hrsg.), Defence Rights, S. 73 (76 f.); *Brants*, in: Vervaele (Hrsg.), European Evidence Warrant, S. 103 ff.; positiver *Polakiewicz*, EuGRZ 2010, 11 ff. Siehe zur Überlastung des EGMR etwa die Statistik des EGMR für das Jahr 2017 (abrufbar unter www.echr.coe.int.): 63.350 neu anhängige Individualbeschwerden, Ende 2017 noch 56.250 ausstehende Verfahren.

für die Beschuldigtenrechte in Strafverfahren festgelegt werden, um das gegenseitige Vertrauen zu erhöhen und die gegenseitige Anerkennung gerichtlicher Entscheidungen in Strafsachen zu erleichtern.[116] Ohne klare und gemeinsame Mindeststandards für Strafverfahren wird es zudem als schwer angesehen, die Fairness eines Strafverfahrens in einem anderen Staat beurteilen zu können.[117]

Für den Europäischen Haftbefehl bedeutet der Grundsatz der gegenseitigen Anerkennung, dass die Mitgliedstaaten grundsätzlich verpflichtet sind, jedem Europäischen Haftbefehl Folge zu leisten[118] und ihn nach den Bestimmungen des RbEuHb zu vollstrecken (Art. 1 Abs. 2 RbEuHb). Der Vollstreckungsstaat kann die Vollstreckung eines Europäischen Haftbefehls grundsätzlich nur aus den abschließend im RbEuHb aufgezählten Gründen ablehnen (vgl. Art. 3, 4, 4a RbEuHb) oder nur an die im RbEuHb vorgesehenen Bedingungen knüpfen (vgl. Art. 5 RbEuHb).[119] Der RbEuHb und die gegenseitige Anerkennung zielen mithin auf ein System der *„Anordnung und Vollstreckung“* ab[120], wie es auch die Begriffe „Ausstellungsmitgliedstaat“ und „Vollstreckungsmitgliedstaat“ eines Europäischen Haftbefehls im RbEuHb indizieren. Das Prinzip der gegenseitigen Anerkennung wurde jedoch nicht *„in letzter Konsequenz“* umgesetzt[121] und gegenüber dem klassischen Auslieferungsrecht wurden neben der Reduktion von Ablehnungsgründen teilweise auch neue Hindernisse geschaffen[122].

c) Über zehn Jahre Europäischer Haftbefehl

Mittlerweile ist das System des Europäischen Haftbefehls seit über zehn Jahren in der Praxis etabliert. Es gilt aus Sicht der Praxis weitgehend als anerkannt und grundsätzlich bewährt.[123] Die erhoffte Beschleunigung und Vereinfachung des

---

116 Vgl. etwa Erwägungsgrund Nr. 2 RL-PKH; begrüßend etwa *Fichera*, S. 185.

117 Vgl. *Fichera*, S. 185.

118 Vgl. EuGH (GK), Urt. v. 5.4.2016, C-404/15 und C-659/15 PPU (Pál Aranyosi und Robert Căldăraru), Rn. 79 m.w.N., NJW 2016, 1709 (1711).

119 Vgl. EuGH (GK), Urt. v. 5.4.2016, C-404/15 und C-659/15 PPU (Pál Aranyosi und Robert Căldăraru), Rn. 80 m.w.N., NJW 2016, 1709 (1711).

120 Vgl. von der Groeben/Schwarze/Hatje/*Meyer*, Art. 82 AEUV, Rn. 5.

121 Vgl. S/L/G/H/*Gleß*, Einf. HT III, Rn. 57, auch in Bezug auf nachfolgende Rahmenbeschlüsse.

122 Dies hervorhebend etwa *Böse*, in: Ambos (Hrsg.), Europäisches Strafrecht post-Lissabon, S. 57 (60 f.).

123 Vgl. *Burchard*, in: Böse (Hrsg.), EnzEuR Bd. 9, § 14, Rn. 6; ähnlich S/L/G/H/*Hackner*, III A 1, Rn. 15.

Verfahrens soll eingetreten sein.[124] Zwischen den Jahren 2005 und 2013 wurden innerhalb der Europäischen Union 99.841 Europäische Haftbefehle ausgestellt und 26.210 vollstreckt, wobei die tatsächliche Anzahl der übergebenen Personen höher sein soll.[125] Zudem seien gesuchte Personen zwischen den Jahren 2005 und 2009 im Durchschnitt nach 48 Tagen übergeben worden, während klassische Auslieferungsverfahren zuvor regelmäßig ein Jahr gedauert hätten.[126] In Deutschland wurde beispielsweise im Jahr 2013 in 1.349 Fällen auf der Grundlage eines Europäischen Haftbefehls über die Übergabe einer Person an einen anderen Mitgliedstaat entschieden, während umgekehrt 1.932 Europäische Haftbefehle ausgestellt und 900 Personen an Deutschland überstellt worden seien.[127] Das Übergabesystem soll sich in der Praxis auch nicht als Automatismus erwiesen haben.[128]

Zugleich weist das System des Europäischen Haftbefehls von Beginn an grundlegende Probleme auf, für die mitunter noch keine abschließenden Lösungen gefunden wurden.[129] Er wird zudem vielfach als exemplarisch angesehen, „*wie bei der Europäisierung des Strafprozessrechts ganz einseitig die Interessen einer effektiveren Strafverfolgung gefördert*“ würden.[130] Dass das System des Europäischen Haftbefehls „*trotz seiner erfolgreichen Anwendung bei Weitem nicht perfekt*

---

124 Vgl. schon KOM(2011) 175 endg. v. 11.4.2011, S. 3; auch *Marin*, NJECL 2014, 327 (346).

125 Vgl. zusammenfassende Infographic des European Parliamentary Research Service v. 23.6.2014, 140803REV1 (abrufbar unter www.europarl.europa.eu), es würden indes nur für neun Mitgliedstaaten vollständige Statistiken vorliegen; näher für die Jahre 2005 bis 2011 und zu Defiziten der Statistiken vgl. *Carrera/Guild/Hernanz*, Europe's most wanted? Recalibrating Trust in the European Arrest Warrant System, CEPS Paper Nr. 55 v. März 2013 (abrufbar unter www.ceps.eu), S. 5 ff.; vgl. zudem Ratsdok. 7196/1/13 v. 16.5.2013 (Jahr 2012); Ratsdok. 8414/14 v. 5.5.2014 (Jahr 2013).

126 So die Kommission, vgl. KOM(2011) 175 endg. v. 11.4.2011, S. 3.

127 Vgl. Ratsdok. 8414/14 v. 5.5.2014, S. 6, 8, Fn. 13.

128 So jedenfalls A/K/R/*Meyer*, vor §§ 78 ff IRG, Rn. 777.

129 Vgl. für einen Überblick über Praxis und Probleme in zehn Jahre Europäischer Haftbefehl *Marin*, NJECL 2014, 327 ff., die die Probleme überwiegend als Systemfehler statt Kinderkrankheiten ansieht. Anschaulich aus UK Sicht zudem House of Lords, Select Committee on Extradition Law, „Extradition: UK law and practice“, 2nd Report of Session 2014/15 v. 10.3.2015, HL Paper 126 (abrufbar unter www.publications.parliament.uk) [Stand: 30.10.2018], Rn. 319 ff. (*Arguments in favour of the EAW*), 324 ff. (*Criticisms of the EAW*).

130 *Nestler*, ZStW 116 (2004), 332 (340). Vgl. zu Befürchtungen auch etwa *Kirsch*, StraFo 2008, 449 (454).

ist", hatte die Kommission auch zwischenzeitlich selbst festgestellt.[131] Legislativer Reformbedarf und Änderungen des RbEuHb werden vor allem im Hinblick auf den Schutz der gesuchten Person wiederkehrend gefordert.[132]

Aus Sicht der Verteidigung bestehen nach dem RbEuHb in der Praxis insbesondere folgende reformbedürftige Probleme und Risiken für die Rechte gesuchter Personen:[133]

- Fehlende Verhältnismäßigkeit von Europäischen Haftbefehlen,
- Fehlende Verhandlungsreife des Falles und unterschiedliche Ausstellungszeitpunkte eines Europäischen Haftbefehls, weshalb die Person nach ihrer Übergabe mitunter nicht angeklagt wird oder sehr lange in Untersuchungshaft verbringen müsse,
- Sehr häufige Anordnung von Auslieferungshaft trotz Alternativen, Länge der Haft im Vollstreckungsstaat über die Fristen des RbEuHb hinaus, sowie fehlende Anrechnung der Haftdauer im Ausstellungsstaat nach Art. 26 RbEuHb,
- Unterschiedliche und zuweilen inakzeptable Haftbedingungen in den Mitgliedstaaten,
- Fehlen eines Ablehnungsgrundes im RbEuHb aus Gründen des Grundrechts- und Menschenrechtschutzes[134], unterschiedliche Berücksichtigung solcher Gründe durch die Mitgliedstaaten und Schwierigkeiten ihrer Geltendmachung durch die gesuchte Person,

---

131 Vgl. KOM(2011) 175 endg. v. 11.4.2011, S. 3.

132 Vgl. insbesondere Entschließung des Europäischen Parlaments v. 27.2.2014 mit Empfehlungen an die Kommission zur Überprüfung des Europäischen Haftbefehls (2013/2109(INL)), P7_TA-PROV(2014)0174; zudem u.a. Fair Trials International, „The European Arrest Warrant seven years on – the case for reform" v. Mai 2011 (abrufbar unter www.fairtrials.net) [Stand: 29.10.2018]; *Goldsmith*/CCBE/European Lawyers Foundation, EAW-Rights: Analysis of the implementation and operation of the European Arrest Warrant from the point of view of defence practitioners, Final Report 2016 (abrufbar unter www.europeanlawyersfoundation.eu) [Stand: 31.8.2018], S. 17 ff.

133 Vgl. für das Folgende die Untersuchung von *Goldsmith*/CCBE/European Lawyers Foundation, EAW-Rights: Analysis of the implementation and operation of the European Arrest Warrant from the point of view of defence practitioners, Final Report 2016 (abrufbar unter www.europeanlawyersfoundation.eu) [Stand: 31.8.2018], S. 8 ff., näher jeweils mit Erfahrungen aus den Mitgliedstaaten sowie Empfehlungen. In vielen Punkten ähnlich: Entschließung des Europäischen Parlaments v. 27.2.2014 mit Empfehlungen an die Kommission zur Überprüfung des Europäischen Haftbefehls (2013/2109(INL)), P7_TA-PROV(2014)0174.

134 Näher dazu noch S. 34 f.

- Geringe Erfolgsaussichten und unterschiedliche Voraussetzungen für etwaige Rechtsbehelfe im Vollstreckungs- sowie Ausstellungsstaat gegen den Europäischen Haftbefehl und die Übergabeentscheidung, etwa sehr enge Zeitvorgaben,
- Unterschiedliche Zeitvorgaben für den Eingang des übersetzten Europäischen Haftbefehls nach Festnahme der gesuchten Person (zwischen 48 Stunden und 40 Tagen) und teilweise schlechte Übersetzungen,
- Unterschiedliche Herangehensweisen hinsichtlich der Einholung zusätzlicher Informationen im Ausstellungsstaat, die zuweilen von der Verteidigung beantragt werden müsse,
- Unterschiedliche Entschädigungshöhen und Voraussetzungen im Falle von ungerechtfertigter Auslieferungshaft, sowie Unklarheiten darüber, welcher Staat sie zu leisten hat,
- Weiterhin aktive Ausschreibungen im SIS System, trotz verweigerter Vollstreckung durch einen Mitgliedstaat,
- Handhabung von mehreren Europäischen Haftbefehlen gegen eine gesuchte Person aus demselben oder verschiedenen Staaten,
- Behandlung von akzessorischen Straftaten, die mit einem niedrigeren Strafmaß als Art. 2 Abs. 1 RbEuHb bedroht sind.

Bisher wurde der RbEuHb allerdings nur im Jahr 2009 ergänzt, um auf Probleme bei Europäischen Haftbefehlen zum Zwecke der Vollstreckung von Abwesenheitsurteilen zu reagieren.[135]

2. Terminologie

Die vorstehenden Ausführungen haben gezeigt, dass das Übergabesystem nach dem Europäischen Haftbefehl in einigen Bereichen dem klassischen Auslieferungsverfahren ähnelt und zugleich mit Neuerungen einhergeht. Dabei verwendet der RbEuHb ebenso wie die RL-PKH andere Begriffe als das deutsche IRG. In Deutschland wurde in Umsetzung des RbEuHb die bisherige Struktur (Zulässigkeitsverfahren und Bewilligungsverfahren) und Terminologie (ersuchender und ersuchter Staat, Verfolgter) des klassischen Auslieferungsverfahrens weitgehend

135 Vgl. Rahmenbeschluss 2009/299/JI des Rates v. 26.2.2009, ABlEU Nr. L 81 v. 27.3.2009, S. 24 ff., Ergänzung um Art. 4a RbEuHb; dies positiv hervorhebend *Böse*, in: Ambos (Hrsg.), Europäisches Strafrecht post-Lissabon, S. 57 (61) („keineswegs selbstverständlich“), wenngleich im Einzelnen auch kritisch.

beibehalten.[136] Insgesamt orientiert sich die Terminologie dieser Arbeit an dem RbEuHb und der zu untersuchenden RL-PKH.

Mit einer *„gesuchten Person"* ist folglich eine solche gemeint, gegen die ein Verfahren zur Vollstreckung eines Europäischen Haftbefehls nach dem RbEuHb anhängig ist (vgl. Art. 1 Abs. 1 *lit.* b RL-PKH; ebenso schon im RbEuHb). Das deutsche IRG spricht insoweit von einem *„Verfolgten"*.[137] Ein Europäischer Haftbefehl wird durch die ausstellende Justizbehörde des einen Mitgliedstaates (*Ausstellungsstaat*) zum Zwecke der Festnahme und Übergabe der gesuchten Person erlassen und durch den *Vollstreckungsstaat* vollstreckt. Die RL-PKH verwendet hierfür die längeren Begriffe Ausstellungsmitgliedstaat und Vollstreckungsmitgliedstaat und das deutsche IRG die klassischen Begriffe ersuchender Staat und ersuchter Staat. Das Verfahren zur Vollstreckung eines Europäischen Haftbefehls mündet in der *Übergabe* (Überstellung, Auslieferung) der gesuchten Person an den Ausstellungstaat, weshalb das Verfahren hier als *„Übergabeverfahren"* abgekürzt wird.

Darüber hinaus soll in dieser Arbeit wie im RbEuHb und der RL-RB und RL-PKH grundsätzlich der Begriff *„Rechtsbeistand"* verwendet werden, um die Person zu bezeichnen, die nach nationalem Recht befähigt und befugt ist, eine gesuchte Person rechtlich zu beraten und zu unterstützen.[138] Zugleich wird allerdings die Kritik geteilt, dass der Begriff „Rechtsbeistand" in der deutschen Fassung der RL-RB und RL-PKH missverständlich ist und der Begriff *„lawyer"* (Rechtsanwalt) in der englischen Sprachfassung treffender erscheint.[139] Der Begriff *„Rechtsbeistand"* ist aber zumindest vorzugswürdig zu dem bloßen *„Beistand"*, den das deutsche IRG für gesuchte Personen vorsieht[140]. Denn es muss sich bei einem Beistand an sich nicht um eine Person handeln, die eine volljuristische Ausbildung absolviert hat[141] und Beistände sind in der Regel nicht

---

136 Vgl. A/K/R/*Meyer*, vor §§ 78 ff. IRG, Rn. 755; *Böhm*, in: IStR in der Praxis, Rn. 912.

137 Stand August 2019. Seit Umsetzung der RL-PKH im Dezember 2019 verwendet das IRG nun den Begriff *„verfolgte Person"*.

138 Vgl. auch Definition in Erwägungsgrund Nr. 15 RL-RB.

139 Vgl. etwa DAV-Stellungnahme Nr. 59/2012 v. Juni 2012 (abrufbar unter www.anwaltverein.de) [Stand: 29.10.2018], S. 4 („irreführend"). Zu Unterschieden zwischen den Berufsbezeichnungen Rechtsbeistand und Rechtsanwalt vgl. zudem OLG Karlsruhe, Beschl. v. 28.2.1997, BeckRS 1997, 09789.

140 Stand August 2019. Seit Umsetzung der RL-PKH im Dezember 2019 verwendet das IRG nun ebenfalls den Begriff *„Rechtsbeistand"*.

141 Vgl. etwa § 149 StPO für den „Beistand des Angeklagten" (Ehegatte, Lebenspartner, gesetzliche Vertreter); § 69 JGG (Vertrauensperson des Jugendlichen).

befugt, prozessuale Rechte eines Angeklagten wahrzunehmen.[142] Legt man die Sicht eines international-arbeitsteiligen Strafverfahrens zugrunde, müsste es sich zudem eigentlich um einen „Verteidiger" handeln.[143] Der Begriff „*Beistand*" im IRG soll dagegen verdeutlichen, dass das Auslieferungs- und Übergabeverfahren nicht als innerstaatliches Strafverfahren angesehen wird.[144]

3. Ablauf des Übergabeverfahrens

Während das Übergabeverfahren auf dem RbEuHb basiert, sieht der RbEuHb nur wenige Regelungen vor, die das im Vollstreckungsstaat durchzuführende Verfahren selbst betreffen. Im Folgenden soll daher der typische Ablauf eines Übergabeverfahrens darstellt werden, wie er sich in Deutschland als Vollstreckungsstaat eines Europäischen Haftbefehls darstellt. In Deutschland richtet sich das Übergabeverfahren im Vollstreckungsstaat nach dem Gesetz über die Internationale Rechtshilfe in Strafsachen (*IRG*).

Maßgeblich für den Auslieferungsverkehr mit Mitgliedstaaten der Europäischen Union aufgrund des RbEuHb ist der Achte Teil des IRG (§§ 78 ff. IRG). Die Vorgaben der §§ 2 ff. IRG zur klassischen Auslieferung gelten jedoch entsprechend, soweit sich aus den vorrangigen §§ 78 ff. IRG für das Übergabeverfahren nichts anderes ergibt (§ 78 Abs. 1 IRG). Dies trifft insbesondere auf das in Deutschland durchzuführende Verfahren zu. Über § 77 Abs. 1 IRG i.V.m. § 78 Abs. 1 IRG kann ferner auf die Vorschriften der StPO und des GVG zurückgegriffen werden, wenn das IRG keine besonderen Verfahrensvorschriften enthält.

Orientierung bieten ferner die Richtlinien für den Verkehr mit dem Ausland in strafrechtlichen Angelegenheiten (*RiVASt*)[145], die sich als Verwaltungsvorschriften an Gerichte, Staatsanwaltschaften und andere Behörden richten und einen grundsätzlich verbindlichen Leitfaden für die Bearbeitung von Rechtshilfeangelegenheiten bieten sollen (vgl. Nr. 1 RiVASt).[146] Auch hier gelten über

142 Vgl. grundsätzliche Kritik bei S/L/G/H/*Lagodny/Schomburg/Hackner*, § 40 IRG, Rn. 6 m.w.N.; krit. auch *Pieronczyk*, S. 91 ff.

143 Vgl. S/L/G/H/*Lagodny/Schomburg/Hackner*, § 40 IRG, Rn. 6 m.w.N.

144 Vgl. A/K/R/*Köberer*, § 40 IRG, Rn. 508.

145 Richtlinien für den Verkehr mit dem Ausland in strafrechtlichen Angelegenheiten v. 18.9.1984 (BAnz Nr. 176 v. 18.9.1984), zuletzt geändert durch Bekanntmachung v. 23.12.2016 (BAnz AT 12.10.2017 B1), auch abrufbar unter www.bmjv.de.

146 Hinsichtlich Entscheidungen, die der richterlichen Unabhängigkeit unterliegen, enthalten sie als Vorschriften der Exekutive jedoch nur Hinweise, vgl. Nr. 1 Abs. 1 S. 2 RiVASt.

Nr. 149 RiVASt die allgemeinen Vorgaben zur klassischen Auslieferung für den Europäischen Haftbefehl entsprechend, soweit sich nach Nr. 153 ff. RiVASt nichts anderes ergibt.

Das Übergabeverfahren setzt einen Europäischen Haftbefehl aus dem Ausstellungsstaat voraus (dazu a) und führt im Vollstreckungsstaat grundsätzlich zur Festnahme der gesuchten Person und Anordnung von Auslieferungshaft (dazu b). Die gesuchte Person kann ihre Zustimmung zu einem vereinfachten Verfahren erklären (c). Ansonsten entscheidet das Oberlandesgericht über die Zulässigkeit der Übergabe der gesuchten Person (Zulässigkeitsverfahren) und die Bewilligungsbehörde über die Bewilligung der Übergabe (Bewilligungsverfahren) (d).[147]

a) Ausstellung eines Europäischen Haftbefehls

Grundlage für das Übergabeverfahren im Vollstreckungsstaat ist die Ausstellung eines Europäischen Haftbefehls durch den Ausstellungsstaat.[148] Ein Europäischer Haftbefehl kann zum Zwecke der Strafverfolgung oder der Strafvollstreckung einer Freiheitsstrafe oder einer freiheitsentziehenden Maßregel der Sicherung ausgestellt werden (Art. 1 Abs. 1 RbEuHb).

Hierbei ist es zunächst wichtig hervorzuheben, dass für den Erlass eines Europäischen Haftbefehls im Ausstellungsstaat ein Strafverfahren gegen die gesuchte Person im Ausstellungsstaat geführt werden muss. Im Ausstellungsstaat muss – unabhängig vom Europäischen Haftbefehl selbst – zwingend ein nationaler Haftbefehl oder ein nationales vollstreckbares Urteil oder eine vergleichbare justizielle vollstreckbare Entscheidung gegen die gesuchte Person vorliegen, auf die sich der Europäische Haftbefehl stützen kann.[149] Ansonsten ist der Europäische Haftbefehl nicht wirksam und darf nicht vollstreckt werden.[150]

---

147 Vgl. für hilfreiche Übersichten zum Verfahrensgang: S/L/G/H/*Hackner*, Einf., Rn. 54 ff.; *Ahlbrecht*, in: IStR in der Praxis, Rn. 1185 f., 1190.

148 Vgl. umfassend zu den Anforderungen und das Verfahren zur Ausstellung eines EuHb: Handbuch der Europäischen Kommission mit Hinweisen zur Ausstellung und Vollstreckung eines Europäischen Haftbefehls v. 28.9.2017, C(2017) 6389 final (abrufbar unter https://e-justice.europa.eu.), S. 15 ff., auch mit Rechtsprechung des EuGH m.w.N.; zu den formellen Anforderungen an einen Europäischen Haftbefehl zudem *Böhm*, in: IStR in der Praxis, Rn. 916 ff.

149 Vgl. Handbuch der Europäischen Kommission mit Hinweisen zur Ausstellung und Vollstreckung eines Europäischen Haftbefehls v. 28.9.2017, C(2017) 6389 final (abrufbar unter https://e-justice.europa.eu.), S. 8, 12, 15 ff. m.w.N.

150 Vgl. Art. 8 Abs. 1 *lit.* c RbEuHb in der Auslegung des EuGH, ebenda m.w.N.

Für die Ausstellung eines Europäischen Haftbefehls und die Zulässigkeit der Übergabe muss der gesuchten Person im Ausstellungsstaat entweder: i) zur Strafverfolgung nach dem Recht des Ausstellungsstaates eine Freiheitsstrafe oder sonstige Sanktion im Höchstmaß von mindestens zwölf Monaten drohen, oder ii) nach dem Recht des Ausstellungsstaates eine freiheitsentziehende Sanktion von mindestens vier Monaten zu vollstrecken sein (vgl. Art. 2 Abs. 1 RbEuHb; § 81 IRG).

Auszustellen ist der Europäische Haftbefehl durch die *„Justizbehörde des Ausstellungsmitgliedstaats"* (Art. 6 Abs. 1 RbEuHb), wozu nicht nur Richter oder Gerichte zählen, sondern alle Behörden, die in dem jeweiligen Mitgliedstaat an der Strafrechtspflege mitwirken, d.h. auch die Staatsanwaltschaft.[151] Polizeibehörden und Regierungsstellen sind insoweit nicht zuständig, ein polizeilicher Haftbefehl kann jedoch durch eine Justizbehörde bestätigt werden.[152] Wenn der Aufenthaltsort der gesuchten Person bekannt ist, kann die ausstellende Justizbehörde einen Europäischen Haftbefehl direkt an die vollstreckende Justizbehörde übermitteln (Art. 9 Abs. 1, Art. 10 RbEuHb).

Praktisch stellt der Europäische Haftbefehl ein standardisiertes Formblatt dar (vgl. Anhang zum RbEuHb; RiVASt Muster Nr. 40). Der Europäische Haftbefehl muss den formellen und inhaltlichen Anforderungen des Art. 8 RbEuHb bzw. § 83a Abs. 1 IRG genügen, mithin unter anderem Angaben enthalten zur Identität und Staatsangehörigkeit der gesuchten Person, die Bezeichnung und Anschrift der ausstellenden Justizbehörde, Angaben zur Art und rechtlichen Würdigung der Straftat, die Beschreibung der Tatumstände und die im Ausstellungsstaat vorgesehene Höchststrafe bzw. die verhängte Strafe.[153]

Die gesuchte Person kann darüber hinaus zur Festnahme zwecks Auslieferung im Schengener Informationssystem (SIS) ausgeschrieben werden.[154] Dies ist insbesondere dann sinnvoll, wenn der Aufenthaltsort der gesuchten Person nicht bekannt ist.[155] Die Ausschreibung der Person im SIS-System wird einem

---

151 Vgl. *Hackner/Schierholt*, Rn. 64 m.w.N.; Handbuch der Europäischen Kommission mit Hinweisen zur Ausstellung und Vollstreckung eines Europäischen Haftbefehls v. 28.9.2017, C(2017) 6389 final (abrufbar unter https://e-justice.europa.eu.), S. 11 f. m.w.N. zur EuGH-Rechtsprechung. Siehe zur fehlenden Unabhängigkeit der deutschen Staatsanwaltschaft aber EuGH (GK), Urteil vom 27.5.2019 – C-508/18, C-82/19 PPU (OG und PI) = NJW 2019, 2145 m. Anm. *Schubert*.

152 Vgl. näher ebenda.

153 Näher *Hackner/Schierholt*, Rn. 64; *Böhm*, in: IStR in der Praxis, Rn. 916 ff.

154 Zum SIS-System im Überblick: *Esser*, EuIntStR, § 4, Rn. 30 ff.

155 Vgl. näher Handbuch der Europäischen Kommission mit Hinweisen zur Ausstellung und Vollstreckung eines Europäischen Haftbefehls v. 28.9.2017, C(2017) 6389 final

Europäischen Haftbefehl gleichgestellt, wenn sie den obigen inhaltlichen Anforderungen genügt oder diese nachgereicht werden (§ 83a Abs. 2 IRG).[156] In dem weiterentwickelten SIS-II-System kann der Europäische Haftbefehl als solcher der SIS-Ausschreibung beigefügt werden, was das Verfahren beschleunigen und eine schnellere Überprüfung durch den Vollstreckungsstaat ermöglichen kann.[157] Wird die gesuchte Person aufgrund einer SIS-Ausschreibung festgenommen, muss der beigefügte Europäische Haftbefehl mitunter noch in eine der Amtssprachen des Vollstreckungsstaates oder eine durch ihn akzeptierte Sprache übersetzt werden.[158]

b) Festnahme und Auslieferungshaft

Für die gesuchte Person beginnt das Übergabeverfahren in Deutschland als Vollstreckungsstaat in der Regel mit ihrer vorläufigen Festnahme durch die Polizei oder Staatsanwaltschaft (§ 19 i.V.m. § 78 Abs. 1 IRG).[159] Dafür ist keine vorherige richterliche Entscheidung in Deutschland erforderlich, was etwa bei einem zufälligen Fahndungserfolg der Polizei relevant werden kann.[160] Für die vorläufige Festnahme nach § 19 IRG müssen die Voraussetzungen eines (vorläufigen) deutschen Auslieferungshaftbefehls vorliegen, die in §§ 15, 16 IRG geregelt sind. In der Praxis wird eine gesuchte Person regelmäßig schon aufgrund der internationalen Ausschreibung zur Festnahme vorläufig festgenommen.[161] Der gesuchten Person ist der Grund der Festnahme mitzuteilen (§ 20 Abs. 1 IRG) und ihr ist unmittelbar nach ihrer Festnahme ein Merkblatt über die Erklärung ihrer

---

(abrufbar unter https://e-justice.europa.eu.), S. 30 ff.; *Hackner/Schierholt,* Rn. 56 ff.; S/L/G/H/*Hackner*, Einf., Rn. 65 ff.

156 Vgl. *Böhm*, in: IStR in der Praxis, Rn. 916 ff.

157 Vgl. näher A/K/R/*Meyer*, § 83a IRG, Rn. 945 ff.; *Böhm*, in: IStR in der Praxis, Rn. 916 ff.

158 Vgl. näher Handbuch der Europäischen Kommission mit Hinweisen zur Ausstellung und Vollstreckung eines Europäischen Haftbefehls v. 28.9.2017, C(2017) 6389 final (abrufbar unter https://e-justice.europa.eu.), S. 30 ff.

159 Vgl. S/L/G/H/*Hackner*, Einf., Rn. 54; auch S/L/G/H/*Lagodny*, vor §§ 21, 22 IRG, Rn. 4; G/P/K/*Böhm*, § 22 IRG, Rn. 3 f.

160 Näher zum Normzweck und praktischen Bedürfnis der vorläufigen Festnahme im Auslieferungsrecht S/L/G/H/*Schomburg/Hackner*, § 19 IRG, Rn. 2, 5 f.

161 Näher und äußerst kritisch hierzu G/P/K/*Böhm*, § 19 IRG, Rn. 11 f., § 22 IRG, Rn. 3 ff. („verfassungsrechtlich höchst bedenkliche (…) Praxis entwickelt, welche nach Einführung des Europäischen Haftbefehls vielfach dazu führt, dass Personen wegen teilweise geringfügiger Tatvorwürfe in Haft genommen werden.“); krit. auch *Böhm*, in: IStR in der Praxis, Rn. 756 f.; A/K/R/*Köberer*, § 22 IRG, Rn. 283 f.

Rechte bei Festnahme wegen Auslieferung auszuhändigen (Nr. 36 Abs. 4 RiVASt, Muster Nr. 40b RiVASt).

Das weitere Verfahren im Falle einer vorläufigen Festnahme richtet sich nach § 22 IRG i.V.m. § 78 Abs. 1 IRG (vgl. auch Nr. 40 RiVASt): Die gesuchte Person ist unverzüglich dem Richter des nächsten Amtsgerichts vorzuführen und durch diesen zu vernehmen. Der gesuchten Person wird eröffnet, welcher Staat ihre Auslieferung betreibt und dass sie zur Sicherung der Auslieferung vorläufig festgenommen wurde (vgl. Musterantrag Nr. 41 RiVASt). Sie wird darauf hingewiesen, dass sie sich in jeder Lage des Verfahrens eines Beistands bedienen kann und es ihr freisteht, sich zu der ihr zur Last gelegten Tat zu äußern (§ 22 Abs. 2 S. 2 IRG).

Die gesuchte Person wird durch den Richter beim Amtsgericht zum einen über ihre persönlichen Verhältnisse vernommen, etwa ihre Staatsangehörigkeit, Sprachkenntnisse, Zweck und Dauer des Aufenthalts im Vollstreckungsstaat sowie Wohnort sowie familiäre, soziale und berufliche Bindungen.[162] Diesen Angaben kommt erhebliche Bedeutung zu, etwa für die Beurteilung eines Haftgrundes und der Vorabentschließung über die Bewilligung der Auslieferung, zumal bis dahin regelmäßig keine näheren Erkenntnisse dazu vorliegen.[163]

Zum anderen wird die gesuchte Person dazu befragt, ob und gegebenenfalls welche Einwendungen sie gegen ihre Auslieferung oder Inhaftnahme erheben will (§ 22 Abs. 2 S. 3 IRG, näher Musterantrag Nr. 41 RiVASt). Im Gegensatz zur StPO soll grundsätzlich keine Vernehmung zum Gegenstand der Beschuldigung selbst erfolgen[164], da der Tatvorwurf für das Übergabeverfahren allenfalls unter besonderen Umständen (§ 10 Abs. 2 IRG) relevant sein soll.[165] Angaben, die die gesuchte Person von sich aus zum Tatvorwurf macht, sind allerdings in das Protokoll aufzunehmen (§ 22 Abs. 2 S. 4 i.V.m. § 21 Abs. 2 S. 4 IRG). In der Praxis werden regelmäßig Angaben gemacht.[166] Dies kann sich für die gesuchte Person nachteilig auswirken: Zum einen im Übergabeverfahren, etwa für die Beurteilung eines maßgeblichen Inlands- oder Auslandsbezugs der Tat (§ 80 IRG, auch § 83b IRG)[167], zum anderen im späteren Strafverfahren, da das Protokoll an den Ausstellungsstaat übermittelt und die Angaben dort verwertbar sein können[168].

---

162 Vgl. näher G/P/K/*Böhm*, § 21 IRG, Rn. 18 ff., § 22 IRG, Rn. 13.
163 Vgl. näher G/P/K/*Böhm*, § 21 IRG, Rn. 19 ff., § 22 IRG, Rn. 13.
164 Außer in den Fällen des § 16 Abs. 1 Nr. 2 IRG, vgl. § 21 Abs. 2 S. 4, 22 Abs. 2 S. 4 IRG.
165 Vgl. auch G/P/K/*Böhm*, § 21 IRG, Rn. 24, 28.
166 Vgl. *Ahlbrecht*, in: IStR in der Praxis, Rn. 1165; G/P/K/*Böhm*, § 21 IRG, Rn. 28.
167 Vgl. G/P/K/*Böhm*, § 21 IRG, Rn. 24.
168 Vgl. OLG Rostock, NStZ 2012, 101.

Zugleich könnte gegen die gesuchte Person wegen der zur Last gelegten Tat auch in Deutschland ein Strafanspruch bestehen.[169]

Der Richter am nächsten Amtsgericht hat sodann eine Freilassungs- oder Festhalteanordnung zu treffen (§ 22 Abs. 3 IRG). Eine Festhalteanordnung dient als Grundlage der Freiheitsentziehung in Deutschland, bis das für die Anordnung der Auslieferungshaft zuständige Oberlandesgericht (§§ 13, 17 IRG) entscheidet.[170] Nach dem Wortlaut des § 22 Abs. 3 IRG hat der Richter am Amtsgericht nur eine Kontrolle der Identität der gesuchten Person vorzunehmen, seine Entscheidungskompetenz ist beschränkt.[171] Es ist mit der freiheitssichernden Funktion der Grundrechte der gesuchten Person nach Art. 2 Abs. 2 S. 2 GG (Freiheit der Person) sowie Art. 104 Abs. 1 bis 3 GG (richterliche Prüfung der Zulässigkeit und Fortdauer jeglicher Freiheitsentziehung) jedoch nicht vereinbar, wenn der Richter am Amtsgericht die richterliche Verantwortung für die Freiheitsentziehung tragen soll, ihm aber keine Überprüfung der Zulässigkeit der Maßnahme gestattet wird.[172] In verfassungskonformer Auslegung des § 22 Abs. 3 IRG ist das Amtsgericht daher zumindest in Evidenz- und Zweifelsfällen verpflichtet summarisch zu prüfen, ob die Voraussetzungen eines Auslieferungshaftbefehls nach §§ 15, 16 IRG vorliegen.[173] Auch Art. 5 Abs. 1 lit. *f* EMRK stellt Anforderungen an die Rechtsmäßigkeit von Auslieferungshaft.[174]

Die Anordnung der (vorläufigen) Auslieferungshaft dient dem Zweck, dass sich die gesuchte Person nicht während des laufenden Verfahrens ihrer Auslieferung entziehen kann.[175] Dies richtet sich auch beim Europäischen Haftbefehl nach dem nationalen Recht des Vollstreckungsstaates (Art. 12 RbEuHb). In Deutschland kann das Oberlandesgericht einen schriftlichen Haftbefehl (sog. Auslieferungshaftbefehl) nach § 17 IRG erlassen, wenn die Voraussetzungen des § 16 IRG (sog. vorläufige Auslieferungshaft) oder § 15 IRG (sog. förmliche Auslieferungshaft) vorliegen.[176] Die förmliche Auslieferungshaft nach § 15 IRG kann

---

169 Vgl. G/P/K/*Böhm*, § 21 IRG, Rn. 25, mit Verweis auf §§ 5 ff. StGB.

170 Vgl. S/L/G/H/*Hackner*, Einf., Rn. 55.

171 Zu Recht sehr kritisch und näher zu dem „in seinem Entscheidungsbereich amputierten Richter" am Amtsgericht bei §§ 21, 22 IRG vgl. S/L/G/H/*Schomburg/Hackner*, vor §§ 21, 22 IRG, Rn. 5 ff.; krit. auch schon *Schomburg*, StV 1998, 153 (156).

172 Vgl. BVerfG, Beschl. v. 16.9.2010, 2 BvR 1608/07 (juris), Rn. 26 ff., BVerfGK 18, 63 = StV 2011, 170; näher G/P/K/*Böhm*, § 22 IRG, Rn. 6, 17 ff.

173 Ebenda.

174 Näher LR/*Esser*, Art. 5 EMRK, Rn. 168 ff. m.w.N.

175 Vgl. *Hackner/Schierholt*, Rn. 71.

176 Vgl. auch S/L/G/H/*Schomburg/Hackner*, § 16 IRG, Rn. 3.

erst angeordnet werden, nachdem das Auslieferungsersuchen mit den erforderlichen Unterlagen eingegangen ist. Während im klassischen Auslieferungsverfahren zwischen einem Festnahme- und Auslieferungsersuchen getrennt wird, kommt bei einem Europäischen Haftbefehl mit den nach § 83a IRG erforderlichen Angaben oder einer entsprechenden Ausschreibung im SIS-II-System (mit beigefügtem Europäischen Haftbefehl) regelmäßig direkt die förmliche Auslieferungshaft nach § 15 IRG in Betracht.[177]

Die Anordnung von Auslieferungshaft nach § 15 IRG setzt neben dem Eingang des Auslieferungsersuchens voraus, dass ein Haftgrund vorliegt (Flucht- oder Verdunkelungsgefahr), die Auslieferung nicht von vornherein unzulässig erscheint und Verhältnismäßigkeit gegeben ist.[178] Nach dem BVerfG sind erhöhte Anforderungen an die Begründungstiefe der Anordnung bzw. Aufrechterhaltung von Auslieferungshaft zu stellen, um der Gefahr vorzubeugen, dass die materielle Grundrechtsposition aus Art. 2 Abs. 2 S. 2 GG i.V.m Art. 104 GG entwertet wird.[179] Auch bei Auslieferungshaft seien im Zuge einer intensiven Einzelfallprüfung in der Regel aktuelle Ausführungen zum Vorliegen der Haftvoraussetzungen, zur Abwägung zwischen den Interessen und zum Grundsatz der Verhältnismäßigkeit erforderlich.[180]

Wenn das Oberlandesgericht die (vorläufige) Auslieferungshaft angeordnet hat, richtet sich das weitere Verfahren zur Eröffnung des Auslieferungshaftbefehls nach § 21 IRG. Der Auslieferungshaftbefehl ist der Person unverzüglich bekanntzugeben und eine Abschrift auszuhändigen (§ 20 Abs. 2 IRG). Im Falle der Ergreifung aufgrund eines Auslieferungshaftbefehls wird die gesuchte Person nach § 21 IRG allerdings ebenfalls „nur" dem Richter des nächsten Amtsgerichts vorgeführt und nicht dem eigentlich zuständigen OLG.[181] Die richterliche Vorführung und Vernehmung entspricht weitgehend den obigen Ausführungen, zudem können Einwendungen gegen den Auslieferungshaftbefehl und dessen

---

177 Vgl. *Hackner/Schierholt*, Rn. 73; A/K/R/*Meyer*, § 83a IRG, Rn. 945 ff.

178 Näher im Einzelnen S/L/G/H/*Schomburg/Hackner*, § 15 IRG, Rn. 16 ff.; zudem Übersicht bei *Hackner/Schierholt*, Rn. 77.

179 Vgl. BVerfG, stattgebender Kammerbeschl. v. 14.12.2017, 2 BvR 2655/17 (juris), Rn. 21 ff.

180 Ebenda.

181 Näher zur Regelungsgeschichte und kritisch G/P/K/*Böhm*, § 21 IRG, Rn. 3 m.w.N., Rn. 7, der rechtspolitisch keinen Grund mehr sieht, weshalb die Eröffnung des (vorläufigen) Auslieferungshaftbefehls nicht durch das zuständige Oberlandesgericht erfolgen sollte, zumal dies das Verfahren bei einem Europäischen Haftbefehl erheblich beschleunigen würde.

Vollzug erhoben werden (§ 21 Abs. 2 S. 3 IRG), über die das Oberlandesgericht entscheidet (§ 23 IRG). Der Richter am Amtsgericht kann nur in sehr engen Ausnahmefällen die Freilassung der gesuchten Person anordnen (vgl. § 21 Abs. 3, Abs. 4 IRG).[182] Bei nicht offensichtlich unbegründeten Einwendungen oder Bedenken des Richters am Amtsgericht gegen die Aufrechterhaltung der Haft hat der Richter am Amtsgericht diese der Staatsanwaltschaft beim OLG mitzuteilen, die unverzüglich die Entscheidung des OLG herbeiführt (§ 21 Abs. 5 IRG).[183]

Die Entscheidungen des Richters am Amtsgericht und des Oberlandesgerichtes sind unanfechtbar (vgl. § 13 Abs. 1 S. 2 IRG sowie §§ 21 Abs. 6, 22 Abs. 3 S. 3 IRG). Es können jedoch jederzeit Einwendungen gegen den Auslieferungshaftbefehl oder dessen Vollzug erhoben werden, über die das Oberlandesgericht zu entscheiden hat (§ 23 IRG). Der Auslieferungshaftbefehl ist aufzuheben, wenn die Voraussetzungen der Auslieferungshaft nicht mehr vorliegen oder die Auslieferung durch das Oberlandesgericht für unzulässig erklärt wird (§ 24 IRG). Zudem kann der Vollzug des Auslieferungshaftbefehls ausgesetzt werden, wenn weniger einschneidende Maßnahme ausreichend sind (§ 25 IRG), etwa Auflagen.[184] Das Oberlandesgericht nimmt zudem alle zwei Monate eine Haftprüfung vor (§ 26 IRG).

c) Zustimmung zur vereinfachten Auslieferung

Eine gesuchte Person kann sich im Übergabeverfahren mit einer vereinfachten Auslieferung an den Ausstellungsstaat einverstanden erklären und/oder auf den Schutz des Grundsatzes der Spezialität verzichten (vgl. Art. 11 Abs. 1, Art. 13 RbEuHb; § 41 IRG). In Deutschland wird sie über diese Möglichkeiten grundsätzlich bei ihrer ersten Anhörung belehrt, wenn sie keine Einwendungen gegen ihre Übergabe erhebt (vgl. §§ 21 Abs. 6, 22 Abs. 3 S. 2 IRG). Beide Erklärungen sind im Interesse der Rechtsklarheit unwiderruflich (Art. 13 Abs. 4 RbEuHb; § 41 Abs. 3 IRG).[185]

---

182 Näher G/P/K/*Böhm*, § 21 IRG, Rn. 33 ff.

183 Vgl. näher und mit verfassungsrechtlichen Bedenken G/P/K/*Böhm*, § 21 IRG, Rn. 42, nach dem unverzüglich das Oberlandesgericht selbst informiert werden müsste.

184 Vgl. S/L/G/H/*Schomburg/Hackner*, § 25 IRG, Rn. 1, die die Außervollzugsetzung des Auslieferungshaftbefehls über den Wortlaut des § 25 IRG hinaus („kann") dann als Pflicht des Gerichts ansehen.

185 Vgl. auch S/L/G/H/*Lagodny*, § 41 IRG, Rn. 4.

Durch die Zustimmung der gesuchten Person zu ihrer vereinfachten Übergabe kann das Übergabeverfahren erheblich beschleunigt werden.[186] Der Zustimmung zur Übergabe kommt weitreichende Bedeutung für den weiteren Verfahrensverlauf zu: Die gesuchte Person verzichtet damit weitgehend auf die Durchführung des gerichtlichen Zulässigkeitsverfahrens und den damit verbundenen Rechtsschutz.[187] Zudem wird die Vorabentscheidung der Bewilligungsbehörde über die Nichtgeltendmachung von Bewilligungshindernissen nicht mehr gerichtlich überprüft (Belehrung nach § 79 Abs. 2 S. 4 IRG). Die gesuchte Person bleibt aber insoweit geschützt, als dass die Auslieferung nicht offensichtlich unzulässig erscheinen darf.[188] Die Staatsanwaltschaft kann zudem trotz Zustimmung einen Antrag auf Entscheidung über die Zulässigkeit der Auslieferung stellen (§ 29 Abs. 2 IRG).

Der Verzicht auf den Grundsatz der Spezialität kann wiederum den Umfang der nachfolgenden Strafverfolgung im Ausstellungsstaat wegen etwaiger anderer Straftaten beeinflussen.[189] Nach dem Grundsatz der Spezialität darf die gesuchte Person durch den Ausstellungsstaat wegen einer vor der Übergabe begangenen anderen Handlung als derjenigen, die der Übergabe zugrunde liegt, weder verfolgt noch verurteilt noch einer freiheitsentziehenden Maßnahme unterworfen werden (vgl. Art. 27 Abs. 2 RbEuHb, auch zu Ausnahmen; § 11 IRG).

d) Zulässigkeits- und Bewilligungsverfahren

Im eigentlichen Übergabeverfahren ist sodann zu entscheiden, ob die Übergabe der gesuchten Person an den Ausstellungsstaat rechtmäßig ist. Ein Europäischer Haftbefehl wird als Eilsache erledigt und der RbEuHb sieht enge Fristen vor, innerhalb derer über die Übergabe entschieden werden soll (spätestens 60 Tage nach der Festnahme bzw. 10 Tage nach Erteilung der Zustimmung zur Übergabe) und die gesuchte Person an den Ausstellungsstaat übergeben werden soll (spätestens 10 Tage nach der endgültigen Entscheidung) (vgl. Art. 17 und Art. 23 RbEuHb; § 83c IRG). Ausnahmen gelten nur unter anderem bei außergewöhnlichen Umständen wie schwerwiegenden humanitären Gründen, beispielsweise einer Gefährdung für Leib oder Leben etwa durch Krankheit (näher Art. 17 Abs. 7 RbEuHb, Art. 23 RbEuHb; § 83c IRG).

---

186 Vgl. *Hackner/Schierholt*, Rn. 86; S/L/G/H/*Lagodny*, § 41 IRG, Rn. 1.

187 Vgl. *Hackner/Schierholt*, Rn. 86; näher G/P/K/*Böhm*, § 41 IRG, Rn. 14, 21, 26.

188 Vgl. § 41 Abs. 1 IRG („gegen den ein Auslieferungshaftbefehl besteht") sowie § 15 Abs. 2 IRG; näher G/P/K/*Böhm*, § 41 IRG, Rn. 18 ff.

189 Vgl. A/K/R/*Köberer*, § 41 IRG, Rn. 537 f.; näher S/L/G/H/*Lagodny*, § 41 IRG, Rn. 2 ff.

Das Übergabeverfahren soll nach dem RbEuHb ein rein justizielles Verfahren darstellen und die bisherige politische Bewilligungsebene wegfallen.[190] Bei der Umsetzung des RbEuHb in Deutschland wurde das politische Bewilligungsverfahren allerdings neben dem gerichtlichen Zulässigkeitsverfahren beibehalten und nur an die Erfordernisse des gerichtlichen Rechtsschutzes nach Art. 19 Abs. 4 GG[191] angepasst. Das Ergebnis wird als schwerfälliges dreistufiges Verfahren ohne echte Rechtswegeröffnung kritisiert, das mit dem Beschleunigungsziel des RbEuHb nicht vereinbar sei.[192]

Im ersten Schritt hat die Bewilligungsbehörde nach § 79 Abs. 2 IRG nun *vor* der gerichtlichen Zulässigkeitsentscheidung zu entscheiden, ob sie Bewilligungshindernisse nach § 83b IRG geltend machen möchte.[193] Zuständig für die Bewilligung ist das Bundesamt für Justiz, wobei der Bund die Ausübung der Kompetenz auf die Länder und diese sie wiederum oft auf die Generalstaatsanwaltschaft übertragen haben.[194] Die Vorabentscheidung der Bewilligungsbehörde ist zu begründen und die Ermessensentscheidung unterliegt zur Wahrung effektiven Rechtsschutzes der Überprüfung durch das Oberlandesgericht.[195]

Auf die Vorabentscheidung der Bewilligungsbehörde folgt im zweiten Schritt das Zulässigkeitsverfahren vor dem zuständigen Oberlandesgericht. Die Staatsanwaltschaft beantragt nach § 29 IRG die Entscheidung des Oberlandesgerichts, ob die Auslieferung zulässig ist. Die gesuchte Person ist vor der Entscheidung grundsätzlich durch den Richter beim Amtsgericht anzuhören (§ 28 IRG). Beim Europäischen Haftbefehl kann die Vernehmung nach § 28 IRG jedoch mitunter zusammen mit der obigen Eröffnung des Auslieferungshaftbefehls nach § 21 IRG durchgeführt werden, wenn die Auslieferungsunterlagen zu dem Zeitpunkt bereits vorlagen.[196] Das Oberlandesgericht kann die gesuchte Person auch selbst

190 Vgl. insb. ErwG Nr. 5, Art. 6 Abs. 2 (vollstreckende Justizbehörde) und Art. 15 Abs. 1 („Die vollstreckende Justizbehörde entscheidet über die Übergabe…“) RbEuHb; auch *Hackner/Schierholt*, Rn. 66, Fn. 67.

191 Vgl. BVerfG, Beschl. v. 18.7.2005, BVerfGE 113, 273 = NJW 2005, 2289.

192 Vgl. krit. und näher S/L/G/H/*Hackner*, § 79 IRG, Rn. 1 f. m.w.N. (vieraktiges Verfahren); A/K/R/*Meyer*, vor §§ 78 ff. IRG, Rn. 760 („dreistufig“) m.w.N.; krit. auch *Böhm*, in: IStR in der Praxis, Rn. 908, 912, 914.

193 Vgl. insgesamt näher *Böhm*, in: IStR in der Praxis, Rn. 1072 ff., 1115 ff.

194 Vgl. *Hackner/Schierholt*, Rn. 66, Fn. 67 sowie Rn. 68 m.w.N.

195 Vgl. § 79 Abs. 2 S. 2, 3 IRG; näher A/K/R/*Meyer*, vor §§ 78 ff. IRG, Rn. 760 vor dem Hintergrund der Anforderungen des BVerfG; *Böhm*, in: IStR in der Praxis, Rn. 1115 ff.

196 Vgl. Nr. 159a RiVaSt; näher *Hackner/Schierholt*, Rn. 66 m.w.N.

vernehmen und eine mündliche Verhandlung durchführen (§§ 30, 31 IRG), dies kommt in der Praxis allerdings nur sehr selten vor.[197]

Das Oberlandesgericht hat sodann durch Beschluss (§ 32 IRG) zu entscheiden, ob die Übergabe der gesuchten Person an den Ausstellungsstaat zulässig ist. Hierfür prüft es im Einzelnen, ob die Auslieferungsvoraussetzungen erfüllt sind und keine Auslieferungshindernisse vorliegen.[198] Die Rechtmäßigkeit der zugrunde liegenden ausländischen Entscheidung und der Schuldverdacht gegen die gesuchte Person werden grundsätzlich nicht geprüft.[199]

Nach der gerichtlichen Zulässigkeitsentscheidung trifft die Bewilligungsbehörde sodann in einem dritten Schritt ihre endgültige Entscheidung über die Bewilligung der Auslieferung.[200] Wenn die Auslieferung durch das Gericht für unzulässig erklärt wurde, ist die Bewilligungsbehörde daran allerdings gebunden.[201]

Insgesamt kommen neben den obigen allgemeinen Zulässigkeitsvoraussetzungen verschiedene Verteidigungsansätze gegen die Zulässigkeit der Übergabe in Betracht.[202] Zu diesen gehören unter anderem der Grundsatz „ne bis in idem", d.h. eine rechtskräftige Verurteilung wegen derselben Handlung durch einen anderen Mitgliedstaat, wenn die Sanktion bereits vollstreckt worden ist, gerade vollstreckt wird oder nach dem Recht des Urteilsmitgliedstaats nicht mehr vollstreckt werden kann (Art. 3 Nr. 2 RbEuHb; § 83 Nr. 1 IRG). Denkbar erscheint auch das Fehlen der beiderseitigen Strafbarkeit, d.h. wenn die dem Ersuchen zugrunde liegende Tat nach dem Recht des Vollstreckungsstaates nicht ebenfalls eine rechtswidrige Tat ist. Bei den in Art. 2 Abs. 2 RbEuHb aufgeführten

---

197 Vgl. S/L/G/H/*Schomburg/Hackner*, § 28 IRG, Rn. 3, *Ahlbrecht*, in: IStR in der Praxis, Rn. 1185.

198 Vgl. S/L/G/H/*Hackner*, Einf., Rn. 58.

199 Vgl. S/L/G/H/*Hackner*, Einf., Rn. 59; *Hackner/Schierholt*, Rn. 66 m.w.N.; *Böhm*, in: IStR in der Praxis, Rn. 932.

200 Vgl. näher *Hackner/Schierholt*, Rn. 68a.

201 Vgl. *Hackner/Schierholt*, Rn. 67.

202 Vgl. im Einzelnen zum RbEuHb: Handbuch der Europäischen Kommission mit Hinweisen zur Ausstellung und Vollstreckung eines Europäischen Haftbefehls v. 28.9.2017, C(2017) 6389 final (abrufbar unter https://e-justice.europa.eu.), S. 43 ff. m.w.N.; ECBA Handbook on the EAW for Defence Lawyers, October 2017 (abrufbar unter http://handbook.ecba-eaw.org) [Stand: 29.10.2018], S. 19 ff. Näher zu den materiellen Anforderungen in Deutschland *Hackner/Schierholt*, Rn. 119 ff. m.w.N.; *Böhm* in: IStR in der Praxis, Rn. 948 ff.; auch *Burchard*, in: Böse (Hrsg.), EnzEuR Bd. 9, § 14, Rn. 34 ff.

Deliktsgruppen ist die beiderseitige Strafbarkeit allerdings nicht mehr zu prüfen (Art. 4 Nr. 1 RbEuHb; § 81 Nr. 3, 4 IRG). Ferner kann etwa eine Strafverfolgung im Vollstreckungsstaat anhängig (Art. 4 Nr. 2 RbEuHb; § 83b Abs. 1 *lit.* a IRG) oder die Strafverfolgung oder Strafvollstreckung verjährt sein (Art. 4 Nr. 4 RbEuHb; § 9 Nr. 2 IRG (über §§ 78 Abs. 1, 82 IRG). Besondere Voraussetzungen greifen bei Abwesenheitsverurteilungen (vgl. Art. 4a RbEuHb; § 83 Nr. 3 IRG). Besonderer Schutz besteht zudem für die Übergabe deutscher Staatsangehöriger (vgl. Art. 4 Nr. 6, Art. 5 Nr. 3 RbEuHb; § 80 IRG), etwa die Zusicherung der Rücküberstellung eines deutschen Staatsangehörigen zur Verbüßung der Freiheitsstrafe in Deutschland[203]. Dieser Schutz gilt teilweise ähnlich für Ausländer, die im Vollstreckungsstaat ihren gewöhnlichen Aufenthalt haben (vgl. etwa Art. 4 Nr. 6 RbEuHb; § 83b Abs. 2 IRG). Das moderne Auslieferungsrecht geht von einem *„dreidimensionalen"* Verständnis der Rechtshilfebeziehungen aus und neben den zwischenstaatlichen Verpflichtungen stehen auch der gesuchten Person subjektive Rechte zu, die sie im Verfahren geltend machen kann.[204]

Im Einzelnen gehen der RbEuHb und der Grundsatz der gegenseitigen Anerkennung allerdings auch mit neuartigen Grundrechtsgefährdungen für die gesuchte Person einher, für die noch keine Lösungen gefunden wurden.[205] Es ist insbesondere äußerst umstritten, ob und unter welchen Voraussetzungen der Vollstreckungsstaat trotz gegenseitiger Anerkennung und gegenseitigem Vertrauen noch weitere Umstände prüfen und die Vollstreckung eines Europäischen Haftbefehls aus grundrechtlichen Erwägungen ablehnen darf.[206] Der RbEuHb selbst enthält keinen konkreten Grund- und Menschenrechte-Vorbehalt, wonach die Vollstreckung eines Europäischen Haftbefehls wegen einer (drohenden) Verletzung der Grundrechte der gesuchten Person im Ausstellungsstaat abgelehnt

---

203 Umfassend zu den Anforderungen in Deutschland: *Böhm*, in: IStR in der Praxis, Rn. 960 ff. m.w.N.

204 Vgl. *Burchard*, in: Böse (Hrsg.), EnzEuR Bd. 9, § 14, Rn. 3; umfassend zur Entwicklung der Dreidimensionalität der Rechtshilfebeziehungen S/L/G/H, Einl., Rn. 2 ff., 37 ff.; näher auch G/P/K/*Vogel*, vor § 1 IRG, Rn. 6, 11; *Schaffner*, S. 34 ff.

205 Vgl. *Burchard*, in: Böse (Hrsg.), EnzEuR Bd. 9, § 14, Rn. 54; A/K/R/*Meyer*, vor §§ 78 ff IRG, Rn. 771 ff.

206 Vgl. umfassend und kritisch zu dem Konflikt des Grundrechtschutzes mit dem Grundsatz der gegenseitigen Anerkennung *Meyer*, EuR 2017, 163 m.w.N.; zudem *Burchard*, in: Böse (Hrsg.), EnzEuR Bd. 9, § 14, Rn. 34, 47 ff. m.w.N.; näher auch *Böhm*, in: IStR in der Praxis, Rn. 1011 ff. m.w.N.

werden darf.[207] In Betracht kommt alleine die Generalklausel des Art. 1 Abs. 3 RbEuHb.[208] Der EuGH stellte die gegenseitige Anerkennung und das gegenseitige Vertrauen zudem lange in den Vordergrund und lehnte eine einzelfallbezogene Grundrechtsprüfung ab.[209] Dies führte nicht zuletzt zu Konflikten des EuGH mit dem EGMR, da letzterer dennoch eine Einzelfallprüfung vornahm[210], sowie mit dem BVerfG, das die Garantie der Menschenwürde als Grenze der Anerkennung betonte[211]. Gerade diese Konstellation zeugt von den erheblichen Schwierigkeiten, die mit der Achtung der Rechtsstellung gesuchter Personen in einem System der gegenseitigen Anerkennung einhergehen können.

Mittlerweile zeichnen sich erste Annährungen ab, wie der Konflikt gehandhabt werden könnte.[212] Der EuGH erkannte an, dass unter „*außergewöhnlichen Umständen*" Beschränkungen der Grundsätze der gegenseitigen Anerkennung und des gegenseitigen Vertrauens zwischen den Mitgliedstaaten möglich sind.[213] Solche außergewöhnlichen Umstände können etwa vorliegen und zur (vorübergehenden)

---

207 Vgl. so auch Handbuch der Europäischen Kommission mit Hinweisen zur Ausstellung und Vollstreckung eines Europäischen Haftbefehls v. 28.9.2017, C(2017) 6389 final (abrufbar unter https://e-justice.europa.eu.), S. 50.

208 Mit Bedauern gegen eine Auslegung als Grundrechtsvorbehalt etwa G/P/K/*Vogel*, § 73 IRG, Rn. 138; dafür *Garlick*, in: Blekxtoon/van Ballegooij (Hrsg.), Handbook on the EAW, S. 167 (169, 175); dafür insb. auch GA *Sharpston*, Schlussantrag v. 18.10.2012, Rs. C-396/11 (Radu), Rn. 70 ff. (Art. 1 Abs. 3 RBEuHb verkäme sonst zur „elegante[n] Plattitüde"), BeckRS 2012, 82065.

209 Vgl. zu erheblichen Sorgen führend insbesondere EuGH (GK) Rs. C-396/11 (Radu), 29.1.2013, NJW 2013, 1145; EuGH (GK) Rs. C-399/11 (Melloni), 26.2.2013, NJW 2013, 1215, in Melloni schloss der EuGH zudem die Ablehnung der Vollstreckung wegen Verstößen gegen das nationale Verfassungsrecht aus, vgl. Rn. 55 ff. Näher und kritisch zu beiden vgl. *Gaede*, NJW 2013, 1279; ferner *Burchard*, in: Böse (Hrsg.), EnzEuR Bd. 9, § 14, 47 ff. m.w.N.

210 Vgl. etwa EGMR M.S.S./B und GR (GK), 21.1.2011, ECHR 2011-1 = EuGRZ 2011, 243; näher *Spielmann*, IWRZ 2017, 147 (151 f.) m.w.N.: „latente Spannung".

211 Siehe BVerfG, NJW 2016, 1149; *Böhm*, in: IStR in der Praxis, Rn. 1011 ff., 1045 f., 1066 m.w.N. Zu den weiteren aktuellen Entwicklungen des Konflikts seit Einreichung dieser Arbeit siehe *Böhm*, NStZ 2020, 204 (205 ff. m.w.N.).

212 Vgl. von Seiten des EuGH insbesondere EuGH (GK), Urt. v. 5.4.2016, C-404/15 und C-659/15 PPU (*Pál Aranyosi und Robert Căldăraru*), NJW 2016, 1709 m. Anm. *Böhm*; von Seiten des EGMR dagegen EGMR (GK) Avotiņš/LIT, 23.5.2016 = NJOZ 2018, 1515. Näher zu beiden *Spielmann*, IWRZ 2017,147 (insb. 151 ff. m.w.N.).

213 Vgl. EuGH (GK), Urt. v. 5.4.2016, C-404/15 und C-659/15 PPU (*Pál Aranyosi und Robert Căldăraru*), Rn. 82 ff. = NJW 2016, 1709 m. Anm. *Böhm* (das Urteil sei keine Kehrtwende, aber ein Lichtblick).

Beendigung des Übergabeverfahrens führen, wenn die Gefahr bestehe, dass die Übergabe zu einer unmenschlichen oder erniedrigenden Behandlung der gesuchten Person im Ausstellungsstaat entgegen Art. 4 GrCh führt.[214] Das Urteil wurde aufgrund der teilweise gravierenden Mängel in den Haftbedingungen einiger Mitgliedstaaten (konkret: Ungarn und Rumänien) erforderlich, die auch der EuGH nicht länger ignorieren konnte.[215] Ein ähnliches Urteil erging mit Blick auf die Unabhängigkeit der Justiz und die echte Gefahr einer Verletzung des Grundrechts auf ein faires Verfahren nach Art. 47 Abs. 2 GrCh infolge der Justizreformen im Ausstellungsstaat Polen.[216]

4. Schwierigkeiten der Verteidigung

Für eine gesuchte Person kann es im Übergabeverfahren insgesamt sehr schwierig sein sich zu verteidigen, zumal ihre Verteidigungsmöglichkeiten im Vollstreckungsstaat durch den Grundsatz der gegenseitigen Anerkennung *„a priori eingeschränkt“*[217] erscheinen.[218] Zusammenfassend sind aus Sicht der gesuchten Person und der Verteidigung während des Übergabeverfahrens insbesondere Einwendungen gegen die folgenden Aspekte denkbar[219]:

- Erforderlicher Inhalt und Wirksamkeit des Europäischen Haftbefehls und diesem zugrunde liegende nationale Entscheidung des Ausstellungsstaates,
- Einwendungen gegen das Vorliegen der Voraussetzungen des (deutschen) Auslieferungshaftbefehls oder seines Vollzugs,

---

214 Ebenda.

215 Vgl. insg. näher die Anm. von *Böhm* m.w.N., ebenda. Näher zu Defiziten und Haftbedingungen als Auslieferungshindernis zudem *Böhm*, in: IStR in der Praxis, Rn. 1062 ff. m.w.N. („der tatsächlich Not des Faktischen folgend“, Rn. 1065.)

216 Vgl. EuGH (GK), Urt. v. 26.7.2018, C-216/18 PPU, BeckRS 2018, 16206 = EuGRZ 2018, 396.

217 *Arnold*, S. 108.

218 Vgl. schon treffend die Fragestellung für die Studie von JUSTICE (Fn. 52), S. 8 f. (*„about how requested persons are able to defend themselves at all against an EAW which depends upon allegations raised under the system of law and evidence of another member state, given the impetus to afford mutual recognition to issuing state“*); sehr anschaulich zur Gesamtsituation auch S/L/G/H, Einl., Rn. 197.

219 Vgl. umfassend aus Sicht der Verteidigung jeweils ECBA Handbook on the EAW for Defence Lawyers, October 2017 (abrufbar unter http://handbook.ecba-eaw.org) [Stand: 29.10.2018], S. 11 ff. m.w.N.; zudem *Ahlbrecht*, in: IStR in der Praxis, Rn. 1157 ff., 1199 ff. mit Prüfungsschema und Standardüberlegungen.

- Einwendungen gegen die Zulässigkeit der Auslieferung, insbesondere im Hinblick auf Auslieferungshindernisse oder durch den Vollstreckungsstaat einzuholende Garantien,
- Gegebenenfalls Erklärung der Zustimmung zur vereinfachten Übergabe bzw. freiwillige Rückkehr (soweit möglich), gegebenenfalls Verzicht auf den Grundsatz der Spezialität,
- Verteidigung gegen die nationale Entscheidung im Ausstellungsstaat, die die Grundlage für den Europäischen Haftbefehl bildet (dies müsste indes grundsätzlich im Ausstellungsstaat selbst erfolgen).

Der Europäische Haftbefehl geht für die gesuchte Person zudem mit strukturellen Defiziten hinsichtlich einer *effektiven* Verteidigung einher.[220] Konkret zeigen sich diese Defizite zum einen darin, dass die Ausstellung sowie die Vollstreckung eines Europäischen Haftbefehls in und nach unterschiedlichen Rechtsordnungen erfolgt, weshalb sich die gesuchte Person (und ein einzelner Rechtsanwalt) in mindestens einem der beiden Staaten einem „*sprachlich, juristisch und soziologisch völlig unvertrautem Rechtssystem*" gegenübersieht.[221] Die Verteidigung gegen den Europäischen Haftbefehl und die Zulässigkeit der Auslieferung im Vollstreckungsstaat setzen zudem oftmals nähere Informationen zu dem Strafverfahren im Ausstellungsstaat oder Kenntnisse der fremden Rechtsordnung voraus, die auch ein Rechtsbeistand aus dem Vollstreckungsstaat nicht alleine leisten kann (Distanz, Sprachkenntnisse, fremde Rechtsordnung und -kultur).[222]

Dabei besteht in Deutschland als Vollstreckungsstaat zwar grundsätzlich eine Amtsaufklärungspflicht des Gerichts und die gesuchte Person trifft im Übergabeverfahren keine Beweislast.[223] Die Amtsaufklärungspflicht wird in der Praxis jedoch nur dann ausgelöst und erheblich dadurch eingeschränkt, dass die gesuchte Person ihrer Darlegungslast genügen und ihre Einwände substantiiert

---

220 Vgl. näher und kritisch u.a. *Salditt*, StV 2003, 136 ff.; *Nestler*, ZStW 116 (2004), 332; *Nestler*, in: Schünemann (Hrsg.), Ein Gesamtkonzept für die europäische Strafrechtspflege, S. 166 ff.; *Ahlbrecht*, StV 2012, Rn. 491 ff.; *Satzger/Zimmermann*, ZIS 2013, 406 (408); *European Criminal Policy Initiative*, ZIS 2013, 412 (417 f.). Näher zur Bedeutung einer doppelten Verteidigung noch unten F.I, S. 267 ff.

221 So *Salditt*, StV 2003, 136; vgl. auch u.a. *Nestler*, ZStW 116 (2004), 332 (341).

222 Vgl. *Nestler*, ZStW 116 (2004), 332 (341); *Salditt*, StV 2003, 136 f.; *Demenko*, in: Malolepszy/Hochmayr/Nalewajko (Hrsg.), Auslieferung von eigenen Staatsangehörigen, S. 61 (66 f.); *Ahlbrecht*, in: IStR in der Praxis, Rn. 1174, 1200 ff. Vgl. auch allgemeine Erfahrungen der Praktiker in den Interviews von *Arnold*, S. 53 ff.

223 Vgl. *Böhm*, in: IStR in der Praxis, Rn. 712, 931.

vortragen muss.[224] Ohne die Mitwirkung der gesuchten Person sei eine Sachaufklärung oft auch nicht möglich.[225]

Darüber hinaus geht der Grundsatz der gegenseitigen Anerkennung wie gezeigt mit einer differenzierten Aufteilung der Zuständigkeiten des Ausstellungsstaates und des Vollstreckungsstaates einher.[226] Im Vollstreckungsstaat kann die gesuchte Person etwa nicht gegen den im Ausstellungsstaat ergangenen zugrundeliegenden nationalen Haftbefehl vorgehen.[227] Die Verteidigung muss mithin nicht nur das Übergabeverfahren im Vollstreckungsstaat, sondern auch das nationale Verfahren und die Ausstellung des Europäischen Haftbefehls im Ausstellungsstaat im Blick haben.[228] Dabei obliegt es grundsätzlich der gesuchten Person selbst, gegen die Entscheidungen des Ausstellungsstaates im Ausstellungsstaat vorzugehen.[229] Die Folge ist eine Zweiteilung des Rechtsschutzes, wenn die gesuchte Person nicht ihrerseits auf eine zutreffende Beurteilung des Ausstellungsstaates vertrauen möchte.[230]

Besonders problematisch ist dies vor dem Hintergrund, dass der Europäische Haftbefehl in der Praxis mitunter für geringfügige Vergehen oder anstelle weniger einschneidender Maßnahmen missbraucht wird.[231] Es gilt als ein

---

224 Vgl. näher *Böhm*, in: IStR in der Praxis, Rn. 712 ff. m.w.N., 931; ähnlich *Demenko*, in: Malolepszy/Hochmayr/Nalewajko (Hrsg.), Auslieferung von eigenen Staatsangehörigen, S. 61 (67). Umfassend und krit. zur Darlegungs- und Beweislast im Auslieferungsverfahren *Pieronczyk*, S. 144 ff., insb. S. 163: Die Anforderungen an die Darlegung durch den Auszuliefernden könnten zu einer „kaum überwindbaren Hürde" werden.

225 Vgl. G/P/K/*Böhm*, § 40 IRG, Rn. 17.

226 Vgl. beim RbEuHb im Überblick etwa A/K/R/*Meyer*, § 79 IRG, Rn. 811 f.

227 Vgl. schon *Salditt*, StV 2003, 136 („Der einheitliche Raum der Freiheit, der Sicherheit und des Rechts soll es freilich nicht zulassen, den in Marseille, Liverpool oder Neapel ergangenen Haftbefehl durch Beschwerde an ein deutsches Gericht anzufechten.").

228 Vgl. schon *Nestler*, ZStW 116 (2004), 332 (340 f.) („so dass die erfolgreiche Verteidigung gegen den Haftbefehl praktisch nur im Anordnungsstaat gelingen kann"); auch ECBA Handbook on the EAW for Defence Lawyers (abrufbar unter http://handbook.ecba-eaw.org) [Stand: 29.10.2018], S. 46 (*"...the root of the problem is in the Issuing State and can only be solved in the long-term with the intervention of a lawyer there."*).

229 Vgl. auch *Böhm*, in: IStR in der Praxis, Rn. 801.

230 Vgl. näher und krit. u.a. Streinz/*Satzger*, Art. 82 AEUV, Rn. 11 ff. m.w.N.; *European Criminal Policy Initiative*, ZIS 2013, 412 (424); *Gaede*, in: Böse (Hrsg.), EnzEuR Bd. 9, § 3, Rn. 50 f.; *Heine*, S. 74 ff. m.w.N.

231 Vgl. schon KOM(2011) 175 endg. v. 11.4.2011, S. 8 („Das Vertrauen in den EHB ist durch die systematische Ausstellung von EHB für die Übergabe von häufig wegen sehr geringfügiger Vergehen gesuchten Personen untergraben worden."); in den Medien

grundsätzliches Problem, dass die Justizbehörde des Ausstellungsstaates einen Europäischen Haftbefehl weitgehend ohne dortige Kontrolle erlassen kann[232], insbesondere ohne eine Verhältnismäßigkeitskontrolle[233]. Trotz erheblicher Missbrauchsgefahr in der Praxis kann im Vollstreckungsstaat die Unverhältnismäßigkeit eines Europäischen Haftbefehls jedoch kaum moniert werden[234]. Gegen eine solche Unverhältnismäßigkeit kann sich die gesuchte Person mithin allenfalls im Ausstellungsstaat selbst wehren.[235]

Darüber hinaus wird im Hinblick auf die formelle Rechtsstellung der gesuchten Person das Risiko gesehen, dass nationale Verfahrensrechte bei grenzüberschreitenden Fällen nicht mehr ausreichend Schutz bieten können.[236] Selbst wenn jeder beteiligte Staat um ein faires Verfahren bemüht sei, können sich Risiken für die Rechtsstellung der Person und Schutzlücken schon durch das Zusammenspiel nicht kompatibler verschiedener Verfahrensordnungen ergeben.[237]

Um auf diese Schwierigkeiten reagieren zu können und die Rechtsstellung gesuchter Personen im Übergabeverfahren zu verbessern, wird daher vielfach qualifizierter Rechtsbeistand als erforderlich angesehen, sowohl im Vollstreckungs- als auch Ausstellungsstaat eines Europäischen Haftbefehls.[238]

---

dazu etwa *Barrett*, „How Britain pays £27m a year to return EU's wheelbarrow thieves", The Telegraph v. 13.10.2012 (abrufbar unter www.telegraph.co.uk); auch *Böhm*, in: IStR in der Praxis, Rn. 913 („oftmals missbraucht"). Umfassende Untersuchung zum Verhältnismäßigkeitsgrundsatz in der Praxis der Mitgliedstaaten beim Europäischen Haftbefehl: Pilot Project (Fn. 53).

232 Vgl. *Böhm*, NJW 2016, 1709 (1714).

233 Näher zur Problematik vgl. *Burchard*, in: Böse (Hrsg.), EnzEuR Bd. 9, § 14, Rn. 27 ff. m.w.N.

234 Vgl. Handbuch der Europäischen Kommission mit Hinweisen zur Ausstellung und Vollstreckung eines Europäischen Haftbefehls v. 28.9.2017, C(2017) 6389 final (abrufbar unter https://e-justice.europa.eu.), S. 52 („Der EuHB-Rahmenbeschluss gibt dem Vollstreckungsmitgliedstaat nicht die Möglichkeit, die Verhältnismäßigkeit eines EuHB zu prüfen."), auch für etwaige Ansätze.

235 Vgl. A/K/R/*Meyer*, vor §§ 78 ff IRG, Rn. 780.

236 Vgl. G/P/K/*Böse*, vor § 78 IRG, Rn. 34; auch *Thurnberg Schunke*, S. 123 ff.

237 Vgl. umfassend *Schallmoser*, S. 73 f., 191 ff., 226 ff.; anschaulich zu dem Problem der „Hybridisierung" auch *Roger*, S. 92 ff.

238 Vgl. früh bereits insbesondere *Salditt*, StV 2003, 136 (137); *Wehnert*, StraFo 2003, 356 (358); *Nestler*, ZStW 116 (2004), 332 (340); allgemein *Ahlbrecht/Lagodny*, StraFo 2003, 329 (335): Forderung eines Rechts auf „mehrnationale Verteidigerteams" bei grenzüberschreitender Zusammenarbeit. Insgesamt näher zur Bedeutung doppelten Rechtsbeistandes in Übergabeverfahren unten F.I., S. 267 ff. m.w.N.

Die mögliche Stärkung dieses Rechts durch die RL-PKH wird in dieser Arbeit einer kritischen Prüfung unterzogen. Darüber hinaus wird über weitere Maßnahmen zur Stärkung der grenzüberschreitenden Strafverteidigung diskutiert, um ihre strukturellen Probleme zu kompensieren: Etwa über die Schaffung einer Eurojust ähnlichen Institution für die europäische Verteidigung („Eurodefensor"), einem European Criminal Law Ombudsman, oder im Wege einer engeren Kooperation von Strafverteidigern aus verschiedenen Ländern.[239]

239 Vgl. umfassend die Beiträge von *Nestler*, *Szwarc* und *Mitchell*, in: Schünemann (Hrsg.), Ein Gesamtkonzept für die europäische Strafrechtspflege, S. 166 ff., 181 ff., 191 ff.; näher zudem *Arnold*, S. 95 ff., 187 ff.; *Esser*, in: Sieber/Satzger/v. Heintschel-Heinegg (Hrsg.), Europäisches Strafrecht, § 59, Rn. 21 ff.; ferner *Rohlff*, S. 144 f.; *Salditt*, StV 2003, 136 (137); *Heine*, S. 123.

C. Unions- und völkerrechtliche Rahmenbedingungen zu Rechtsbeistand und Prozesskostenhilfe in Übergabeverfahren

Bevor näher auf die RL-PKH eingegangen wird, soll im Folgenden zunächst untersucht werden, ob und welche Mindestanforderungen für das Recht einer gesuchten Person auf Rechtsbeistand und Prozesskostenhilfe im Vollstreckungsstaat eines Übergabeverfahrens bisher schon bestehen. Die bisherigen Mindeststandards bilden den Gesamtkontext, vor dem die aktuelle RL-PKH zu sehen ist.

Gewisse Rahmenbedingungen könnten sich bisher insbesondere aus dem RbEuHb selbst (dazu I), der EMRK (dazu II) und dem IPBPR (dazu III) ergeben. Zudem soll kurz auf die gescheiterten Bemühungen der Kommission für einen Rahmenbeschluss über bestimmte Verfahrensrechte in Strafverfahren in der EU von 2004 eingegangen werden (IV). Als neuere Rechtsquelle für Verfahrensrechte auf Ebene der EU ist seit dem Jahr 2009 zudem die GrCh zu berücksichtigen (V).

I. Anforderungen im RbEuHb von 2002

Der Rahmenbeschluss über den Europäischen Haftbefehl (RbEuHb) von 2002 bildet wie dargestellt die Grundlage für das innerhalb der EU geltende Übergabeverfahren.[240]

1. Vorgaben zum Rechtsbeistand im RbEuHb

Der RbEuHb sieht in Kapitel 2 nähere Vorgaben für das Übergabeverfahren sowie bestimmte Verfahrensrechte für die gesuchte Person vor. Zu diesen gehören ein Recht auf Unterrichtung (Art. 11 Abs. 1 RbEuHb), ein Recht auf einen Dolmetscher (Art. 11 Abs. 2 RbEuHb) und ein Recht auf Vernehmung (Art. 14 RbEuHb). Dabei ist Art. 11 RbEuHb ausdrücklich mit der Überschrift „Rechte der gesuchten Person“ versehen.

240 Oben S. 38 ff.

Das Recht auf Rechtsbeistand während des Übergabeverfahrens wird in Art. 11 Abs. 2 und Art. 13 RbEuHb behandelt.[241] Art. 11 Abs. 2 RbEuHb lautet als eine Art Generalklausel:

> „Eine gesuchte Person, die zum Zwecke der Vollstreckung eines Europäischen Haftbefehls festgenommen wird, hat nach Maßgabe des innerstaatlichen Rechts des Vollstreckungsmitgliedstaats Anspruch darauf, einen Rechtsbeistand und einen Dolmetscher hinzuzuziehen."

In Art. 13 RbEuHb wird Rechtsbeistand ferner für den Fall vorgesehen, dass die gesuchte Person ihre Zustimmung zur Übergabe erklären und gegebenenfalls auf den Grundsatz der Spezialität verzichten will. Nach Art. 13 Abs. 2 S. 1 RbEuHb hat jeder Mitgliedstaat die erforderlichen Maßnahmen zu treffen, um sicherzustellen, dass diese Erklärungen freiwillig und in vollem Bewusstsein der sich daraus ergebenden Folgen abgegeben werden. Zu diesem Zweck steht der gesuchten Person nach Art. 13 Abs. 2 S. 2 RbEuHb auch das Recht zu, einen Rechtsbeistand beizuziehen.

2. Defizite

Auf den ersten Blick scheint zwar insbesondere Art. 11 Abs. 2 RbEuHb der gesuchten Person ein umfassendes Recht auf Rechtsbeistand im Übergabeverfahren zuzusprechen.[242] Die Verfahrensrechte im RbEuHb und insbesondere das Recht auf Rechtsbeistand sind jedoch vielfach und zu Recht als unzureichend kritisiert worden.[243]

Auf besondere Kritik ist der Zusatz in Art. 11 Abs. 2 RbEuHb gestoßen, wonach das Recht auf Rechtsbeistand nur *„nach Maßgabe des innerstaatlichen Rechts des Vollstreckungsstaates"* gewährt wird. Der Kritik ist beizupflichten: Durch den Verweis auf das nationale Recht enthält Art. 11 Abs. 2 RbEuHb gerade kein verbindliches einheitliches Recht auf Rechtsbeistand mehr, obwohl ein solches als Gegengewicht zur gegenseitigen Anerkennung notwendig ist.[244] Anstatt ein effektives Recht auf Rechtsbeistand in Übergabeverfahren zu verankern, überlässt es

---

241 Das darüber hinaus in Art. 27 Abs. 3 *lit.* f sowie Art. 28 Abs. 2 *lit.* b RbEuHb vorgesehene Recht auf Hinzuziehung eines Beistandes betrifft Konstellationen *nach* Übergabe der gesuchten Person.

242 Vgl. schon *Esser*, ERA-Forum 2003, 70 (88): „scheinbar uneingeschränkten" Anspruch.

243 Vgl. etwa *Heine*, S. 121; *Schallmoser*, S. 192 ff.

244 Vgl. krit. *Murschetz*, in: Lagodny/Wiederin/Winkler (Hrsg.), Probleme des Rahmenbeschlusses, S. 85 (85 ff., 92 f.); *Schallmoser*, S. 193; *Morgan*, in: Blekxtoon/van Bellegooij (Hrsg.), Handbook on the EAW, S. 195 (205).

der RbEuHb damit den Mitgliedstaaten, ein solches vorzusehen und auszugestalten.[245] Ohne nähere Anforderungen bleibt eine schwache Ausgestaltung im nationalen Recht möglich[246] und das Recht auf Rechtsbeistand wird im Ergebnis von dem Zufall abhängen, in welchem Mitgliedstaat die Festnahme erfolgt[247]. Diese Vorgehensweise wurde zu Recht dafür kritisiert, dass sie die Bedeutung des Rechts auf Rechtsbeistand erheblich reduziere und der so bewirkte Schutz allenfalls rudimentär ausfalle.[248] Sie wird zudem dem Missbrauchspotential des Europäischen Haftbefehls nicht gerecht.[249]

Die Regelung des Art. 11 Abs. 2 RbEuHb bleibt damit auch hinter dem zurück, was die Kommission und das Europäisches Parlament zum Schutz der gesuchten Person als erforderlich ansahen.[250] Die Kommission hatte das Recht auf Rechtsbeistand im Übergabeverfahren in der Entstehungsgeschichte des RbEuHb noch zutreffend als „*wichtige Garantie zum Schutz der Rechte des Einzelnen*“ hervorgehoben.[251] Ihr Entwurf enthielt zumindest ein unabdingbares Recht auf Beistand ab dem Zeitpunkt der Festnahme im Vollstreckungsstaat[252], das eine „*Besonderheit des Europäischen Haftbefehls*“ darstellen und unabhängig von den nationalen Vorgaben bei einem rein nationalen Haftbefehl gelten sollte[253]. Nach Ansicht der Kommission müsse eine in einem ihr rechtlich und sprachlich unbekannten

---

245 Vgl. treffend *Morgan*, in: Vermeulen (Hrsg.), Defence Rights, S. 73 (75): „*…the EAW Framework Decision itself does not lay down any common minimum safeguards, relying instead on national systems*“. Prägnant auch *Schallmoser*, S. 158, 193; sowie *Schallmoser*, EJCCLCJ 2014, 135 (161): „*The mere reference to national law cannot be qualified as a guarantee of rights*“.

246 Vgl. näher und pointiert *Schallmoser*, S. 193, nach der es mit dem RbEuHb auch vereinbar wäre, erst in einem etwaigen Beschwerdeverfahren ein Recht auf Beistand zuzugestehen.

247 Vgl. *Hodgson*, NCLR 14 (2011), 611 (625).

248 Vgl. krit. *Heine*, S. 121, 124; ähnlich *Fichera*, S. 180 zu Art. 11 und 12 RbEuHb insgesamt („*insufficient and fragmented*“), der dies auch darauf zurückführt, dass die Regelungen weniger detailliert seien als die Rechte der EMRK; *Schallmoser*, S. 158, 192 f.; ähnlich *Schork*, S. 211.

249 Vgl. *Plekksepp*, S. 35.

250 Näher auch *Morgan*, in: Blekxtoon/van Bellegooij (Hrsg.), Handbook on the EAW, S. 195 (204 f.); *Heine*, S. 121 und 123.

251 Vgl. Vorschlag für einen Rahmenbeschluss des Rates über den Europäischen Haftbefehl und die Übergabeverfahren zwischen den Mitgliedstaaten, KOM (2001) 522 endg., S. 12.

252 Vgl. Art. 11 Abs. 2 RbEuHb-E, KOM (2001) 522 endg., S. 36.

253 Vgl. KOM (2001) 522 endg., S. 12 f.

Umfeld festgenommene Person von Beginn des Verfahrens an die Möglichkeit haben, sich von einem Anwalt beraten lassen.[254] Mit dem Recht wollte die Kommission zudem der *„Besorgnis der europäischen Bürger"* Rechnung tragen, dass die Rechte des Einzelnen gewahrt würden.[255] Anders als der Kommissionsentwurf verweist der RbEuHb jedoch nun wie dargestellt auf das nationale Recht der Mitgliedstaaten.[256]

Noch weiter gingen die Änderungen, die das Europäische Parlament vorgeschlagen hatte.[257] Dieses wollte den RbEuHb insbesondere um einen Anspruch auf kostenlosen Rechtsbeistand ergänzen, falls eine gesuchte Person nicht über die Mittel für die Bezahlung des Beistandes verfügen sollte.[258] Dies wäre eine sehr wichtige Ergänzung gewesen; auch diese schaffte es indes nicht in den Text des RbEuHb. Das Europäische Parlament betonte zudem, dass eine verstärkte justizielle Zusammenarbeit nicht zu Lasten der Rechte des Beschuldigten gehen dürfe.[259] Das Europäische Parlament musste seinerseits vor der Annahme des RbEuHb als Instrument der Dritten Säule jedoch nur vom Rat *angehört* werden.[260]

Prozesskostenhilfe wird im RbEuHb folglich nicht erwähnt und es fehlen Vorgaben zur notwendigen oder unentgeltlichen Verteidigung.[261] Diese Konstellation kommt allenfalls am Rande vor, wenn die Mitgliedstaaten nach Art. 13 Abs. 2 S. 1 RbEuHb die *„erforderlichen Maßnahmen"* treffen müssen, damit

---

254 Vgl. KOM (2001) 522 endg., S. 12.

255 Vgl. KOM (2001) 522 endg., S. 4.

256 Der Zusatz wurde in der Fassung des Rates v. 10.12.2001 (Ratsdok. 14867/1/2001) eingefügt, vgl. zur Entstehung auch *Morgan*, in: Blekxtoon/van Bellegooij (Hrsg.), Handbook on the EAW, S. 195 (205), die bedauert, dass die verbindlichere Fassung fast ohne öffentliche Aufmerksamkeit verloren gegangen sei.

257 Vgl. die Änderungen des Europäischen Parlaments v. 29.11.2001 zu dem Vorschlag der Kommission für einen Rahmenbeschluss des Rates über den Europäischen Haftbefehl und die Übergabeverfahren zwischen den Mitgliedstaaten, ABlEG Nr. C 153 v. 27.6.2002, S. 276 ff., legislative Entschließung S. 284. Die Änderungen gingen auf den Ausschuss für die Freiheiten und Rechte der Bürger, Justiz und innere Angelegenheiten zurück, vgl. schon dessen Bericht v. 14.11.2001, Dok. A5-0397/2001.

258 Vgl. Änderung Nr. 53 zu Art. 11 RbEuHb-E, ABlEG Nr. C 153 v. 27.6.2002, S. 276 (278).

259 So die Begründung des Ausschusses zum vorgeschlagenen neuen Art. 11 Abs. 2a RbEuHb, mit dem ausdrücklich klargestellt werden sollte, dass sämtliche in der Charta der Grundrechte anerkannten Rechte während sämtlicher Verfahren gemäß dem Rahmenbeschluss gewährt würden, vgl. Dok. A5-0397/2001, S. 37.

260 Vgl. Art. 39 Abs. 1 S. 1 EUV a.F.

261 Vgl. *Heine*, S. 121.

etwaige Erklärungen der Zustimmung zur Übergabe und des Verzichts auf den Grundsatz der Spezialität freiwillig und bewusst erfolgen.[262] Dies kann auch die Bestellung eines Pflichtbeistandes erfordern.[263] Die Regelung ist jedoch nur auf die Zustimmung zum vereinfachten Verfahren und den Verzicht auf den Schutz der Spezialität zugeschnitten und entspricht grundsätzlich den bereits bestehenden Vorgaben im klassischen Auslieferungsrecht.[264]

Zu der Kritik an Art. 11 Abs. 2 RbEuHb zählte ferner, dass das Recht auf Beistand erst ab und nicht bereits vor dem Zeitpunkt der Festnahme der gesuchten Person gewährt wird.[265] Es fehle dadurch an einem eindeutigen Bekenntnis zu einem Recht auf angemessene Verteidigung in jeder Lage des Verfahrens und der Rahmenbeschluss bliebe hinter bestehenden Standards zurück.[266]

Besonders schwer wiegt zudem, dass die Vorgaben zu Rechtsbeistand im RbEuHb nicht geeignet erschienen, um den Problemen einer grenzüberschreitenden Verteidigung zu begegnen und eine effektive Verteidigung zu ermöglichen.[267] So wurde frühzeitig gefordert, dass eine gesuchte Person im Übergabeverfahren in einem System der gegenseitigen Anerkennung eine sog. doppelte notwendige Verteidigung erhält[268], ihm mithin sowohl im Vollstreckungs- als auch im Ausstellungsstaat ein Rechtsbeistand zustehen müsse.[269] Der RbEuHb äußerte sich dazu jedoch nicht.[270] Im Übrigen fehlen im RbEuHb etwa Vorgaben dazu, durch wen die Auswahl des Beistandes zu erfolgen hat[271], welche Folgen ein Verstoß

262 Vgl. auch *Murschetz*, in: Lagodny/Wiederin/Winkler (Hrsg.), Probleme des Rahmenbeschlusses, S. 85 (94.). Zur Zustimmung und dem Schutz der Spezialität oben S. 55 f.

263 Vgl. *Rohlff*, S. 143; *Murschetz*, in: Lagodny/Wiederin/Winkler (Hrsg.), Probleme des Rahmenbeschlusses, S. 85 (94) („unbedingt erforderlich").

264 Vgl. auch *Rohlff*, S. 146 f.

265 Vgl. *Wehnert*, StraFo 2003, 356 (358); *Heine*, S. 121; *Schork*, S. 251.

266 Vgl. *Wehnert*, StraFo 2003, 356 (358); ebenso *Schork*, S. 251; *Heine*, S. 121.

267 Vgl. näher und krit. *Salditt*, StV 2003, 136 (137); *Wehnert*, StraFo 2003, 356 (358); *Nestler*, ZStW 116 (2004), 332 (340).

268 Die Forderung kam bereits in der Entstehungsgeschichte des RbEuHb auf, vgl. Stellungnahme der BRAK Nr. 8/2004 v. 8.3.2004 (abrufbar unter www.brak.de) [Stand: 29.10.2018], S. 7, mit Verweis auf eine Stellungnahme der BRAK v. 3.12.2001 sowie der Stellungnahme des DAV Nr. 20/2002 v. 30.6.2002 [nicht mehr abrufbar].

269 Vgl. insg. näher schon *Salditt*, StV 2003, 136 (137); *Wehnert*, StraFo 2003, 356 (358); *Nestler*, ZStW 116 (2004), 332 (340); zudem *Rohlff*, S. 144 f., der jedoch auch auf finanzielle Implikationen hinweist. Näher zur Diskussion und den neuen Vorgaben in der RL-RB und RL-PKH unten E und F.

270 Vgl. krit. auch *Heine*, S. 122 f.; *Tinkl*, S. 246 f.

271 Näher zu Befürchtungen im Hinblick auf diesen Aspekt: *Salditt*, StV 2003, 136 (137).

mit sich bringt[272] oder inwieweit dem Beistand im Verfahren Konsultations- oder Anwesenheitsrechte zustehen müssen[273].

Insgesamt wurden die im RbEuHb vorgesehenen Verfahrensrechte folglich zutreffend als „*weitgehend inhaltslos*“ gewertet[274], zumal dieser nicht nur bei dem Recht auf Rechtsbeistand, sondern auch bei anderen Verfahrensrechten auf das nationale Recht verweist.[275] Obwohl mit dem RbEuHb ein Raum der Freiheit, der Sicherheit und des Rechts entstehen sollte, wurde zu Recht kritisiert, dass es für die Verteidigungsrechte bei einem „*Flickenteppich der verschiedenen Regelungen*“ im nationalen Recht bleibe.[276]

II. Schutz durch die EMRK

Womöglich könnten sich verpflichtende Mindeststandards jedoch aus Rechtsquellen außerhalb des RbEuHb ergeben, allen voran aus der Europäischen Konvention zum Schutz der Menschenrechte und Grundfreiheiten (EMRK). Die EMRK ist ein völkerrechtlicher Vertrag aus dem Jahr 1953 und stellt für 47 Staaten gemeinsame Menschenrechtsstandards auf.[277] Zu den Vertragsstaaten der EMRK gehören auch die (derzeit noch) 28 Mitgliedsstaaten der Europäischen Union. Als völkerrechtlicher Vertrag ist die EMRK von den Konventionsstaaten entsprechend zu beachten.[278] In der Europäischen Union sind die Rechte der EMRK darüber hinaus nach Art. 6 Abs. 3 EUV als allgemeine Grundsätze Teil des Unionsrechts.

Nach Art. 1 EMRK sichern die Konventionsstaaten die Rechte der EMRK allen Personen zu, die ihrer Hoheitsgewalt unterstehen. Über die Einhaltung der EMRK wacht der Europäische Gerichtshof für Menschenrechte (EGMR) in Straßburg, zu dem auch Einzelne eine Individualbeschwerde erheben können (Art. 34 EMRK). Urteile des EGMR sind allerdings reine Feststellungsurteile und völkerrechtlich grundsätzlich nur zwischen den beteiligten Parteien verbindlich (Art. 46 Abs. 1 EMRK). Den Mitgliedstaaten verbleibt bei der Abhilfe zudem

---

272 Vgl. *Schallmoser*, EJCCLCJ 2014, 135 (161).

273 Vgl. *Schork*, S. 211.

274 So etwa *Jeker*, in: Baudenbacher (Hrsg.), Aktuelle Entwicklungen, S. 151 (164).

275 Vgl. *Plekksepp*, S. 34.

276 So *Heine*, S. 121 ff.; ähnlich *Murschetz*, in: Lagodny/Wiederin/Winkler (Hrsg.), Probleme des Rahmenbeschlusses, S. 85 (87).

277 Stand Juli 2020. Die Konvention sowie Mitgliedstaaten finden sich unter www.conventions.coe.int, ETS Nr. 5.

278 Näher LR/*Esser*, Einf. EMRK, Rn. 42 ff., Art. 1 EMRK, Rn. 1 ff.

ein Beurteilungsspielraum.[279] In Deutschland können Konventionsverletzungen über Art. 20 Abs. 3 GG gerügt werden.[280] Das BVerfG berücksichtigt die EMRK und die Rechtsprechung des EGMR als Auslegungshilfen für die Bestimmung von Inhalt und Reichweite von Grundrechten und rechtsstaatlichen Grundsätzen des Grundgesetzes, auch über den Einzelfall hinaus.[281] Es ist vorgesehen, dass die EU zukünftig der EMRK beitritt.[282] Dies soll zur Kohärenz der Rechtsprechung von EGMR und EuGH beitragen und würde es dem EGMR erlauben, Rechtsakte der Union zu überprüfen.[283]

Grundlegende Anforderungen an Rechtsbeistand und Prozesskostenhilfe ergeben sich insbesondere aus Art. 6 EMRK. Dabei ist besonders Art. 6 Abs. 3 *lit.* c EMRK hervorzuheben, der unter anderem das Recht einer angeklagten Person vorsieht, unentgeltlich den Beistand eines Verteidigers zu erhalten, falls ihr die Mittel zur Bezahlung fehlen und dies im Interesse der Rechtspflege erforderlich ist. Nach einer Einführung in den Anwendungsbereich und die Grundsätze des Art. 6 EMRK zu Rechtsbeistand und Prozesskostenhilfe (dazu 1) wird sich im Folgenden allerdings zeigen, dass diese auf Auslieferungs- und Übergabeverfahren keine Anwendung finden (dazu 2). Dies überzeugt nicht (3). Bisher verbleibt es nach der EMRK dennoch beim begrenzten Schutz der Art. 5 und Art. 13 EMRK (4).

1. Grundsätze des Art. 6 EMRK zu Rechtsbeistand und Prozesskostenhilfe

a) Strafrechtlicher Anwendungsbereich des Art. 6 EMRK

Der strafrechtliche Anwendungsbereich des Art. 6 Abs. 1 EMRK setzt voraus, dass eine Entscheidung über eine strafrechtliche Anklage vorliegt („*In the*

279 Vgl. näher LR/*Esser*, EGMR Verfahren, Rn. 237 f., 241 m.w.N.

280 Vgl. Meyer-Ladewig/*Meyer-Ladewig/Brunozzi*, Art. 46 EMRK, Rn. 35.

281 Vgl. näher BVerfG, NJW 2011, 1931 (1935) m.w.N.

282 Vgl. Art. 6 Abs. 2 S. 1 EUV n.F., der Beitritt konnte bisher jedoch nicht erfolgen. Nach Ansicht des EuGH war der Entwurf des Beitrittsabkommens nicht mit Unionsrecht vereinbar, vgl. Gutachten des EuGH 2/13 von Ende Dezember 2014, näher Calliess/Ruffert/*Kingreen*, Art. 6 EUV, Rn. 31 m.w.N. Zu Spannungen zwischen dem EuGH und EGMR im Hinblick auf den (materiellen) Grundrechtsschutz bei gegenseitiger Anerkennung vgl. zudem *Spielmann*, IWRZ 2017,147 m.w.N.

283 Insgesamt näher vgl. Calliess/Ruffert/*Kingreen*, Art. 6 EUV, Rn. 24 ff.; auch LR/*Esser*, Einf. EMRK, Rn. 111.

determination of (...) any criminal charge against him...“).[284] Die Beschuldigtenrechte nach Art. 6 Abs. 3 EMRK verlangen sodann, dass jemand einer Straftat angeklagt ist („*charged with a criminal offence*“). Im Ergebnis gilt bei beiden Absätzen des Art. 6 EMRK für die Anwendbarkeit derselbe Maßstab.[285] Die Beschuldigtenrechte des Art. 6 Abs. 3 EMRK werden als konstituierende und konkretisierende Ausprägungen des allgemeinen Rechts auf ein faires Verfahrens nach Art. 6 Abs. 1 EMRK angesehen.[286]

Der EGMR versteht den Begriff der *strafrechtlichen Anklage* autonom nach Sinn und Zweck der Konvention.[287] Dabei wird dem fairen Verfahren in einer demokratischen Gesellschaft eine so herausragende Bedeutung zugesprochen, dass eine restriktive Auslegung des Art. 6 Abs. 1 EMRK grundsätzlich dem Sinn und Zweck des Konventionsrechts widersprechen soll.[288]

Die Einordnung als *strafrechtliche* Anklage im Sinne von Art. 6 EMRK wird anhand von drei Kriterien (den sogenannten Engel Kriterien) beurteilt: (i) die Zuordnung des fraglichen Vergehens im nationalen Recht, jedoch nur als Ausgangspunkt der Untersuchung, damit die Anwendung der Garantien nicht vom Willen der Mitgliedstaaten abhängt und umgangen werden kann[289], (ii) die Art des Vergehens, und/oder (iii) die Art und Schwere der angedrohten Sanktion, wobei für letzteres insbesondere die Möglichkeit von Freiheitsstrafe sprechen

---

284 Die maßgebliche englische und französische Fassung des Art. 6 EMRK findet sich unter www.conventions.coe.int, ETS Nr. 5, zudem BGBl. 2010 II, 1198 (1202). Bei Art. 6 Abs. 1 EMRK: „*In the determination of (...) any criminal charge against him...“/ „...qui décidera, (...) soit du bien-fondé de toute accusation en matière pénale dirigée contre elle“.*

285 Vgl. Practical Guide on Admissibility Criteria, 3. Ed. 2014, abrufbar unter www.echr.coe.int („case law“), S. 68.

286 Vgl. etwa EGMR Deweer/B, 27.2.1980, A 35, § 56 = EuGRZ 1980, 667; Artico/I, 13.5.1980, A 37, § 32 = EuGRZ 1980, 662; SK-StPO/*Meyer*, Art. 6 EMRK, Rn. 10; näher *Gaede*, S. 159 ff. m.w.N.

287 Vgl. EGMR Engel u.a./NL, 8.6.1976, A 22, § 81 = EuGRZ 1976, 221; Deweer/B, 27.2.1980, A35, § 42 = EuGRZ 1980, 667; LR/*Esser*, Art. 6 EMRK, Rn. 29, 68, 70; Meyer-Ladewig/*Meyer-Ladewig/Harrendorf/König*, Art. 6 EMRK, Rn. 5.

288 Vgl. EGMR Delcourt/B, 17.1.1970, A 11, § 25.

289 Vgl. EGMR Engel u.a./NL, 8.6.1976, A 22, § 82 („*no more than a starting point*“); Öztürk/D, 21.2.1984, A 73, § 49 = NJW 1985, 1273; LR/*Esser*, Art. 6 EMRK, Rn. 29 („im Interesse eines europa- bzw. weltweit einheitlichen Rechtsschutzes“).

soll.[290] Grundsätzlich muss zudem eine Entscheidung über die Stichhaltigkeit dieser Anklage getroffen werden.[291]

Ob eine strafrechtliche *Anklage* im Sinne von Art. 6 EMRK vorliegt, wird anhand einer materiellen Prüfung und unabhängig von einer formellen Anklageerhebung bestimmt.[292] Aus deutscher Sicht erscheint der Begriff „Beschuldigter" treffender.[293] Der EGMR sieht eine Person von dem Moment als *„angeklagt"* an, in dem ihr von der zuständigen Behörde amtlich mitgeteilt wird, dass ihr die Begehung einer Straftat vorgeworfen wird (*„from the moment that an individual is officially notified by the competent authority of an allegation that he has committed a criminal offence").*[294] Anstelle einer amtlichen Mitteilung reicht es zudem aus, wenn die Person auf sonstige Art und Weise von dem Verdacht gegen sie erfährt und ihre Situation durch die staatliche Maßnahme wesentlich beeinträchtigt (*„substantially affected"*) wird.[295] Hierzu zählt auch die Festnahme wegen des Verdachts einer Straftat.[296]

Der Schutz des Art. 6 EMRK gilt sodann bis zu dem vollständigen rechtskräftigen Abschluss des Verfahrens über die strafrechtliche Anklage, inklusive der Rechtsmittelverfahren.[297] Der Bereich der Strafvollstreckung wird von Art. 6 EMRK nicht mehr erfasst.[298]

---

290 Vgl. grundlegend EGMR Engel u.a./NL, 8.6.1976, A 22, § 81 ff. = EuGRZ 1976, 221, in Abgrenzung zum Disziplinarverfahren; insgesamt näher LR/*Esser*, Art. 6 EMRK, Rn. 70 ff. m.w.N.; *Gaede*, S. 166 ff. m.w.N.

291 Vgl. SK-StPO/*Meyer*, Art. 6 EMRK, Rn. 53.

292 Vgl. schon EGMR Deweer/B, 27.2.1980, A 35, § 44 = EuGRZ 1980, 667: "*... "substantive", rather than a "formal", conception (...). The Court is compelled to look behind the appearances and investigate the realities of the procedure in question."*.

293 Vgl. *Plekksepp*, S. 64, Fn. 117.

294 Zitiert nach EGMR (GK) Ibrahim, 13.9.2016, ECHR 2016, § 249; vgl. ferner Practical Guide on Admissibility Criteria, 3. Ed. 2014, abrufbar unter www.echr.coe.int („case law"), S. 60; EGMR Deweer/B, 27.2.1980, A 35, §§ 42, 46 m.w.N. = EuGRZ 1980, 667.

295 Vgl. EGMR (GK) Ibrahim, 13.9.2016, ECHR 2016, § 249 (*„or from the point at which his situation has been substantially affected by actions taken by the authorities as a result of a suspicion against him");* ferner Practical Guide on Admissibility Criteria, 3. Ed. 2014, abrufbar unter www.echr.coe.int („case law"), S. 60; näher LR/*Esser*, Art. 6 EMRK, Rn. 68, 92 ff. m.w.N.

296 Vgl. LR/*Esser*, Art. 6 EMRK, Rn. 93 m.w.N.; Meyer-Ladewig/*Meyer-Ladewig/Harrendorf/König*, Art. 6 EMRK, Rn. 31.

297 Vgl. LR/*Esser*, Art. 6 EMRK, Rn. 100 m.w.N.; Meyer-Ladewig/*Meyer-Ladewig/Harrendorf/König*, Art. 6 EMRK, Rn. 31.

298 Vgl. LR/*Esser*, Art. 6 EMRK, Rn. 101 m.w.N.

b) Grundsätze des EGMR zu Rechtsbeistand und Prozesskostenhilfe

Soweit Art. 6 Abs. 1 und Abs. 3 *lit.* c EMRK anwendbar sind, lassen sich ihre wesentliche Bedeutung und die Grundzüge des Rechts auf Verteidigerbeistand nach der Rechtsprechung des EGMR zunächst wie folgt zusammenfassen[299]:

Die Beschuldigtenrechte des Art. 6 Abs. 3 EMRK stellen nach Ansicht des EGMR spezielle Aspekte des Rechts auf ein faires Verfahren nach Art. 6 Abs. 1 EMRK dar. Das Recht auf effektive Verteidigung durch einen Rechtsanwalt, der gegebenenfalls von Amts wegen zu bestellen ist, ist nicht absolut, aber gilt als ein wesentliches Element des in Art. 6 Abs. 1 EMRK garantieren fairen Verfahrens.[300] Mit Art. 6 EMRK soll in erster Linie ein faires Verfahren vor dem zur Entscheidung über die strafrechtliche Anklage zuständigen Gericht garantiert werden, die Vorschrift kann jedoch auch bereits im Ermittlungsverfahren von Bedeutung sein, wenn und soweit die Fairness des gesamten Verfahrens ansonsten ernsthaft unterlaufen wird.[301]

Der frühe Zugang zu einem Rechtsanwalt gilt als prozessuale Sicherung der Selbstbelastungsfreiheit und fundamentale Schutzmaßnahme gegen Misshandlung, insbesondere in Anbetracht der besonderen Verletzlichkeit („*vulnerability*") einer Person am Anfang eines Verfahrens.[302] Damit das Recht auf

---

299 Diese Grundsätze sind im Folgenden zitiert nach EGMR Yuriy Volkov/UKR, 19.12.2013, §§ 60 ff., jeweils m.w.N.; eine ähnliche Zusammenfassung der Grundsätze findet sich in der Rechtsprechung des EGMR unter anderem bei EGMR Zachar u. Cierny/SLO, 21.7.2015, § 59; Dvorski/KRO (GK), 20.10.2015, ECHR 2015, §§ 76 ff. m.w.N. = NJOZ 2017, 514. Näher im Einzelnen siehe LR/*Esser*, Art. 6 EMRK, Rn. 655 ff.; *Esser*, in: FS Kühne, S. 539 (554 ff.) m.w.N. Näherer Überblick über Ursprung und Inhalt des *fair trial* Prinzips und dem Prinzip der Waffengleichheit bei *Gerson*, S. 436 ff.

300 „*The Court emphasises that, although not absolute, the right of everyone charged with a criminal offence to be effectively defended by a lawyer, assigned officially if need be, is one of the fundamental features of a fair trial*".

301 „*Article 6 – especially paragraph 3 thereof – may be relevant before a case is sent for trial if and so far as the fairness of the trial is likely to be seriously prejudiced by an initial failure to comply with its provisions.*"; grundlegend dazu EGMR Imbrioscia/CH, 24.11.1993, A 275, § 36 = ÖJZ 1994, 517; zusammenfassender Überblick, was dafür zu beachten ist, bei EGMR (GK) Ibrahim u.a./UK, 13.9.2016, ECHR 2016, § 274 = NJOZ 2018, 508.

302 „*The Court has consistently viewed early access to a lawyer as a procedural guarantee of the privilege against self-incrimination and a fundamental safeguard against ill-treatment, noting the particular vulnerability of an accused at the early stages of the proceedings*".

ein faires Verfahren praktisch und wirksam bleibt, muss der Zugang zu einem Rechtsanwalt grundsätzlich ab Beginn der ersten polizeilichen Vernehmung bzw. Polizeigewahrsam oder Untersuchungshaft bestehen. Die Rechte des Beschuldigten würden regelmäßig unheilbar unterlaufen, wenn selbstbelastende Angaben bei der Polizei ohne Rechtsbeistand für eine Verurteilung genutzt werden.[303]

Ob ein Verstoß gegen Art. 6 EMRK vorliegt, wird durch den EGMR insgesamt anhand einer Gesamtbetrachtung der Fairness des strafrechtlichen Verfahrens beurteilt („*overall fairness of the criminal proceedings*").

Für diese Arbeit ist insbesondere das dritte Recht des Art. 6 Abs. 3 *lit.* c EMRK von Interesse: Das Recht auf unentgeltlichen Rechtsbeistand („*to be given legal assistance free*"[304] / "*obligation on the part of the State to provide free legal assistance in certain cases*"[305]). Dieses hängt von zwei Voraussetzungen ab: Ein Verteidiger ist unentgeltlich zu gewähren, wenn der Beschuldigte nicht über genügend Mittel für einen Wahlbeistand verfügt und der unentgeltliche Rechtsbeistand im Interesse der Rechtspflege („*interests of justice*") erforderlich ist.[306]

Das Recht auf unentgeltlichen Rechtsbeistand ist im Gesamtkontext des Anspruchs auf ein faires Verfahren nach Art. 6 Abs. 1 EMRK sowie dem Gebot einer effektiven Verteidigung zu sehen.[307] Es soll zum einen gesichert werden, dass auch solche Personen ein faires Verfahren erhalten, die nicht über die Mittel zur Bezahlung eines Anwalts verfügen.[308] Ferner kann die Bestellung eines Pflichtbeistandes aus Gründen der Effektivität der Verteidigung geboten sein, etwa weil eine angemessene Verteidigung bei einem unverteidigten Angeklagten

---

303 „*The right to defence will in principle be irretrievably prejudiced when incriminating statements made during police interrogation without access to a lawyer are used for a conviction*"; grundlegend insoweit EGMR (GK) Salduz/TRK, 27.11.2008, ECHR 2008-V, § 55 = NJW 2009, 3707; vgl. auch EGMR Dayanan/TRK, 13.10.2009, § 31 ff. („*from the moment he is taken into police custody or pre-trial detention*"; näher u.a. *Hodgson,* NCLR 14 (2011), 611 (656 ff.) m.w.N.

304 So etwa in EGMR Pakelli/D, 25.4.1983, A 64, § 31 = NStZ 1983, 373.

305 So etwa in EGMR Artico/I, 13.5.1980, A 37 § 33 = EuGRZ 1980, 662.

306 Vgl. auch LR/*Esser*, Art. 6 EMRK, Rn. 733; *Plekksepp*, S. 73; näherer Überblick zur Rechtsprechung des EGMR vgl. zudem *Barendrecht/Kistemaker/Scholten/u.a.*, Legal Aid in Europe: Nine Different Ways to Guarantee Access to Justice?, Full Report 2014 (abrufbar unter www.hiil.org/projects [Stand: 18.10.2018]), S. 89 ff. m.w.N.

307 Vgl. LR/*Esser*, Art. 6 EMRK, Rn. 723, 733 ff. m.w.N.; *Demko*, in: HRRS-Festgabe für Fezer, S. 1 (5 ff.) m.w.N.

308 Vgl. *Plekksepp*, S. 73.

oder bei evidenten Mängeln der Wahlverteidigung sonst nicht gewährleistet wäre.[309]

Ob eine Person zu dem maßgeblichen Zeitpunkt *mittellos* ist und die Kosten eines Verteidigers nicht tragen kann, wird durch den EGMR nicht näher definiert. Es obliegt grundsätzlich den nationalen Behörden, die finanzielle Lage des Beschuldigten im Einzelfall einzuschätzen.[310] Der EGMR selbst beurteilt dies aus einer *ex post*-Perspektive[311] und berücksichtigt als Indiz unter anderem, ob dem Beschuldigten im erstinstanzlichen Verfahren unentgeltlicher Rechtsbeistand gewährt wurde. Grundsätzlich hat die Person ihre Mittellosigkeit selbst nachzuweisen, dies muss allerdings nicht ohne jeden Zweifel („*beyond all doubt*") erfolgen und es kann ausreichen, wenn die Mittellosigkeit behauptet und Beweis angeboten wurde und keine gegenteiligen Anhaltspunkte bestanden.[312]

Ob unentgeltlicher Rechtsbeistand *im Interesse der Rechtspflege* erforderlich ist, beurteilt der EGMR anhand verschiedener Kriterien.[313] Zu beachten sind insbesondere die Schwere der Straftat, die Schwere der drohenden Strafe, die Komplexität des Falls in rechtlicher oder tatsächlicher Hinsicht und die persönlichen Umstände des Angeklagten.[314] Wenn dem Beschuldigten Freiheitsentzug droht, wird Verteidigerbeistand in der Regel im Interesse der Rechtspflege erforderlich sein.[315] Zu den persönlichen Umständen und mit Blick auf die Verteidigungsfähigkeit des Beschuldigten sollen etwa die soziale Herkunft, schwierige wirtschaftliche Verhältnisse, unzureichende Kenntnisse der Gerichtssprache

---

309 Vgl. LR/*Esser*, Art. 6 EMRK, Rn. 723; 734, 749 ff.; näher und mit Fallgruppen *Plekksepp*, S. 77 ff. m.w.N.

310 Vgl. EGMR R.D./PL, 18.12.2001, § 46;

311 Vgl. *Plekksepp*, S. 73 m.w.N.

312 Vgl. in einer Rechtsmittelinstanz: EGMR Pakelli/D, 25.4.1983, A 64, § 34 = NStZ 1983, 373; näher LR/*Esser*, Art. 6 EMRK, Rn. 737.

313 Vgl. EGMR Quaranta/CH, 24.5.1991, A 205, § 32 = ÖJZ 1991, 745.

314 Vgl. grundlegend EGMR Quaranta/CH, 24.5.1991, A 205, §§ 33 ff. („*the seriousness of the offence*", „*the severity of the sentence which he risked*", „*the complexity of the case*", „*his personal situation*") = ÖJZ 1991, 745; nähere Überblicke und jeweils m.w.N. LR/*Esser*, Art. 6 EMRK, Rn. 738 ff.; *Plekksepp*, S. 75 ff.; *Demko*, in: HRRS-Festgabe für Fezer, S. 1 (11 ff.).

315 Vgl. EGMR Benham/UK (GK), 10.6.1996, Reports 1996-III, § 61 („*where deprivation of liberty is at stake, the interests of justice in principle call for legal representation*"), im Fall drohten 3 Monate Freiheitstrafe = ÖJZ 1996, 915; LR/*Esser*, Art. 6 EMRK, Rn. 739 m.w.N.

und Umstände wie Arbeitslosigkeit und Drogenabhängigkeit relevant sein.[316] Maßgeblich ist insoweit stets, dass der Beschuldigte im gesamten Verfahren eine realistische Chance erhält, sich konkret und wirksam zu verteidigen.[317]

2. Nichtanwendbarkeit des Art. 6 Abs. 1 und Abs. 3 *lit.* c EMRK in Auslieferungs- und Übergabeverfahren

Dieser Schutz soll in Auslieferungs- und Übergabeverfahren indes nicht bestehen. Der EGMR ist in ständiger Rechtsprechung der Ansicht, dass der strafrechtliche Anwendungsbereich des Art. 6 EMRK weder im klassischen Auslieferungsverfahren (dazu a) noch im moderneren Übergabeverfahren (b) eröffnet ist. Anders beurteilt, aber hier nicht maßgeblich ist dagegen die Frage, ob Art. 6 EMRK als Auslieferungshindernis im Übergabeverfahren eine Rolle spielen kann. Hierauf wird in einem Exkurs eingegangen (c).

a) Ständige Rechtsprechung der Konventionsorgane zum klassischen Auslieferungsverfahren

Der Grundsatz des fairen Verfahrens nach Art. 6 Abs. 1 EMRK und die Beschuldigtenrechte des Art. 6 Abs. 3 EMRK sind nach ständiger Rechtsprechung des EGMR nicht auf klassische Auslieferungsverfahren anwendbar.[318] Dies gilt unabhängig davon, ob die Auslieferung zum Zwecke der Strafverfolgung oder

---

316 Vgl. etwa EGMR Quaranta/CH, 24.5.1991, A 205, § 35 („*a young adult of foreign origin from an underprivileged background, he had no real occupational training and had a long criminal record. He had taken drugs since 1975, almost daily since 1983, and, at the material time, was living with his family on social security benefit.*") = ÖJZ 1991, 745; *Plekksepp*, S. 77 m.w.N.; näher auch LR/*Esser*, Art. 6 EMRK, Rn. 740 zu Sprachkenntnissen.

317 Vgl. EGMR R.D./PL, 18.12.2001, § 49; LR/*Esser*, Art. 6 EMRK, Rn. 739; *Demko*, in: HRRS-Festgabe für Fezer, S. 1 (9 ff. m.w.N.).

318 Vgl. in Fällen der Auslieferung zur Strafverfolgung: EGMR Raf/E (E), 21.11.2000, ECHR 2000-XI, § 1 der Gründe; Peñafiel Salgado/E (E), 16.4.2002, § 1 der Gründe; Sardinas Albo/I (E), 8.1.2004, ECHR 2004-I, § 3b der Gründe; (GK) Mamatkulov u. Askarov/TRK, 4.2.2005, ECHR 2005-I, § 82 = EuGRZ 2005, 357; Al-Moayad/D (E), 20.2.2007, § 93 = NVwZ 2008, 761; Schuchter/I (E), 11.10.2011, § 3 der Gründe; Sarria/PL (E), 18.12.2012, § 23; ebenso etwa EGMR Ketchum/RUM (E), 11.6.2013, § 30; Aktas/D (E), 8.10.2013, § 36; Perez Lizaso/FIN (E), 4.2.2014, § 4 der Gründe. Vgl. zudem LR/*Esser*, Art. 6, Rn. 87; SK-StPO/*Meyer*, Art. 6, Rn. 62; *Trechsel*, EuGRZ 1987, 69 (71); *Schomburg*, StV 1998, 153 (155).

zur Strafvollstreckung erfolgen soll.[319] Denn nach Ansicht des EGMR handelt es sich bei Auslieferungsverfahren grundsätzlich nicht um ein Verfahren, in dem über eine strafrechtliche Anklage oder Streitigkeiten in Bezug auf zivilrechtliche Ansprüche und Verpflichtungen im Sinne von Art. 6 EMRK entschieden wird.[320]

Dies entspricht der Entscheidungspraxis der früheren Europäischen Kommission für Menschenrechte (*EKMR*)[321], die Art. 6 EMRK ebenfalls als nicht auf Auslieferungsverfahren anwendbar erachtete.[322] Die EKMR war bis zu ihrer Auflösung im Jahr 1998 insbesondere dafür zuständig, die Zulässigkeit von Individualbeschwerden zu prüfen.[323]

Zur Begründung der Nichtanwendbarkeit auf Auslieferungsverfahren wird dabei zum einen wiederholt eine Formulierung angeführt, die der EGMR gleichermaßen bei Verfahren der Ausweisung und Abschiebung von Ausländern verwendet.[324] Diese lautet:

> *"The Court reiterates that decisions regarding the entry, stay and deportation of aliens do not concern the determination of an applicant's civil rights or obligations or of a criminal charge against him, within the meaning of Article 6 § 1 of the Convention...".*[325]

---

319 Vgl. ablehnend in Fällen der Auslieferung zur Strafvollstreckung etwa EGMR Aronica/D (E), 18.4.2002, § 3 der Gründe = EuGRZ 2002 514; Eid/I (E), 22.1.2002, § 2 der Gründe.

320 Näher zu etwaigen neuen Tendenzen aber noch unten S. 96 ff.

321 Vgl. auch *Ziegenhahn*, S. 426; *Van den Wyngaert*, ICLQ 39 (1990), 757 (775).

322 Zur Nichtanwendbarkeit in Fällen der Auslieferung zur Strafverfolgung vgl. EKMR H./E, 15.12.1983, DR 37, 93 (94); E.M. Kirkwood/UK, 12.3.1984, DR 37, 158 (191); P., R.H. u. L.L./A, 5.12.1989, § 1 der Gründe, DR 64, 264; Farmakopolous/B, 8.2.1990, DR 64, 52 (69); F.T./UK, 18.10.1994, § 5 der Gründe; Raidl/A, 4.9.1995, DR 82-A, 134. In der Konstellation der Auslieferung der Strafvollstreckung auch etwa EKMR X./A, 18.12.1963, DR 12, 115, direkt zu Art. 6 Abs. 3 *lit.* c EMRK. Siehe zudem IK-EMRK/*Vogler*, Art. 6, Rn 247 m.w.N. Die Anwendbarkeit offenlassend dagegen noch EKMR X./D, 7.4.1967, CD 22, 133; Lynas/CH, 6.10.1976, DR 6, 141 (168).

323 Vgl. Art. 25 EMRK a.F. und näher LR/*Esser*, Einf. EMRK, Rn. 45, 58 und Teil II, Rn. 1 ff. m.w.N.; IK-EMRK/*Rogge*, Art. 34, Rn. 81.

324 Siehe auch den Practical Guide on Admissibility Criteria, 3. Ed. 2014, abrufbar unter www.echr.coe.int („case law"), S. 63 („*the same exclusive approach*"); zudem *Breitenmoser*, in: FS Würtenberger, S. 425 (431).

325 Vgl. EGMR (GK) Mamatkulov u. Askarov/TRK, 4.2.2005, ECHR 2005-I, § 82 = EuGRZ 2005, 357; ebenso in Auslieferungsfällen in EGMR Aktas/D (E), 8.10.2013, § 36; Perez Lizaso/FIN (E), 4.2.2014, § 4 der Gründe. Die Formel wurde auch auf Übergabeverfahren verwendet, vgl. EGMR Martuzevicius/UK (E), 24.3.2015, § 32.

Zum anderen stellt der EGMR auf den Gegenstand und das Ziel des Auslieferungsverfahrens ab. Maßgeblich sei, dass im Auslieferungsverfahren nicht über die Stichhaltigkeit einer strafrechtlichen Anklage entschieden werde.[326] So hebt der EGMR zum Prüfungsgegenstand in Auslieferungsfällen regelmäßig hervor, dass mit der „*determination... of a criminal charge*“ der gesamte Prozess der Untersuchung der Schuld oder Unschuld einer Person in Bezug auf eine Straftat gemeint sei.[327] Eine solche Untersuchung sei in Auslieferungsverfahren jedoch nicht vorzunehmen, sondern dort sei nur darüber zu entscheiden, ob die formellen Voraussetzungen einer Auslieferung vorlägen.[328] Die bloße Entscheidung über die Auslieferung der Person reiche dafür nicht aus:

> „As to the extradition proceedings, the Court recalls that the words 'determination ... of a criminal charge' in Article 6 § 1 of the Convention relate to the full process of the examination of an individual's guilt or innocence in relation to an offence, and not merely to the process of determining whether or not a person may be extradited to a foreign country."[329]

Dem soll auch nicht entgegenstehen, dass im Auslieferungsverfahren mitunter doch eine gewisse Tatverdachtsprüfung oder beschränkte Überprüfung von Aspekten aus dem späteren Strafverfahren erfolgen müsse.[330] Der EGMR sieht die typische Prüfung im Auslieferungsverfahren nur als ein „*abstract assessment of criminal liability*“ an, die nicht als Prüfung der Schuld oder Unschuld ausreiche.[331] Dementsprechend würde das Verfahren im Vollstreckungsstaat jedenfalls keine *neue* strafrechtliche Anklage betreffen.[332]

---

326 Vgl. etwa EGMR Sardinas Albo/I, 8.1.2004, ECHR 2004-I, § 3b der Gründe; Al-Moayad/D (E), 20.2.2007, § 93 = NVwZ 2008, 761 (763); ähnlich EGMR Raf/E (E), ECHR 2000-XI, § 1 der Gründe; LR/*Esser*, Art. 6 EMRK, Rn. 87; *Lagodny/Schallmoser*, in: FS Karl, S. 125 (125 f.); *Trechsel*, EuGRZ 1987, 69 (71); IK-EMRK/*Vogler*, Art. 6, Rn 247.

327 Vgl. zum EGMR ebenda. Dabei ausdrücklich auf den Begriff "*determination*" abstellend EKMR H./E, 15.12.1983, DR 37, 93 (94); E.M. Kirkwood/UK, 12.3.1984, DR 37, 158 (191); ähnlich EKMR Farmakopolous/B, 8.2.1990, DR 64, 52 (69).

328 Vgl. schon EKMR H./E, 15.12.1983, DR 37, 93 (94); IK-EMRK/*Vogler*, Art. 6, Rn 247.

329 Zitiert nach EGMR Sardinas Albo/I, 8.1.2004, ECHR 2004-I, § 3b der Gründe.

330 Vgl. EKMR E.M. Kirkwood/UK, 12.3.1984, DR 37, 158 (191).

331 Vgl. EGMR Saccoccia/A (E), 5.7.2007, § 1 der Gründe („*typical for extradition proceedings*"), der Fall selbst betraf die Strafbarkeit von Taten nach eigenem Recht im Exequaturverfahren.

332 Vgl. EGMR Saccoccia/A (E), 5.7.2007, § 1 der Gründe („*the proceedings before the Austrian courts did not involve the determination of a new criminal charge against the applicant*"), zu einem Exequaturverfahren, aber die Ähnlichkeit zu Auslieferungsverfahren

Die Nichtanwendbarkeit des Art. 6 EMRK ist ferner auf die Zielsetzung des Auslieferungsverfahrens zurückzuführen. Dieses dient nach Ansicht des EGMR dazu, eine verdächtigte oder flüchtige Person an den Ausstellungsstaat zu übergeben.[333] Über die Schuld oder Unschuld der Person würde folglich erst in dem späteren Strafverfahren des Ausstellungsstaates entschieden, unabhängig vom Ausgang des Auslieferungsverfahrens.[334]

b) Übertragung auf das Übergabeverfahren

Für das 2002 eingeführte Übergabeverfahren nach dem Europäischen Haftbefehl war zwischenzeitlich unklar, wie der EGMR es einordnen würde. Im Jahr 2008 stellte der EGMR allerdings in der grundlegenden Entscheidung *Monedero Angora gegen Spanien* fest, dass die Verfahrensrechte des Art. 6 EMRK auch in Übergabeverfahren nicht anwendbar seien.[335]

Hierbei stellte der EGMR das Übergabeverfahren mit dem klassischen Auslieferungsverfahren gleich.[336] Der RbEuHb würde das klassische Auslieferungsverfahren zwischen den Mitgliedstaaten der EU ersetzen und die gleichen Ziele wie dieses verfolgen.[337] Ferner sei auch das Übergabeverfahren nicht auf eine Entscheidung über eine strafrechtliche Anklage gerichtet, da die Vollstreckung eines Europäischen Haftbefehls praktisch automatisch („*practically automatic*") erfolge und die zuständige Stelle keine neue Untersuchung des Haftbefehls („*fresh examination of the warrant*") vornehme.[338]

Der Entscheidung *Monedero Angora* lag ein Europäischer Haftbefehl zum Zwecke der Strafvollstreckung zugrunde. Seither hat der EGMR die Nichtanwendbarkeit des Art. 6 EMRK jedoch auch bei einem Europäischen Haftbefehl

---

betonend; vgl. auch *Klip*, S. 424. Allerdings war in dem Fall die zivilrechtliche Ausprägung des Art. 6 EMRK anwendbar, vgl. nachfolgend EGMR Saccoccia/A, 18.12.2008, §§ 56 ff. = ÖJZ 2009, 619.

333 Vgl. EGMR Monedero Angora/E (E), 7.10.2008, ECHR 2008-IV, § 2 der Gründe.

334 Vgl. schon EKMR E.M. Kirkwood/UK, 12.3.1984, DR 37, 158 (191): „*will be the subject of separate proceedings in the United States... notwithstanding the committal proceedings*"; LR/*Esser*, Art. 6 EMRK, Rn. 87. Vgl. ferner EKMR Farmakopolous/B, 8.2.1990, DR 64, 52 (69): "*...in giving their decision on the question of extradition the Belgian courts did not give judgment in respect of a criminal charge against the applicant within the meaning of Article 6 para. 1 of the Convention.*"

335 Vgl. EGMR Monedero Angora/E (E), 7.10.2008, ECHR 2008-IV, § 2 der Gründe.

336 Vgl. auch LR/*Esser*, Art. 6 EMRK, Rn. 87.

337 Vgl. EGMR Monedero Angora/E (E), 7.10.2008, ECHR 2008-IV, § 2 der Gründe.

338 Vgl. EGMR Monedero Angora/E (E), 7.10.2008, ECHR 2008-IV, § 2 der Gründe.

zur Strafverfolgung bestätigt.[339] Dabei wendete er die oben aufgeführte Formulierung an, wonach Entscheidungen über die Einreise, den Aufenthalt und die Ausweisung von Ausländern („*entry, stay and deportation of aliens*“) keine Entscheidung über eine strafrechtliche Anklage seien.[340] Zudem wird ohne Einschränkung auf die Rechtsprechung zum klassischen Auslieferungsverfahren verwiesen.[341]

Nach alledem bleibt festzuhalten, dass der EGMR auch beim Übergabeverfahren nicht zwischen Übergaben zur Strafvollstreckung oder zur Strafverfolgung differenziert. Art. 6 EMRK soll wie bisher nicht anwendbar sein. Soweit Beschwerdeführer mithin die Fairness des Auslieferungs- oder Übergabeverfahrens in Frage stellen, etwa wegen fehlender Einsichtsmöglichkeiten in die Verfahrensakten[342] oder einer fehlenden Anhörung im Verfahren[343], berufen sie sich auf ein Recht, das nach Auffassung des EGMR außerhalb des Schutzbereichs von Art. 6 EMRK liegt.[344] Derartige Individualbeschwerden werden vom EGMR als mit der Konvention ratione materiae unvereinbar erachtet und als unzulässig zurückgewiesen.[345] Dies gilt im Übrigen auch für die zivilrechtliche Ausprägung des Art. 6 Abs. 1 EMRK („*zivilrechtlichen Ansprüche und Verpflichtungen*“), die auf Auslieferungs- und Übergabeverfahren ebenfalls nicht anwendbar ist.[346]

339 Vgl. EGMR Martuzevicius/UK (E), 24.3.2015, §§ 31 ff.

340 Vgl. EGMR Martuzevicius/UK (E), 24.3.2015, § 32.

341 Vgl. EGMR Martuzevicius/UK (E), 24.3.2015, § 32.

342 So das Vorbringen der Bf. im Fall EGMR (GK) Mamatkulov u. Askarov/TRK, 4.2.2005, ECHR 2005-I, § 81 = EuGRZ 2005, 357.

343 Vorbringen der Bf. in EGMR Aktas/D (E), 8.10.2013, § 24; Schuchter/I (E), 11.10.2011, § 2 der Gründe.

344 Siehe zum insoweit auch nur begrenzten Schutz aus Art. 5 Abs. 4 EMRK unten S. 102 ff.

345 Nach Art. 35 Abs. 3 *lit.* a, Abs. 4 S. 1 EMRK, vgl. etwa EGMR Raf/E (E), 21.11.2000, ECHR 2000-XI, § 1; Monedero Angora/E (E), 7.10.2008, ECHR 2008-IV, § 2 der Gründe. Näher zum Begriff der Unvereinbarkeit *ratione materiae* siehe den Practical Guide on Admissibility Criteria des EGMR, 3. Ed. 2014 (abrufbar unter www.echr.coe.int („case law“)) [Stand: 30.10.2018], S. 52 f.; Meyer-Ladewig/*Meyer-Ladewig/Peters*, Art. 35 EMRK, Rn. 42.

346 Vgl. u.a. EGMR (GK) Mamatkulov u. Askarov/TRK, 4.2.2005, ECHR 2005-I, § 82 = EuGRZ 2005, 357; LR/*Esser*, Art. 6, Rn. 87 m.w.N. Näher und krit. *Breitenmoser*, in: FS Würtenberger, S. 425 (429 ff).

c) *Exkurs: Art. 6 EMRK als Auslieferungshindernis*

Während Art. 6 EMRK nach ständiger Rechtsprechung des EGMR nicht auf das innerstaatliche Auslieferungs- und Übergabeverfahren selbst anwendbar ist, bleibt die Norm jedoch in anderem Kontext von hoher Bedeutung: Art. 6 EMRK kann nach der Rechtsprechung des EGMR als (materielles) Gegenrecht und Grenze der Rechtshilfe beachtlich sein, im Rahmen des *Schutzes vor einer Auslieferung.*[347] Es ist regelmäßig diese Konstellation gemeint, wenn es um den Schutz aus Art. 6 EMRK in Auslieferungs- und Übergabeverfahren geht. Während die obigen Ausführungen die Verfahrensrechte und Fairness innerhalb des Auslieferungs- und Übergabeverfahrens betreffen, steht in diesem Exkurs demgegenüber die staatliche Verantwortung des Vollstreckungsstaates bei einem drohenden *unfairen Strafverfahren* im Ausstellungsstaat im Fokus.[348]

Grundlegend für EMRK-Rechte als Auslieferungshindernis ist das Urteil des EGMR im Fall *Soering gegen UK* aus dem Jahr 1989: Dem Beschwerdeführer drohte im Falle seiner Auslieferung ein gegen das Verbot der Folter und unmenschlichen Behandlung (Art. 3 EMRK) verstoßendes sog. Todeszellensyndrom in den USA.[349] Der EGMR stellte zunächst klar, dass die Konvention kein Recht als solches schütze, nicht ausgeliefert zu werden.[350] Dennoch sei es mit den grundlegenden Werten der Konvention sowie dem Sinn und Zweck des Art. 3 EMRK nicht vereinbar, wenn ein Mitgliedstaat eine Person wissentlich an einen anderen Staat ausliefere, obwohl es begründete Anhaltspunkte gebe, dass sie dort Gefahr laufe, Folter oder unmenschlicher Behandlung ausgesetzt

---

347 Ständige Rechtsprechung des EGMR, vgl. EGMR Soering/UK, 7.7.1989, A 161, § 113 = NJW 1990, 2183 m. zust. Anm. *Lagodny* = EuGRZ 1989, 314; Einhorn/F (E), 16.10.2001, ECHR 2001-XI, § 32 = ÖJZ 2003, 34; (GK) Mamatkulov u. Askarov/TRK, 4.2.2005, ECHR 2005-I, § 88 = EuGRZ 2005, 357; Al-Moayad/D (E), 20.2.2007, § 100 = NVwZ 2008, 761; King/UK (E), 26.1.2010, § 22; Baysakov u.a./UKR, 18.2.2010, § 61; Al-Saadoon u. Mufdhi/UK, 2.3.2010, ECHR 2010, § 149; Ahorugeze/S, 27.10.2011, § 113 = NJOZ 2012, 1564. Vgl. auch LR/*Esser*, Art. 6 EMRK, Rn. 88.; G/P/K/*Böse*, vor § 78 IRG, Rn. 27.

348 Treffend zur Abgrenzung der Konstellationen auch *Lagodny/Schallmoser*, in: FS Karl, S. 125 (126); G/P/K/*Böse*, vor § 78 IRG, Rn. 27; sowie die Überschriften bei *Van den Wyngaert*, ICLQ 39 (1990), 757 (764 ff., 773 ff.): *„Human rights as „obstacles to extradition"* vs. "*Human rights within extradition proceedings*".

349 Vgl. EGMR Soering/UK (Fn. 347); dazu auch *Van den Wyngaert*, ICLQ 39 (1990), 757.

350 Vgl. EGMR Soering/UK (Fn. 347), § 85 („*no right not to be extradited is as such protected by the Convention*"); weiterhin auch Practical Guide on Admissibility Criteria, 3. Ed. 2014 (abrufbar unter www.echr.coe.int („case law"), S. 52.

zu werden.[351] In solchen Fällen sei der ersuchte Staat verpflichtet, den Verfolgten nicht auszuliefern.[352]

Seither hat der EGMR diese Rechtsprechung auf verschiedene EMRK-Rechte übertragen, auch wenn der Schutz im Einzelnen umstritten bleibt.[353] Nach dem EGMR kommt Art. 6 EMRK als Auslieferungshindernis in Betracht, wenn hohe Anforderungen erfüllt sind.[354] Dem Beschwerdeführer muss im ersuchenden Staat eine offenkundige Verweigerung eines fairen Prozesses drohen oder bereits vorliegen („*flagrant denial of justice*“)[355], die einer Aufhebung oder Zerstörung des Wesensgehalts des Art. 6 EMRK gleichkomme[356]. Zudem müssen stichhaltige Gründe („*substantial grounds*“) für ein reales Risiko („*real risk*“) solcher Verstöße im Falle der Auslieferung sprechen, die grundsätzlich vom Beschwerdeführer zu belegen sind.[357] Zweifel an der Fairness des Strafverfahrens können andererseits durch glaubwürdige Zusicherungen des ersuchenden Staates beseitigt werden.[358]

Diese Anforderungen sind selten erfüllt. Der EGMR selbst bejahte einen Verstoß gegen Art. 6 EMRK durch eine Abschiebungs- bzw. (klassische) Auslieferungsentscheidung erstmals im Jahr 2012, als es um die drohende Verwertung von durch Folter erlangte Beweise in einem Strafverfahren in Jordanien

---

351 Vgl. EGMR Soering/UK (Fn. 347), § 88.

352 Vgl. EGMR Soering/UK (Fn. 347), § 88 („*obligation not to extradite*“*)*. Näher zu Art. 3 EMRK als Auslieferungshindernis siehe auch LR/*Esser*, Art. 3 EMRK, Rn. 35 ff. m.w.N.

353 Vgl. etwa EGMR Kaboulov/UKR, 19.11.2009, § 99 m.w.N. (zu Art. 2 EMRK, drohende Todesstrafe); Othman (Abu Qatada)/UK, 17.1.2012, ECHR 2012, §§ 231 ff. (zu Art. 5 EMRK) = NVwZ 2013, 487; Z u. T/UK (E), 28.2.2006, § 1 (offengelassen zu Art. 9 EMRK). Umfassend zur Berücksichtigung von Auslieferungshindernissen aus GG und EMRK in Deutschland S/L/G/H/*Lagodny*, § 73 IRG, Rn. 1 ff., 49 ff. m.w.N.

354 Näher auch *Thunberg Schunke*, S. 85 ff.

355 Vgl. Fn. 347, teilweise als „*flagrant denial of a fair trial*„ formuliert.

356 Vgl. EGMR Othman (Abu Qatada)/UK (Fn. 353), § 260 („*breach of the principles of fair trial guaranteed by Article 6 which is so fundamental as to amount to a nullification, or destruction of the very essence, of the right guaranteed by that Article*") = NVwZ 2013, 487 (492).

357 Vgl. etwa EGMR Ahorugeze/S, 27.10.2011, § 116 („*it is for the applicant to adduce evidence...*") = NJOZ 2012, 1564; Othman (Abu Qatada)/UK (Fn. 353), § 261. Näher *Lorz/Sauer*, EuGRZ 2010, 389 (395 ff.) zu Beweiserleichterungen bei Art. 3 EMRK.

358 Umfassend zu den Anforderungen an Zusicherungen vgl. EGMR Othman (Abu Qatada)/UK (Fn. 353), §§ 186 ff., zu Kritik durch Amnesty International §§ 175 ff. Deutsche Gerichte durften etwa in EGMR Al-Moayad/D (E), 20.2.2007, §§ 102 ff. auf die Zusicherung der USA vertrauen, den Bf. nicht nach Guantanamo Bay zu bringen.

ging.[359] Die hohen Anforderungen sollen nach dem EGMR ebenfalls bei einem Europäischen Haftbefehl gelten – wenn der Ausstellungsstaat der EMRK angehöre, könnten etwaige Verstöße gegen Art. 6 EMRK jedoch auch noch *nach* der Übergabe untersucht werden.[360] Zusätzliche Hürden können in der EU zudem – unabhängig von der EMRK – dadurch entstehen, dass der Vollstreckungsstaat dem Ausstellungsstaat grundsätzlich vertrauen und von der Fairness des dortigen Strafverfahrens ausgehen soll.[361]

Daraus folgt: Den Vollstreckungsstaat kann (auch aus Art. 6 EMRK) eine *eigene* Verantwortung treffen, nichts zu unternehmen, was den Beschwerdeführer dem Risiko einer flagrant menschenrechtswidrigen Behandlung in einem anderen Staat *aussetzen* würde.[362] Dies wird mitunter als Schutzpflicht des Staates angesehen.[363] Insgesamt stellt diese Konstellation jedoch keine neue Tendenz zur Anwendbarkeit der Rechte des Art. 6 EMRK *auf* das Auslieferungs- und Übergabeverfahren dar. Es handelt sich um eine grundlegend andere Konstellation.[364] Auch der EGMR trennt die Konstellationen klar voneinander.[365] Es

---

359 Vgl. EGMR Othman (Abu Qatada)/UK (Fn. 353), konkret zu einer Abschiebung, die Grundsätze gelten jedoch ebenso bei Auslieferungen, vgl. § 258.

360 Vgl. insbesondere EGMR Stapleton/IR (E), 4.5.2010, § 25 ff. (Europäischer Haftbefehl zur Strafverfolgung); ähnlich Mann/UK u. P (E), 1.2.2011, B. der Gründe (Europäischer Haftbefehl zur Strafvollstreckung). Näher und für eine Absenkung der Maßstäbe in der EU dagegen *Thurnberg Schunke*, S. 37, 50 f., 86 ff., 109 ff. m.w.N.

361 Vgl. umfassend *Meyer*, EuR 2017, 163 m.w.N.; auch schon oben S. 40 ff., 61 f.

362 Vgl. schon EGMR Soering/UK (Fn. 347), § 91 („*...it is liability incurred by the extraditing Contracting State by reason of its having taken action which has as a direct consequence the exposure of an individual to proscribed ill-treatment*") = NJW 1990, 2183 (2185); ebenso EGMR (GK) Mamatkulov u. Askarov/TRK 4.2.2005, ECHR 2005-I, § 67 = EuGRZ 2005, 357; Al-Moayad/D (E), 20.2.2007, § 62; ähnlich EGMR Said/NL, 5.7.2005, ECHR 2005-VI, § 48 („*...the nature of the Contracting States' responsibility under Article 3 in cases of this kind lies in the act of exposing an individual to the risk of ill-treatment...*"). Dies als "*concept of non-exposure*" ansehend *Thurnberg Schunke*, S. 91.

363 Vgl. etwa LR/*Esser*, Art. 1 EMRK, Rn. 21 („*durch sein eigenes Verhalten* unter Verletzung einer ihm obliegenden Schutzpflicht [...] ermöglicht"), Rn. 53, Art. 3 EMRK, Rn. 35; KK-EMRK/GG/*Röben*, Bd. I, Kap. 5, Rn. 119.

364 Vgl. zur Abgrenzung auch *Lagodny/Schallmoser*, in: FS Karl, S. 125 (126); G/P/K/*Böse*, vor § 78 IRG, Rn. 27; zudem *Van den Wyngaert*, ICLQ 39 (1990), 757 (773) („*Of a quite different nature...*").

365 Vgl. etwa EGMR Al-Moayad/D (E), 20.2.2007, §§ 91 ff. („*The extradition proceedings in Germany*") vs. §§ 95 ff. („*The trial in the United States of America*").

liegt in Anbetracht der hohen Anforderungen jedoch auf der Hand, dass eine gesuchte Person die Unterstützung durch einen Rechtsbeistand benötigen wird, um ein Auslieferungshindernis nach Art. 6 EMRK geltend zu machen.[366]

3. Kritik und Würdigung zu Art. 6 EMRK

Während für Strafverfahren die Verfahrensgarantien des Art. 6 EMRK bestehen, fehlt diese Schutzebene für Verfahren der Auslieferung und des Europäischen Haftbefehls. Fraglich ist jedoch, ob dies überzeugt. Die Rechtsprechung des EGMR ist vielfach auf Kritik gestoßen. In Teilen der Literatur wird schon lange vertreten, dass der strafrechtliche Schutzbereich des Art. 6 EMRK bei Auslieferungsverfahren eröffnet sein sollte.[367] Dies wird umso mehr für das Übergabeverfahren nach dem Europäischen Haftbefehl befürwortet, mit dem die europäische Zusammenarbeit in Strafsachen intensiviert wurde.[368] Die Argumente des EGMR erinnern zudem viele an die klassische Rechtshilfetheorie in Deutschland, nach der das Auslieferungsverfahren nur ein Verfahren zur Unterstützung fremder Strafverfolgung darstellt.[369]

---

366 Kritisch zu den hohen Anforderungen mit Blick auf die GrCh auch GA *Sharpston*, Schlussantrag v. 18.10.2012, Rs. C-396/11 (Radu), Rn. 79 ff., BeckRS 2012, 82065: Das Kriterium der Offenkundigkeit der Verstöße sei „zu nebulös" (Rn. 82), „unangemessen streng" (Rn. 83) und es bestehe die Gefahr, dass insbesondere für mittellose Betroffene ein Beweismaßstab gelte, der „praktisch unmöglich zu erfüllen" sei (Rn. 84). Der EuGH ist dem nicht gefolgt.

367 Für die Anwendbarkeit des Art. 6 EMRK auf das klassische Auslieferungsverfahren vgl. schon *Van den Wyngaert*, ICLQ 39 (1990), 757 (776); S/L/G/H, Einl., Rn. 139, 203 ff.; *Schomburg*, StV 1998, 153 (155 f.); *Lagodny/Schallmoser*, in: FS Karl, S. 125 (127 f.); LR/*Esser*, Art. 6 EMRK, Rn. 87; *Ziegenhahn*, S. 426 ff. m.w.N.; *Tinkl*, S. 40 f.; *Schork*, S. 110 f.; *Schallmoser*, S. 199; mit Vorbehalten auch *Breitenmoser*, in: FS Würtenberger, S. 425 (428, 446); differenzierend SK-StPO/*Meyer*, Art. 6 EMRK, Rn. 65. Krit. zur Nichtanwendbarkeit im anderen Kontext *Capus*, S. 296 ff. Ablehnend dagegen *Vogler*, ZStW 105 (1993), 3 (17 ff.); weitgehend ablehnend auch *Mathisen*, EHRLR 2010, 486. Zurückhaltend G/P/K/*Böse*, vor § 78 IRG, Rn. 31 ff.

368 Vgl. u.a. *Esser*, ERA-Forum 2003, 70 (85 ff.); *Garlick*, in: Blekxtoon/van Ballegooij (Hrsg.), Handbook on the EAW, S. 167 (175); *Murschetz*, in: Lagodny/Wiederin/Winkler (Hrsg.), Probleme des Rahmenbeschlusses, S. 85 (89 f.); *Murschetz*, S. 314; *Schork*, S. 253; *Lagodny/Schallmoser*, in: FS Karl, S. 125 (132, 135); *Schallmoser*, S. 197 ff.; *Jeker*, in: Baudenbacher (Hrsg.), Aktuelle Entwicklungen, S. 151 (195); Karpenstein/Mayer/*Meyer*, Art. 6 EMRK, Rn. 31; *Klip*, S. 424 f.; *Schaffner*, S. 49 ff., auch m.w.N. aus der schweizerischen Literatur.

369 So etwa *Jeker*, in: Baudenbacher (Hrsg.), Aktuelle Entwicklungen, S. 151 (167, 195); *Roger*, S. 77. Näher zu dem Theorienstreit in Deutschland vgl. G/P/K/*Vogel*, vor § 1

Die Ansicht des EGMR soll im Folgenden kritisch anhand der Literatur gewürdigt werden. Der Fokus soll dabei vor allem auf EMRK-nahen Argumenten und dem Übergabeverfahren zum Zwecke der Strafverfolgung liegen. Denn während das zugrundeliegende Strafverfahren im Ausstellungsstaat bei Verfahren zur Strafvollstreckung bereits rechtskräftig abgeschlossen sein mag, steht es im Falle eines Europäischen Haftbefehls zur Strafverfolgung an sich noch bevor.

a) *Notwendigkeit einer transnationalen Sicht auf die „strafrechtliche Anklage“*

Soweit der EGMR das Auslieferungsverfahren mit den Verfahren der Ausweisung gleichstellt (*„entry, stay and deportation of aliens“*) und daher die Anwendbarkeit des Art. 6 EMRK ablehnt, mag dies aus historischer Perspektive verständlich sein[370]. Es wird den neueren Kooperationsformen in Strafsachen aber nicht gerecht[371], wenn sie wie der Europäische Haftbefehl auch die Auslieferung eigener Staatsangehörigen erlauben. Ferner soll Art. 6 EMRK auch deshalb nicht für Verfahren der Ausweisung von Ausländern gelten, weil diese gesondert durch Art. 1 des 7. Zusatzprotokolls zur EMRK geschützt seien.[372] Dessen Schutz greift von vornherein nicht für Auslieferungsverfahren.[373]

Dennoch stellt sich die Frage, wie der Begriff der *„strafrechtlichen Anklage“* im Sinne von Art. 6 EMRK verstanden werden sollte. Dabei ist dem EGMR im Ausgangspunkt zuzustimmen, dass der Vollstreckungsstaat kein *eigenständiges* Strafverfahren gegen die gesuchte Person führen wird.[374] Insbesondere wird im Auslieferungs- und Übergabeverfahren grundsätzlich kein eigener Strafanspruch des Vollstreckungsstaates gegen die gesuchte Person verfolgt.[375] Während der EGMR das Auslieferungs- und Übergabeverfahren jedoch als eigenständiges

IRG, RN. 4 ff. Für die Anwendbarkeit der Verfahrensrechte soll es auf den Meinungsstreit nach S/L/G/H, Einl., Rn. 139 indes nicht ankommen.

370 Näher zur Beziehung zwischen Auslieferungs- und Asylwesen in anderem Kontext *Capus*, S. 278 ff. Zum historischen Verständnis des Begriffs der „strafrechtlichen Anklage“ auch *Lagodny/Schallmoser*, in: FS Karl, S. 125 (127 f.).

371 Allg. krit. zum Verweis des EGMR auf die Abschiebung auch SK-StPO/*Meyer*, Art. 6 EMRK, Rn. 65 („völlig anders gelagerte Situation“).

372 Vgl. EGMR Maaouia/F, 5.10.2000, ECHR 2000-X, §§ 36 f. = ÖJZ 2002, 109.

373 Vgl. etwa EGMR (E) Coretchi/BUL, 20.0.2016, § 67.

374 So auch *Esser*, ERA-Forum 2003, 70 (85); ähnlich G/P/K/*Böse*, vor § 78 IRG, Rn. 31.

375 Näher hierzu auch *Capus*, S. 304 ff. m.w.N.

Verfahren und allein mit Blick auf den Vollstreckungsstaat beurteilt[376], will die Literatur im Interesse eines effektiven Menschenrechtsschutzes berücksichtigen, dass der Vollstreckungsstaat jedenfalls *auch* zum Zwecke der Strafverfolgung tätig wird – nämlich derjenigen im Ausstellungsstaat.[377] Die im Ausstellungsstaat vorliegende strafrechtliche Anklage müsse auch im Vollstreckungsstaat berücksichtigt werden.[378]

Als Gründe für diese Ansicht werden angeführt, dass das Übergabeverfahren als Bestandteil eines gegen den Verfolgten geführten „*international-arbeitsteiligen Strafverfahrens*" anzusehen sei.[379] Es müsse ein Grundsatz der „*transnationalen Verfahrenseinheit*" zugrunde gelegt werden.[380] Die Rechtsnatur des staatlichen Handelns im Bereich der Rechtshilfe wird unabhängig von Art. 6 EMRK zudem mitunter insgesamt als strafrechtpflegerisch angesehen.[381]

---

376 Siehe *Klip*, S. 424; umfassend zu diesem grundsätzlichen Problem der Rechtshilfesicht *Roger*, S. 30 ff.

377 Vgl. schon *Esser*, ERA-Forum 2003, 70 (85 f.); *Schomburg*, StV 1998, 153 (155): „(auch) in einer Strafsache"; ähnlich *Schaffner*, S. 50 („keine Sperrzonen"); *Jeker*, in: Baudenbacher (Hrsg.), Aktuelle Entwicklungen, S. 151 (195).

378 Näher etwa S/L/G/H, Einl., Rn. 129 ff, 203 ff.: Die strafrechtliche Anklage im Ausstellungsstaat sei sinngemäß so zu behandeln, als erfülle sie auch die Normvoraussetzung im Vollstreckungsstaat; näher zur „Substitution" im Kontext des Art. 6 EMRK auch *Schallmoser*, S. 197 ff. Nach *Klip* sollen die Rechte der EMRK in Verfahren der internationalen Zusammenarbeit in Strafsachen zudem in *jedem* Staat gelten, sobald der Betroffene in einem Staat als strafrechtlich angeklagt gilt – unabhängig davon, in welchem Staat, vgl. S. 425.

379 Vgl. umfassend zu dem Modell S/L/G/H, Einl., Rn. 97 ff., insb. Rn. 129 ff., auch für das klassische Auslieferungsverfahren. Näher im Kontext des Art. 6 EMRK *Lagodny/Schallmoser*, in: FS Karl, S. 125 (127 ff.); *Schallmoser*, S. 198. In diese Richtung auch schon *Van den Wyngaert*, ICLQ 39 (1990), 757 (776, 778): „*extradition proceedings ... as an integral part of criminal proceedings in another State*". Ähnlich LR/*Esser*, Art. 6 EMRK, Rn. 87 („Prolog" des eigentlichen Strafverfahrens"). In diese Richtung auch OLG Düsseldorf, Beschl. v. 8.9.2011, NStZ 2012, 55: „Das Auslieferungsverfahren ist Teil des vorliegenden Strafverfahrens", im Kontext der Erstattung von Verteidigerkosten.

380 Vgl. *Schomburg*, StV 1998, 153 (156) zum klassischen Auslieferungsverfahren; *Esser*, ERA-Forum 2003, 70 (86) für das Übergabeverfahren. Als Beispiel gelte § 51 StGB. Überzeugend auf Kritik daran eingehend auch *Roger*, S. 122 f.

381 Vgl. ausführlich *Capus*, S. 266 ff., insb. S. 288 ff. m.w.N., die strafrechtspflegerisches Handeln bei der Rechtshilfe insbesondere bejaht, wenn ein Staat stellvertretend verfolge oder fremde Strafentscheide vollziehe (S. 306); auch jüngst *Roger*, S. 26 ff. m.w.N.

Während der EGMR mithin bei einem traditionellen, rein national geprägten Verständnis der strafrechtlichen Anklage bleibt[382], will die Literatur für das Übergabeverfahren aufgrund seiner neuartigen Strukturen eine *transnationale Sicht* auf die strafrechtliche Anklage zugrunde legen[383]. Tatsächlich wird die gesuchte Person jedenfalls im Ausstellungsstaat *strafrechtlich angeklagt* sein: Sie wird dort im Sinne der *Engel*-Kriterien der Begehung einer Straftat nach nationalem Recht verdächtigt, für die ihr grundsätzlich Freiheitsstrafe droht und per nationalem Haftbefehl gesucht.[384] Einzig fraglich könnte sein, ob die Person bereits mit dem Erlass des nationalen und Europäischen Haftbefehls im Ausstellungsstaat oder erst mit der Festnahme im Vollstreckungsstaat als angeklagt gilt.[385] Spätestens mit der Festnahme im Vollstreckungsstaat wird die gesuchte Person jedoch über den gegen sie bestehenden Tatverdacht informiert[386] und ihr sollten auch im Vollstreckungsstaat die Rechte des Art. 6 EMRK zustehen[387].

Die Sicht der Literatur überzeugt. Mit dem RbEuHb haben die Staaten eine Festnahme- und Übergabepraxis vereinbart, die ein rein justizielles Verfahren zur Übergabe vorsieht[388] und gerade darauf ausgerichtet ist, die Strafverfolgung in grenzüberschreitenden Fällen effektiver betreiben zu können[389]. So mag es nicht das Hauptziel eines Übergabeverfahrens sein, ein eigenständiges Strafverfahren *des Vollstreckungsstaates* zu fördern, aber der strafprozessuale Bezug ist unverkennbar.[390] Darüber hinaus wird dem Europäischen Haftbefehl eine neue Qualität der Arbeitsteilung attestiert, bei dem einem inländischen Haftbefehl „*extraterritoriale Wirkung*" zukomme.[391] Wenn die Staaten auf dem Weg

---

382 Vgl. *Lagodny/Schallmoser*, in: FS Karl, S. 125 (127 f.).

383 Vgl. *Esser*, ERA-Forum 2003, 70 (85 ff.); zustimmend *Schallmoser*, S. 197 f.; ähnlich Karpenstein/Mayer/*Meyer*, Art. 6 EMRK, Rn. 31; SK-StPO/*Meyer*, Art. 6 EMRK, Rn. 32, 65.

384 So jedenfalls im Falle der Auslieferung zur Strafverfolgung.

385 Vgl. *Esser*, ERA-Forum 2003, 70 (77), nach dem es jedenfalls im Ausstellungsstaat auf den Erlass des Haftbefehls ankommen müsse, damit die gesuchte Person im Ausstellungsstaat nicht schutzlos gestellt werde; ähnlich *Schork*, S. 252.

386 Vgl. *Jeker*, in: Baudenbacher (Hrsg.), Aktuelle Entwicklungen, S. 151 (164).

387 Ebenso *Esser*, ERA-Forum 2003, 70 (85 f.): Ab dem Zeitpunkt der Festnahme im Vollstreckungsstaat manifestiere sich die Fortsetzung des „inländischen" Strafverfahrens.

388 Vgl. *Murschetz*, in: Lagodny/Wiederin/Winkler (Hrsg.), Probleme des Rahmenbeschlusses, S. 85 (90); *Murschetz*, S. 314.

389 Vgl. *Esser*, ERA-Forum 2003, 70 (86); ähnlich *Schallmoser*, S. 198.

390 Vgl. *Roger*, S. 30 ff., insgesamt zur Rechtshilfe.

391 Näher A/K/R/*Meyer*, vor §§ 78 ff. IRG, Rn. 751 ff.; Karpenstein/Mayer/*Meyer*, Art. 6 EMRK, Rn. 31; ähnlich zum Grundsatz der gegenseitigen Anerkennung SK-StPO/

zu einem einheitlichen Rechtsraum arbeitsteilig vorgehen, überzeugt es aber immer weniger, den Anwendungsbereich des Art. 6 EMRK davon abhängig zu machen, welcher Staat das insoweit arbeitsteilige Strafverfahren hauptsächlich führt.[392] Zu Recht wird daher gefordert, dass der Vollstreckungsstaat auch den Verfahrensstatus der gesuchten Person als „strafrechtlich angeklagt“ anerkennen müsse.[393]

Für eine transnationale Sicht auf Art. 6 EMRK spricht zudem, dass nur so die Verfahrensrechte in grenzüberschreitenden Fällen praktisch und effektiv („*practical and effective*“) bleiben, wie es der EGMR ansonsten als Maßstab ansieht.[394] Als sogenanntes „*living instrument*“ ist die EMRK an einer praktischen Wirksamkeit orientiert.[395] Werden die Verfahren im Vollstreckungsstaat und im Ausstellungsstaat aber separat und eigenständig beurteilt, bleiben sämtliche Gefährdungen für die Rechtstellung der Person von vornherein ausgeblendet, die sich erst aus der bewussten Zusammenarbeit der Staaten ergeben.[396] Wie absurd die „Zweiteilung“ des Verfahrens mitunter anmutet und mit welchen Missbrauchsrisiken sie einhergeht, hat bereits *Schomburg* verdeutlicht:

> „Diese Verfassungs- und Menschenrechte sollen für den »wegen des Verdachts einer strafbaren Handlung Festgenommenen« schon dann und nur deswegen nicht gelten, weil er diesseits weitgehend abgebauter Grenzen festgenommen wurde, und zwar auch dann nicht – was seine Situation verschärft –, wenn Auslieferungsersuchen und die notwendigen Unterlagen des ersuchenden Staates noch nicht vorliegen oder sogar noch nicht existieren.“[397]

Meyer, Art. 6 EMRK, Rn. 65; in diese Richtung auch *Burchard*, in: Böse (Hrsg.), EnzEuR Bd. 9, § 14, Rn. 8.

392 Vgl. auch *Jeker*, in: Baudenbacher (Hrsg.), Aktuelle Entwicklungen, S. 151 (195): kein Verfahren mehr „nur für einen anderen Staat“; ähnlich S/L/G/H, Einl., Rn. 196 ff.

393 Vgl. treffend S/L/G/H, Einl., Rn. 210 zu Beschuldigten, das Prinzip der gegenseitigen Anerkennung müsse „konsequent zu Ende gedacht werden“.

394 Vgl. etwa *Klip*, S. 424 ff.; zur „Zurechnung aus Gründen des effektiven Menschenrechtsschutzes“ auch S/L/G/H, Einl., Rn. 133.

395 Näher hierzu im Kontext des Merkmals der „zivilrechtlichen Ansprüche“ und Rechtshilfe *Breitenmoser*, in: FS Würtenberger, S. 425 (440 ff.). Allgemein näher zur teleologischen Auslegung der EMRK LR/*Esser*, Einf., Rn. 188 ff. m.w.N.

396 Vgl. näher *Lagodny/Schallmoser*, in: FS Karl, S. 125 (128 f.): Mit der Arbeitsteilung gehe der Schutz verloren; mit Beispielen zudem *Klip*, S. 424 ff. Vgl. treffend zu einem Problemkreis auch S/L/G/H, Einl., Rn. 143 („wechselseitige Verantwortungsverlagerung“).

397 *Schomburg*, StV 1998, 153 (155), zu Art. 104 Abs. 3 und 4 GG und Art. 6 EMRK, näher auch (156).

In diesem Gesamtkontext ist ferner zu sehen, dass die sich verstärkende Zusammenarbeit der Staaten in Strafsachen langfristig insgesamt eine *gemeinsame* staatliche Verantwortung für die Wahrung der Menschenrechte erfordern wird.[398] Die Arbeitsteilung zwischen den Staaten erschwert es zunehmend, die staatliche Verantwortung für Konventionsverstöße nach Art. 1 EMRK noch einzelnen Staaten zuzuordnen.[399] Im Urteil des EGMR in der Rechtssache *Stojkovic gegen Frankreich und Belgien* wurde aber immerhin dem *Ausstellungsstaat* bei Rechtshilfeersuchen eine grenzüberschreitende Verantwortung für die Verfahrensrechte zugesprochen: Vereinfacht dargestellt stand dem Beschwerdeführer das Recht auf einen Rechtsbeistand zu, als er in Belgien auf der Grundlage eines französischen Rechtshilfeersuchens vernommen wurde, obwohl das belgische Recht keinen Rechtsbeistand vorsah.[400] Er galt (für den Ausstellungsstaat Frankreich) auch in Belgien als angeklagt, da das Rechtshilfeersuchen seine Tatbeteiligung nahe legte, er darüber informiert wurde und die Vernehmung erhebliche Auswirkungen auf seine Lage hatte.[401] Frankreich wurde daher wegen Verstoßes gegen Art. 6 Abs. 3 EMRK verurteilt, obwohl der fehlende Zugang zu einem Rechtsbeistand in Belgien auf belgischem Recht beruhte.[402] Beim Europäischen Haftbefehl kann es nach Art. 19 RbEuHb zu einer ähnlichen Konstellation kommen.[403] Ansätze einer grenzüberschreitenden staatlichen Verantwortung zeigt der EGMR mittlerweile auch bei Art. 5 EMRK, wenn der Ausstellungsstaat für

---

398 Vgl. *Thurnberg Schunke*, S. 89 ff; A/K/R/*Meyer*, vor §§ 78 ff. IRG, Rn. 771; *Burchard*, in: Böse (Hrsg.), EnzEuR Bd. 9, § 14, Rn. 54; für ein Modell der Gesamtschuld etwa *Roger*, S. 109 ff. Die Fragestellung betrifft in der Regel den materiellen Schutz der EMRK-Rechte, lässt sich aber auch auf die Verfahrensrechte übertragen.

399 Vgl. auch A/K/R/*Meyer*, vor §§ 78 ff. IRG, Rn. 771 f., 774; *Thurnberg Schunke*, S. 90 m.w.N.

400 Vgl. EGMR Stojkovic/F und B, 27.10.2011 = NJW 2012, 3709; für einen Überblick *Esser/Gaede/Tsambikakis*, NStZ 2012, 619 (623); hervorgehoben auch bei A/K/R/*Meyer*, vor §§ 78 ff. IRG, Rn. 772.; näher zur Würdigung vgl. *Roger*, S. 87 ff., 108. Zum Sachverhalt (§ 6 ff. des Urteils): Der in Belgien inhaftierte Bf. sollte auf der Grundlage eines französischen Rechtshilfeersuchens als „rechtlich vertretener Zeuge" (*témoin assisté*) zu einer Straftat in Frankreich vernommen werden. Obwohl der Bf. ebenfalls einen „französischen" Anwalt beantragte, wurde er in Belgien ohne Rechtsbeistand vernommen. Er gestand diese und weitere Straftaten, für die er daraufhin in Frankreich verurteilt wurde.

401 Vgl. §§ 51 und 52 des Urteils.

402 Vgl. insb. § 55 des Urteils, Frankreich habe auf eine faire Vernehmung in Belgien hinwirken oder sonstige Abhilfe schaffen müssen.

403 Vgl. G/P/K/*Böse*, vor § 78 IRG, Rn. 33.

eine unrechtmäßige Auslieferungshaft verantwortlich sein kann, obwohl sie im Vollstreckungsstaat erfolgt.[404]

Leider verhält sich das Urteil *Stojkovic* nicht zu der hiesigen Frage, welche Pflichten dem *Vollstreckungsstaat* Belgien oblagen.[405] Dennoch kann man es in die Richtung deuten, dass dem Beschwerdeführer der Beschuldigtenstatus in beiden Ländern „anhaftete".[406] Auf dieser Linie liegend sollte der Vollstreckungsstaat selbst an Art. 6 EMRK gebunden sein, wenn er im Wege der Rechtshilfe tätig wird. Im Hinblick auf das zugrunde liegende Konzept der staatlichen Verantwortung werden mitunter auch Parallelen zu der Konstellation von Art. 6 EMRK als Auslieferungshindernis gesehen.[407]

b) Anwendbarkeit des Art. 6 EMRK wegen „engen Zusammenhangs"

Gleichwohl könnte fraglich bleiben, inwieweit der Vollstreckungsstaat des Auslieferungs- und Übergabeverfahrens auch eine „*Entscheidung über*" diese strafrechtliche Anklage trifft. Der EGMR verlangt für die Anwendbarkeit des Art. 6 EMRK wie gezeigt eine vollständige Schulduntersuchung („*full process of the examination of an individual's guilt or innocence in relation to an offence*"), die im Auslieferungs- und Übergabeverfahren fehle.[408]

---

404 Vgl. EGMR Stephens/MLT (No. 1), 21.4.2009, §§ 51 ff.: *Malta* blieb nach Art. 5 EMRK i.V.m. Art. 1 EMRK dafür verantwortlich, dass der Bf. rechtswidrig zum Zwecke der (klassischen) Auslieferung in *Spanien* inhaftiert wurde, da der der maltesische Haftbefehl auf ein unzuständiges Gericht zurückging. Alleinige Ursache („*sole origin*") für die Freiheitsentziehung in Spanien seien der maltesische Haftbefehl und das Auslieferungsersuchen gewesen, für deren Gültigkeit Malta verantwortlich war und auf die Spanien konkret vertrauen durfte. Ähnlich EGMR Toniolo/SM und I, 26.6.2012, insb. § 56, dort jedoch kein Verstoß. Zu einer ähnlichen Problematik im deutschen Recht S/L/G/H, Einl., Rn. 143 ff.

405 Die Beschwerde gegen Belgien musste wegen Nichteinhaltung der Sechs-Monats-Frist für unzulässig erklärt werden, vgl. §§ 38 ff. des Urteils.

406 Vgl. *Roger*, S. 94; *Esser/Gaede/Tsambikakis*, NStZ 2012, 619 (623) sehen ebenfalls den ersuchten Staat in der Pflicht, die Fairness des Strafverfahrens im ersuchenden Staat zu fördern.

407 Vgl. als Argument für das international-arbeitsteilige Strafverfahren insbesondere S/L/G/H, Einl., Rn. 133 sowie *Lagodny/Schallmoser*, in: FS Karl, S. 125 (129), wonach dem Vollstreckungsstaat die unmenschliche Behandlung im Ausstellungsstaat *zugerechnet* würde, *als führe er sie selber durch.*

408 Die EKMR stellte für Auslieferungsverfahren mitunter ausdrücklich auf den Begriff „*determination*" ab, während der EGMR zumeist insgesamt die „*determination…of a criminal charge*" prüft, vgl. schon oben S. 79 ff. m.w.N.

Dem ist zuzugestehen: Es wird und soll tatsächlich nicht das Ziel des Auslieferungs- oder Übergabeverfahrens sein, über die Schuld oder Unschuld der Person zu entscheiden.[409] Nach der Arbeitsteilung obliegt die Verdachtsprüfung primär dem Ausstellungsstaat und allenfalls in Ansätzen dem Vollstreckungsstaat.[410] Tatsächlich wird das Rechtshilfeverfahren auch gerade vor diesem Hintergrund nur als „Verwaltungsverfahren zur Unterstützung eines Hauptverfahrens" angesehen.[411] Zudem gibt es selbst im Rahmen der Strafverfolgung bestimmte Konstellationen, die zwar zur Strafverfolgung gehören aber mangels Entscheidung über die *Anklage* selbst nicht unter Art. 6 EMRK fallen sollen.[412]

Gleichwohl erscheint es überzeugender, die mitunter fehlende Schuldprüfung durch den Vollstreckungsstaat in arbeitsteiligen Konstellationen erst im Rahmen des *Umfangs* der Rechte des Art. 6 EMRK zu berücksichtigen[413], und nicht schon bei ihrer Anwendbarkeit.[414] Hierfür sprechen neben den obigen Überlegungen vor allem die Wechselwirkungen zum Strafverfahren und der Schutzbedarf der Person. Denn auch wenn das Auslieferungs- und Übergabeverfahren nicht auf die Überprüfung der Schuld einer Person ausgerichtet sein mag, steht es doch

409 Ähnlich *Lagodny/Schallmoser*, in: FS Karl, S. 125 (135): Keine „Verdoppelung" des Strafverfahrens im Auslieferungsverfahren; S/L/G/H, Einl., Rn. 139; vgl. auch *Capus*, S. 303 m.w.N.

410 Dies betonen insbesondere G/P/K/*Böse*, vor § 78 IRG, Rn. 32, und *Breitenmoser*, in: FS Würtenberger, S. 425 (428, ähnlich 446) als Grund, weshalb der Schutz aus Art. 6 EMRK reduziert sein könne. Die „organisatorische und funktionelle Trennung" zwischen den Verfahren müsse gewahrt bleiben (so *Breitenmoser*).

411 Vgl. etwa *Breitenmoser*, in: FS Würtenberger, S. 425 (428, 446), der jedoch das Merkmal der „zivilrechtlichen Ansprüche" bejaht.

412 Vgl. LR/*Esser*, Art. 6 EMRK, Rn. 90 m.w.N., als Beispiele werden prozessleitende Anordnungen und die Beschlagnahme von Gegenständen genannt. Hierzu gehöre namentlich auch das Haftprüfungsverfahren. Vgl. auch SK-StPO/*Meyer*, Art. 6, Rn. 53, 56 m.w.N.

413 Nach *Lagodny/Schallmoser*, in: FS Karl, S. 125 (135) könnte etwa der Schutz des Art. 6 Abs. 3 *lit.* d (Befragung von Belastungszeugen) in Auslieferungsverfahren nur ausnahmsweise eingreifen. Zu einem womöglich reduzierten Umfang der Beschuldigtenrechte vgl. auch *Esser*, ERA-Forum 2003, 70 (86 ff.).

414 Treffend im anderen Kontext *Roger*, S. 31: „Die transnationale Dimension kann (und muss) auf die Strafverfahrensrechtsdogmatik einwirken, kann sie aber nicht von vornherein präkludieren".

stets in einem *sehr engen Zusammenhang* dazu.[415] Die Festnahme und Übergabe der gesuchten Person im Vollstreckungsstaat setzt wie gezeigt stets eine Strafsache im Ausstellungsstaat voraus. Aus Sicht der Person stellt sie sich als Folge des Verdachts dar[416] und führt zur Entscheidung über die Schuld im Ausstellungsstaat[417]. Angaben im Übergabeverfahren können im späteren Strafverfahren relevant und verwertet werden.[418] Der Verzicht auf den Grundsatz der Spezialität im Übergabeverfahren wirkt sich zudem auf den Umfang des Strafverfahrens im Ausstellungstaat aus.[419] Die Wechselwirkungen zeigt auch deutlich ein Blick in die deutsche Rechtsprechung:

> „Auch wenn es im Auslieferungsverfahren regelmäßig nicht darum geht, den Verfolgten gegen den ihm vom ersuchenden Staat gemachten Schuldvorwurf im engeren Sinne zu verteidigen, weil eine Prüfung insoweit zumeist nicht stattfindet (vgl. § 10 II IRG), lässt sich der von § 146 S. 1 StPO besorgte Interessenwiderstreit [...] auch im Auslieferungsverfahren nicht gänzlich ausschließen. Denn auch bei den dort nach §§ 21 II, 22 II, 28 II IRG vorgeschriebenen Vernehmungen ist der Verfolgte ausdrücklich darüber zu belehren, dass es ihm freisteht, sich u.a. zu der ihm im Auslieferungsersuchen zur Last gelegten Tat zu äußern. Das birgt die Möglichkeit in sich, dass ein Verfolgter Angaben zur Sache macht und sich dabei u.a. auch zur Beteiligung eines in gleicher Sache Mitverfolgten erklärt. Seine zu richterlichem Protokoll genommenen Aussagen können im Falle ordnungsgemäßer Belehrung auf entsprechendes gesondertes Ersuchen zum Gegenstand der Hauptverhandlung im ersuchenden Staat gemacht werden, und zwar auch im Verfahren gegen den Mitverfolgten.“[420]

Diese Aussage betrifft zwar die Frage, ob eine Mehrfachvertretung Interessenkonflikte für das spätere Strafverfahren aufwerfen kann. Erste Ansätze in die Richtung, dass der *enge Zusammenhang* zum Strafverfahren im Ausstellungsstaat für die Anwendbarkeit des Art. 6 EMRK auf Auslieferungs- und Übergabeverfahren ausreichen kann, finden sich nunmehr auch in der Rechtsprechung des EGMR.

---

415 Treffend *Schomburg*, StV 1998, 153 (156): „Es gibt kein rein abstraktes Auslieferungsverfahren“; ähnlich *Esser*, ERA-Forum 2003, 70 (86): „untrennbar“. Ausführlich auch *Capus*, S. 288 ff. m.w.N.; zudem *Schaffner*, S. 51.

416 Vgl. *Tinkl*, S, 41.

417 Vgl. *Murschetz*, S. 314.

418 Vgl. schon *Schomburg*, StV 1998, 153 (156); ähnlich *Esser*, ERA-Forum 2003, 70 (86).

419 Für die Anwendbarkeit des Art. 6 Abs. 3 *lit.* c EMRK gerade in dieser Konstellation daher schon *Rohlff*, S. 143.

420 OLG Rostock, NStZ 2012, 101.

aa) EGMR Ismoilov u.a. gegen Russland (Art. 6 Abs. 2 EMRK)

Bemerkenswert ist zum einen die Rechtsprechung des EGMR zur Unschuldsvermutung aus Art. 6 Abs. 2 EMRK.[421] Nach dieser gilt jede Person, die einer Straftat angeklagt ist, bis zum gesetzlichen Beweis ihrer Schuld als unschuldig. Der Wortlaut setzt wie Art. 6 Abs. 3 EMRK eine Person voraus, „die einer Straftat angeklagt ist" („*charged with a criminal offence*"). Da das Auslieferungsverfahren nicht auf eine Schuldfeststellung gerichtet ist, wird auch hier oftmals bezweifelt, ob Art. 6 Abs. 2 EMRK im Auslieferungs- und Übergabeverfahren zur Anwendung kommt.[422]

Neuere Rechtsprechung des EGMR zeigt jedoch, dass Art. 6 Abs. 2 EMRK durchaus in Auslieferungsverfahren anwendbar und zu beachten sein kann.[423] Im grundlegenden Fall *Ismoilov u.a. gegen Russland* sollten die Beschwerdeführer zur Strafverfolgung von Russland nach Usbekistan ausgeliefert werden.[424] Die russische Auslieferungsentscheidung enthielt die Aussage, dass die Beschwerdeführer in Usbekistan bestimmte Straftaten „begangen" hätten.[425] Der EGMR wertete dies als vorzeitige Schuldfeststellung und Verstoß gegen Art. 6 Abs. 2 EMRK: Die Auslieferung selbst verstoße zwar nicht gegen die Unschuldsvermutung, aber die Begründung der Auslieferungsentscheidung sei geeignet, die Bewertung im nachfolgenden Strafverfahren durch die zuständige gerichtliche Instanz in Usbekistan negativ zu präjudizieren.[426]

Besonders hervorzuheben ist dabei, wie der EGMR zur Anwendbarkeit des Art. 6 Abs. 2 EMRK auf das Auslieferungsverfahren in Russland gelangte.[427] Zwar stellte die Kammer zunächst (wie bisher) fest, dass das Auslieferungsverfahren nicht die Entscheidung über eine strafrechtliche Anklage betreffe und in Russland selbst keine strafrechtliche Anklage vorliege.[428] Darüber hinaus ließ

---

421 Vgl. auch *Schaffner*, S. 50 f.

422 Vgl. von einer grundsätzlichen Nichtanwendbarkeit der Unschuldsvermutung ausgehend etwa SK-StPO/*Meyer*, Art. 6, Rn. 315 m.w.N.; zweifelnd auch *Breitenmoser*, in: FS Würtenberger, S. 425 (446).

423 Vgl. EGMR Ismoilov u.a/R, 24.4.2008, §§ 157 ff.; bestätigt in EGMR Khaydarov/R, 20.5.2010, § 148; Gafarov/R, 21.10.2010, § 208; Ergashev/R, 20.12.2011, § 169; Eshonkulov/R, 15.1.2015, §§ 74 f. Siehe ferner LR/*Esser*, Art. 6 EMRK, Rn. 472; *Mathisen*, EHRLR 2010, 486 (489 ff.); auf den Fall Ismoilov eingehend auch SK-StPO/*Meyer*, Art. 6, Rn. 317 („ausnahmsweise").

424 Vgl. zum Sachverhalt EGMR Ismoilov u.a/R, 24.4.2008, §§ 7 ff., insb. §§ 68 ff.

425 Vgl. EGMR Ismoilov u.a/R, 24.4.2008, §§ 68 f. („*committed*"), ferner §§ 158, 168 f.

426 Vgl. näher EGMR Ismoilov u.a/R, 24.4.2008, § 167 f.

427 Vgl. EGMR Ismoilov u.a./R, 24.4.2008, §§ 162 ff.

428 Vgl. EGMR Ismoilov u.a./R, 24.4.2008, § 162.

es der EGMR jedoch ausreichen, wenn ein *enger Zusammenhang* („*close link*") mit *ausländischen* strafrechtlichen Untersuchungen bestünde.[429] Dieser könne sich aus Gesetz, Praxis oder Tatsachen ergeben.[430] Die Kammer sah, dass die Auslieferung zum Zwecke der Strafverfolgung erfolge und das Auslieferungsverfahren eine *direkte Folge* („*direct consequence*") und *Begleiterscheinung* („*concomitant*") der strafrechtlichen Ermittlungen in Usbekistan sei.[431] Dieser enge Zusammenhang zwischen den Verfahren rechtfertige es, die Anwendbarkeit von Art. 6 Abs. 2 EMRK auf das Auslieferungsverfahren zu erweitern („*justifying the extension*").[432]

Zur Einordnung dieser Rechtsprechung ist allerdings einschränkend auf Besonderheiten der Unschuldsvermutung nach Art. 6 Abs. 2 EMRK zu verweisen.[433] Schon die EKMR wandte die Unschuldsvermutung auf das Auslieferungsverfahren an, während Art. 6 Abs. 1 und 3 EMRK unanwendbar blieben.[434] Denn die Unschuldsvermutung soll grundlegend vor verurteilenden Aussagen staatlicher Stellen schützen, die im engen Zusammenhang zu einem Strafverfahren stehen und beispielsweise dessen Fairness unterlaufen können.[435] Der EGMR spricht der Unschuldsvermutung daher mitunter einen „*second*" Schutzzweck zu, der es erfordern könne, sie aus anderen Gründen („*on different grounds*") anzuwenden, obwohl eine strafrechtliche Anklage nicht vorliege.[436]

Auch wenn die Rechtsprechung zur Unschuldsvermutung mithin noch keine Kehrtwende in Bezug auf Art. 6 Abs. 1 und Abs. 3 EMRK für Auslieferungsverfahren darstellt, ist sie dennoch als fortschrittlich und „verallgemeinerungsfähig"[437]

---

429 Vgl. EGMR Ismoilov u.a./R, 24.4.2008, § 163 m.w.N.

430 Vgl. EGMR Ismoilov u.a./R, 24.4.2008, § 163 m.w.N.

431 Vgl. EGMR Ismoilov u.a./R, 24.4.2008, § 164.

432 Vgl. EGMR Ismoilov u.a./R, 24.4.2008, § 164. Das Urteil erging hierzu mit 6 zu 1 Stimmen.

433 Ähnlich *Mathisen*, EHRLR 2010, 486 (489): „*based on more of a teleological than systematic interpretation of the provision*". Näher zur Geltung von Art. 6 Abs. 2 EMRK außerhalb eines Strafverfahrens vgl. zudem LR/*Esser*, Art. 6 EMRK, Rn. 520 ff. m.w.N.

434 Vgl. EKMR P., R.H. u. L.L./A, 5.12.1989, DR 64, 264, § 1 der Gründe; hierauf verweist auch EGMR Ismoilov u.a/R, 24.4.2008, § 164.

435 Vgl. EGMR Ismoilov u.a/R, 24.4.2008, § 160 f. m.w.N.; ähnlich schon EKMR P., R.H. u. L.L./A, 5.12.1989, DR 64, 264, § 1 der Gründe. Vgl. auch EGMR (GK) Allen/UK, 12.7.2013, ECHR 2013, §§ 94 ff. = NJOZ 2014, 1834, für den Schutz bei einem auf das beendete Strafverfahren nachfolgende Entschädigungsverfahren.

436 Vgl. so und umfassend EGMR (GK) Allen/UK, 12.7.2013, ECHR 2013, §§ 92 ff. m.w.N., insb. § 96 ff. = NJOZ 2014, 1834.

437 Treffend *Schaffner*, S. 51.

hervorzuheben. Der EGMR erkennt hier ausdrücklich an, dass zwischen Auslieferungsverfahren zur Strafverfolgung und Strafverfahren ein enger Zusammenhang vorliegen kann.[438] Auf diese Argumentation sollte in Zukunft aufgebaut werden, wenn es darum geht, zu entscheiden, ob das Auslieferungsverfahren insgesamt vom Anwendungsbereich des Art. 6 EMRK erfasst werden sollte.[439]

bb) EGMR Buijen gegen Deutschland zur Vollstreckungshilfe

Eine neue Tendenz liefern ferner die Urteile des EGMR in der Sache *Buijen gegen Deutschland*[440] und *Smith gegen Deutschland*[441] aus dem April 2010 zur Vollstreckungshilfe.[442] Die Rechtshilfekonstellation basiert auf dem Übereinkommen über die Überstellung verurteilter Personen (ÜberstÜbk) vom 21. März 1983, nach dem ein ausländischer Staat um die Vollstreckung eines Strafurteils ersucht werden kann, etwa weil ein Verurteilter die gegen sie verhängte Sanktion in seinem Heimatstaat verbüßen möchte.[443]

Verkürzt dargestellt sicherte die deutsche Staatsanwaltschaft den niederländischen Beschwerdeführern zu, im Falle eines Geständnisses nach dem Strafverfahren ein Überstellungsverfahren nach Art. 11 ÜberstÜbk einzuleiten.[444] Nach Geständnis und rechtskräftiger Verurteilung der Beschwerdeführer wurde jedoch nur eine (aus ihrer Sicht nachteilige) Überstellung nach Art. 10 ÜberstÜbk eingeleitet.[445] Der EGMR sah das Recht auf Zugang zu einem Gericht nach Art. 6 Abs. 1 EMRK als verletzt an, da im Überstellungsverfahren kein wirksamer Rechtsbehelf bestand, um gegen die fehlende Einhaltung der Zusicherung vorzugehen.[446]

---

438 Bestätigt in EGMR Gafarov/R, 21.10.2010, § 208; Ergashev/R, 20.12.2011, § 169; Eshonkulov/R, 15.1.2015, § 74 f.

439 Vgl. *Schaffner*, S. 5; auch schon LR/*Esser*, Art. 6 EMRK, Rn. 87, 472.

440 EGMR Buijen/D, 1.4.2010 = NStZ-RR 2011, 113 = StV 2011, 430.

441 EGMR Smith/D, 1.4.2010 = verfügbar bei Juris (Az. 27801/05).

442 Vgl. den Fall *Buijen* hervorhebend auch *Breitenmoser*, in: FS Würtenberger, S. 425 (433 f.) („erste Ansätze"); LR/*Esser*, Art. 6 EMRK, Rn. 87; *Roger*, S. 78; G/P/K/*Böse*, vor § 78 IRG, Rn. 33. Die Frage nach einer vorsichtigen Änderung aufwerfend auch S/L/G/H, Einl., Rn. 139.

443 Vgl. ETS Nr. 112; auch Abdruck in EGMR Buijen/D, 1.4.2010, § 34.

444 Vgl. im Folgenden anhand EGMR Buijen/D, 1.4.2010, §§ 5 ff.

445 Bei einer Überstellung nach Art. 11 ÜberstÜbk kann der andere Staat die verhängte Strafe in gewissen Grenzen umwandeln, was zu einer früheren Haftentlassung als in Deutschland führen kann. Nach Art. 10 ÜberstÜbk setzt der andere Staat die Vollstreckung der in Deutschland verhängten Strafe grundsätzlich nur fort.

446 Vgl. EGMR Buijen/D, 1.4.2010, §§ 61 ff.

Von Interesse sind vor allem die Ausführungen zur Anwendbarkeit des Art. 6 EMRK. An sich sprachen sogar zwei Gründe dagegen, den Beschwerdeführer im Überstellungsverfahren noch als *strafrechtlich angeklagt* anzusehen: Art. 6 Abs. 1 EMRK gilt (i) nur bis zur Rechtskraft des Strafurteils und (ii) aufgrund der außenpolitischen öffentlich-rechtlichen Erwägungen grundsätzlich nicht in Verfahren des Überstellungsübereinkommens.[447] Der EGMR machte jedoch aufgrund der speziellen Umstände des Falles eine Ausnahme, da das Überstellungsverfahren durch die Zusicherung sehr eng mit dem Strafverfahren und der endgültigen Straffestsetzung verbunden sei („*very closely related*").[448] Insbesondere habe die Staatsanwaltschaft mit der Zusicherung den Verlauf des Strafverfahrens beeinflusst. Aufgrund der außergewöhnlich engen Verbindung zwischen den Verfahren („*exceptionally close connections*") wäre es zu formalistisch („*too formalistic*"), den Anwendungsbereich des Art. 6 EMRK auf das Strafverfahren vor der Urteilsverkündung zu begrenzen.[449] Besonders hervorzuheben ist die Formulierung des EGMR, wonach das Überstellungsverfahren als *integraler Bestandteil des Strafverfahrens* anzusehen sei, soweit es sich unmittelbar auf die Zusicherung der Staatsanwaltschaft bezogen habe.[450]

Diese Rechtsprechung stellt zwar letztlich eine Ausnahme dar, die maßgeblich auf den besonderen Umständen des Einzelfalls beruht.[451] Dies zeigt sich auch darin, dass die Anwendbarkeit des Art. 6 EMRK im Überstellungsverfahren nur *insoweit* bejaht wird („*in so far as*"), wie sich dieses direkt auf die Zusicherung im Strafverfahren bezogen habe.[452] Dennoch eröffnen die Urteile die wichtige Möglichkeit, eine „*strafrechtliche Anklage*" auch bei Rechtshilfeverfahren zu bejahen, wenn dieses einen besonders engen Zusammenhang zu Strafverfahren aufweist.[453] Sie sind zudem ein Beleg dafür, dass der EGMR schon jetzt Art. 6 EMRK auf andere staatliche Verfahren „*ausstrahlen*" lässt.[454] Hervorzuheben ist

---

447 Vgl. EGMR Buijen/D, 1.4.2010, §§ 40, 43, je m.w.N.; Smith/D, 1.4.2010, §§ 39, 42 m.w.N.; u.a. auch EGMR Csoszanski/S (E), 27.6.2006, § 2 der Gründe.

448 Vgl. EGMR Buijen/D, 1.4.2010, §§ 41, 44; Smith/D, 1.4.2010, §§ 40, 42.

449 Vgl. EGMR Buijen/D, 1.4.2010, § 42; ähnlich Smith/D, 1.4.2010, § 41.

450 Vgl. EGMR Buijen/D, 1.4.2010, § 42 („*The Court therefore considers that the transfer proceedings have to be regarded as an integral part of the criminal proceedings in so far as they directly relate to the assurance which was given by the Public Prosecutor during the criminal proceedings*"), ähnlich § 44; vgl. auch EGMR Smith/D, 1.4.2010, § 41.

451 Vgl. schon EGMR Buijen/D, 1.4.2010, § 44 („*specific circumstances of the present case*"); ähnlich *Breitenmoser*, in: FS Würtenberger, S. 425 (433).

452 Vgl. EGMR Buijen/D, 1.4.2010, § 44.

453 Ähnlich *Breitenmoser*, in: FS Würtenberger, S. 425 (433) („immerhin").

454 Vgl. G/P/K/*Böse*, vor § 78 IRG, Rn. 32 f.

zudem die zusätzliche Schwierigkeit für den EGMR, dass in den Fällen bereits der Bereich der Strafvollstreckung betroffen war. Dass der EGMR dennoch zu einer Anwendbarkeit des Art. 6 Abs. 1 EMRK gelangte, zeugt mithin davon, dass er bei entsprechender Fallgestaltung gewillt ist, seine Rechtsprechung ausnahmsweise zu durchbrechen. Hierauf ist aufzubauen. Nun liegt es an der Praxis, dem EGMR möglichst viele Vorlagen zu Ausnahmekonstellationen zu geben, in denen das Strafverfahren konkret durch das Auslieferungsverfahren beeinflusst wurde. Besonders geeignet erscheinen hierfür wie oben gezeigt Fälle der Auslieferung zur Strafverfolgung.

cc) Relativierung der Schuldprüfung

Stellt man auf die strafrechtliche Anklage im Ausstellungsstaat und den engen Zusammenhang zwischen dem Strafverfahren und dem Übergabeverfahren ab, sollte es für die Anwendbarkeit des Art. 6 EMRK daher nicht auf eine vollständige „*Entscheidung über*" die strafrechtliche Anklage im Vollstreckungsstaat ankommen.

Hierfür spricht auch, dass der vom EGMR vorgesehene Maßstab der vollständigen Schuldprüfung („*full process of the examination of an individual's guilt or innocence in relation to an offence*") für die Anwendbarkeit des Art. 6 EMRK derart eng definiert ist, dass früher selbst das innerstaatliche Ermittlungsverfahren nicht unter den strafrechtlichen Anwendungsbereich des Art. 6 EMRK fallen sollte.[455] Denn streng genommen wird im Ermittlungsverfahren auch noch nicht über die Schuld einer Person entschieden.[456] Der EGMR stellte im Urteil *Imbrioscia* jedoch klar, dass auch das einer Schuldprüfung *vorgelagerte* Ermittlungsverfahren von Art. 6 EMRK erfasst werden kann[457]:

> „Certainly the primary purpose of Article 6 (art. 6) as far as criminal matters are concerned is to ensure a fair trial by a "tribunal" competent to determine "any criminal charge", but it does not follow that the Article (art. 6) has no application to pre-trial proceedings."[458]

---

455 Umfassend zu der früheren Diskussion und ablehnenden Ansätzen der EKMR vgl. *Gaede*, S. 191 ff. m.w.N.

456 Vgl. auch *Schallmoser*, S. 197 f.; *Lagodny/Schallmoser*, in: FS Karl, S. 125 (126 ff.); in anderem Kontext auch *Capus*, S. 303.

457 Vgl. EGMR Imbrioscia/CH, 24.11.1993, A 275, § 36 = ÖJZ 1994, 517. Hierauf verweisen auch *Schallmoser*, S. 197; *Lagodny/Schallmoser*, in: FS Karl, S. 125 (126 f.).

458 Vgl. EGMR Imbrioscia/CH, 24.11.1993, A 275, § 36 = ÖJZ 1994, 517.

Art. 6 EMRK sei im Ermittlungsverfahren anwendbar, wenn und soweit die Fairness des späteren Hauptverfahrens ernsthaft unterlaufen („*seriously prejudiced*") werden kann, falls die Verfahrensrechte des Art. 6 EMRK in dem frühen Stadium nicht gelten.[459] Der EGMR relativiert das Merkmal der Entscheidung („*determination*") auch in anderen Konstellationen, sobald eine strafrechtliche Anklage vorliegt: Art. 6 EMRK ist auf die Verfahrensschritte eines Untersuchungsrichters anwendbar, obwohl dieser *nicht* über eine strafrechtliche Anklage entscheidet:

> „Although investigating judges do not determine a "criminal charge", the steps taken by them have a direct influence on the conduct and fairness of the subsequent proceedings, including the actual trial."[460]

Die gesuchte Person sollte daher nach dem Schutzzweck des Art. 6 EMRK frühzeitig eine prozessuale Stellung erhalten. Der grundsätzliche Bedarf von Rechtsbeistand für gesuchte Personen wurde zudem schon für das klassische Auslieferungsverfahren durch das Ministerkomitee des Europarates im Jahr 1980 bestätigt.[461] Dessen Empfehlung sah vor, dass eine verfolgte Person unabhängig von der administrativen oder justiziellen Natur des Verfahrens die Möglichkeit haben sollte, sich im Verfahren anwaltlich unterstützen zu lassen, mitunter auch unentgeltlich.[462]

4. Begrenzter Schutz durch Art. 5 und Art. 13 EMRK

Soweit Art. 6 EMRK nicht anwendbar ist, müssen Verfahrensrechte für gesuchte Personen in Auslieferungs- und Übergabeverfahren bisher aus anderen EMRK Garantien abgeleitet werden.[463] Mit Blick auf Rechtsbeistand und Prozesskostenhilfe kommen vor allem Art. 5 EMRK und Art. 13 EMRK in Betracht.

---

459 Vgl. EGMR Imbrioscia/CH, 24.11.1993, A 275, § 36 = ÖJZ 1994, 517 („*if and in so far as the fairness of the trial is likely to be seriously prejudiced by an initial failure to comply with them*").

460 Vgl. Practical Guide on Admissibility Criteria, 3. Ed. 2014, abrufbar unter www.echr.coe.int („case law"), Nr. 288 m.w.N.

461 Vgl. *Recommendation No. R 80 (7) of the Committee of Ministers to Member States concerning the practical application of the European Convention on Extradition v. 27.6.1980 (abrufbar unter www.coe.int/t/cm/adoptedTexts_en.asp); vgl. auch Mathisen*, EHRLR 2010, 486 (493). Empfehlungen des Ministerkomitees sind für Mitgliedstaaten nicht verbindlich.

462 Ebenda, S. 1.

463 Vgl. LR/*Esser*, Art. 6 EMRK, Rn. 87; *Ziegenhahn*, S. 427.

Wenn einer Person zur Sicherung der Auslieferung die Freiheit entzogen wird, ist dies an Art. 5 EMRK zu messen.[464] Jede Freiheitsentziehung darf nur „auf die gesetzlich vorgeschriebene Weise“ erfolgen (Art. 5 Abs. 1 S. 2 EMRK).[465] Das nationale Recht muss auch bei Auslieferungshaft mithin zumindest ein Verfahren vorsehen, das hinreichend zugänglich, präzise und vorhersehbar in seiner Anwendung ist („*sufficiently accessible, precise and foreseeable in its application*“), um dem Risiko einer willkürlichen Freiheitsentziehung vor der Auslieferung zu begegnen.[466]

Die Rechtmäßigkeit einer Freiheitsentziehung kann nach Art. 5 Abs. 1 S. 2 *lit.* f und Art. 5 Abs. 4 EMRK im Wege einer gerichtlichen Haftkontrolle überprüft werden. Die hierfür erforderlichen Verfahrensrechte werden allerdings je nach Art der Freiheitsentziehung variieren und müssen nicht mit Art. 6 EMRK übereinstimmen.[467] Die Rechtsprechung speziell zur Rechtmäßigkeit von und Verfahrensrechten bei Auslieferungshaft ist nicht sehr ausgeprägt.[468] Die gesuchte Person muss in Auslieferungshaft zumindest (i) hinreichende Einsicht in die Auslieferungsakten erhalten, um ihr Recht aus Art. 5 Abs. 4 EMRK geltend machen zu können[469] und (ii) ihr müssen nach Art. 5 Abs. 2 EMRK alsbald hinreichende Gründe für ihre Festnahme mitgeteilt werden[470], wenngleich diese unvollständig bleiben können[471]. Das Recht auf Vorführung nach Art. 5 Abs. 3 Satz 1 EMRK gilt bei Auslieferungshaft nicht, da sie nur der Sicherung der Auslieferung (Art. 5 Abs. 1 *lit.* f EMRK) und nicht der Strafverfolgung (Art. 5 Abs. 1 *lit.* c EMRK) dienen soll.[472]

---

464 Für einen näheren Überblick vgl. schon *Esser*, ERA-Forum 2003, 70 (78 ff.).

465 Deutlicher in der englischen Fassung: „*a procedure prescribed by law*“.

466 Vgl. einen Verstoß durch San Marino bejahend EGMR Toniolo/SM und I, 26.6.2012, §§ 51 f.; vgl. ferner EGMR Ismoilov u.a./R, 24.4.2008, §§ 136 ff.

467 Vgl. etwa EGMR Cernak/SLO,17.12.2013, § 78; LR/*Esser*, Art. 5 EMRK, Rn. 316 f., 326 ff. m.w.N.; SK-StPO/*Meyer*, Art. 5 EMRK, Rn. 270 m.w.N.

468 Vgl. auch LR/*Esser*, Art. 6 EMRK, Rn. 87 („noch recht rudimentär“), zu Art. 5 Abs. 1 S. 2 *lit.* f EMRK; SK-StPO/*Meyer*, Art. 5 EMRK, Rn. 182 ff., 201.

469 Vgl. EGMR Shamayev u.a./GEO und R, 12.4.2005, ECHR 2005-III, §§ 427, 432.

470 Vgl. EGMR Shamayev u.a./GEO und R, 12.4.2005, ECHR 2005-III, §§ 416, 420, 422, 428: 4 Tage seien zu spät.

471 Vgl. EGMR Khodzhayev/R, 12.5.2010, § 115, auch in Abgrenzung zu Art. 5 Abs. 1 Satz 2 *lit.* c EMRK.

472 Näher zur Diskussion und bei *lit.* f bleibend G/P/K/*Böse*, vor § 78 IRG, Rn. 27 f. m.w.N. Für die Anwendbarkeit des Art. 5 Abs. 1 Satz 2 *lit.* c EMRK auf Übergabeverfahren aber *Esser*, ERA-Forum 2003, 70 (81 ff.); *Schallmoser*, S. 194 ff., 208 ff.

Inwieweit sich aus Art. 5 EMRK allerdings ein originäres Recht auf Rechtsbeistand und Prozesskostenhilfe ergibt, ist – unabhängig von der Auslieferungshaft – im Einzelnen unklar.[473] Es kann für die gerichtliche Haftprüfung nach Art. 5 Abs. 4 EMRK im Einzelfall erforderlich sein, dass die Person Zugang zu einem Rechtsbeistand erhält, um die Rechtmäßigkeit der Freiheitsentziehung wirksam in Frage stellen zu können.[474] Der EGMR leitet aus Art. 5 EMRK aber *kein* originäres Recht auf Zugang zu einem Rechtsbeistand ab Beginn einer Freiheitsentziehung ab, wie es bei Art. 6 EMRK besteht.[475] Denn Art. 5 und Art. 6 EMRK verfolgen unterschiedliche Ziele: Durch den fehlenden frühzeitigen Zugang zu einem Rechtsbeistand werde die Rechtmäßigkeit einer Freiheitsentziehung nach Art. 5 EMRK allein nicht in Frage gestellt, sondern nur die Fairness des Verfahrens nach Art. 6 EMRK.[476]

Unterschiede bestehen auch mit Blick auf unentgeltlichen Rechtsbeistand. Der EGMR betont, dass die Verfahrensanforderungen nach Art. 5 EMRK flexibler seien als nach Art. 6 EMRK, da eine zügige richterliche Anhörung für die Inhaftierung im Vordergrund stehe.[477] Der Richter müsse vor der Inhaftierung daher grundsätzlich nicht auf Rechtsbeistand warten und dem Beschuldigten müsse von Amts wegen kein unentgeltlicher Rechtsbeistand für das

---

473 Vgl. schon LR/*Esser*, Art. 5 EMRK, Rn. 215.

474 Vgl. allgemein etwa EGMR Cernak/SLO,17.12.2013, § 78: „*It may also be essential that the individual concerned should not only have the opportunity to be heard in person but that he should also have the effective assistance of his lawyer…*", indes nicht zum Verfahren im Vollstreckungsstaat; LR/*Esser*, Art. 5 EMRK, Rn. 330. In einem Auslieferungsfall offen gelassen in EGMR Khodzhayev/R, 12.5.2010, § 130 (fehlender Zugang zu Rechtsbeistand in den ersten zwei Wochen der Auslieferungshaft), da schon aus anderen Gründen ein Verstoß vorlag.

475 Vgl. EGMR Simons/B (E), 28.8.2012, §§ 29 ff.

476 Vgl. EGMR Simons/B (E), 28.8.2012, § 33: „*Thus, whilst the statutory inability for a person "charged with a criminal offence", who is deprived of his liberty, to receive legal assistance from the beginning of his detention affects the fairness of the criminal proceedings against him, it cannot be inferred from that sole fact that his detention breaches Article 5 § 1 of the Convention for failure to satisfy the requirement of lawfulness inherent in that provision.*"

477 Vgl. EGMR Lebedev/R, 25.10.2007, § 84: „*The Court reiterates that detention proceedings require special expedition and Article 5 does not contain any explicit mention of a right to legal assistance in this respect. The difference of aims explains why Article 5 contains more flexible procedural requirements than Article 6 while being much more stringent as regards speediness.*"

Anhörungsverfahren bestellt werden.[478] Bei besonderen Umständen im Einzelfall können aber Ausnahmen bestehen, insbesondere wenn der geistige Zustand der Person fraglich erscheine.[479]

Insgesamt wird über Art. 5 EMRK für Auslieferungs- und Übergabeverfahren mithin nur ein begrenztes Schutzniveau erreicht, das hinter Art. 6 EMRK zurückbleibt.[480] Etwaige Rechte nach Art. 5 EMRK würden sich zudem nur auf die Auslieferungs*haft* und nicht auf das Auslieferungs*verfahren* als Ganzes beziehen.[481]

Wenn weder Art. 5 EMRK noch Art. 6 EMRK Schutz bieten, verbleibt als Auffang-Recht für Auslieferungs- und Übergabeverfahren noch Art. 13 EMRK.[482] Dieser gewährt das Recht auf einen *wirksamen* innerstaatlichen Rechtsbehelf bei der Verletzung von Konventionsrechten. Der Schutz aus Art. 13 EMRK ist indes akzessorisch und setzt voraus, dass die verfolgte Person die Verletzung eines anderen Konventionsrechts überhaupt vertretbar behaupten kann.[483] Selbst wenn dies im Auslieferungsverfahren der Fall sein sollte[484], bleibt der Schutzumfang deutlich hinter Art. 6 EMRK zurück und erfordert beispielsweise weder eine gerichtliche Überprüfung noch eine öffentliche Verhandlung[485]. Im

---

478 Vgl. EGMR Lebedev/R, 25.10.2007, § 84 („*Therefore, as a rule, the judge may decide not to wait until a detainee avails himself of legal assistance, and the authorities are not obliged to provide him with free legal aid in the context of the detention proceedings.*"); SK-StPO/*Meyer*, Art. 5 EMRK, Rn. 274 m.w.N.

479 Vgl. EGMR Megyeri/D, 12.5.1992, A 237-A, §§ 22 ff. = NJW 1992, 2945; ebenso konkret im Falle EGMR Lebedev/R, 25.10.2007, §§ 85 ff.; vgl. auch *Plekksepp*, S. 77 m.w.N.

480 So auch *Ziegenhahn*, S. 427; *Lagodny/Schallmoser*, in: FS Karl, S. 125 (133 f.); ähnlich *Polakiewicz*, EuGRZ 2010, 11 (17). Nach *Trechsel*, EuGRZ 1987, 69 (71 f.) ist der Schutz bei Auslieferungshaft insgesamt „ausgesprochen schwach". Positivere Würdigung aber bei *Mathisen*, EHRLR 2010, 486 (493 f.).

481 Vgl. näher *Lagodny/Schallmoser*, in: FS Karl, S. 125 (133 f.); auch *Trechsel*, EuGRZ 1987, 69 (72).

482 Vgl. *Gundel*, in: Merten/Papier (Hrsg.), HBG VI/1, § 146, Rn. 42; *Lagodny/Schallmoser*, in: FS Karl, S. 125 (132 f).

483 Vgl. LR/*Esser*, Art. 13 EMRK, Rn. 1, 17; krit. dazu auch *Schallmoser*, S. 206 f.

484 Beispielsweise kommt bei drohender Folter im ersuchenden Staat Art. 3 EMRK als Auslieferungshindernis in Betracht, vgl. näher Meyer-Ladewig/*Meyer-Ladewig/Renger*, Art. 13 EMRK, Rn. 32 f. Nach *Lagodny/Schallmoser*, in: FS Karl, S. 125 (132 f.) greife dagegen jede Auslieferung grundsätzlich in das Recht auf Privatleben nach Art. 8 EMRK ein.

485 Vgl. *Gundel*, in: Merten/Papier (Hrsg.), HBG VI/1, § 146, Rn. 42; ähnlich *Lagodny/Schallmoser*, in: FS Karl, S. 125 (132 f); *Breitenmoser*, in: FS Würtenberger, S. 425 (443 f. m.w.N.).

Einzelnen ist zudem unklar, welche Verfahrensgarantien aus Art. 13 EMRK vor der Beschwerdeinstanz gelten müssen.[486]

Im Ergebnis wird die Person trotz Nichtanwendbarkeit des Art. 6 EMRK mithin nicht völlig schutzlos gestellt.[487] Die Verfahrensrechte aus anderen Garantien bleiben aber hinter denjenigen des Art. 6 EMRK zurück.

5. Zusammenfassung und Ausblick: Geringer Schutz durch die EMRK

Die EMRK gewährt einer gesuchten Person im Auslieferungs- oder Übergabeverfahren nur geringen Schutz. Die Anwendbarkeit des Art. 6 Abs. 1 und Abs. 3 EMRK im Übergabeverfahren setzt voraus, dass eine Entscheidung über eine strafrechtliche Anklage getroffen wird.[488] Der EGMR lehnt ihre Anwendbarkeit auf das Auslieferungsverfahren in ständiger Rechtsprechung seit jeher ab.[489] Trotz gegenteiliger Hoffnungen gilt dies bisher wie gezeigt auch für das Europäische Haftbefehlsverfahren. Dieses wird als ein eigenständiges Verfahren angesehen, das weder Strafverfahren noch Teil des Strafverfahrens im Ausstellungsstaat ist und in dem der Vollstreckungsstaat nicht über die Schuld oder Unschuld der Person entscheidet. Anders als in innerstaatlichen Strafverfahren sind die Behörden des Vollstreckungsstaates im Auslieferungs- und Übergabeverfahren daher bisher grundsätzlich nicht an Art. 6 EMRK gebunden. Ein gewisser Schutz kann sich aber aus Art. 5 EMRK und Art. 13 EMRK ergeben.[490] Die Rechtsprechung des EGMR zeugt dabei von grundsätzlichen Problemen, die die dogmatische Einordnung der internationalen Zusammenarbeit in Strafsachen aufwirft.

In großen Teilen der Literatur wird die Anwendbarkeit des Art. 6 EMRK auf das Auslieferungs- und Übergabeverfahren mit Blick auf das arbeitsteilige Vorgehen zwischen Ausstellungs- und Vollstreckungsstaat dagegen befürwortet.[491] Dem ist insbesondere für das Übergabeverfahren zum Zwecke der Strafverfolgung zuzustimmen. Im Hinblick auf einen lückenlosen („*practical and effective*") Menschenrechtsschutz ist es überzeugender, für den Anwendungsbereich des Art. 6 Abs. 1 EMRK von einem transnationalen Verständnis der strafrechtlichen

486 Vgl. *Lagodny/Schallmoser*, in: FS Karl, S. 125 (133).

487 Dies betonend und näher auch *Schaffner*, S. 52 ff.

488 Oben C.II.1.

489 Zum Ganzen oben C.II.2. m.w.N.

490 Oben C.II.4.

491 Oben C.II.3. m.w.N.

Anklage auszugehen.[492] Es sollte berücksichtigt werden, *dass* die Person jedenfalls im Ausstellungsstaat angeklagt ist und der Vollstreckungsstaat jedenfalls *auch* zur Strafverfolgung tätig wird.[493] Dies gilt auch im Hinblick darauf, dass insgesamt ein enger Zusammenhang zum Strafverfahren besteht.[494]

Umso wichtiger sind die Ausnahmen, die der EGMR schon jetzt in bestimmten Einzelfällen zulässt.[495] Zum einen kann die Unschuldsvermutung nach Art. 6 Abs. 2 EMRK zu beachten sein, wenn sich das Auslieferungsverfahren zur Strafverfolgung als direkte Folge und Begleiterscheinung der strafrechtlichen Untersuchung gegen den Verfolgten im Ausstellungsstaat darstellt. Dies ist jedoch auch auf Besonderheiten der Unschuldsvermutung zurückzuführen. Zum anderen dürfte Art. 6 Abs. 1 EMRK auf ein Auslieferungs- und Übergabeverfahren (zur Strafvollstreckung) jedenfalls dann anwendbar sein, wenn dieses den Verlauf der Hauptverhandlung und die Strafzumessung direkt im Voraus beeinflusst, etwa durch eine Zusicherung der Staatsanwaltschaft. In beiden Konstellationen wurde ein sehr enger Zusammenhang zum Strafverfahren gesehen. Hierauf sollte zukünftig aufgebaut werden.

Als Ausblick lässt sich festhalten, dass es mit der zunehmenden Verzahnung der EU-Staaten im Bereich der Strafverfolgung immer schwieriger werden dürfte, das Übergabeverfahren gesondert zu behandeln.[496] Einfluss auf die zukünftige Rechtsprechung des EGMR könnten womöglich auch die RL-RB und RL-PKH nehmen, auf die sich Beschwerdeführer schon jetzt vor dem EGMR in anderen Zusammenhängen berufen.[497] Der EGMR berücksichtigt bei der Auslegung der EMRK grundsätzlich die Verhältnisse und gemeinsamen Rechtsüberzeugungen der Mitgliedstaaten.[498] Als weiterer Beschleuniger der Entwicklung

---

492 Oben C.II.3.a) m.w.N.

493 Zum Ganzen oben C.II.3. m.w.N.

494 Oben C.II.3.b) m.w.N.

495 Zum Ganzen oben C.II.3.b) m.w.N.

496 Vgl. die Anwendbarkeit des Art. 6 EMRK im Wege einer dynamischen Auslegung für Auslieferungs- und Übergabeverfahren erwartend bzw. darauf hoffend schon *Ziegenhahn*, S. 428 für das klassische Auslieferungsverfahren und *Schork*, S. 252 für das Übergabeverfahren.

497 Vgl. so allgemein auch *Cras*, eucrim 1/2017, 34 (44), zur RL-PKH. Als Beispiel siehe etwa den vielfältigen Bezug zur RL-RB in EGMR (GK) Ibrahim u.a./UK, 13.9.2016, ECHR 2016 = NJOZ 2018, 508, zum einen in §§ 206 ff. als Hintergrundinformation, zum anderen in §§ 236, 245, 248 als Argumente der Beschwerdeführer, der Regierung und Fair Trials International, sowie insbesondere in §§ 259, 261, 264, 271 im Rahmen der Argumentation der Großen Kammer des EGMR.

498 Näher LR/*Esser*, Einf. EMRK, Rn. 191 ff.

könnte Art. 47 GrCh in Betracht kommen, dessen Anwendungsbereich, wie noch gezeigt werden wird, nicht auf eine „strafrechtliche Anklage" beschränkt ist.[499]

III. Nichtanwendbarkeit des Art. 14 Abs. 3 *lit.* d IPBPR

Gemeinsame Verfahrensstandards für Übergabeverfahren könnten sich des Weiteren aus dem Internationalen Pakt über bürgerliche und politische Rechte (IPBPR)[500] aus dem Jahr 1966 ergeben.[501] Diesem sind mittlerweile 172 Staaten weltweit beigetreten.[502] Zur Kontrolle der von ihm gewährten Rechte kann der Menschenrechtsausschuss der Vereinten Nationen (*Human Rights Committee, HRC*) angerufen werden.[503] Als Maßstab für Rechtsbeistand und Prozesskostenhilfe kommen insbesondere der Grundsatz des Art. 14 Abs. 1 S. 2 IPBPR[504] und die Mindeststandards des Art. 14 Abs. 3 *lit.* d IPBPR in Betracht. Nach Art. 14 Abs. 3 *lit.* d IPBPR hat jeder wegen einer strafbaren Handlung Angeklagter das Recht, einen Verteidiger in Anspruch zu nehmen. Wenn ihm die Mittel zur Bezahlung eines Verteidigers fehlen, ist ein Verteidiger unentgeltlich zu bestellen, wenn dies im Interesse der Rechtspflege erforderlich ist.

Allerdings entsprechen Art. 14 Abs. 1 bis 3 IPBPR weitgehend dem Art. 6 EMRK.[505] Im Ergebnis stellt sich daher das gleiche Problem wie bei Art. 6 EMRK: Es soll nach Auffassung des HRC im Sinne des Art. 14 IPBPR im Auslieferungs- und Übergabeverfahren nicht um eine „strafrechtliche Anklage"

---

499 So *Breitenmoser*, in: FS Würtenberger, S. 425 (437 f.), da die EU und der Europarat grundsätzlich um kohärenten Grundrechtsschutz bemüht seien.

500 International Covenant on Civil and Political Rights, vgl. BGBl. 1973 II S. 1534. Dieser ist für die Bundesrepublik Deutschland am 23.3.1976 in Kraft getreten, näher zur Entstehung LR/*Esser*, Einf. EMRK, Rn. 14, 68 ff. m.w.N.

501 Näher hierzu im Kontext der Amts- und Rechtshilfe etwa *Breitenmoser*, in: FS Würtenberger, S. 425 (439 f.); zum Auslieferungsverfahren *Mathisen*, EHRLR 2010, 486.

502 Vgl. im Einzelnen unter https://treaties.un.org [Stand: 2.7.2019].

503 Näher LR/*Esser*, Teil II, Rn. 353 ff.

504 „Jedermann hat Anspruch darauf, dass über eine gegen ihn erhobene strafrechtliche Anklage oder seine zivilrechtlichen Ansprüche und Verpflichtungen durch ein zuständiges, unabhängiges unparteiisches und auf Gesetz beruhendes Gericht in billiger Weise und öffentlich verhandelt wird."

505 Vgl. LR/*Esser*, Art. 6 EMRK, Rn. 11; auch *Breitenmoser*, in: FS Würtenberger, S. 425 (439).

gehen und die gesuchte Person kein „Angeklagter“ sein.[506] Von Art. 14 IPBPR erscheint nur Abs. 1 S. 1 als anwendbar, nach dem ohne Einschränkung alle Menschen vor Gericht gleich seien.[507] Dieser hat in Art. 6 EMRK kein Pendant.[508] Die HRC leitet allerdings teilweise Anforderungen an die Verfahrensfairness aus anderen Rechten ab, insbesondere soll Art. 13 IPBPR auf Auslieferungsverfahren anwendbar sein.[509] Dieser betrifft an sich Verfahren der Ausweisung.

Neben der ähnlichen Grundproblematik wie bei Art. 6 EMRK ist der Schutz durch den IPBPR zudem insgesamt mit Defiziten behaftet, die es erschweren, ihn als hinreichende Grundlage für gemeinsame Mindeststandards anzusehen[510]. Hierzu gehören vielfältige Vorbehalte der Vertragsstaaten und die schwachen Möglichkeiten zur Durchsetzung des IPBPR, die eher politischer Natur sind und hinter denjenigen der EMRK zurückbleiben.[511] Vor diesem Hintergrund wird im Folgenden nicht näher auf den Schutz durch die IPBPR in Auslieferungs- und Übergabeverfahren eingegangen.

IV. Vorschlag für einen Rahmenbeschluss über bestimmte Verfahrensrechte in Strafverfahren innerhalb der EU von 2004

Im Zuge der voranschreitenden Europäisierung der Strafverfolgung ruhte die Hoffnung vieler zunächst auf dem von der Europäischen Kommission im Jahr 2004 vorgelegten „*Vorschlag für einen Rahmenbeschluss des Rates über bestimmte Verfahrensrechte in Strafverfahren innerhalb der Europäischen Union*“ (im

506 Vgl. HRC Ronald Everett/Spanien, 9.7.2004, 961/2000, § 6.4 („*...the consideration of an extradition request does not amount to the determination of a criminal charge in the meaning of article 14*“). Näher zu Art. 14 IPBPR in Auslieferungs- und Übergabeverfahren im Einzelnen *Mathisen*, EHRLR 2010, 486 (487 ff. m.w.N.).

507 Vgl. näher *Mathisen*, EHRLR 2010, 486 (488 m.w.N).

508 Vgl. *Mathisen*, EHRLR 2010, 486 (488).

509 Vgl. schon HRC Ronald Everett/Spanien, 9.7.2004, 961/2000, § 6.4 („*...several provisions, including articles 6,7,9 and 13, are necessarily applicable in relation to extradition. Particularly, in cases where, as in the current one, the judiciary is involved in deciding about extradition, it must respect the principles of impartiality, fairness and equality, as enshrined in article 14, paragraph 1, and also reflected in article 13 of the Covenant.*“); näher und krit. zur Anwendbarkeit von Art. 13 IPBPR *Mathisen*, EHRLR 2010, 486 (492 m.w.N.).

510 Vgl. schon *Plekksepp*, S. 49.

511 Vgl. näher *Plekksepp*, S. 48 f.; LR/*Esser*, Einf. EMRK, Rn. 74 sowie zum Rechtsschutz Teil II, Rn. 353 ff., insb. Rn. 355, 360, 367.

Folgenden: *RB-E*)[512] (näher dazu 1). Der Vorschlag ist zwar gescheitert, aber er wird mitunter weiterhin als Beleg dafür angesehen, was bereits 2004 als notwendig erachtet wurde, um die Verfahrensrechte in der EU zu verbessern.[513] Der Vollständigkeit halber soll daher kurz darauf eingegangen werden, welche Rechte der RB-E für Übergabeverfahren vorsah (2).

1. Geschichte eines gescheiterten Vorschlags

Mit dem RB-E sollten die Verfahrensrechte *„aller Verdächtigen und Angeklagten"* verbessert und über ein einheitliches Schutzniveau in der EU die Anwendung des Grundsatzes der gegenseitigen Anerkennung erleichtert werden.[514] Dabei erkannte der RB-E implizit an, dass das gegenseitige Vertrauen der Mitgliedstaaten in die Strafrechtssysteme anderer Mitgliedstaaten bisher nicht ausreicht, auch nicht über die gemeinsame Bindung an die EMRK.[515]

Der Rahmenbeschluss sah gemeinsame Mindeststandards für fünf Verfahrensrechte vor, die durch die Kommission aufgrund ihres staatenübergreifenden Elements für die gegenseitige Anerkennung als besonders wichtig erachtet worden waren.[516] Zu diesen zählte auch das Recht auf Rechtsbeistand, das in den Art. 2 bis 5 RB-E geregelt wurde. Der Entwurf sah insoweit ein allgemeines Recht auf Rechtsbeistand (Art. 2 RB-E), eine Pflicht zur Bereitstellung von Rechtsbeistand (Art. 3 RB-E), eine Pflicht zur Sicherstellung der Wirksamkeit des Rechtsbeistands (Art. 4 RB-E) und ein Recht auf unentgeltlichen Rechtsbeistand (Art. 5 RB-E) vor.[517]

---

512 Vgl. KOM (2004) 328 endg. v. 28.4.2004. So etwa die von *Morgan*, in: Blekxtoon/van Bellegooij (Hrsg.), Handbook on the EAW, S. 195 (205).

513 So etwa *Plekksepp*, S. 82, 97.

514 Vgl. Begründung Nr. 7 RB-E. Vorausgegangen waren unter anderem ein Grünbuch der Kommission zu Verfahrensgarantien in Strafverfahren innerhalb der Europäischen Union, KOM (2003) 75 endg. v. 19.2.2003. Näher zu der Entstehungsgeschichte und den Hintergründen des RB-E siehe Begründungen Nr. 15 ff. RB-E; *Brants*, in: Vervaele (Hrsg.), European Evidence Warrant, S. 103 (105 ff.); *Esser*, in: Sieber/Satzger/v. Heintschel-Heinegg (Hrsg.), Europäisches Strafrecht, § 53, Rn. 53 f.; *Morgan*, in: Blekxtoon/van Bellegooij (Hrsg.), Handbook on the EAW, S. 195 (202 f.).

515 Vgl. Begründungen Nr. 6 f., 22, insb. Nr. 29 RB-E; zudem Erwägungsgrund Nr. 7 RB-E. Näher zum Mehrwert von EU-Rechtakten gegenüber dem Schutz aus der EMRK vgl. *Esser*, BRAK-Mitteilung 2/2007, 53 ff; *Vogel/Matt*, StV 2007, 206 (211 f.).

516 Vgl. Begründung Nr. 24 RB-E.

517 Für einen näheren Vergleich mit den Vorgaben der EMRK siehe *Plekksepp*, S. 88 f.; für eine ausführliche Kritik sämtlicher Artikel des Vorschlags *Brants*, in: Vervaele (Hrsg.), European Evidence Warrant, S. 103 (110 ff.).

Die Bemühungen der Kommission, gemeinsame Standards zu etablieren, stießen in Praxis und Wissenschaft grundsätzlich auf eine *„überwältigende positive Resonanz“*, auch wenn man sich einig war, dass weitere Schritte folgen müssten.[518] Andererseits wurde der konkrete Inhalt des Entwurfs teilweise als *„too little, too late“*[519] oder *„Kosmetik“*[520] bewertet, insbesondere da viele Begriffe vage ausfielen[521] und wichtige Aspekte ausgeklammert blieben[522]. Auch wurde vorgebracht, dass sich die fehlende Gesamtbalance von Verfolgungs- sowie Verteidigungsmöglichkeiten innerhalb der EU *„niemals“* durch einen bloßen Katalog von Mindestgarantien realisieren lassen würde.[523] Gemeinsame Mindeststandards auf einem möglichst hohen Niveau seien zudem eine unabdingbare Voraussetzung für gegenseitiges Vertrauen und dürften nicht nur als bloße Erleichterung für die gegenseitige Anerkennung von Entscheidungen angesehen werden.[524] Dem Europäischen Parlament ging der Entwurf ebenfalls nicht weit genug.[525]

Einigen Mitgliedstaaten ging der Entwurf dagegen zu weit: Insbesondere die Kompetenz der Union zur Angleichung der Verfahrensrechte aus Art. 31 Abs. 1 *lit.* c. EUV a.F. und die Einhaltung des Subsidiaritätsprinzips erwiesen sich als problematisch.[526] Auch reduzierte Entwürfe unter österreichischer[527]

---

518 So *Vogel/Matt*, StV 2007, 206 (212), die den Vorschlag als einen ersten Schritt ebenfalls nachdrücklich begrüßten (207); ähnlich *Esser*, BRAK-Mitteilung 2/2007, 53 (57): „wegweisender Anfang, der Unterstützung verdient“.

519 So *Brants*, in: Vervaele (Hrsg.), European Evidence Warrant, S. 103 (119).

520 So *Heine*, S. 148.

521 Näher *Brants*, in: Vervaele (Hrsg.), European Evidence Warrant, S. 103 (110 ff.); kritisch zu vagen Begriffen auch *Plekksepp*, S. 88 ff.

522 Näher *Heine*, S. 146 ff. m.w.N.; *Kirsch*, StraFo 2008, 449 (456) („dürftig“); m.w.N. zu Kritik auch *Esser*, in: Sieber/Satzger/v. Heintschel-Heinegg (Hrsg.), Europäisches Strafrecht, § 53, Rn. 54 f.

523 So etwa *Schünemann*, StraFo 2003, 344 (349), zum Grünbuch.

524 Vgl. schon BRAK-Stellungnahme v. 8.1.2003 (abrufbar unter www.brak.de) [Stand: 29.10.2018], S. 2.

525 Vgl. Legislative Entschließung des Europäischen Parlaments zu dem Vorschlag für einen Rahmenbeschluss des Rates über bestimmte Verfahrensrechte in Strafverfahren innerhalb der Europäischen Union, ABlEU Nr. C 33 v. 9.2.2006, S. 159 ff.; einen Überblick bietet *Plekksepp*, S. 91 f.

526 Vgl. schon Ratsdok. 8466/06 v. 19.4.2006, S. 2 ff. Für einen näheren Überblick der Diskussionspunkte siehe *Kirsch*, StraFo 2008, 449 (456); *Plekksepp*, S. 86 f. m.w.N.; *Esser*, in: Sieber/Satzger/v. Heintschel-Heinegg (Hrsg.), Europäisches Strafrecht, § 53, Rn. 57.

527 Vgl. Ratsdok. 9600/06 v. 19.5.2006.

und deutscher[528] Ratspräsidentschaft konnten nicht zu einem Einvernehmen im Rat führen.[529] Nach dreijährigen Verhandlungen musste der RB-E daher im Juni 2007 für gescheitert erklärt werden.[530]

2. Potenzial des RB-E für Übergabeverfahren

Für gesuchte Personen in Übergabeverfahren war insbesondere Art. 3 RB-E von Bedeutung.[531] Unter der Überschrift *„Pflicht zur Bereitstellung von Rechtsbeistand“* sah der Artikel bestimmte Konstellationen vor, in denen zwingend Rechtsbeistand anzubieten war, um die Fairness des Verfahrens zu wahren.[532] Zu diesen gehörten ausdrücklich auch gesuchte Personen in Übergabeverfahren. Denn nach Art. 3 RB-E musste Rechtsbeistand für *„jede verdächtige Person“* verfügbar sein, *„gegen die ein Europäischer Haftbefehl ausgestellt wurde oder die Gegenstand eines Auslieferungsverfahrens oder eines anderen Übergabeverfahrens ist“*. Als Folge dieser Einordnung griff zudem Art. 5 RB-E ein, der für die Fälle des Art. 3 RB-E ein Recht auf *unentgeltlichen* Rechtsbeistand vorsah, wenn die Kostentragung für den Rechtsbeistand eine übermäßige finanzielle Belastung dargestellt hätte.

Mit diesen Vorschlägen wäre klargestellt worden, dass es für ein faires Übergabeverfahren stets erforderlich ist, einer gesuchten Person einen Rechtsbeistand bereitzustellen – gegebenenfalls auch unentgeltlich.[533] Zudem sah Art. 3 RB-E nicht nur einen Pflichtbeistand für Übergabeverfahren vor, obwohl die Geltung von Art. 6 EMRK zu diesem Zeitpunkt noch unklar war.[534] Vielmehr war sogar

---

528 Kompromissvorschlag des deutschen Vorsitzes v. 22.12.2006, Ratsdok. 16874/06; dazu *Leutheusser-Schnarrenberger*, StraFo 2007, 267 (275 f.).

529 Näher *Kirsch*, StraFo 2008, 449 (456) m.w.N.

530 Vgl. Pressemitteilung der 2807. Tagung des Rates am 12./13.6.2007, Dok. 10267/07, S. 37.

531 Ähnlich *Schünemann*, StV 2006, 361 (363); *Fichera*, S. 184.

532 Vgl. näher Art. 3 RB-E und Begründung Nr. 56 RB-E. Zu diesen gehörten ferner (i) vor der Verhandlung in Untersuchungshaft, (ii) förmliche Anklage und komplexer Sachverhalt oder rechtlicher Tatbestand, bzw. Drohung einer schweren Strafe, (iii) Minderjährigkeit oder (iv) besonderer Schutzbedarf aufgrund von Alter, mentaler, physischer oder emotionalen Verfassung.

533 Vgl. *Schünemann*, StV 2006, 361 (363): Stets notwendige Verteidigung in allen Fällen des Europäischen Haftbefehls; zugleich weist *Fichera* darauf hin, dass die gesuchte Person den Rechtsbeistand bei Art. 3 RB-E auch ablehnen konnte, vgl. S. 184, Fn. 735.

534 Vgl. *Plekksepp*, S. 89. Der EGMR entschied darüber erstmals im Jahr 2008 im Fall Monedero Angora/E (E), 7.10.2008, § 2 der Gründe, ECHR 2008-IV.

das *klassische* Auslieferungsverfahren wohl von Art. 3 RB-E umfasst[535], obwohl jedenfalls dieses nach ständiger Rechtsprechung des EGMR nicht von Art. 6 EMRK erfasst ist.[536] Mit der Berücksichtigung des Auslieferungs- und Übergabeverfahrens ging die Kommission mithin deutlich über die Vorgaben des Art. 6 EMRK hinaus[537], obwohl sie dies grundsätzlich abstritt[538].

Besonders hervorzuheben ist zudem, dass die Kommission neben der konkreten Erwähnung des Übergabeverfahrens in Art. 3 RB-E davon auszugehen schien, dass *sämtliche* Rechte des RB-E für gesuchte Personen in Übergabeverfahren gelten sollten.[539] Hierfür ließ es die Kommission im Anwendungsbereich des RB-E allerdings an der erforderlichen Klarheit fehlen: In Art. 1 RB-E wurde nur das „*Strafverfahren*" ausdrücklich erwähnt, obwohl das Verhältnis zwischen Strafverfahren und Übergabeverfahren bis dahin – wie dargestellt – umstritten war.[540] Gegen die umfassende Anwendbarkeit sprachen auch systematische Gründe, da das Auslieferungs- und Übergabeverfahren in den 19 Artikeln des Entwurfs *nur* in Art. 3 RB-E genannt wurde. In einer anschließenden Untersuchung des *House of Lords* stellte die Europäische Kommission jedoch klar:

> „...if you take Article 3 of the proposed Framework Decision you will see that there is an obligation to provide legal advice and there are listed a number of tiers. The third tier is the question of the European Arrest Warrant. So it means that that comes within the scope of Article 1."[541]

---

535 Vgl. Art. 3 RB-E: „gegen die ein Europäischer Haftbefehl ausgestellt wurde oder die Gegenstand eines Auslieferungsverfahrens oder eines anderen Übergabeverfahrens ist".

536 Freilich kamen auch deshalb Bedenken an der Rechtsgrundlage des Entwurfs auf, vgl. näher *House of Lords*, European Union Committee, 1st Report of Session 2004/05, Procedural Rights in Criminal Proceedings, HL Paper 28 (abrufbar unter www.publications.parliament.uk) [Stand: 30.10.2018], S. 31.

537 Vgl. auch *Plekksepp*, S. 90 („Abweichungen zugunsten des Beschuldigten").

538 Vgl. Erwägungsgrund Nr. 12 RB-E.

539 Ebenso das Verständnis von *Plekksepp*, S. 83 f. Umfassend zur diesbezüglichen Diskussion und Bestätigung durch die Europäische Kommission (Befragung von *Gisele Vernimmen*) vgl. *House of Lords*, European Union Committee, 1st Report of Session 2004/05, Procedural Rights in Criminal Proceedings, HL Paper 28 (abrufbar unter www.publications.parliament.uk) [Stand: 30.10.2018], S. 30 f., 80 f. m.w.N.

540 Näher zur Diskussion um das Verhältnis von Art. 1 RB-E zu Art. 3 RB-E und eine Klarstellung in Art. 1 RB-E anregend: *House of Lords*, European Union Committee, 1st Report of Session 2004/05, Procedural Rights in Criminal Proceedings, HL Paper 28 (abrufbar unter www.publications.parliament.uk) [Stand: 30.10.2018], S. 30 f. m.w.N.

541 Vgl. *House of Lords*, ebenda, S. 30 f. und die Antworten von *Vernimmen* auf Fragen Nr. 21 ff. ab S. 80.

Die Unklarheit im Anwendungsbereich des RB-E dürfte dabei letztlich auf ein anderes Verständnis des Begriffs „*Strafverfahren*" durch die Kommission zurückzuführen sein. So definierte der Vorschlag den Begriff „*Strafverfahren*" zwar ähnlich wie der EGMR als ein Verfahren „*in denen die Schuld oder Unschuld einer Person, die der Begehung einer Straftat verdächtigt wird, festgestellt*" wird (Art. 1 RB-E). Das Übergabeverfahren wurde dabei in zeitlicher Hinsicht jedoch unproblematisch als Teil dieses Strafverfahrens angesehen, sowohl in Fällen des Europäischen Haftbefehls zur Strafverfolgung als auch zur Strafvollstreckung:

> „That is certainly covered because the European Arrest Warrant is necessarily issued between the time the person is suspected and the time the person is finally sentenced, unless of course the warrant is for the enforcement of a decision already taken, but that would be necessarily also covered."[542]

Erste Schritte, um diese Unklarheiten für Übergabeverfahren zu beheben, unternahm dafür der Folgeentwurf des RB-E unter deutscher Ratspräsidentschaft. Nach diesem sollten die Rechte des Rahmenbeschlusses ausdrücklich „*über die [Standards der EMRK] hinaus*" „*zusätzlich*" auf Verfahren erstreckt werden, „*die die Ausführung eines Europäischen Haftbefehls oder eines Auslieferungs- oder Überstellungsverfahrens festgenommener Personen an einen internationalen Gerichtshof betreffen*".[543] Zugleich wurde der Anwendungsbereich des RB-E in der deutschen Fassung für Personen eröffnet, „*die einer Straftat angeklagt oder im Zusammenhang damit festgenommen worden sind*".[544] Die zweite Alternative („*oder*") war geeignet, ohne Weiteres auch gesuchte Personen in Übergabeverfahren zu erfassen.[545]

---

542 So die Antwort von *Vernimmen* auf Frage Nr. 23, in: *House of Lords*, European Union Committee, 1st Report of Session 2004/05, Procedural Rights in Criminal Proceedings, HL Paper 28 (abrufbar unter www.publications.parliament.uk) [Stand: 30.10.2018], S. 81. Die Frage des House of Lords lautete: „*A question has been raised as to how one would categorise the proceedings in the execution of the European Arrest Warrant. That would of course, be a preliminary stage in some criminal process. Would you call that criminal proceedings?*".

543 Vgl. Erwägungsgrund Nr. 4 RB-E in der Fassung des Ratsdok. 16874/06, S. 3; dies hebt auch *Leutheusser-Schnarrenberger*, StraFo 2007, 267 (275) hervor.

544 Vgl. Art. 1 Abs. 1 RB-E in der Fassung des Ratsdok. 16874/06.

545 Bei dem konkreten Recht auf Verteidigung kamen allerdings erneut Widersprüche auf, da dort statt eines „oder" ein „*und*" vorgesehen war, vgl. Art. 3 RB-E in der Fassung wie eben („die einer Straftat angeklagt und im Zusammenhang damit festgenommen ist"). Ähnlich beim Recht auf Information in Art. 2 des deutschen Entwurfs. In Art. 4 und Art. 5 zum Recht auf einen Dolmetscher wurde das „oder" dagegen beibehalten.

Der RB-E hätte für gesuchte Personen in Übergabeverfahren mithin den großen Mehrwert haben können, dass sie zumindest weitgehend einem Beschuldigten in „innerstaatlichen“ Strafverfahren gleichgestellt worden wären.[546] Zugleich zeigen die Diskussionen um die Formulierung des RB-E die Schwierigkeiten und Unklarheiten für den Schutz gesuchter Personen auf, die mit der Einordnung des Übergabeverfahrens einhergehen können.

V. Seit 2009: Anforderungen der EU-Grundrechtecharta

Nach den vorangegangenen Ausführungen bestehen für das Recht einer gesuchten Person auf Rechtsbeistand und Prozesskostenhilfe in Übergabeverfahren bisher kaum einheitliche Mindestvorgaben. Seit Inkrafttreten des Vertrags von Lissabon am 1. Dezember 2009 kommt für die Verfahrensrechte in der EU jedoch ein weiterer rechtlich bindender Maßstab in Betracht: Die Charta der Grundrechte der Europäischen Union (*GrCh*).[547] Die Europäische Union erkennt die Rechte, Freiheiten und Grundsätze der GrCh nach Art. 6 Abs. 1 EUV als verbindlich und rechtlich gleichrangig zu den Verträgen der EU an. Die Rechte der GrCh sind unmittelbar anwendbar, soweit der Anwendungsbereich der Grundrechte eröffnet ist.[548]

1. Zur Anwendbarkeit der Art. 47 und Art. 48 GrCh auf Übergabeverfahren

Für die Organe, Einrichtungen und sonstigen Stellen der Europäischen Union gilt die GrCh unter Wahrung des Subsidiaritätsprinzips uneingeschränkt (Art. 51 Abs. 1 S. 1 GrCh). Für die Bindung der Mitgliedstaaten ist dagegen zu beachten, dass die GrCh nur *„bei der Durchführung des Rechts der Union“* Anwendung findet (Art. 51 Abs. 1 S. 1 GrCh). Dies kann in „normalen“ Strafverfahren mitunter fraglich sein.[549] Im Kontext des Übergabeverfahrens liegen

546 Ebenso das Verständnis von *Plekksepp*, S. 83 f. („zumindest der Schutzstandard des innerstaatlichen Strafverfahrens gewährleistet“); aus Sicht des Art. 6 EMRK auch *Polakiewicz*, EuGRZ 2010, 11 (17).

547 Vgl. ABlEU Nr. C 303 v. 14.12.2007, S. 1 ff.; BGBl. 2009 II, 1223; Überblick bei *Kühne*, § 3, Rn. 63 f.

548 Vgl. *Jarass*, GrCh, Einl., Rn. 11.

549 Vgl. etwa Commission Staff Working Document, Impact Assessment zur RL-PKH, SWD(2013) 476 final v. 27.11.2013, S. 16, wonach die Mitgliedstaaten grundsätzlich nicht an Art. 47 Abs. 3 GrCh gebunden seien; *Esser*, in: FS Wolter, S. 1329 (1331); *Esser*, in: Jahn/Radtke (Hrsg.), Deutsche Strafprozessreform und Europäische Grundrechte, S. 55 ff.

als durchzuführendes Recht der Union aber jedenfalls der RbEuHb und die zur Umsetzung des RbEuHb ergangenen nationalen Bestimmungen vor.[550]

Für die hiesige Arbeit sind die justiziellen Rechte in den Art. 47 bis 50 GrCh von Interesse. Als Maßstab für Rechtsbeistand und Prozesskostenhilfe in Übergabeverfahren kommen insbesondere Art. 47 Abs. 2 (u.a. faires Verfahren)[551] und Abs. 3 (Prozesskostenhilfe) GrCh sowie Art. 48 Abs. 2 GrCh (Wahrung der Verteidigungsrechte) in Betracht. Dabei lautet Art. 47 Abs. 3 GrCh wie folgt:

> „Personen, die nicht über ausreichende Mittel verfügen, wird Prozesskostenhilfe bewilligt, soweit diese Hilfe erforderlich ist, um den Zugang zu den Gerichten wirksam zu gewährleisten."

Auch hier stellt sich zunächst indes die Frage, ob diese Rechte auf Übergabeverfahren überhaupt anwendbar sind. Denn nach Art. 52 Abs. 3 S. 1 GrCh haben die Rechte der GrCh *„die gleiche Bedeutung und Tragweite"* wie die Rechte der EMRK, wenn sie diesen entsprechen. Dadurch soll die Kohärenz zwischen der EMRK und der GrCh gewahrt bleiben.[552] Es könnte sich mithin dasselbe Problem stellen wie beim Anwendungsbereich des Art. 6 Abs. 1 EMRK. Das Recht der Union kann jedoch auch einen weitergehenden Schutz gewähren (Art. 52 Abs. 3 S. 2 GrCh). Entscheidend ist mithin, ob die in Betracht kommenden Garantien der GrCh dem Art. 6 EMRK entsprechen sollen, wobei auch die Erläuterungen zur GrCh als Anleitung für die Auslegung zu berücksichtigen sind (Art. 52 Abs. 7 GrCh). Im Einzelnen muss nach dem jeweiligen Recht der GrCh differenziert werden.

Danach sind die Unionsgrundrechte der Art. 47 Abs. 2 und Art. 47 Abs. 3 GrCh grundsätzlich in Übergabeverfahren anwendbar und beachtlich.[553] Denn

---

550 Vgl. etwa EuGH (GK), Urt. v. 5.4.2016, C-404/15 und C-659/15 PPU (*Pál Aranyosi und Robert Căldăraru*), Rn. 84 m.w.N. = NJW 2016, 1709 m. Anm. *Böhm*; auch A/K/R/*Meyer*, vor §§ 78 ff. IRG, Rn. 763; *Burchard*, in: Böse (Hrsg.), EnzEuR Bd. 9, § 14, Rn. 30 m.w.N.; ECBA Handbook on the EAW for Defence Lawyers, October 2017 (abrufbar unter http://handbook.ecba-eaw.org) [Stand: 29.10.2018], S. 32.

551 Art. 47 Abs. 2 GrCh lautet: „Jede Person hat ein Recht darauf, dass ihre Sache von einem unabhängigen, unparteiischen und zuvor durch Gesetz errichteten Gericht in einem fairen Verfahren, öffentlich und innerhalb angemessener Frist verhandelt wird. Jede Person kann sich beraten, verteidigen und vertreten lassen."

552 Vgl. Erläuterungen zur GrCh, ABlEU Nr. C 303 v. 14.12.2007, S. 17 (33).

553 So auch JUSTICE Report (Fn. 52), S. 10 f.; Commission Staff Working Document, Impact Assessment zur RL-PKH, SWD(2013) 476 final v. 27.11.2013, S. 19; ECBA Handbook on the EAW for Defence Lawyers (abrufbar unter http://handbook.ecba-eaw.org) [Stand: 29.10.2018], S. 45; *Burchard*, in: Böse (Hrsg.), EnzEuR Bd. 9, § 14, Rn. 30.

diese Unionsgrundrechte sollen nach den Erläuterungen zur GrCh zwar Art. 6 Abs. 1 EMRK entsprechen, aber dessen Beschränkung auf eine „*strafrechtliche Anklage*" gerade nicht übernehmen.[554] Der weitergehende Anwendungsbereich dieser Rechte wird auf den Charakter der EU als Rechtsgemeinschaft zurückgeführt.[555] Die Mindestrechte der Art. 47 Abs. 2 und Abs. 3 GrCh sollen zudem für jede Verfahrensart und jedes Gericht gelten, unabhängig davon, ob die Person ihre durch das Unionsrecht verbürgten Rechte geltend macht.[556]

Anders sieht dies im Hinblick auf Art. 48 Abs. 2 GrCh aus, der lautet: „*Jedem Angeklagten wird die Achtung der Verteidigungsrechte gewährleistet*". Dieser setzt schon seinem Wortlaut nach einen „*Angeklagten*" voraus und dürfte *nicht* in Übergabeverfahren anwendbar sein.[557] Denn nach den Erläuterungen zur GrCh soll das Recht des Art. 48 Abs. 2 GrCh dem Art. 6 Abs. 3 EMRK entsprechen und die *gleiche* Bedeutung und Trageweite wie dieser aufweisen (Art. 52 Abs. 3 S. 1 GrCh).[558] Dementsprechend gilt die gleiche Problematik wie bei Art. 6 EMRK, der nach Ansicht des EGMR auf Übergabeverfahren grundsätzlich nicht anwendbar ist. Es erscheint aber nicht ausgeschlossen, dass der EuGH dies zukünftig anders beurteilen könnte, da bei einem Europäischen Haftbefehl zur Strafverfolgung jedenfalls die Unschuldsvermutung nach Art. 48 Abs. 1 GrCh durch den Vollstreckungsstaat beachtet werden soll.[559]

---

554 Vgl. die Erläuterungen zu Art. 52 GrCh, ABlEU Nr. C 303 v. 14.12.2007, S. 17 (34): „Artikel 47 Absätze 2 und 3 entsprechen Artikel 6 Absatz 1 EMRK, aber die Beschränkung auf Streitigkeiten in Bezug auf zivilrechtliche Ansprüche und Verpflichtungen oder strafrechtliche Anklagen kommt nicht zum Tragen, wenn es um das Recht der Union und dessen Anwendung geht"; näher Meyer/*Eser*, GrCh, Art. 47, Rn. 26; Calliess/Ruffert/*Blanke*, EUV/AEUV, Art. 47 GrCh, Rn. 3; auch *Breitenmoser*, in: FS Würtenberger, S. 425 (437).

555 Vgl. Calliess/Ruffert/*Blanke*, EUV/AEUV, Art. 47 GrCh, Rn. 3; zudem Erläuterungen zur GrCh, ABlEU Nr. C 303 v. 14.12.2007, S. 17 (30).

556 Vgl. Calliess/Ruffert/*Blanke*, EUV/AEUV, Art. 47 GrCh, Rn. 10, letzteres Erfordernis bestehe nur bei Art. 47 Abs. 1 GrCh.

557 Anders aber JUSTICE Report (Fn. 52), S. 10 f.

558 Vgl. die Erläuterungen zu Art. 52 GrCh, ABlEU Nr. C 303 v. 14.12.2007, S. 17 (33 f.): „Artikel der Charta, die dieselbe Bedeutung und Tragweite wie die entsprechenden Artikel der Europäischen Menschenrechtskonvention haben: […] Artikel 48 entspricht Artikel 6 Absätze 2 und 3 EMRK"; zu diesen auch *Jarass*, GrCh, Art. 48, Rn. 13.

559 Vgl. EuGH (GK), Urt. v. 5.4.2016, C-404/15 und C-659/15 PPU (*Pál Aranyosi und Robert Căldăraru*), Rn. 100 = NJW 2016, 1709 (1713). Allerdings kann die Unschuldsvermutung nach Art. 6 Abs. 2 EMRK in der Auslegung des EGMR ebenfalls auf Auslieferungs- und Übergabeverfahren anwendbar sein, anders als Art. 6 Abs. 1 und 3 EMRK, vgl. schon S. 66 ff.

2. Schutz im Einzelnen

Hervorzuheben ist mithin insbesondere die Anwendbarkeit des Art. 47 Abs. 3 GrCh in Übergabeverfahren, nach dem Personen, die nicht über ausreichende Mittel verfügen, Prozesskostenhilfe zu bewilligen ist, soweit diese Hilfe erforderlich ist, um den Zugang zu den Gerichten wirksam zu gewährleisten. Unter Prozesskostenhilfe wird dabei sowohl die reine Kostenübernahme oder Kostenbereitstellung als auch die Stellung eines (Pflicht-)Verteidigers verstanden.[560] Mit der Bewilligung von Prozesskostenhilfe nach Art. 47 Abs. 3 GrCh soll in allen Arten von Verfahren der Zugang zu Gericht nach Art. 47 Abs. 2 GrCh wirksam gewährleistet werden.[561] Das Recht auf Zugang zu einem Gericht nach Art. 47 GrCh setzt ein unabhängiges, unparteiisches und auf Gesetz beruhendes Gericht voraus, dass auch tatsächlich zugänglich sein muss.[562]

Bisher ist jedoch unklar, welche Auswirkungen die Anwendbarkeit des Art. 47 GrCh und insbesondere Art. 47 Abs. 3 GrCh auf gesuchte Personen in Übergabeverfahren haben wird.[563] Dies liegt auch daran, dass die Garantien der GrCh sprachlich knapp gehalten wurden und insbesondere auf europäischer Ebene erst noch *„mit prozessualem Leben"* gefüllt werden müssen.[564] Bisher gibt es kaum Rechtsprechung zu den konkreten Anforderungen des Art. 47 Abs. 3 GrCh, geschweige denn im Kontext des Übergabeverfahrens.[565] Die Prozesskostenhilfe nach Art. 47 Abs. 3 RL-PKH bleibt zudem weitgehend der Definition der Mitgliedstaaten überlassen.[566] Die Voraussetzungen und die Ausgestaltung der Prozesskostenhilfe sind in den nationalen Rechtsordnungen zu regeln.[567]

Um als einheitlicher Maßstab in Straf- und Übergabeverfahren zu fungieren, müssen erst nähere Konkretisierungen durch den EuGH abgewartet werden[568],

560 Vgl. Calliess/Ruffert/*Blanke*, EUV/AEUV, Art. 47 GrCh, Rn. 19.

561 Vgl. Meyer/*Eser*, GrCh, Art. 47, Rn. 40.

562 Vgl. näher Meyer/*Eser*, GrCh, Art. 47, Rn. 28 ff.

563 Vgl. ebenso ECBA Handbook on the EAW for Defence Lawyers (abrufbar unter http://handbook.ecba-eaw.org) [Stand: 29.10.2018], S. 45.

564 Vgl. *Esser*, in: FS Wolter, S. 1329 (1330).

565 Vgl. auch Commission Staff Working Document zur RL-PKH, SWD(2013) 476 final v. 27.11.2013, S. 15 ff. ("*guidance in international norms is limited and that it is difficult to subsume what exact requirements there are on the basis of the very limited case-law on the right to legal aid*").

566 Vgl. Meyer/*Eser*, GrCh, Art. 47, Rn. 39.

567 Vgl. Calliess/Ruffert/*Blanke*, EUV/AEUV, Art. 47 GrCh, Rn. 19.

568 Vgl. ähnlich zu Strafverfahren auch Commission Staff Working Document, Impact Assessment zur RL-PKH, SWD(2013) 476 final v. 27.11.2013, S. 16 f.; *Plekksepp*, S. 81.

etwa wann Prozesskostenhilfe für den Zugang zu Gericht in Übergabeverfahren im Sinne des Art. 47 Abs. 3 GrCh erforderlich ist. Die fehlende Konkretisierung auf europäischer Ebene geht besonders zu Lasten des Übergabeverfahrens. Die Bedeutung und Reichweite des Art. 47 GrCh erschließt sich bisher vor allem über die Grundsätze des EGMR zu Art. 6 EMRK (entsprechend).[569] Da Art. 6 EMRK für Übergabeverfahren allerdings keine Orientierung bietet, bleibt Raum für die Mitgliedstaaten, Prozesskostenhilfe nach Art. 47 Abs. 3 GrCh als nicht erforderlich anzusehen. Im Hinblick auf den materiellen Grundrechtsschutz in Übergabeverfahren hat der EuGH die Erwartungen zudem schon oft mit Blick auf den Grundsatz der gegenseitigen Anerkennung enttäuscht.[570]

Darüber hinaus bestehen Nachteile im Hinblick auf die Durchsetzung der GrCh. Grundsätzlich können Verfahren vor dem EuGH zwar Vorteile gegenüber der EGMR-Rechtsprechung haben.[571] Für einen effektiven Individualrechtsschutz auf Unionsebene zur Durchsetzung der GrCh fehlt es allerdings an einer Grundrechtsbeschwerde für die betroffene Person.[572]

VI. Fazit zu den bisherigen Rahmenbedingungen

Die Ausführungen des Kapitels C haben gezeigt, dass es bisher kaum gemeinsame unionsrechtliche oder völkerrechtliche Rahmenbedingungen gibt, die sicherstellen, dass einer gesuchten Person im Übergabeverfahren ein effektives Recht auf Zugang zu einem Rechtsbeistand und Prozesskostenhilfe zusteht. Die Gewährung und Ausgestaltung dieser Rechte bleibt bisher weitgehend dem jeweiligen nationalen Gesetzgeber überlassen. Obwohl das Übergabeverfahren in der EU seit über zehn Jahren angewandt wird, fehlt es bisher weitgehend an einer EU-weiten „Messlatte", an dem sich die Verfahrensrechte einer gesuchten Person in Übergabeverfahren messen lassen müssen.

Dies ist zum einen darauf zurückzuführen, dass das Übergabeverfahren nach herrschender Meinung bisher nicht als ein Strafverfahren oder zumindest Teil eines Strafverfahrens angesehen wird. Dies hat zur Folge, dass grundlegende Verfahrensnormen wie Art. 6 Abs. 1 und Abs. 3 EMRK, Art. 14 Abs. 3 IPBPR und Art. 48 Abs. 2 GrCh von vornherein nicht auf gesuchte Personen in

---

569 Vgl. Art. 52 Abs. 3 S. 1 GrCh; zudem etwa Meyer/*Eser*, GrCh, Art. 47, Rn. 27.

570 Vgl. etwa *Gaede*, NJW 2013, 1279 m.w.N. zu den Fällen *Radu* und *Melloni*; zu jüngeren Entwicklungen aber auch *Spielmann*, IWRZ 2017,147; *Meyer*, EuR 2017, 163 m.w.N.

571 Vgl. näher *Thurnberg Schunke*, S. 120 f.

572 Vgl. krit. hierzu Meyer/*Eser*, GrCh, Art. 47, Rn. 41; *Esser*, in: FS Wolter, S. 1329 (1331 f.); *Heine*, S. 181 m.w.N.

Übergabeverfahren anwendbar sind.[573] Mangels Anwendbarkeit dieser Normen fehlt es für gesuchte Personen in Übergabeverfahren schon an den gemeinsamen Mindeststandards, wie sie zumindest für Beschuldigte in rein innerstaatlichen Strafverfahren bestehen. Die unterschiedliche Einordnung des Übergabeverfahrens birgt zudem das grundsätzliche Risiko, dass die Schutzstandards für gesuchte Personen im nationalen Recht schwach ausfallen und hinter denen für Strafverfahren zurückbleiben könnten.[574]

Auch der Unionsgesetzgeber trägt für diesen Befund Verantwortung, da er den RbEuHb lange Zeit nicht durch einheitliche Verfahrensstandards in der EU begleitet hat. So sind solche Normen, mit denen der Unionsgesetzgeber den Zugang zu Rechtsbeistand und Prozesskostenhilfe speziell für Übergabeverfahren bisher hätte konkretisieren können, entweder (i) wie der RbEuHb durch den Verweis auf das nationale Recht lückenhaft geblieben,[575] oder (ii) wie der RB-E im Ergebnis gescheitert[576]. Erst seit dem Jahr 2009 ist in Übergabeverfahren zumindest Art. 47 GrCh zu berücksichtigen, wobei dessen konkrete Anforderungen jedoch ebenso unklar wie die Auswirkungen auf das Übergabeverfahren nicht absehbar sind.[577]

Dieses Ergebnis ist in mehrfacher Hinsicht unbefriedigend. Einerseits hat eine nähere Untersuchung gezeigt, dass viele Argumente für die Anwendbarkeit des Art. 6 EMRK auf Übergabeverfahren sprechen würde. Das Übergabeverfahren sollte zumindest für die Anwendbarkeit der Verfahrensrechte als Teil des Strafverfahrens im Ausstellungsstaat angesehen werden, weil es funktional eng mit diesem zusammenhängt.[578] Die sich stetig intensivierende grenzüberschreitende Zusammenarbeit in Strafsachen macht es zudem erforderlich, europaweite Mindeststandards für die Verfahrensrechte der betroffenen Personen zu sichern.[579] Die Defizite allein nationaler Verfahrensrechte zeigen sich etwa darin, dass es selbst bei Rechtsbeistand in einem der beteiligten Staaten sehr schwierig sein kann, die Rechte der gesuchten Person mit den in diesem Staat zur Verfügung

573 Zum Ganzen oben C.II.2 (EMRK), C.III. (IPBPR) und C.V. (GrCh) m.w.N.

574 Vgl. auch *Esser*, KriPoZ 3/2017, 167 (176 f., 179) mit Blick auf die gesonderten Regelungen im IRG („Raum für Spekulationen"); zudem *Esser*, in: FS Wolter, S. 1329 (1342), zu dem gesonderten Schutz des „letter of rights" nach Art. 5 der RL 2012/13/EU für gesuchte Personen in Übergabeverfahren.

575 Oben C.I.

576 Oben C.IV.

577 Oben C.V.

578 Oben C.II.3 m.w.N.

579 Vgl. *Breitenmoser*, in: FS Würtenberger, S. 425 (447).

stehenden Mitteln und Informationen *effektiv* zur Geltung zu bringen.[580] Auch wenn der Schutzbereich des Art. 6 EMRK nicht anwendbar ist, sollten gesuchten Personen zumindest entsprechende Verfahrensrechte zustehen[581], die zudem den besonderen Schutzbedürfnissen von gesuchten Personen gerecht werden[582]. Die Schaffung solcher Standards obliegt insbesondere dem EU-Gesetzgeber.[583]

580 Näher noch unten F.I., S. 267 ff. m.w.N.

581 Vgl. *Demenko*, in: Malolepszy/Hochmayr/Nalewajko (Hrsg.), Auslieferung von eigenen Staatsangehörigen, S. 61 (72).

582 Vgl. etwa *Thurnberg-Schunke*, S. 126 f. („defence rights must be *tailor-made* for the EAW procedure").

583 Vgl. auch *Schallmoser*, S. 113 ff.; *Roger*, S. 294 f.; allg. *Hodgson*, NCLR 14 (2011), 611 (665).

D. EU-Richtlinie 2016/1919 über Prozesskostenhilfe: Entstehung und Regelungsinhalte im Überblick

Vor diesem Hintergrund ist es unbedingt zu begrüßen, dass mit der RL-PKH und den anderen EU-Richtlinien zur Umsetzung des „*Fahrplans*" seit 2010 von Anfang an auch die Verfahrensrechte von gesuchten Personen in Übergabeverfahren gestärkt werden sollen.[584] Will man das Recht einer gesuchten Person auf Rechtsbeistand in Übergabeverfahren unionsweit stärken, kommt es vor dem Hintergrund der bisherigen Ergebnisse maßgeblich auf den Unionsgesetzgeber an.[585] Mit der RL-PKH besteht zudem die Chance, die Anforderungen an Prozesskostenhilfe in Übergabeverfahren zu konkretisieren und einheitlich weiterzuentwickeln.[586]

Die RL-PKH ist nach Art. 2 Abs. 2 RL-PKH ausdrücklich auf gesuchte Personen in Verfahren zur Vollstreckung eines Europäischen Haftbefehls anwendbar. In Art. 5 RL-PKH werden gesonderte Rechte für gesuchte Personen in Übergabeverfahren vorgesehen, wie auch schon in den anderen EU-Richtlinien auf der Basis des „*Fahrplans*"[587]. Die Anwendbarkeit auf Übergabeverfahren ist in Anbetracht der bisherigen geringen gemeinsamen Verfahrensstandards bereits für sich als Mehrwert der RL-PKH zu begrüßen.[588] In dieser Klarheit werden präventiv sämtliche Diskussionen um die Anwendbarkeit auf Übergabeverfahren vermieden, wie sie sich bei Art. 6 EMRK und dem gescheiterten RB-E gezeigt

---

584 Vgl. begrüßend auch *Fichera*, S. 184; *Böse*, in: Böse (Hrsg.), EnzEuR Bd. 9, § 27, Rn. 17, zu den RL 2010/64/EU und 2012/13/EU; G/P/K/*Schneider*, III D 18, Rn. 83 zur RL-RB.

585 So zur RL-RB-E schon ECBA Cornerstones on Access to a Lawyer in Criminal Proceedings (abrufbar unter www.ecba.org) [Stand: 29.10.2018], S. 5.

586 Vgl. zu den Vorteilen von EU-Rechtsakten gegenüber der EMRK *Esser*, BRAK-Mitteilung 2/2007, 53 ff; *Vogel/Matt*, StV 2007, 206 (211 f.). Näher im Kontext der RL-PKH ferner Commission Staff Working Document, Impact Assessment zur RL-PKH, SWD(2013) 476 final v. 27.11.2013, S. 13 ff.

587 Vgl. für gesuchte Personen in Übergabeverfahren schon Art. 10 RL-RB zum Recht auf Rechtsbeistand; Art. 2 Abs. 7 und Art. 3 Abs. 6 der RL 2010/64/EU zum Recht auf Dolmetsch- und Übersetzungsleistungen; Art. 5 der RL 2012/13/EU zur Erklärung über ihre Rechte („letter of rights") beim Europäischen Haftbefehl.

588 Vgl. ähnlich in Bezug auf den RB-E schon *Polakiewicz*, EuGRZ 2010, 11 (17).

haben. Mit der Aufnahme des Übergabeverfahrens in ihren Anwendungsbereich geht die RL-PKH zudem deutlich über den Schutz des Art. 6 EMRK hinaus.[589]

Die Erweiterung der RL-PKH auf Übergabeverfahren kann zudem als wichtiger Schritt des Unionsgesetzgebers angesehen werden, um den besonderen Gefährdungen einer grenzüberschreitenden Strafverfolgung Rechnung zu tragen.[590] Die Europäische Kommission ging als Ausgangspunkt für die RL-PKH ebenfalls davon aus, dass gerade gesuchte Personen zusätzlichen Schutz benötigen.[591] Gemeinsame Mindestvorschriften zur gewöhnlichen Prozesskostenhilfe für gesuchte Personen seien auch deshalb erforderlich, weil die Rechte des Art. 6 EMRK nicht für Übergabeverfahren gelten.[592]

Ob und inwieweit die Verfahrensrechte gesuchter Personen aber tatsächlich gestärkt werden, hängt von der konkreten Ausgestaltung der Rechte in den EU-Richtlinien ab.[593] Entscheidend ist, welche Standards die RL-PKH für das Recht auf Prozesskostenhilfe für gesuchte Personen in Übergabeverfahren vorsieht und inwiefern diese dem Recht auf Zugang zu einem Rechtsbeistand nach der RL-RB konkrete Wirkung verleihen. Dabei zeigen die vorherigen Ausführungen, dass darauf zu achten sein wird, ob und inwieweit sich vermeintliche Besonderheiten des Übergabeverfahrens bei der Ausgestaltung der RL-PKH auswirken. Die zwischenzeitliche Angabe der Kommission, wonach die Verfahrensgarantien der Art. 47 und 48 GrCh sowie Art. 5 und 6 EMRK nach der RL-RB auch in Übergabeverfahren gelten würden[594], findet sich in dieser Klarheit jedenfalls nicht mehr.

Im Folgenden soll zunächst eine allgemeine Einführung in die Grundlagen, Entstehung und die Regelungsinhalte der RL-PKH gegeben werden. Nach einem Überblick über die allgemeinen Grundlagen der RL-PKH (dazu I) wird erörtert, dass die RL-PKH auf der RL-RB aufbaut (II) und ihre Entstehung umstritten war (III). Sodann wird ein Überblick über die Regelungsinhalte der RL-PKH

589 Vgl. allgemein *Wahl*, ERA-Forum 2017, 311 (312 f.).

590 Vgl. *Böse*, in: Böse (Hrsg.), EnzEuR Bd. 9, § 27, Rn. 17, zu den RL 2010/64/EU und 2012/13/EU.

591 Vgl. Commission Staff Working Document, Impact Assessment zur RL-PKH, SWD(2013) 476 final v. 27.11.2013, S. 18 ff.; zudem Begründung Nr. 11 zum RL-PKH-E.

592 Vgl. Begründung Nr. 11 zum RL-PKH-E.

593 Vgl. allgemein schon *Zeder*, EuR 2012, 34 (58).

594 Vgl. Begründung Nr. 19 zum RL-RB-E der Kommission, KOM(2011) 326 endg. v. 8.6.2011.

gegeben (IV). Die RL-PKH ist von den Mitgliedstaaten bis zum 25. Mai 2019 in ihr nationales Recht umzusetzen (V).

I. Allgemeine Grundlagen

Die EU-Richtlinie 2016/1919 über Prozesskostenhilfe wurde am 26. Oktober 2016 durch das Europäische Parlament und den Rat der Europäischen Union erlassen, unter dem vollständigen Titel einer Richtlinie *„über Prozesskostenhilfe für Verdächtige und beschuldigte Personen in Strafverfahren sowie für gesuchte Personen in Verfahren zur Vollstreckung eines Europäischen Haftbefehls"*.[595] Mit der RL-PKH werden EU-weite gemeinsame Mindeststandards über das Recht auf Prozesskostenhilfe für Verdächtige und beschuldigte Personen in Strafverfahren sowie für gesuchte Personen in Übergabeverfahren festgelegt.[596] Als *„Prozesskostenhilfe"* gilt die Bereitstellung finanzieller Mittel durch einen Mitgliedstaat für die Unterstützung durch einen Rechtsbeistand, sodass das Recht auf Zugang zu einem Rechtsbeistand wahrgenommen werden kann (Art. 3 RL-PKH).

Die RL-PKH dient der Umsetzung von Maßnahme C (Rechtsbeistand und Prozesskostenhilfe) des *„Fahrplans zur Stärkung der Verfahrensrechte von Verdächtigen oder Beschuldigten in Strafverfahren"* des Rates der Europäischen Union[597], der in die politische Agenda des Stockholmer Programms aufgenommen worden war.[598] Um der Bedeutung und Komplexität der Verfahrensrechte gerecht zu werden, sah der Fahrplan eine neue *„schrittweise"* Vorgehensweise vor.[599] Anstelle des „einen" Rahmenbeschlusses über Verfahrensrechte sollten die im Fahrplan aufgeführten Rechte mit jeweils eigenen Maßnahmen angegangen werden.[600]

---

595 Vgl. ABlEU Nr. L 297 v. 4.11.2016, S. 1 ff.

596 Vgl. Art. 1 Abs. 1 RL-PKH und Erwägungsgrund Nr. 31 RL-PKH.

597 Vgl. Entschließung des Rates v. 30.11.2009 über einen Fahrplan zur Stärkung der Verfahrensrechte von Verdächtigen oder Beschuldigten in Strafverfahren, ABlEU Nr. C 295 v. 4.12.2009, S. 1 ff.

598 Vgl. Stockholmer Programm, ABlEU Nr. C 115 v. 4.5.2010, S. 1 (10), unter 2.4. Dazu schon oben S. 25 f.

599 Vgl. Erwägungsgrund Nr. 11, ABlEU Nr. C 295 v. 4.12.2009, S. 1 (2); auch *Esser*, in: Sieber/Satzger/v. Heintschel-Heinegg (Hrsg.), Europäisches Strafrecht, § 53, Rn. 59 f.

600 Vgl. Erwägungsgrund Nr. 11, ABlEU Nr. C 295 v. 4.12.2009, S. 1 (2); *Morgan*, in: Vermeulen (Hrsg.), Defence Rights, S. 73 (74).

Grundlage der Richtlinie ist Art. 82 Abs. 2 UA 2 *lit.* b AEUV. Mit Art. 82 Abs. 2 UA 1 AEUV werden das Europäische Parlament und der Rat ermächtigt, durch Richtlinien Mindestvorschriften festzulegen, soweit dies zur Erleichterung der gegenseitigen Anerkennung gerichtlicher Urteile und Entscheidungen und der polizeilichen und justiziellen Zusammenarbeit in Strafsachen mit grenzüberschreitender Dimension erforderlich ist.[601] Die Vorschriften sollen dabei insbesondere auch *„die Rechte des Einzelnen im Strafverfahren"* betreffen (Art. 82 Abs. 2 UA 2 *lit.* b AEUV). Art. 82 AEUV wird als Grundlage für ein *„Europäisches Strafverfahrensrecht"* verstanden.[602] Während beim RB-E mithin noch die Kompetenz der EU zur Angleichung der Verfahrensrechte umstritten war, ist zumindest diese Diskussion seither hinfällig.[603] Bei dem Erlass von Mindestvorschriften müssen allerdings die Unterschiede zwischen den Rechtsordnungen und -traditionen der Mitgliedstaaten beachtet werden.[604] Überdies müssen das Subsidiaritätsprinzip und der Grundsatz der Verhältnismäßigkeit gewahrt bleiben.[605]

Für EU-Richtlinien auf der Grundlage von Art. 82 AEUV gilt zudem das ordentliche Gesetzgebungsverfahren nach Art. 289 Abs. 1, Art. 294 AEUV. Danach werden Richtlinien gemeinsam und gleichberechtigt von Rat und Europäischem Parlament erlassen.[606] Auch dies macht Hoffnung für die Stärkung der Verfahrensrechte gesuchter Personen: Während das Europäische Parlament im Rahmen des RBEuHb und des gescheiterten RB-E zu seinen weitergehenden Vorschlägen nur anzuhören war[607], hat es seither viel mehr Einfluss.[608]

---

601 Näher zu dieser „dienenden Funktion" der Rechtsangleichung vgl. Grabitz/Hilf/Nettesheim/*Vogel/Eisele*, Art. 82 AEUV, Rn. 46 ff.

602 So Streinz/*Satzger*, Art. 82 AEUV, Rn. 1. Insgesamt näher zur Europäisierung des Strafrechts durch den Vertrag von Lissabon vgl. *Zeder*, EuR 2012, 34 (42 ff.); Streinz/*Weiß/Satzger*, Art. 67 AEUV, Rn. 8 ff.

603 Vgl. *Blackstock*, EuCLR 2012, 20 (23).

604 Vgl. Art. 82 Abs. 2 UA 1 S. 2 AEUV.

605 Vgl. Art. 5 EUV; auch *Esser*, in: Sieber/Satzger/v. Heintschel-Heinegg (Hrsg.), Europäisches Strafrecht, § 53, Rn. 58.

606 Näher Grabitz/Hilf/Nettesheim/*Krajewski/Rösslein*, Art. 289 AEUV, Rn. 41 ff.

607 Vgl. Art. 39 Abs. 1 S. 1 EUV a.F.

608 Vgl. auch *Blackstock*, EuCLR 2012, 20 (24).

II. Ausgangslage und Hintergrund: EU-Richtlinie 2013/48 über das Recht auf Zugang zu einem Rechtsbeistand (RL-RB)

Die RL-PKH ist in einem engen Zusammenhang zu der im Oktober 2013 verabschiedeten EU-Richtlinie 2013/48 *„über das Recht auf Zugang zu einem Rechtsbeistand in Strafverfahren und in Verfahren zur Vollstreckung des Europäischen Haftbefehls sowie über das Recht auf Benachrichtigung eines Dritten bei Freiheitsentzug und das Recht auf Kommunikation mit Dritten und mit Konsularbehörden während des Freiheitsentzugs“* zu sehen (im Folgenden: RL-RB).[609] Die RL-RB legt Mindestvorschriften in drei Bereichen fest, zu denen auch das Recht auf Zugang zu einem Rechtbeistand gehört.[610] Im Ergebnis kombiniert sie damit Aspekte der Maßnahmen C (Rechtsbeistand) und D (Kommunikation mit Angehörigen, Arbeitgebern und Konsularbehörden) des „Fahrplans“.[611]

Die RL-RB war sehr umstritten und konnte nach dem Richtlinienvorschlag der Kommission vom Juni 2011[612] erst nach langen und äußerst mühsamen Verhandlungen und neun Trilogen zwischen dem Rat, dem Europäischen Parlament und der Europäischen Kommission verabschiedet werden.[613] Insbesondere der zwischenzeitliche sehr restriktive Standpunkt des Rates[614] wurde

609 Vgl. ABlEU Nr. L 294 v. 6.11.2013, S. 1 ff. Für einen näheren Überblick zur RL-RB siehe *Esser*, in: Sieber/Satzger/v. Heintschel-Heinegg (Hrsg.), Europäisches Strafrecht, § 53, Rn. 116 ff.; *Brodowski*, ZIS 2013, 455 (467 f.); im Einzelnen G/P/K/*Schneider*, III D 18, Rn. 1 ff.; *Symeonidou-Kastanidou*, EuCLR 2015, 68 ff.

610 Vgl. schon Art. 1 und Erwägungsgrund Nr. 12 RL-RB.

611 Vgl. *Morgan*, in: Vermeulen (Hrsg.), Defence Rights, 73 (78).

612 KOM(2011) 326 endg. v. 8.6.2011; für einen Überblick *Brodowski*, ZIS 2011, 940 (947 f.). Zu den Hintergründen siehe Commission Staff Working Paper, Impact Assessment accompanying the Proposal for a Directive of the European Parliament and of the Council on the rights of access to a lawyer and of notification of custody to a third person in criminal proceedings, SEC(2011) 686 v. 8.6.2011. Den Kommissionsentwurf begrüßend u.a. DAV-Stellungnahme Nr. 64/2011 v. Dezember 2011 (abrufbar unter www.anwaltverein.de) [Stand: 29.10.2018], S. 3 ff.; *Corell/Sidhu*, StV 2012, 246 (249) m.w.N.

613 Umfassend zur Entstehungsgeschichte und Streitpunkten der Richtlinie: *Cras*, eucrim 2014, 32 ff. m.w.N.; vgl. zudem Überblick bei *Arnold*, S. 111 ff. Zum zwischenzeitlichen Stand der Richtlinie: Progress Report, Ratsdok. 16521/12 v. 3.12.2012; Darstellung des Gesetzgebungsverfahrens zudem in Ratsdok. 10190/13 v. 31.5.2013 (approval of the final compromise text), S. 2.

614 Vgl. Ratsdok. 10467/12 v. 31.5.2012.

erheblich kritisiert und als *„inakzeptable[r] Rückschritt*“[615] gewertet. Dem Rat wurde vorgeworfen, vermeintlich unliebsame Bürgerrechte in der EU entgegen dem Zweck der Richtlinie schwächen zu wollen und teilweise sogar deutlich hinter den Standards der EMRK zurückzubleiben.[616] Das *Europäische Parlament* setzte sich dagegen dafür ein, die Rechte des Kommissionsentwurfs beizubehalten und zu stärken.[617]

Wie schon im Titel angedeutet, gilt die RL-RB nicht nur für Strafverfahren im engeren Sinne, sondern auch für Übergabeverfahren nach dem Europäischen Haftbefehl. In der Richtlinie wird konsequent zwischen Verdächtigen und beschuldigten Personen in Strafverfahren (Art. 2 Abs. 1 RL-RB) sowie gesuchten Personen in Verfahren zur Vollstreckung eines Europäischen Haftbefehls (Art. 2 Abs. 2 RL-RB) differenziert.

Von Interesse sind insbesondere die Mindeststandards, die die RL-RB für das Recht auf Zugang zu einem Rechtsbeistand in Strafverfahren (Art. 3 RL-RB) und in Verfahren zur Vollstreckung eines Europäischen Haftbefehls (Art. 10 RL-RB) vorsieht.[618] Als *„Rechtsbeistand*“ im Sinne der Richtlinie wird eine Person angesehen, die nach nationalem Recht befähigt und befugt ist, Verdächtige und beschuldigte Personen rechtlich zu beraten und zu unterstützen.[619] Treffender erscheint der Begriff *„lawyer*“ in der englischen Sprachfassung.[620] Das Recht auf Zugang zu einem Rechtsbeistand wird unter anderem durch Vorgaben zur Vertraulichkeit der Kommunikation mit dem Rechtsbeistand (Art. 4 RL-RB) und zum Verzicht auf das Recht (Art. 9 RL-RB) begleitet. Bei Verletzung der Rechte ist ein wirksamer Rechtsbehelf nach nationalem Recht erforderlich (Art. 12 Abs. 2 RL-RB). Die RL-RB war von den Mitgliedstaaten bis Ende November

---

615 DAV-Stellungnahme Nr. 59/2012 v. Juni 2012 (abrufbar unter www.anwaltverein.de) [Stand: 29.10.2018], S. 4.

616 So BRAK-Stellungnahme Nr. 39/2012 v. Juli 2012 (abrufbar unter www.brak.de) [Stand: 29.10.2018], S. 2: („stellt die konstruktiven Absichten einer solchen Richtlinie auf den Kopf“).

617 Vgl. LIBE Orientation Vote v. 12.7.2012, Dok. 908151; zudem bereits Berichtsentwurf der Berichterstatterin Elena Oana Antonescu v. 7.2.2012, 2011/0154(COD).

618 Näher zu dem Recht auf Zugang zu einem Rechtsbeistand in Verfahren zur Vollstreckung eines Europäischen Haftbefehls nach der RL-RB noch unten S. 142 ff. (Vollstreckungsstaat) und S. 274 ff. (Ausstellungsstaat).

619 Vgl. Erwägungsgrund Nr. 15 RL-RB.

620 Zur Kritik an der deutschen Sprachfassung vgl. DAV-Stellungnahme Nr. 59/ 2012 v. Juni 2012 (abrufbar unter www.anwaltverein.de) [Stand: 29.10.2018], S. 4 („irreführend“).

2016 umzusetzen.[621] Der deutsche Gesetzgeber ist dem mit Gesetz vom 27. August 2017 nachgekommen.[622]

Der enge Zusammenhang zwischen den Richtlinien folgt daraus, dass mit der RL-PKH die Effektivität des Rechts auf Zugang zu einem Rechtsbeistand nach der RL-RB gewährleistet werden soll (Erwägungsgrund Nr. 1 RL-PKH). Beide Richtlinien dienen der Umsetzung von Maßnahme C des Fahrplans (Rechtsbeistand und Prozesskostenhilfe) und sollten ursprünglich zusammen behandelt werden[623]. In der RL-RB blieb die Frage von Prozesskostenhilfe aufgrund der hohen Komplexität der Thematik und erforderlichen Vorbereitung jedoch zunächst ausgeklammert.[624] Art. 11 RL-RB verweist für die Prozesskostenhilfe folglich nur auf das nationale Recht.[625]

Die RL-PKH soll diese Lücke nun füllen und die RL-RB ergänzen (Art. 1 Abs. 2 RL-PKH).[626] Denn ohne gemeinsame Vorgaben zur Prozesskostenhilfe besteht das Risiko, dass das in der RL-RB gewährte Recht auf Zugang zu einem Rechtsbeistand praktisch wirkungslos bleibt.[627] Insbesondere mittellose Personen oder Personen in einer bestimmten Lage könnten ohne staatliche Unterstützung von vornherein daran gehindert sein, ihr Recht auf Rechtsbeistand effektiv ausüben.[628] Mit der RL-PKH soll mithin der tatsächliche Zugang zu einem Rechtsbeistand sichergestellt werden, indem Verdächtigen, beschuldigten Personen und gesuchten Personen die Unterstützung eines durch die Mitgliedstaaten finanzierten Rechtsbeistands zur Verfügung gestellt wird.[629]

---

621 Vgl. Art. 15 Abs. 1 RL-RB.

622 Vgl. Art. 1 bis 6 des Zweiten Gesetzes zur Stärkung der Verfahrensrechte von Beschuldigten im Strafverfahren und zur Änderung des Schöffenrechts vom 27.8.2017, BGBl. I 2017, 3295 v. 4.9.2017. Näher und krit. (zum Gesetzesentwurf) G/P/K/*Schneider*, III D 18, Rn. 97 ff.; *Esser*, KriPoZ 3/2017, 167 ff.

623 Vgl. *Blackstock*, EuCLR 2012, 20 (34).

624 Näher Commission Staff Working Document, Impact Assessment zur RL-PKH, SWD(2013) 476 final v. 27.11.2013, S. 13 f.

625 Vgl. dazu auch Erwägungsgrund Nr. 48 RL-RB.

626 Nach Art. 1 Abs. 2 RL-PKH soll zudem die EU-Richtlinie 2016/800 vom 11.5.2016 „über Verfahrensgarantien in Strafverfahren für Kinder, die Verdächtige oder beschuldigte Personen in Strafverfahren sind" ergänzt werden, vgl. zu dieser ABlEU Nr. L 132 v. 21.5.2016, S. 1 ff.

627 Vgl. Commission Staff Working Document, Impact Assessment zur RL-PKH, SWD(2013) 476 final v. 27.11.2013, S. 14 ("*risks not being practical and effective*").

628 Vgl. Commission Staff Working Document, Impact Assessment zur RL-PKH, SWD(2013) 476 final v. 27.11.2013, S. 15.

629 Vgl. Erwägungsgrund Nr. 1 RL-PKH.

III. Entstehungsgeschichte der RL-PKH

Die Schaffung von EU-Mindeststandards zur Prozesskostenhilfe erwies sich jedoch wie erwartet als schwierig. Die Entstehungsgeschichte der RL-PKH war aufgrund der potentiellen finanziellen Auswirkungen von äußerst schwierigen Verhandlungen geprägt.[630]

Die *Europäische Kommission* legte im November 2013 einen Vorschlag für die Richtlinie vor (*RL-PKH-E*).[631] Der Richtlinienvorschlag sah gemeinsame Mindeststandards in zwei Bereiche vor[632]:

- Erstens für vorläufige Prozesskostenhilfe für Verdächtige und Beschuldigte in Strafverfahren und für gesuchte Personen in Verfahren zur Vollstreckung eines Europäischen Haftbefehls, denen die Freiheit entzogen wurde (Art. 4 RL-PKH-E);
- Zweitens für gewöhnliche Prozesskostenhilfe für gesuchte Personen in Verfahren zur Vollstreckung eines Europäischen Haftbefehls (Art. 5 RL-PKH-E).

Die Festlegung von gemeinsamen Mindeststandards in diesen Bereichen wurde von der Kommission als besonders wichtig erachtet, um die Wirksamkeit des Rechts auf Zugang zu einem Rechtsbeistand zu sichern und das gegenseitige Vertrauen der Mitgliedstaaten untereinander zu stärken.[633]

Nach der Intention der Kommission sollte insbesondere das von ihr vorgesehene Konzept einer *vorläufigen Prozesskostenhilfe* (Art. 4 RL-PKH-E) einen besonderen Mehrwert darstellen.[634] Unter *vorläufiger Prozesskostenhilfe* verstand die Kommission solche Prozesskostenhilfe, die eine Person, deren Freiheit entzogen ist, in Anspruch nehmen kann, bis über ihren Antrag auf (gewöhnliche) Prozesskostenhilfe endgültig entschieden wurde (vgl. Art. 3 *lit.* b RL-PKH-E).

---

630 Vgl. umfassend zur Entstehungsgeschichte *Cras*, eucrim 1/2017, 34 (34 ff.).

631 Vgl. KOM(2013) 824 endg. v. 27.11.2013, unter dem Titel: „Vorschlag für eine Richtlinie des Europäischen Parlaments und des Rates über vorläufige Prozesskostenhilfe für Verdächtige oder Beschuldigte, denen die Freiheit entzogen ist, sowie über Prozesskostenhilfe in Verfahren zur Vollstreckung eines Europäischen Haftbefehls".

632 Vgl. auch Art. 1 Abs. 1 RL-PKH-E, sowie Anwendungsbereich in Art. 2 RL-PKH-E.

633 Vgl. schon Begründung Nr. 8 zum RL-PKH-E. Zur ausführlichen Analyse siehe zudem Commission Staff Working Document, Impact Assessment accompanying the Proposal for Measures on Legal Aid for Suspects or Accused Persons in Criminal Proceedings (im Folgenden: *Impact Assessment zur RL-PKH*), SWD(2013) 476 final v. 27.11.2013, S. 13 ff. Eine Zusammenfassung ist auf Deutsch verfügbar: SWD(2013) 477 final v. 27.11.2013 (abrufbar unter www.old.eur-lex.europa.eu).

634 Vgl. *Cras*, eucrim 1/2017, 34 (38 f.).

Das Recht auf vorläufige Prozesskostenhilfe sollte Verdächtigen und beschuldigten Personen als auch gesuchten Personen zustehen, wenn ihnen die Freiheit entzogen ist.[635] Die vorläufige Prozesskostenhilfe war ohne unnötige Verzögerung nach dem Freiheitsentzug und in jedem Fall vor einer Befragung zu gewähren.[636] Mit diesem Recht wollte die Kommission sicherstellen, dass Personen, denen die Freiheit entzogen wurde, bereits im *Frühstadium* des Verfahrens Unterstützung erhielten, damit sie ihr Recht auf Zugang zu einem Rechtsbeistand effektiv ausüben können.[637] Denn gerade am Anfang des Verfahrens seien Verdächtigte oder beschuldigte Personen im Strafverfahren besonders schutzbedürftig und auf rechtlichen Beistand angewiesen, um ihr Recht auf ein faires Verfahren und Schweigerecht zu wahren, insbesondere im Falle von Freiheitsentzug.[638]

Während dieses Ziel begrüßt wurde, sah sich der im Übrigen sehr knapp gehaltene Richtlinienentwurf ansonsten allerdings von Anfang an Kritik ausgesetzt. Der Kommission wurde unter anderem „*Kleinmut*" attestiert.[639] Die Kritik richtete sich insbesondere gegen den äußerst beschränkten Regelungsgegenstand des RL-PKH-E.[640] So enthielt der Kommissionsentwurf für Strafverfahren letztlich *nur* ein Recht auf vorläufige Prozesskostenhilfe im Falle von Freiheitsentzug, während gemeinsame Mindeststandards für das gesamte Strafverfahren fehlten.[641] Die vorläufige Prozesskostenhilfe ließ sich zudem durch eine zügige Ablehnung der gewöhnlichen Prozesskostenhilfe nach nationalem Recht unterlaufen, da sie nur bis zu der Entscheidung über die gewöhnliche Prozesskostenhilfe gelten sollte (Art. 4 Abs. 3 RL-PKH-E) – und Kriterien für die gewöhnliche

---

635 Vgl. Art. 4 Abs.1 RL-PKH-E.

636 Vgl. Art. 4 Abs. 2 RL-PKH-E, Erwägungsgrund Nr. 9 RL-PKH-E.

637 Vgl. Begründung Nr. 26, Erwägungsgründe Nr. 1 und 9 RL-PKH-E.

638 Vgl. Begründung Nr. 10, 25 RL-PKH-E, mit Verweis auf die Rechtsprechung des EGMR.

639 So DAV-Stellungnahme Nr. 26/2014 (abrufbar unter www.anwaltverein.de) [Stand: 29.10.2018], S. 3.

640 Vgl. krit. u.a. International Commission of Jurists, JUSTICE, and Nederlands Juristen Comité voor de Mensenrechten, Briefing on the European Commission Proposal COM(2013) 824 v. September 2014 (abrufbar unter www.justice.org.uk) [Stand: 29.10.2018], S. 4; ECBA Comments and recommendations following the Commission's proposals on Legal Aid (abrufbar unter www.ecba.org) [Stand: 29.10.2018], S. 5 f.; Fair Trials und LEAP (Legal Experts Advisory Panel), Position paper on the proposed directive on provisional legal aid (...) v. Februar 2015 (abrufbar unter www.fairtrials.org) [Stand: 29.10.2018], Rn. 6 ff.

641 Vgl. ECBA Comments and recommendations following the Commission's proposals on Legal Aid (abrufbar unter www.ecba.org) [Stand: 29.10.2018], S. 5.

Prozesskostenhilfe nicht geregelt wurden.[642] Der Anwendungsbereich der vorläufigen Prozesskostenhilfe in Strafverfahren blieb zudem erheblich hinter dem Recht auf Zugang zu einem Rechtsbeistand nach Art. 3 RL-RB zurück.[643] Ferner wurden im Richtlinienentwurf Mindestvorgaben zu den Bewilligungskriterien für Prozesskostenhilfe und robuste, begleitende Garantien wie ein Rechtsbehelf gegen ablehnende Entscheidungen vermisst, die das Recht auf Prozesskostenhilfe erst effektiv machen würden.[644]

Die Vorgehensweise der Kommission sorgte auch deshalb für Kritik, weil die Kommission viele wesentliche Aspekte durchaus behandelt hatte, aber nicht in dem RL-PKH-E selbst. Der Richtlinienvorschlag der Kommission wurde vielmehr durch *Empfehlungen der Kommission* zum Recht auf Prozesskostenhilfe in Strafverfahren für Verdächtige oder Beschuldigte begleitet[645], gestützt auf Art. 292 S. 4 AEUV. Die begleitenden Empfehlungen enthielten unter anderem das in dem RL-PKH-E vermisste Recht auf gewöhnliche Prozesskostenhilfe in Strafverfahren (Nr. 2), nähere Vorgaben zum Zugang zur Prozesskostenhilfe und den Bewilligungskriterien (Nr. 3 ff.) und zur Wirksamkeit und Qualität der Prozesskostenhilfe (Nr. 17 ff.).[646] Im Gegensatz zu Richtlinien sind Empfehlungen der Kommission für die Mitgliedstaaten allerdings nicht bindend (Art. 288 Abs. 3 zu Abs. 5 AEUV). Sie sind von nationalen Gerichten zwar im Rahmen der Auslegung zu berücksichtigen, die Gerichte müssen sie jedoch nicht befolgen und die Mitgliedstaaten müssen sie nicht umsetzen.[647]

Die Wahl der Empfehlungsform zeugte von den erheblichen Schwierigkeiten, die die Europäische Kommission bei der Schaffung gemeinsamer Mindeststandards

642 Vgl. u.a. BRAK-Stellungnahme Nr. 20/2014 v. Juni 2014 (abrufbar unter www.brak.de) [Stand: 29.10.2018], S. 3; ECBA Comments and recommendations following the Commission's proposals on Legal Aid (abrufbar unter www.ecba.org) [Stand: 29.10.2018], S. 7.

643 Vgl. International Commission of Jurists, JUSTICE, and Nederlands Juristen Comité voor de Mensenrechten, Briefing on the European Commission Proposal COM(2013) 824 v. September 2014 (abrufbar unter www.justice.org.uk) [Stand: 29.10.2018], S. 7 f.

644 Vgl. näher und krit. International Commission of Jurists, JUSTICE, and Nederlands Juristen Comité voor de Mensenrechten, Briefing on the European Commission Proposal COM(2013) 824 v. September 2014 (abrufbar unter www.justice.org.uk) [Stand: 29.10.2018], S. 4, 13 ff.

645 Empfehlung der Kommission v. 27.11.2013, ABlEU Nr. C 378 v. 24.12.2013, S. 11 ff.

646 Vgl. Empfehlung der Kommission v. 27.11.2013, ABlEU Nr. C 378 v. 24.12.2013, S. 11 ff.

647 Näher Streinz/*Schroeder*, Art. 288 AEUV, Rn. 128 ff.

zur Prozesskostenhilfe erwartete.[648] Die Kommission wollte mit der Kombination aus Richtlinienvorschlag und Empfehlung den Unterschieden zwischen den Rechtsordnungen und -traditionen der Mitgliedstaaten gerecht werden und das Verhältnismäßigkeitsprinzip wahren.[649] Der Vorgehensweise der Kommission wurde jedoch zu Recht attestiert, dass sie den „Harmonisierungsdruck" für die Mitgliedstaaten sehr gering halte.[650] Es wurde befürchtet, dass sich die eigentliche Richtlinie als *„empty shell"* herausstellen könnte[651], was insbesondere vor dem Hintergrund einer zukünftigen Europäischen Staatsanwaltschaft äußerst bedenklich sei[652]. Das *Europäische Parlament* teilte die Bedenken: Die Kombination von Empfehlung und Richtlinie möge der Sensibilität der Thematik gerecht werden, sie würde jedoch weder die Rechtssicherheit verbessern noch es Verdächtigen oder Beschuldigten erleichtern, zu verstehen, inwieweit und von welcher Qualität ihnen ein Recht auf Prozesskostenhilfe zustünde.[653]

Das nachfolgende Gesetzgebungsverfahren blieb von vielen Diskussionen gekennzeichnet.[654] Auf den Richtlinienvorschlag der Kommission folgten unter anderem eine allgemeine Ausrichtung des Rates im März 2015[655] und vielfältige Änderungsvorschläge des Ausschusses für bürgerliche Freiheiten, Justiz und Inneres des Europäischen Parlaments (LIBE) im Mai 2015[656]. Der erste Trilog

648 Vgl. schon die Folgenabschätzung der Kommission, Commission Staff Working Document, Impact Assessment, SWD(2013) 476 final v. 27.11.2013, S. 39 ff., insbesondere die Ausführungen zur politischen Machbarkeit (*political feasibility*) verschiedener Handlungsoptionen auf S. 49 f.

649 Vgl. Begründung Nr. 7 zum RL-PKH-E.

650 Vgl. DAV-Stellungnahme Nr. 26/2014 (abrufbar unter www.anwaltverein.de) [Stand: 29.10.2018], S. 6. Vgl. zur geringen Wirkung von Empfehlungen auch die Kommission selbst: Commission Staff Working Document, Impact Assessment zur RL-PKH, SWD(2013) 476 final v. 27.11.2013, S. 42.

651 Vgl. International Commission of Jurists, JUSTICE, and Nederlands Juristen Comité voor de Mensenrechten, Briefing on the European Commission Proposal COM(2013) 824 v. September 2014 (abrufbar unter www.justice.org.uk) [Stand: 29.10.2018], S. 4.

652 Nachdrücklich ECBA Comments and recommendations following the Commission's proposals on Legal Aid (abrufbar unter www.ecba.org) [Stand: 29.10.2018], S. 5 f.; ähnlich BRAK-Stellungnahme Nr. 20/2014 v. Juni 2014 (abrufbar unter www.brak.de) [Stand: 29.10.2018], S. 2.

653 Vgl. Explanatory Statement zum Bericht des LIBE Ausschusses v. 18.5.2015, A8-0165/2015, S. 33 (*„current, fragmented approach"*).

654 Näher *Cras*, eucrim 1/2017, 34 (34 ff.).

655 Vgl. Ratsdok. 6603/15 v. 26.2.2015.

656 Vgl. LIBE Orientation Vote v. 6.5.2015, dazu Bericht des LIBE Ausschusses v. 18.5.2015, A8-0165/2015; ähnlich bereits Berichtsentwurf v. 26.12.2014, 2013/0409(COD).

zwischen Kommission, Rat und Europäischen Parlament über die zukünftige Richtlinie zur Prozesskostenhilfe fand im Juli 2015 statt.[657] Am Ende waren *neun* Triloge zwischen Kommission, Rat und dem Europäischen Parlament unter luxemburgischer und niederländischer Ratspräsidentschaft erforderlich, bis im Oktober 2016 eine Einigung über die endgültige Fassung der RL-PKH erzielt werden konnte.[658] Gegenüber dem Kommissionsentwurf hat die RL-PKH dabei deutlich an Substanz gewonnen: Durch den Einsatz des Europäischen Parlamentes konnten viele wichtige Bestimmungen aus den unverbindlichen Empfehlungen der Kommission in die RL-PKH aufgenommen und konkretisiert werden.[659]

IV. Regelungsinhalte im Überblick

Die RL-PKH sieht nunmehr gemeinsame Mindestvorschriften über das Recht auf Prozesskostenhilfe vor, sowohl für (i) „*Verdächtige und beschuldigte Personen in Strafverfahren*" als auch (ii) „*Personen, gegen die ein Verfahren zur Vollstreckung eines Europäischen Haftbefehls [nach dem RbEuHb] anhängig ist*" (Art. 1 Abs. 1 RL-PKH). Letztere werden in der RL-PKH konsequent als „*gesuchte Personen*" bezeichnet.[660] Zwischen diesen Personengruppen und Verfahrensarten wird in der RL-PKH durchgängig differenziert.

1. Anwendungsbereich der RL-PKH

Für *Strafverfahren* richtet sich der Anwendungsbereich der Richtlinie nach Art. 2 Abs. 1 RL-PKH. Die in der RL-PKH aufgeführten Rechte gelten grundsätzlich für „*Verdächtige und beschuldigte Personen*", denen ein Recht auf Zugang zu einem Rechtsbeistand nach der RL-RB zusteht (Art. 2 Abs. 1 RL-PKH). Maßgeblich sind dafür insoweit die Vorschriften der RL-RB, konkret Art. 2 Abs. 1 und Art. 3 RL-RB.[661]

---

657 Vgl. Ratsdok. 10296/15 v. 26.6.2015.

658 Vgl. näher *Cras*, eucrim 1/2017, 34 (37 f.).

659 Ebenso *Cras*, eucrim 1/2017, 34 (43 f.); hierauf wird an den entsprechenden Stellen zurückgekommen.

660 Vgl. die Definition in Art. 1 *lit.* b RL-PKH.

661 Vgl. näher zu diesen im Einzelnen G/P/K/*Schneider*, III D 18, Rn. 5 ff. Näher zu den Begriffen „Verdächtige" und „beschuldigte Personen" im Lichte der EMRK vgl. auch schon *Esser*, in: FS Wolter, S. 1329 (1340 f.), zu dem insoweit ähnlichen Art. 2 Abs. 1 der EU-Richtlinie 2012/13 über das Recht auf Belehrung und Unterrichtung in Strafverfahren.

Darüber hinaus muss für die Anwendbarkeit der RL-PKH in Strafverfahren *zusätzlich* („*und*") eine der in Art. 2 Abs. 1 RL-PKH aufgeführten Konstellationen vorliegen. Hierzu gehören der Freiheitsentzug der Person (*lit.* a)[662], notwendiger Rechtsbeistand nach Maßgabe des Unionsrechts oder des nationalen Rechts (*lit.* b) oder die vorgeschriebene oder zulässige Anwesenheit eines Rechtsbeistandes für bestimmte aufgeführte Ermittlungs- oder Beweiserhebungshandlungen (*lit.* c). Durch dieses zusätzliche Erfordernis ist der Anwendungsbereich der RL-PKH für Strafverfahren mithin deutlich enger als bei der RL-RB.[663]

Dieser Anwendungsbereich gilt gleichermaßen für Personen, die erst während der Befragung durch die Polizei oder eine andere Strafverfolgungsbehörde zu Verdächtigen oder beschuldigten Personen werden (Art. 2 Abs. 3 RL-PKH).[664] Bei gewissen geringfügigen Zuwiderhandlungen gelten zudem die Einschränkungen des Art. 2 Abs. 4 RL-PKH.[665]

Für *Übergabeverfahren* richtet sich die Anwendbarkeit der Richtlinie dagegen nach Art. 2 Abs. 2 RL-PKH. Danach gelten die Rechte der Richtlinie für gesuchte Personen, die nach Maßgabe der RL-RB ein Recht auf Zugang zu einem Rechtsbeistand haben, ab dem Zeitpunkt ihrer Festnahme im Vollstreckungsmitgliedstaat.

2. Anspruch auf Prozesskostenhilfe

Die *Prozesskostenhilfe in Strafverfahren* ist in Art. 4 RL-PKH geregelt. Verdächtige und beschuldigte Personen haben einen „*Anspruch*" („*right*") auf Prozesskostenhilfe, wenn sie (i) nicht über ausreichende Mittel zur Bezahlung eines Rechtsbeistands verfügen, und es (ii) im Interesse der Rechtspflege erforderlich ist (vgl. Art. 4 Abs. 1 RL-PKH). Der Wortlaut des Art. 4 Abs. 1 RL-PKH ist dabei eng an Art. 6 Abs. 3 *lit.* c EMRK und Art. 47 Abs. 3 GrCh gelehnt.[666]

Um festzustellen, ob diese Voraussetzungen vorliegen, können die Mitgliedstaaten nach Art. 4 Abs. 2 RL-PKH eine Bedürftigkeitsprüfung („*means test*"), eine Prüfung der materiellen Kriterien („*merits test*") oder beides vornehmen. Diese Möglichkeiten gehen auf Art. 6 Abs. 3 *lit.* c EMRK zurück.[667] Wenn die Mitgliedstaaten eine derartige Prüfung durchführen, müssen sie jedoch die in

---

662 Näher dazu Erwägungsgrund Nr. 15 der RL-PKH.

663 Vgl. näher *Cras*, eucrim 1/2017, 34 (39 f.).

664 Näher zu dieser Konstellation auch Erwägungsgrund Nr. 10 RL-PKH.

665 Vgl. näher Art. 2 Abs. 4 RL-PKH mit Erwägungsgründen Nr. 11 bis 14 RL-PKH. Ähnlich Art. 2 Abs. 4 RL-RB.

666 Vgl. *Cras*, eucrim 1/2017, 34 (40).

667 So ausdrücklich Erwägungsgrund Nr. 17 RL-PKH.

Art. 4 Abs. 3 und 4 RL-PKH vorgesehenen Kriterien beachten.[668] Insbesondere soll der *merits test* stets dann erfüllt sein, wenn ein Verdächtiger oder eine beschuldigte Person einem Richter zur Entscheidung über eine Haft vorgeführt wird und wenn er sich in Haft befindet (vgl. Art. 4 Abs. 4 S. 2 RL-PKH).

In zeitlicher Hinsicht wird für Strafverfahren in Art. 4 Abs. 5 RL-PKH zudem vorgegeben, dass Prozesskostenhilfe *„unverzüglich"* und *„spätestens vor einer Befragung durch die Polizei, eine andere Strafverfolgungsbehörde oder eine Justizbehörde oder vor der Durchführung einer der in Artikel 2 Absatz 1 Buchstabe c genannten Ermittlungs- oder Beweiserhebungshandlungen"* zu bewilligen ist. Dies wird in der Literatur als wichtiger Schritt in Richtung einer *„Pflichtverteidigung ab der ersten Stunde"* verstanden.[669] In Erwägungsgrund Nr. 19 wird zudem klargestellt, dass vor einer derartigen Befragung oder Handlung zumindest eine Dringlichkeitsprozesskostenhilfe oder vorläufige Prozesskostenhilfe gewährt werden muss, falls die Mitgliedstaaten nicht in der Lage sein sollten, die (reguläre) Prozesskostenhilfe so zügig zu bewilligen.

Die *Prozesskostenhilfe in Verfahren zur Vollstreckung eines Europäischen Haftbefehls* richtet sich dagegen nach Art. 5 RL-PKH. Hierbei wird zwischen der Situation einer gesuchten Person im Vollstreckungsstaat (Abs. 1) und im Ausstellungstaat (Abs. 2) eines Europäischen Haftbefehls differenziert.

Im *Vollstreckungsmitgliedstaat* hat die gesuchte Person Anspruch auf Prozesskostenhilfe ab dem Zeitpunkt ihrer Festnahme aufgrund des Europäischen Haftbefehls (Art. 5 Abs. 1 RL-PKH), gegebenenfalls abhängig von einer Bedürftigkeitsprüfung (Art. 5 Abs. 3 RL-PKH). Der Anspruch gilt bis zu der Übergabe der gesuchten Person oder bis zu dem Zeitpunkt, zu dem die Entscheidung, diese nicht zu übergeben, rechtskräftig wird.[670]

Im *Ausstellungsmitgliedstaat* steht der gesuchten Person nach Art. 5 Abs. 2 RL-PKH ebenfalls ein Anspruch auf Prozesskostenhilfe zu, wenn sie ihr Recht auf Benennung eines Rechtsbeistandes im Ausstellungsstaat nach der RL-RB wahrnimmt. Der Anspruch wird allerdings dadurch begrenzt, dass: (i) das Übergabeverfahren *„zum Zwecke der Strafverfolgung"* anhängig sein muss, mithin nicht zum Zwecke der Strafvollstreckung, und (ii) der Anspruch nur *„insoweit"* für die Zwecke des Verfahrens im Vollstreckungsstaat besteht, als dass die

668 Näher noch unten S. 175 ff. im Kontext des Übergabeverfahrens.

669 Vgl. *Brodowski*, Editorial zu StV 8/2017.

670 Art. 5 Abs. 1 RL-PKH. Insgesamt näher zu Art. 5 Abs. 1 RL-PKH unten S. 172 ff. (Voraussetzungen des Anspruchs) und S. 208 ff. (Zeitpunkt).

Prozesskostenhilfe „*erforderlich ist*", um den wirksamen Zugang zu den Gerichten zu gewährleisten.[671]

3. Verfahren und weitere Vorgaben

Die weiteren Vorgaben der RL-PKH gelten sodann für Strafverfahren und Übergabeverfahren gleichermaßen. Art. 6 RL-PKH regelt das *Verfahren* für die Entscheidungen über die Bewilligung oder Ablehnung von Prozesskostenhilfe und über die Bestellung von Rechtsbeiständen. Art. 7 RL-PKH sieht Maßstäbe für die *Qualität* des Systems der Prozesskostenhilfe und die mit der Prozesskostenhilfe verbundenen Dienstleistungen vor.[672] Die Mitgliedstaaten haben insbesondere „*die erforderlichen Maßnahmen – auch finanzieller Art –*" zu treffen, damit ein wirksames System der Prozesskostenhilfe von angemessener Qualität besteht und die Qualität der verbundenen Dienstleistungen angemessen ist, um die Fairness des Verfahrens zu wahren (vgl. näher Art. 7 Abs. 1 RL-PKH). Hierbei ist die Unabhängigkeit der Rechtsberufe gebührend zu wahren.

Auf einen entsprechenden Antrag hin muss es den Personen zudem ermöglicht werden, ihren Rechtsbeistand auswechseln lassen, wenn die konkreten Umstände es rechtfertigen (Art. 7 Abs. 4 RL-PKH). Darüber hinaus werden Schulungen für das Personal und Weiterbildungsmaßnahmen für Rechtsbeistände angeregt (Art. 7 Abs. 2 und 3 RL-PKH).

Nach Art. 8 RL-PKH muss bei Verletzung der Rechte der RL-PLH ein wirksamer Rechtsbehelf nach nationalem Recht gegeben sein. Nach Art. 9 RL-PKH sind bei der Umsetzung der Richtlinie ferner die besonderen Bedürfnisse von schutzbedürftigen Personen zu berücksichtigen.

V. Pflicht zur Umsetzung von EU-Richtlinien

Die RL-PKH ist bis zum 25. Mai 2019 von den Mitgliedstaaten in ihr nationales Recht umzusetzen.[673] Eine EU-Richtlinie ist nach Art. 288 Abs. 3 AEUV für jeden Mitgliedstaat, an den sie sich richtet, hinsichtlich des zu erreichenden Ziels verbindlich. Dabei bleibt den Mitgliedstaaten grundsätzlich die Wahl der Form

---

671 Vgl. auch *Cras*, eucrim 1/2017, 34 (41); näher noch unten S. 286 ff.

672 Näher zu Art. 6 und Art. 7 RL-PKH unten S. 233 ff.

673 Vgl. Art. 12 Abs. 1 RL-PKH. In Deutschland wurde die RL-PKH erst nach Einreichung dieser Arbeit im Dezember 2019 durch das Gesetz zur Neuregelung des Rechts der notwendigen Verteidigung umgesetzt, vgl. BGBl. I S. 2128 v. 12.12.2019, mit Wirkung zum 13.12.2019.

und der Mittel der Umsetzung überlassen. Dies gilt allerdings nur insoweit, wie die Richtlinie den Mitgliedstaaten Spielräume belässt.[674] Das Vereinigte Königreich, Irland und Dänemark beteiligen sich zudem nicht an der RL-PKH.[675]

Die Unionsbürger können aus einer Richtlinie grundsätzlich keine unmittelbaren Rechte herleiten, da diese – anders als eine Verordnung – nicht unmittelbar anwendbar ist.[676] Eine unmittelbare Anwendbarkeit einer Richtlinie kann jedoch dann in Betracht kommen, wenn ein Mitgliedstaat nach Ablauf der Umsetzungsfrist seiner Umsetzungspflicht nicht hinreichend nachgekommen und die Richtlinie inhaltlich unbedingt und hinreichend genau ist.[677] Inhaltliche Unbedingtheit setzt voraus, dass eine Richtlinienbestimmung vorbehaltlos und ohne Bedingung gilt und nicht auf die Herbeiführung einer gestalterischen Maßnahme eines Mitgliedstaates abzielt.[678] Daran wird es beispielsweise fehlen, wenn die Bestimmung dem Mitgliedstaat Wahlmöglichkeiten hinsichtlich des Anspruchsschuldners belässt.[679] Für eine hinreichende Genauigkeit muss sich der Rechtsgehalt eine Richtlinienbestimmung mit der erforderlichen Sicherheit ermitteln lassen; bei anspruchsbegründenden Bestimmungen betrifft dies den Anspruchsträger, den Verpflichteten und den Anspruchsinhalt.[680] Darüber hinaus ist das nationale Umsetzungsrecht nach Ablauf der Umsetzungsfrist richtlinienkonform auszulegen.[681] Zudem kann ein Staatshaftungsanspruch in Betracht kommen.[682]

Wenn ein Mitgliedstaat eine EU-Richtlinie nicht oder nur unzureichend umsetzt, können die Kommission oder ein anderer Mitgliedstaat auf ein Verfahren wegen einer Verletzung der Verpflichtung aus den Verträgen hinwirken.[683] Dies kann etwa zur Verhängung eines Zwangsgeldes führen, wie jüngst

---

674 Vgl. näher Grabitz/Hilf/Nettesheim/*Nettesheim,* Art. 288 AEUV, Rn. 112 ff.

675 Auf der Grundlage der Art. 1 und 2 des dem EUV und AEUV beigefügten Protokolls Nr. 21 über die Position des Vereinigten Königreichs und Irlands hinsichtlich des Raums der Freiheit, der Sicherheit und des Rechts, sowie Art. 1 und 2 des Protokolls Nr. 22 über die Position Dänemarks, vgl. Erwägungsgründe Nr. 32 und 33 RL-PKH.

676 Vgl. Grabitz/Hilf/Nettesheim/*Nettesheim,* Art. 288 AEUV, Rn. 105.

677 Vgl. im Einzelnen Grabitz/Hilf/Nettesheim/*Nettesheim,* Art. 288 AEUV, Rn. 137 ff.; siehe auch *Burhoff*, StRR 2019, 5 f. im Kontext der RL-PKH.

678 Vgl. Grabitz/Hilf/Nettesheim/*Nettesheim,* Art. 288 AEUV, Rn. 146.

679 Vgl. Grabitz/Hilf/Nettesheim/*Nettesheim,* Art. 288 AEUV, Rn. 146.

680 Vgl. näher Grabitz/Hilf/Nettesheim/*Nettesheim,* Art. 288 AEUV, Rn. 147.

681 Vgl. näher Grabitz/Hilf/Nettesheim/*Nettesheim,* Art. 288 AEUV, Rn. 133 ff.

682 Vgl. Grabitz/Hilf/Nettesheim/*Nettesheim,* Art. 288 AEUV, Rn. 147.

683 Vgl. Art. 258, 259 AEUV.

beispielsweise gegen Belgien wegen der nicht erfolgten Umsetzung einer Richtlinie mit einem Tagessatz in Höhe von EUR 5.000 (ab Urteilsverkündung).[684] Im Übrigen können die nationalen Gerichte bei Zweifeln über die Auslegung den EuGH im Wege eines Vorabentscheidungsverfahrens nach Art. 267 AEUV anrufen.

684 Siehe näher EuGH (GK), Urt. v. 8.7.2019, C-543/17, BeckRS 2019, 13423.

E. (Unentgeltlicher) Rechtsbeistand im Vollstreckungsstaat des Übergabeverfahrens: Anforderungen des deutschen IRG und der RL-PKH

Die vorstehenden Ausführungen haben gezeigt, dass für die Mitgliedstaaten bisher kaum gemeinsame Mindeststandards zu Rechtsbeistand und Prozesskostenhilfe in Übergabeverfahren bestehen. Demgegenüber enthalten die RL-RB und RL-PKH Vorgaben für gesuchte Personen in Verfahren zur Vollstreckung eines Europäischen Haftbefehls. Ob und inwieweit das Recht auf (unentgeltlichen) Rechtsbeistand einer gesuchten Person im Übergabeverfahren durch die EU-Richtlinien tatsächlich gestärkt wird, hängt daher zum einen von der bisherigen Ausgestaltung des Rechts im nationalen Recht und zum anderen von den konkreten Anforderungen der RL-PKH ab.

Nach einem Überblick über das zugrunde liegende Recht auf Rechtsbeistand (dazu I) sollen im Folgenden die Anforderungen des deutschen IRG sowie der RL-PKH zu unentgeltlichem Rechtsbeistand im *Vollstreckungsstaat* eines Europäischen Haftbefehls untersucht werden.[685] Die Prüfung unterteilt sich dabei in die Voraussetzungen unentgeltlichen Rechtsbeistandes (II), den Zeitpunkt der Bestellung (III) sowie das Verfahren bis zur Bestellung und der Auswahl des Rechtsbeistandes (IV). Ferner wird auf die Vergütung und Kostentragung einer unentgeltlichen Beistandsleistung eingegangen (V).

Innerhalb der einzelnen Themen soll zunächst ein Überblick über die bis zur RL-PKH geltende Rechtlage gegeben werden (dazu jeweils 1). Dies erfolgt anhand von Deutschland als Vollstreckungsstaat eines Europäischen Haftbefehls, soweit nicht anders gekennzeichnet. Sodann sollen Problemkreise und Defizite des geltenden Rechts herausgearbeitet werden, wie sie insbesondere in der Literatur und den eingangs beschriebenen Studien zu Übergabeverfahren[686] ausgemacht wurden (dazu jeweils 2). Vor diesem Hintergrund wird sodann vertieft auf den jeweiligen Inhalt der RL-PKH und ihren Umsetzungsbedarf in Deutschland eingegangen (dazu jeweils 3). Im Rahmen des Umsetzungsbedarfs in Deutschland

685 Die Lage im Ausstellungsstaat und das Recht auf sogenannte doppelte Verteidigung wird dagegen in Kapitel F behandelt.

686 Vgl. Fn. 51 ff.

werden auch die Vorschläge berücksichtigt, die der Referentenentwurf des BMJV vom Oktober 2018[687] und der Gesetzesentwurf der Bundesregierung von Juni 2019[688] zur Umsetzung der RL-PKH in Deutschland vorsehen.[689]

I. Überblick: Recht auf Rechtsbeistand im Vollstreckungsstaat

Mit der RL-PKH soll sichergestellt werden, dass das Recht auf Zugang zu einem Rechtsbeistand nach der RL-RB effektiv ausgeübt werden kann. Im deutschen Recht besteht dieses Recht für gesuchte Personen nach § 40 IRG (dazu 1) und nach der RL-RB nach Art. 10 RL-RB (dazu 2).

1. Grundlagen nach § 40 IRG in Deutschland

Die zentrale Norm für das Recht einer gesuchten Person auf Rechtsbeistand in Deutschland als Vollstreckungsstaat eines Europäischen Haftbefehls ist § 40 IRG. § 40 Abs. 1 IRG lautet:

> „Der Verfolgte kann sich in jeder Lage des Verfahrens eines Beistands bedienen.“[690]

Die Vorschrift befindet sich im Abschnitt über das klassische Auslieferungsverfahren. Über § 78 Abs. 1 IRG ist sie jedoch auch auf das Übergabeverfahren auf der Grundlage des RbEuHb zwischen den Mitgliedstaaten der Europäischen Union anwendbar.

---

687 Referentenentwurf des BMJV, Entwurf eines Gesetzes zur Neuregelung des Rechts der notwendigen Verteidigung v. 11.10.2018 (abrufbar unter www.bmjv.de) [Stand 29.6.2019].

688 Gesetzesentwurf der Bundesregierung, Entwurf eines Gesetzes zur Neuregelung des Rechts der notwendigen Verteidigung v. 12.6.2019 (abrufbar unter www.bmjv.de) [Stand 29.6.2019].

689 Die RL-PKH wurde im Dezember 2019 durch das Gesetz zur Neuregelung des Rechts der notwendigen Verteidigung umgesetzt, vgl. BGBl. I S. 2128 v. 12.12.2019, mit Wirkung zum 13.12.2019. Diese Arbeit wurde im August 2019 als Dissertation eingereicht. Zu diesem Zeitpunkt waren nur der Referentenentwurf und der Gesetzesentwurf der Bundesregierung veröffentlicht. Das Gesetz zur Neuregelung des Rechts der notwendigen Verteidigung wurde nachträglich für die Veröffentlichung dieser Arbeit berücksichtigt.

690 Diese Arbeit und die Normen in diesem Abschnitt haben den Stand August 2019, d.h. vor Umsetzung der RL-PKH. Bei § 40 Abs. 1 IRG hat sich nach Umsetzung der RL-PKH nur der Wortlaut geändert, vgl. § 40 Abs. 1 IRG n.F.: „Die verfolgte Person kann sich in jeder Lage des Verfahrens eines Rechtsbeistandes bedienen“.

Mit § 40 IRG wird auch im Auslieferungsrecht die „rechtsstaatliche Selbstverständlichkeit“[691] gewährleistet, dass sich eine gesuchte Person während des Übergabeverfahrens fachkundiger Unterstützung durch einen Rechtsbeistand bedienen kann.[692] Der Wortlaut der Norm ist dabei an § 137 Abs. 1 S. 1 StPO angelehnt[693] und besteht seit dem Jahr 1983 unverändert fort[694]. Statt eines „*Verteidigers*“ wie in § 137 StPO wird in § 40 IRG bisher allerdings ein „*Beistand*“ vorgesehen, um widerzuspiegeln, dass das Auslieferungsverfahren nicht als Strafverfahren sondern als Akt der Rechtshilfe angesehen wird.[695] Die Unterschiede werden jedoch zuweilen über § 40 Abs. 3 IRG überwunden: Danach gelten die Vorschriften des 11. Abschnittes der StPO zur Verteidigung entsprechend, mit Ausnahme der §§ 140, 141 Abs. 1 bis 3 und § 142 Abs. 2 StPO.[696] Der Beistand in Auslieferungs- und Übergabeverfahren soll dadurch weitgehend dem Verteidiger im Strafverfahren gleichgestellt werden.[697]

Als Rechtsbeistand kommen nach § 40 Abs. 3 IRG[698] i.V.m. § 138 Abs. 1 StPO nur bei einem Gericht der Bundesrepublik Deutschland zugelassene Rechtsanwälte sowie Rechtslehrer an deutschen Hochschulen in Betracht. Rechtsanwälte aus der Europäischen Union können deutschen Rechtsanwälten gleichgestellt sein.[699] Eine nur vorübergehende Tätigkeit in Deutschland wird allerdings

691 Vgl. S/L/G/H/*Lagodny/Schomburg/Hackner*, § 40 IRG, Rn. 1.

692 Vgl. für die Beachtung des Rechtsstaatsprinzips im Auslieferungsverfahren auch BGH, Beschl. v. 17.1.1984, BGHSt 32, 221 = NJW 1984, 1309 = NStZ 1985, 222 m. Anm. *Schomburg*.

693 BT-Drs. 9/1338, S. 60.

694 Vgl. BT-Drs. 9/1338 v. 10.2.1982, S. 60 (Gesetzesentwurf der Bundesregierung zum IRG, noch als § 39); Ablösung des deutschen Auslieferungsgesetzes (DAG) v. 23.12.1929 durch das IRG v. 23.12.1982 m.W.z. 1.7.1983, vgl. BGBl. I S. 2071 (2079). Änderung des Wortlauts aber nunmehr im Zuge der Umsetzung der RL-PKH, siehe bereits Fn. 690.

695 Näher G/P/K/*Böhm*, § 40 IRG, Rn. 4; krit. zur Terminologie S/L/G/H, Einl., Rn. 35, 199 f.; auch bereits oben S. 46 f. Zumindest Änderung des Wortlauts in „Rechtsbeistand“ im Zuge der Umsetzung der RL-PKH, siehe Fn. 690.

696 Stand August 2019. Neu gefasst in Umsetzung der RL-PKH, nun ähnlicher Verweis in § 40 Abs. 8 IRG n.F.

697 Vgl. schon BT-Drs. 9/1338, S. 60.

698 Neu gefasst in Umsetzung der RL-PKH, nun § 40 Abs. 8 IRG n.F.

699 Zu den Voraussetzungen vgl. das Gesetz über die Tätigkeit europäischer Rechtsanwälte in Deutschland (EURAG), BGBl. I S. 182 v. 9.3.2000. Für Rechtsanwälte von außerhalb der Europäischen Union vgl. §§ 206 f. Bundesrechtsanwaltsordnung (BRAO) und G/P/K/*Böhm*, § 40 IRG, Rn. 11. Im Überblick auch *Kühne*, § 9, Rn. 166 ff.

mitunter das Einvernehmen eines in Deutschland niedergelassenen Rechtsanwaltes erfordern.[700] Rechtsreferendare sind dagegen von der Tätigkeit als Beistand in Auslieferungsverfahren ausgeschlossen (§ 40 Abs. 3 IRG).[701]

Über das Recht auf Rechtsbeistand ist der Verfolgte bei der Festnahme und durch den Richter des nächsten Amtsgerichts zu belehren (vgl. §§ 21 Abs. 2 S. 2, 22 Abs. 2 S. 2 sowie § 28 Abs. 2 S. 2 IRG). Dies gilt auch für das Recht, sich nicht zu der ihm zur Last gelegten Tat äußern zu müssen. Einer gesuchten Person ist unmittelbar nach ihrer Festnahme zudem ein Merkblatt über ihre Rechte bei Festnahme zur Auslieferung in einer verständlichen Sprache auszuhändigen.[702] Das Merkblatt („*letter of rights*") geht auf die EU-Richtlinie 2012/13/EU über das Recht auf Belehrung und Unterrichtung in Strafverfahren zurück.[703] In dem Merkblatt wird über das Recht auf Hinzuziehung eines Rechtsbeistandes belehrt und das Recht, vertraulich mit einem Rechtsbeistand sprechen zu können.[704] Ferner wird darüber informiert, dass ein Rechtsbeistand von der Polizei und Justiz unabhängig sei und dass die Polizei bei der Kontaktaufnahme behilflich sein müsse.[705] Darüber hinaus wird darüber informiert, dass in bestimmten Fällen ein Rechtsanwalt auf Kosten der Staatskasse beigeordnet werden kann.[706]

2. Recht auf Rechtsbeistand nach der RL-RB

Die Bedeutung eines Rechts auf Zugang zu einem Rechtsbeistand im Vollstreckungsstaat eines Europäischen Haftbefehls wurde innerhalb der EU zudem durch die RL-RB unterstrichen.

---

700 Sog. dienstleistender europäischer Rechtsanwalt, vgl. § 25 Abs. 1 EURAG; G/P/K/*Böhm*, § 40 IRG, Rn. 10. So insbesondere bei der Pflichtverteidigung (§ 28 EURAG) sowie für den Besuch und schriftlichen Verkehr eines inhaftierten Verfolgten (§ 30 EURAG).

701 Neu gefasst in Umsetzung der RL-PKH, nun § 40 Abs. 8 IRG n.F. Rechtsreferendare bleiben ausgeschlossen (Wegfall des bisherigen § 142 Abs. 2 StPO).

702 Vgl. Nr. 36 Abs. 4 RiVaSt, Geltung beim Europäischen Haftbefehl über Nr. 149 RiVaSt.

703 Vgl. zum Europäischen Haftbefehl insb. Art. 5 der EU-Richtlinie 2012/13/EU über das Recht auf Belehrung und Unterrichtung in Strafverfahren, AblEU Nr. L 142 v. 1.6.2012, S. 1 ff. Näher zu dieser Richtlinie im Einzelnen *Esser*, in: FS Wolter, S. 1329 (1338 ff.); näher und zur Umsetzung in Deutschland zudem *Arnold*, S. 122 ff.

704 Vgl. Muster 40b zu Nr. 36 Abs. 4 RiVaSt.

705 Vgl. Muster 40b zu Nr. 36 Abs. 4 RiVaSt.

706 Vgl. Muster 40b zu Nr. 36 Abs. 4 RiVaSt.

a) *Überblick*

Der Anwendungsbereich der RL-RB ist auch für „*Personen im Rahmen eines Verfahrens zur Vollstreckung des Europäischen Haftbefehls*“ eröffnet (Art. 2 Abs. 2 RL-RB). Diese werden als „*gesuchte Personen*“ bezeichnet. Die Richtlinie gilt für sie „*ab dem Zeitpunkt ihrer Festnahme im Vollstreckungsstaat gemäß Artikel 10*“ (Art. 2 Abs. 2 RL-RB).

Die RL-RB sieht sodann konkrete Vorgaben zum „Recht auf Zugang zu einem Rechtsbeistand“ („*access to a lawyer*“) vor.[707] Der weite Begriff des „Zugangs“ wurde gewählt, um sowohl die rechtliche Beratung der Person (*legal advice*) als auch andere Unterstützungshandlungen zugunsten der Person (*legal assistance*, etwa Anwesenheit des Rechtsbeistandes bei Befragungen) zu erfassen.[708] Ein solcher Ansatz ist insbesondere für kontradiktorische (*adversarial*) Rechtssysteme wichtig, in denen die Befragungen maßgeblich durch die Parteien bestimmt werden.[709]

b) *Art. 10 Abs. 1 bis 3 RL-RB*

Für Übergabeverfahren richtet sich das Recht einer gesuchten Person auf Zugang zu einem Rechtsbeistand nach Art. 10 RL-RB. Im Einzelnen wird zwischen der Lage im Vollstreckungsstaat (Abs. 1 bis 3) und im Ausstellungsstaat (Abs. 4 bis 6) eines Europäischen Haftbefehls differenziert. Hier soll es zunächst nur um die Lage im Vollstreckungsstaat des Übergabeverfahrens gehen.[710]

Im *Vollstreckungsstaat* steht einer gesuchten Person nach Art. 10 Abs. 1 RL-RB das Recht auf Zugang zu einem Rechtsbeistand zu. Dieser lautet:

> „Die Mitgliedstaaten sorgen dafür, dass eine gesuchte Person nach ihrer Festnahme aufgrund eines Europäischen Haftbefehls das Recht auf Zugang zu einem Rechtsbeistand im Vollstreckungsmitgliedstaat hat.“

Dieses Recht soll dazu dienen, dass gesuchte Personen ihre Rechte nach dem RbEuHb wirksam wahrnehmen können.[711] Art. 10 Abs. 1 RL-RB füllt die Lücke,

---

707 Vgl. näher zu den einzelnen Vorgaben der RL-RB G/P/K/*Schneider*, III D 18, Rn. 22 ff.

708 Vgl. Begriffserklärung in Commission Staff Working Paper, Impact Assessment zur RL-RB, SEC(2011) 686 v. 8.6.2011, S. 3, Fn. 1.

709 Kritisch zu diesbezüglichen Unklarheiten im RB-E vgl. *Brants*, in: Vervaele (Hrsg.), European Evidence Warrant, S. 103 (113).

710 Zur Lage im Ausstellungsstaat vgl. unten F.III.3., S. 286 ff.

711 Vgl. zu letzterem Erwägungsgrund Nr. 42 RL-RB.

die den Mitgliedstaaten bisher durch den Verweis in Art. 11 RbEuHb auf das nationale Recht belassen wurde.[712]

Art. 10 Abs. 1 RL-RB gibt zunächst keinen Aufschluss darüber, *wie zeitnah* die gesuchte Person nach ihrer Festnahme Zugang zu einem Rechtsbeistand zu erhalten hat.[713] Dies wird jedoch in Art. 10 Abs. 2 *lit.* a RL-RB konkretisiert. Danach ist das Recht auf Zugang im Vollstreckungsstaat „*in zeitlicher und verfahrensrechtlicher Hinsicht so zu gewähren*", dass die gesuchte Person ihre Rechte „*wirksam und in jedem Fall unverzüglich ab dem Entzug der Freiheit*" ausüben kann (Abs. 2 *lit.* a). Die Mitgliedstaaten haben zudem die „*notwendigen Vorkehrungen*" zu treffen, damit gesuchte Personen in der Lage sind, ihr Recht auf Zugang zu einem Rechtsbeistand im Vollstreckungsstaat wirksam wahrzunehmen (Erwägungsgrund Nr. 45 RL-RB). Dazu gehöre auch, die Unterstützung durch einen Rechtsbeistand „*zu ermöglichen*", wenn die gesuchte Person keinen habe.[714] Für den Vollstreckungsstaat besteht mithin die Pflicht, die gesuchte Person im Vollstreckungsstaat aktiv bei der Ausübung des Rechts zu unterstützen.[715] Die Vorkehrungen sollen jedoch nationalem Recht unterliegen, beispielsweise in Form einer Liste von zur Verfügung stehenden Rechtsbeiständen, unter denen die gesuchte Person wählen könne.[716]

Was das Recht auf Zugang zu einem Rechtsbeistand im Vollstreckungsstaat beinhaltet, wird ebenfalls in Art. 10 Abs. 2 RL-RB konkretisiert. Gesuchten Personen steht das Recht zu, mit ihrem Rechtsbeistand *zusammenzutreffen* und mit ihm zu *kommunizieren* (Art. 10 Abs. 2 *lit.* b RL-RB). Die Mitgliedstaaten können jedoch (ähnlich wie in Strafverfahren[717]) praktische Vorkehrungen hinsichtlich der Dauer und Häufigkeit der Treffen und Kommunikation treffen, solange die „*wirksame Ausübung*" und der „*Wesensgehalt*" des Rechts nicht beeinträchtigt wird.[718] Außerdem steht der gesuchten Person das Recht zu, dass ihr Rechtsbeistand bei einer Vernehmung durch die vollstreckende Justizbehörde *anwesend* ist und gemäß den Verfahren des nationalen Rechts daran *teilnimmt* (Art. 10 Abs. 2 *lit.* c RL-RB). Nimmt der Rechtsbeistand an einer Vernehmung teil, so kann er

---

712 Vgl. G/P/K/*Schneider*, III D 18, Rn. 84.

713 Der Entwurf der Kommission enthielt noch das Wort „*umgehend*", vgl. Art. 11 Abs. 1 RL-RB-E.

714 Vgl. Erwägungsgrund Nr. 45 RL-RB.

715 Vgl. G/P/K/*Schneider*, III D 18, Rn. 84; näher zur Lage in Strafverfahren *Esser*, in: FS Kühne, S. 539 (552 f.).

716 Vgl. Erwägungsgrund Nr. 45 RL-RB.

717 Vgl. Art. 3 Abs. 3 *lit.* a RL-RB.

718 Näher Erwägungsgründe Nr. 43 und 44 RL-RB.

Fragen stellen, Erläuterungen verlangen und Erklärungen abgeben, allerdings nur „im Einklang mit dem im nationalen Recht vorgesehenen Verfahren".[719]

Die RL-RB sieht für Übergabeverfahren keine Möglichkeit vor, um von dem Recht auf Zugang zu einem Rechtsbeistand ab Entzug der Freiheit vorübergehend unter außergewöhnlichen Umständen abzuweichen.[720] Im Gegensatz dazu kann in Strafverfahren unter bestimmten Voraussetzungen von (i) dem unverzüglichen Zugang zu einem Rechtsbeistand ab Entzug der Freiheit nach Art. 3 Abs. 5 RL-RB aufgrund der geographischen Entfernung[721] oder (ii) dem Umfang der gewährten Rechte nach Art. 3 Abs. 6 RL-RB aus zwingenden Gründen der Gefahrabwehr[722] vorübergehend abgewichen werden. In Art. 10 Abs. 3 RL-RB wird jedoch nicht auf die entsprechende Geltung dieser Vorgaben oder der Anforderungen des Art. 8 RL-RB in Übergabeverfahren verwiesen.

Über Art. 10 Abs. 3 RL-RB sind für gesuchte Personen allerdings bestimmte weitere Vorgaben der RL-RB zu Strafverfahren entsprechend zu beachten, die für die Wahrnehmung des Rechts auf Zugang zu einem Rechtsbeistand von Bedeutung sind. Hierzu zählt zum einen die *Vertraulichkeit der Kommunikation* mit dem Rechtsbeistand nach Art. 4 RL-RB[723], deren Ausgestaltung lange Zeit äußerst umstritten war[724]. Zudem kann eine Person auf ihr Recht auf Zugang zu einem Rechtsbeistand *verzichten*, wenn die Voraussetzungen des Art. 9 Abs. 1 RL-RB vorliegen.[725] Fälle der notwendigen Verteidigung nach nationalem Recht bleiben davon unberührt.[726] Nach Art. 12 Abs. 1 RL-RB hat den Personen zudem

---

719 Vgl. Erwägungsgrund Nr. 42 RL-RB. Für Strafverfahren gilt insoweit Erwägungsgrund Nr. 25 RL-RB.

720 Vgl. auch G/P/K/*Schneider*, III D 18, Rn. 87.

721 Vgl. näher die Voraussetzungen in Art. 3 Abs. 5 und Art. 8 Abs. 1 und 2 RL-RB und dazu Erwägungsgrund Nr. 30 RL-RB.

722 Vgl. näher die Voraussetzungen in Art. 3 Abs. 6 und Art. 8 Abs. 1 und 2 RL-RB und dazu Erwägungsgrund Nr. 31 RL-RB.

723 Die Fassung begrüßend etwa ECBA Press release v. 19.6.2013 (abrufbar unter www.ecba.org) („*real success*"). In den Erwägungsgründen Nr. 33 und 34 RL-RB wird den Mitgliedstaaten für gewisse Sachverhalte allerdings Spielraum für Ausnahmen belassen, vgl. Kritik bei *Anagnostopoulos*, EuCLR 2014, 3 (15) („misplaced"); *Brodowski*, ZIS 2013, 455 (467).

724 Vgl. äußerst kritisch zu einschränkenden Vorschlägen des Rates etwa BRAK-Stellungnahme Nr. 2/2013 v. Januar 2013 (abrufbar unter www.brak.de) [Stand: 29.10.2018], S. 4; näher zur Entstehungsgeschichte der Norm *Cras*, eucrim 2014, 32 (41 f.) („*probably the most difficult issue of the entire Directive*").

725 Siehe noch unten S. 183 f.

726 Vgl. Wortlaut Art. 9 Abs. 1 RL-RB.

ein *wirksamer Rechtsbehelf* nach nationalem Recht zuzustehen, wenn ihre Rechte nach der Richtlinie verletzt werden. Die entsprechende Geltung dieser Normen für Übergabeverfahren wurde im Gesetzgebungsverfahren zwar teilweise kritisiert, aber von der überwiegenden Mehrheit der Mitgliedstaaten früh als angemessen begrüßt.[727]

c) Umsetzung in Deutschland

Der deutsche Gesetzgeber hat die RL-RB mit Gesetz vom 27. August 2017 umgesetzt.[728] Für das Recht auf Zugang zu einem Rechtsbeistand in Deutschland als Vollstreckungsstaat eines Europäischen Haftbefehls nach Art. 10 Abs. 1 RL-RB wurde kein Umsetzungsbedarf gesehen, da § 40 Abs. 1 IRG dieses Recht bereits enthalte.[729] Zur Umsetzung der konkreten Zugangs- und Mitwirkungsrechte nach Art. 10 Abs. 2 *lit.* b und *lit.* c RL-RB wurde es als ausreichend erachtet, dass über §§ 77, 78 IRG die (ihrerseits veränderten) Normen der StPO entsprechend gelten.[730] Hier wäre es zur Klarstellung jedoch wünschenswert gewesen, wenn eine Umsetzung im IRG selbst erfolgt wäre, um etwaigen Zweifeln an der Anwendbarkeit der StPO und Spekulationen um womöglich schwächere Schutzstandards in Übergabeverfahren vorzubeugen.[731]

II. Voraussetzungen unentgeltlichen Rechtsbeistandes im Vollstreckungsstaat

Es liegt auf der Hand, dass gesuchten Personen alleine durch das Recht auf Zugang zu einem Rechtsbeistand nicht immer geholfen ist. Denn auch wenn einer gesuchten Person das Recht auf Zugang zu einem Rechtsbeistand im Vollstreckungsstaat

727 Vgl. näher Ratsdok. 7794/12 v. 20.3.2012, S. 3 ff. („*appropriate*"). Bedenken betrafen insbesondere die entsprechende Geltung von Art. 5 (Benachrichtigung von Freiheitsentzug), Art. 9 (Verzicht), und Art. 13 (nun Art. 12: wirksamer Rechtsbehelf), aufgrund vermeintlicher Besonderheiten des Übergabeverfahrens.

728 Vgl. Art. 1 bis 6 des Zweiten Gesetzes zur Stärkung der Verfahrensrechte von Beschuldigten im Strafverfahren und zur Änderung des Schöffenrechts vom 27.8.2017, BGBl. I 2017, 3295 v. 4.9.2017. Vgl. im Einzelnen und krit. (zum Gesetzesentwurf) G/P/K/*Schneider*, III D 18, Rn. 97 ff.; *Esser*, KriPoZ 3/2017, 167 ff.

729 Vgl. BT-Drucks. 18/9534, S. 18 f. Zu Deutschland als Ausstellungsstaat eines Europäischen Haftbefehls vgl. noch unten S. 279 f.

730 Vgl. näher BT-Drucks. 18/9534, S. 18 f.; krit. dazu *Esser*, KriPoZ 3/2017, 167 (176 f.).

731 Vgl. näher *Esser*, KriPoZ 3/2017, 167 (176 f., 179).

zusteht, wird sie von diesem nicht immer Gebrauch machen können, etwa weil ihr die finanziellen Mittel dafür fehlen.

In Deutschland richtet sich unentgeltlicher Rechtsbeistand in Auslieferungs- und Übergabeverfahren danach, ob ein Fall einer sogenannten notwendigen Beistandschaft vorliegt. Hierfür sieht das IRG insbesondere in § 40 Abs. 2 IRG nähere Voraussetzungen vor (dazu 1).[732] Die bisherige Regelung und Bestellungspraxis in Deutschland wird allerdings vielfach als defizitär und unzureichend empfunden (dazu 2). Die RL-PKH sieht insoweit ein System der Prozesskostenhilfe vor, um die Effektivität des Rechts auf Zugang zu einem Rechtsbeistand nach der RL-RB sicherzustellen. Ein Anspruch auf Prozesskostenhilfe für gesuchte Personen im Vollstreckungsstaat eines Übergabeverfahrens findet sich in Art. 5 Abs. 1 und Abs. 3 RL-PKH (dazu 3).

1. Geltendes Recht bis zur RL-PKH

a) Grundlagen und verfassungsrechtlicher Rahmen in Deutschland

In Deutschland sieht das Gesetz verschiedene Konstellationen vor, in denen die Mitwirkung eines Rechtsbeistandes am Verfahren zwingend erforderlich ist (Institut der notwendigen Verteidigung).[733] Dies muss nicht stets mit der Bestellung eines Rechtsbeistandes einhergehen, da die erforderliche Mitwirkung auch durch einen sog. Wahlverteidiger bzw. Wahlbeistand erfolgen kann, den der Beschuldigte selber mandatiert.[734] Wenn die Person in einem Fall der notwendigen Verteidigung bzw. notwendigen Beistandschaft allerdings keinen Rechtsbeistand hat, wird ihr durch das Gericht ein Rechtsbeistand bestellt (sog. Pflichtverteidiger bzw. Pflichtbeistand). Die Bestellung wird allgemein als staatlicher Hoheitsakt angesehen.[735] Ab der Bestellung wird der Pflichtbeistand aus der Staatskasse vergütet (§ 45 Abs. 3 RVG). Die Bewilligung von Prozesskostenhilfe zum Zwecke der Verteidigung des Beschuldigten sieht die deutsche Strafprozessordnung bisher dagegen nicht vor[736], ebenso wenig wie das IRG. Die Bestellung eines Verteidigers im Falle der notwendigen Verteidigung wird insoweit als

---

732 Alte Fassung der Norm, Stand August 2019. Neu gefasst in Umsetzung der RL-PKH, näher noch unten.

733 Vgl. für einen Überblick *Mehle*, S. 31 f., 109 ff.; vgl. auch G/P/K/*Schneider*, III D 18, Rn. 91.

734 Vgl. MüKo-StPO/*Thomas/Kämpfer*, § 140 StPO, Rn. 1; *Mehle*, S. 34.

735 Näher *Mehle*, S. 131 ff. m.w.N.

736 Vgl. *Jahn/Zink*, in: FS Graf-Schlicker, S. 475 (477); näher *Mehle*, S. 358 ff. m.w.N.

gleichwertig angesehen.[737] Ohne einen Fall der notwendigen Verteidigung wird kein unentgeltlicher Rechtsbeistand gewährt.[738]

Das Institut der notwendigen Verteidigung und die Bestellung eines Verteidigers ist dabei vor allem aus dem Strafverfahren nach den §§ 140, 141 StPO bekannt. Die Normen sollen das Rechtsstaatsprinzip des Art. 20 Abs. 3 GG in seiner Ausgestaltung als Gebot fairer Verfahrensführung konkretisieren.[739] Der Beschuldigte dürfe nicht nur Objekt des Verfahrens sein, sondern ihm müsse die Möglichkeit gegeben werden, zur Wahrung seiner Rechte auf den Gang und das Ergebnis des Strafverfahrens Einfluss zu nehmen.[740] Zur Gewährleistung eines rechtsstaatlichen Strafverfahrens gehöre, dass ein Beschuldigter, der die Kosten eines gewählten Verteidigers nicht aufbringen könne, in schwerwiegenden Fällen von Amts wegen und auf Staatskosten einen rechtskundigen Beistand erhalte.[741] Insoweit wird das Institut der notwendigen Verteidigung auch als Ausdruck staatlicher Fürsorge und des Sozialstaatsprinzips[742] und vor dem Hintergrund des Art. 3 Abs. 1 GG gesehen[743]. Maßgeblich für die Bestellung eines Rechtsbeistandes in Strafverfahren sind in Deutschland allerdings grundsätzlich nicht die finanziellen Verhältnisse der Person[744], sondern die Erforderlichkeit der Mitwirkung des Rechtsbeistandes im Interesse der Rechtspflege.[745] Eine Prüfung der

---

737 Vgl. *Jahn/Zink*, in: FS Graf-Schlicker, S. 475 (478); *Schoeller* S. 120 ff.

738 Krit. dazu und näher zum Beratungshilfegesetz *Kühne*, § 9, Rn. 196 ff. m.w.N. Die Beratungshilfe erfasse grundsätzlich nur die Beratung und nicht die Vertretung.

739 Vgl. BVerfGE 39, 238 (243) = NJW 1975, 1015; BVerfGE 46, 202 (210) = NJW 1978, 151; BVerfGE 63, 380 (390 f.) = NJW 1983, 1599 (Privatklageverfahren); BVerfG, NJW 1998, 2205; BVerfG, NJW 2001, 3695 (3696); SSW-StPO/*Beulke*, § 140 StPO, Rn. 2; MüKo-StPO/*Thomas/Kämpfer*, § 140 StPO, Rn. 2; *Mehle*, S. 177 ff. m.w.N. Differenzierend LR/*Lüderssen/Jahn*, § 140 StPO, Rn. 15 ff.; SK-StPO/*Wohlers*, vor §§ 137 ff., Rn. 30 ff., 36 ff., § 140, Rn. 3 m.w.N., insbesondere zur aufgezwungenen Pflichtverteidigung.

740 Vgl. BVerfGE 46, 202 (210) = NJW 1978, 151; BVerfG, NJW 2001, 3695 (3696) m.w.N.

741 Vgl. BVerfG, NJW 1975, 1015 (1016).

742 Vgl. BVerfGE 110, 226 (261); SK-StPO/*Wohlers*, vor §§ 137 ff., 36.

743 Vgl. MüKo-StPO/*Thomas/Kämpfer*, § 140 StPO, Rn. 2.

744 Vgl. zu § 140 StPO in Strafverfahren etwa MüKo-StPO/*Thomas/Kämpfer*, § 141 StPO, Rn. 3; näher LR/*Lüderssen/Jahn*, § 140 StPO, Rn. 6, wonach die Voraussetzungen des § 140 StPO bei Mittellosigkeit aber extensiv auszulegen seien, § 141 StPO, Rn. 10.

745 Vgl. auch *Plekksepp*, S. 380; näher zudem *Mehle*, S. 358 ff. m.w.N.

finanziellen Verhältnisse der Person findet in Deutschland bisher allenfalls nach Abschluss des Verfahrens bei der Frage der Kostentragung statt.[746]

Der Gesetzgeber verfolgt mit dem Institut der notwendigen Verteidigung den Zweck, das Interesse des Rechtsstaats an einem prozessordnungsgemäßen Strafverfahren und an einer effektiven Verteidigung des Beschuldigten zu sichern.[747] Dies soll nach Auffassung der Literatur jedoch nicht stets dazu führen, dass einem Beschuldigten ein Rechtsbeistand gegen seinen Willen aufgezwungen wird.[748]

Ein Beschuldigter soll durch einen bestellten Verteidiger zudem grundsätzlich den gleichen Rechtsschutz erhalten wie ein Beschuldigter, der auf eigene Kosten einen Verteidiger gewählt hat.[749] Dies gebiete das verfassungsrechtliche Gleichheitsgebot des Art. 3 Abs. 1 GG sowie Art. 6 Abs. 3 *lit.* c EMRK.[750]

Die Bewilligung von Prozesskostenhilfe ist in der deutschen StPO nur für andere Verfahrensbeteiligte vorgesehen.[751] So sieht insbesondere § 397a Abs. 1 StPO für den Nebenkläger Fälle der notwendigen Verteidigung vor. Wenn die Voraussetzungen der notwendigen Verteidigung nicht vorliegen, ist dem Nebenkläger nach § 397a Abs. 2 StPO für die Hinzuziehung eines Rechtsanwaltes auf Antrag Prozesskostenhilfe nach den (modifizierten[752]) §§ 114 ff. ZPO zu bewilligen, wenn er seine Interessen selbst nicht ausreichend wahrnehmen kann oder ihm dies nicht zuzumuten ist. Zudem wird etwa in § 379 Abs. 3 StPO für die Sicherheitsleistung durch den Privatkläger auf die Prozesskostenhilferegelungen der §§ 114 ff. ZPO verwiesen.

---

746 Vgl. *Jahn/Zink*, in: FS Graf-Schlicker, S. 475 (487).; näher zur nachträglichen Kostentragung noch unten E.V.

747 Vgl. u.a. BVerfG, NJW 1998, 2205 m.w.N.

748 Vgl. SK-StPO/*Wohlers*, vor §§ 137 ff., Rn. 36, differenzierend insb. § 140, Rn. 3 m.w.N; krit. auch LR/*Lüderssen/Jahn*, § 140 StPO, Rn. 7, 15 ff.

749 Vgl. BVerfG, NJW 2001, 3695 (3696); näher MüKo-StPO/*Thomas/Kämpfer*, § 141 StPO, Rn. 14.

750 Vgl. BVerfG, NJW 2001, 3695 (3696); MüKo-StPO/*Thomas/Kämpfer*, § 140 StPO, Rn. 2 m.w.N.

751 Vgl. *Jahn/Zink*, in: FS Graf-Schlicker, S. 475 (478) m.w.N.

752 Vgl. § 397a Abs. 2 S. 2 StPO.

b) Bisherige Bestellungsgründe nach dem IRG

aa) Überblick

Für das Auslieferungs- und Übergabeverfahren sieht das IRG bestimmte Konstellationen vor, in denen einem Verfolgten, der noch keinen Beistand hat, ein Rechtsanwalt bestellt werden muss (sog. Pflichtbeistand). Die grundlegende Norm für die Bestellung eines Beistandes in Auslieferungsverfahren ist § 40 Abs. 2 IRG, der über § 78 Abs. 1 IRG auch für das Übergabeverfahren gilt.[753] Diese Arbeit und die Normen in diesem Abschnitt haben den Stand August 2019, d.h. *vor* Umsetzung der RL-PKH.[754]

Einem Verfolgten, der noch keinen Beistand gewählt hat, ist nach § 40 Abs. 2 IRG ein Beistand zu bestellen, wenn die Sach- oder Rechtslage schwierig ist (Nr. 1), wenn der Verfolgte seine Rechte ersichtlich nicht selbst hinreichend wahrnehmen kann (Nr. 2) oder wenn der Verfolgte noch nicht achtzehn Jahre alt ist (Nr. 3) (dazu im Einzelnen sogleich).[755] Dies kann auch gegen den Willen des Verfolgten geschehen.[756]

Die Fassung der Norm geht dabei weitgehend auf das Jahr 1983 zurück. Die Rechtsstellung des Verfolgten sollte im Vergleich zur Vorgängernorm im DAG gestärkt werden.[757] Im Zuge der Umsetzung des RbEuHb wurde zunächst kein Ergänzungsbedarf gesehen; sodann wurde für Übergabeverfahren in § 40 Abs. 2 Nr. 1 IRG mit einem zweiten Halbsatz klargestellt, dass Rechtsbeistand

---

753 Über die Verweise in §§ 45 Abs. 6, 61 Abs. 1 S. 3 IRG gilt § 40 IRG zudem für das Durchlieferungsverfahren und das Verfahren vor dem Oberlandesgericht bei der sonstigen Rechtshilfe.

754 Die RL-PKH wurde im Dezember 2019 durch das Gesetz zur Neuregelung des Rechts der notwendigen Verteidigung umgesetzt, vgl. BGBl. I S. 2128 v. 12.12.2019. Dadurch wurden § 40 IRG sowie §§ 140 ff. StPO mit Wirkung zum 13.12.2019 weitreichend geändert. Die Gesetzesänderungen werden für die Veröffentlichung dieser Arbeit im Rahmen der Umsetzung der RL-PKH (unten 3.) berücksichtigt.

755 Alte Fassung der Norm, Stand August 2019. Nach Umsetzung der RL-PKH als § 40 Abs. 3 IRG n.F. beibehalten.

756 Vgl. S/L/G/H/*Lagodny/Schomburg/Hackner*, § 40 IRG, Rn. 1.

757 Die Vorgängernorm des § 32 Abs. 2 DAG sah eine Beiordnung nur für den Fall einer mündlichen Verhandlung durch das OLG über die Zulässigkeit der Auslieferung vor. Eine Beiordnung soll danach in weniger als 1 % aller Auslieferungsverfahren in Betracht gekommen sein, so jedenfalls BT-Drs. 9/1338, S. 123 (Verweis der Bundesregierung auf „Erfahrungen der Praxis“). Vgl. näher zur Entstehungsgeschichte BT-Drs. 9/1338, S. 60; *Vogler*, NJW 1983, 2114 (2121); vgl. auch G/P/K/*Vogler*, § 40 IRG (Stand Januar 1995), Rn. 12, 17.

insbesondere bei Zweifeln zu den Voraussetzungen der Übergabe deutscher Staatsangehöriger (§ 80 IRG) sowie im Zusammenhang mit der beiderseitigen Strafbarkeit (§ 81 Nr. 4 IRG) geboten sei.[758]

Darüber hinaus wird die Bestellung eines Beistandes in Auslieferungs- und Übergabeverfahren in den §§ 31 Abs. 2 S. 2, 33 Abs. 3 IRG für bestimmte Konstellationen vor dem OLG vorgesehen.[759] So ist einem inhaftierten Verfolgten für die Durchführung der mündlichen Verhandlung vor dem OLG ein Pflichtbeistand zu bestellen, um seine Rechte wahrzunehmen, wenn der Verfolgte zur mündlichen Verhandlung nicht vorgeführt wird (§ 31 Abs. 2 S. 2, 3 IRG). Dies gilt entsprechend, falls das OLG bei neuen Umständen erneut über die Zulässigkeit der Auslieferung entscheiden muss (§ 33 Abs. 3 IRG). Die praktische Bedeutung der Vorschriften wird indes als gering eingestuft, da mündliche Verhandlungen vor dem OLG ohnehin selten seien und die Sach- oder Rechtslage in diesen Fällen bereits nach § 40 Abs. 2 Nr. 1 IRG schwierig sein dürfte.[760] Der Fokus liegt im Folgenden daher auf § 40 Abs. 2 IRG.

Mit § 40 Abs. 2 IRG wird die Beachtung des Rechtsstaatsprinzips und des darin enthaltenen Rechts auf ein faires Verfahren auch im Auslieferungsrecht gesichert.[761] Zugleich soll die Norm allerdings nicht nur den Anforderungen des Rechtsstaatsprinzips, sondern auch den Besonderheiten des Auslieferungsverfahrens gerecht werden.[762] Denn dieses stelle kein eigenständiges Strafverfahren dar, da der Tatverdacht in aller Regel nicht überprüft werde.[763]

Daher kann für Auslieferungs- und Übergabeverfahren auch nicht auf die Vorgaben zur notwendigen Verteidigung nach § 140 StPO zurückgegriffen werden.[764] So wurde der Wortlaut des § 40 Abs. 2 IRG bei seiner Entstehung zwar an § 140 Abs. 2 StPO angelehnt[765], aber die Voraussetzungen der Bestellung eines

758 Vgl. Art. 1 Nr. 3 des EuHbG II v. 20.7.2006 m.W.v. 2.8.2006, BGBl. I 1725; dazu BT-Drucks. 16/2015 (Rechtsausschuss), S. 12. Begrüßend *Tinkl*, S. 247. Nach Umsetzung der RL-PKH nun in § 40 Abs. 3 IRG n.F.

759 In Übergabeverfahren über § 78 Abs. 1 IRG anwendbar. Ähnlich auch bereits §§ 26 Abs. 3 S. 2, 29 Abs. 3 DAG.

760 Vgl. G/P/K/*Böhm*, § 40 IRG, Rn. 35; auch S/L/G/H/*Lagodny*, § 33 IRG, Rn. 26; S/L/G/H/*Lagodny/Schomburg/Hackner*, § 40 IRG, Rn. 16.

761 Vgl. G/P/K/*Böhm*, § 40 IRG, Rn. 3; S/L/G/H/*Lagodny/Schomburg/Hackner*, § 40 IRG, Rn. 1, 5.

762 Vgl. G/P/K/*Böhm*, § 40 IRG, Rn. 3, wonach die Vorschrift im Spannungsfeld zwischen diesen Aspekten stehe.

763 Vgl. G/P/K/*Böhm*, § 40 IRG, Rn. 4.

764 Vgl. auch S/L/G/H/*Lagodny/Schomburg/Hackner*, § 40 IRG, Rn. 31.

765 BT-Drs. 9/1338, S. 60.

Pflichtbeistandes im Auslieferungsverfahren seien von denjenigen im Strafverfahren „entkoppelt“[766]. Die Fälle der Bestellung eines Pflichtbeistandes nach § 40 Abs. 2 IRG sollen abschließend sein.[767] Teilweise sind über § 40 Abs. 3 IRG zwar die Vorschriften des 11. Abschnittes des I. Buches der StPO (§§ 137 ff. StPO) entsprechend anwendbar, etwa für das Bestellungsverfahren. Dies gilt jedoch ausdrücklich nur „*mit Ausnahme*“ des § 140 StPO und der §§ 141 Abs. 1 bis 3 (Zeitpunkt der Bestellung), § 142 Abs. 2 StPO (Referendare). Diese Normen gelten auch nicht entsprechend über § 77 IRG, da mit § 40 IRG bereits eine besondere Verfahrensnorm besteht.[768]

Anders als in Strafverfahren wird in Auslieferungs- und Übergabeverfahren für eine Bestellung zudem von vornherein nicht auf die Schwere der Tat bzw. die Höhe der zu erwartenden Strafe im ersuchenden Staat abgestellt.[769] Diese Kriterien sollen nicht geeignet sein, um die Unterstützungsbedürftigkeit des Verfolgten zu beurteilen, da eine Tatverdachtsprüfung im Auslieferungsverfahren in der Regel nicht stattfinde.[770] Dies gelte insbesondere für den Rechtshilfeverkehr in der Europäischen Union, der auf das wechselseitige Vertrauen in das Funktionieren der Rechtsordnung der anderen Mitgliedstaaten gegründet sei.[771]

In den meisten Fällen könnte im Übergabeverfahren vor allem eine Bestellung nach § 40 Abs. 2 Nr. 1 und 2 IRG in Betracht kommen, auf die im Folgenden näher eingegangen werden soll (bb und cc). Nach § 40 Abs. 2 Nr. 3 IRG muss zudem einem Verfolgten unter 18 Jahren stets ein Beistand bestellt werden.[772] Damit wird zum Zwecke des Jugendschutzes unwiderleglich vermutet, dass ein

766 OLG München, Beschl. v. 7.3.2013, NStZ-RR 2013, 179.

767 Vgl. schon BT-Drs. 9/1338, S. 60: „Die Regelung in Absatz 2 ist abschließend; eine gesetzliche Festlegung weiterer Fälle der notwendigen Beistandschaft erscheint nicht erforderlich.“; G/P/K/*Böhm*, § 40 IRG, Rn. 34.

768 Vgl. auch G/P/K/*Böhm*, § 40 IRG, Rn. 34.

769 Vgl. schon BT-Drs. 9/1338, S. 60; zudem OLG Hamm, Beschl. v. 3.2.2010, BeckRS 2010, 06453; OLG Hamm, Beschl. v. 25.3.2010, BeckRS 2010, 09834; OLG Hamm, Beschl. v. 27.5.2010, BeckRS 2010, 14126; OLG Hamm, Beschl. v. 4.6.2010, BeckRS 2010, 14133; G/P/K/*Böhm*, § 40 IRG, Rn. 20. a.A. wohl OLG Schleswig-Holstein, Beschl. v. 20.3.2003, 1 Ausl (A) 5/03 (juris), Rn. 7.

770 Vgl. deutlich OLG Hamm, Beschl. v. 27.5.2010, BeckRS 2010, 14126: Die Bestellung eines Beistandes wurde abgelehnt, obwohl der Verfolgte aufgrund eines Europäischen Haftbefehls zum Zwecke der Strafverfolgung wegen Mordes und Raubes nach Litauen übergeben werden sollte. Näher auch A/K/R/*Köberer*, § 40 IRG, Rn. 516.

771 Vgl. OLG Hamm, Beschl. v. 27.5.2010, BeckRS 2010, 14126.

772 Für einen Beispielsfall siehe etwa OLG Hamm, Beschl. v. 16.4.2014, BeckRS 2014, 09913 = NStZ-RR 2014, 227 (insoweit aber ohne Abdruck der Beiordnungsentscheidung).

Minderjähriger sich im Auslieferungs- und Übergabeverfahren nicht hinreichend selber verteidigen kann.[773]

bb) Schwierigkeit der Sach- und Rechtslage (§ 40 Abs. 2 Nr. 1 IRG)

Nach § 40 Abs. 2 Nr. 1 IRG ist einer gesuchten Person, die noch keinen Beistand gewählt hat, ein Rechtsanwalt als Beistand zu bestellen, wenn *„wegen der Schwierigkeit der Sach- oder Rechtslage die Mitwirkung eines Beistandes geboten erscheint"*.[774] Nach der Vorschrift ist dies für Übergabeverfahren nach dem Europäischen Haftbefehl insbesondere dann der Fall, wenn Zweifel darüber bestehen, ob die Voraussetzungen des § 80 IRG (Auslieferung deutscher Staatsangehöriger) und § 81 Nr. 4 IRG (Zugehörigkeit zu den Deliktsgruppen des Art. 2 Abs. 2 RbEuHb) vorliegen.[775]

Im Einzelnen ist die Schwierigkeit der Sach- oder Rechtslage im Sinne von § 40 Abs. 2 Nr. 1 IRG allerdings äußerst umstritten.[776] Sie wird nicht nur zwischen der Rechtsprechung und der Literatur, sondern auch innerhalb der Rechtsprechung unterschiedlich beurteilt.[777] Es soll daher zunächst ein Überblick über die wohl herrschende Ansicht in der Praxis gegeben werden.[778]

Einen äußerst engen Ansatz stellt dabei die Ansicht des OLG Düsseldorf aus dem Jahr 1983 kurz nach Inkrafttreten des neuen IRG dar.[779] Das OLG Düsseldorf ging davon aus, dass die Beiordnung eines Beistandes *„allenfalls"* in den *„seltenen Ausnahmefällen"* in Betracht käme, in denen der Schuldvorwurf im Auslieferungsverfahren nach § 10 Abs. 2 IRG durch das Gericht nachzuprüfen sei.[780] Es seien zwar *„in fast jedem Auslieferungsverfahren schwierige Rechtsfragen zu erörtern und ausländische Vorschriften zu prüfen"*, dieser Umstand könne jedoch für sich genommen nicht zu der Bestellung eines Beistandes führen.[781]

---

773 Vgl. G/P/K/*Böhm*, § 40 IRG, Rn. 33.

774 Stand der Norm August 2019, vor Umsetzung der RL-PKH. Nun in § 40 Abs. 3 Nr. 1 IRG n.F.

775 Vgl. auch *Ahlbrecht*, in: IStR in der Praxis, Rn. 1180.

776 Vgl. auch A/K/R/*Köberer*, § 40 IRG, Rn. 516.

777 Unterschiedliche Ansichten vertreten schon die Standardkommentierungen: Vgl. zum einen G/P/K/*Böhm*, § 40 IRG, Rn. 21 ff., der als Richter am OLG Karlsruhe mit Auslieferungssachen befasst ist, und zum anderen S/L/G/H/*Lagodny/Schomburg/Hackner*, § 40 IRG, Rn. 13 ff. Für einen Überblick auch *Schmidt*, Rn. 347 ff.

778 Für Kritik und weitergehende Ansätze insbesondere aus der Literatur sogleich unter 2.

779 Vgl. OLG Düsseldorf, Beschl. v. 31.8.1983, StV 1983, 453 m. krit. Anm. *Schomburg*. Ähnlich restriktiv wohl OLG Karlsruhe, Beschl. v. 8.4.1987, GA 1987, 514.

780 Vgl. OLG Düsseldorf, Beschl. v. 31.8.1983, StV 1983, 453.

781 Vgl. OLG Düsseldorf, Beschl. v. 31.8.1983, StV 1983, 453.

Dabei legte das OLG Düsseldorf einen *„eindeutig klargelegten Willen des Gesetzgebers“* zugrunde, wonach § 40 Abs. 2 Nr. 1 IRG eng ausgelegt werden müsse und die Bestellung eines Beistandes im Auslieferungsverfahren die *„absolute Ausnahme“* sei.[782] Das OLG Düsseldorf stützte sich dabei insbesondere auf eine Schätzung der Bundesregierung, wonach sich auch nach dem neuen IRG die durchschnittliche jährliche Zahl notwendiger Beistandschaften im einstelligen Bereich bewegen würde.[783] Ob ein solcher gesetzgeberischer Wille tatsächlich bestand, wurde allerdings schon früh bezweifelt.[784] Mittlerweile dürfte zumindest weitgehende Einigkeit bestehen, dass jedenfalls dieser Ansatz zu restriktiv sein wird.[785]

Für die wohl herrschende Meinung in der Rechtsprechung kommt es dagegen für die Schwierigkeit der Sach- oder Rechtslage stets auf eine Beurteilung des Einzelfalls an, unter Berücksichtigung etwaiger Einwendungen des Verfolgten.[786] Als Maßstab gilt auch, ob der Beistand durch einen Rechtsanwalt erforderlich ist, um ein faires Auslieferungsverfahren zu gewährleisten.[787] Eine schwierige Sach- und Rechtslage soll danach vor allem dann in Betracht kommen, wenn Zweifel an der Zulässigkeit der Auslieferung bestünden.[788] Eine konkretere

782 Vgl. näher OLG Düsseldorf, Beschl. v. 31.8.1983, StV 1983, 453.

783 Vgl. OLG Düsseldorf, Beschl. v. 31.8.1983, StV 1983, 453 und BT-Drs. 9/1338, S. 123.

784 Vgl. kritisch schon Anm. *Schomburg*, StV 1983, 453 (454): „Die Standardaussage der Rubriken »Alternativen (Keine.)« und «Kosten (Keine.)» ist regelmäßig falsch“; krit. auch G/P/K/*Vogler*, § 40 IRG (Stand Januar 1995), Rn. 19: Die Schätzung habe nur die Kostenneutralität des Entwurfs belegen wollen, welche vom Bundesrat angezweifelt worden war, vgl. auch BT-Drs. 9/1338, S. 123, zu den Befürchtungen des Bundesrates S. 111.

785 Vgl. ablehnend G/P/K/*Böhm*, § 40 IRG, Rn. 22; ausführlich dagegen schon G/P/K/*Vogler*, § 40 IRG (Stand Januar 1995), Rn. 17 ff.; im Ergebnis ablehnend auch OLG München, NStZ-RR 2013, 179. Insgesamt eine enge Auslegung ablehnend zudem S/L/G/H/ *Lagodny/Schomburg/Hackner*, § 40 IRG, Rn. 13 f.

786 Vgl. OLG Saarbrücken, Beschl. v. 2.6.2016, BeckRS 2016, 12013, Rn. 5; auch u.a. OLG München, NStZ-RR 2013, 179; G/P/K/*Böhm*, § 40 IRG, Rn. 22 m.w.N., Rn. 24. Offengelassen von OLG Karlsruhe, Beschl. v. 18.8.2005, StV 2005, 676 = BeckRS 2005, 10394.

787 So jedenfalls OLG München, Beschl. v. 7.3.2013, NStZ-RR 2013, 179.

788 Vgl. KG, NStZ-RR 2011, 339; näher auch G/P/K/*Böhm*, § 40 IRG, Rn. 25. Ablehnend aber OLG Schleswig-Holstein, Beschl. v. 20.3.2003, 1 Ausl (A) 5/03 (juris), Rn. 7, BeckRS 2013, 20125, wonach die Bestellung eines Beistandes in Auslieferungsverfahren „zumeist geboten“ sei.

Umschreibung liefert das OLG München: Eine schwierige Sach- oder Rechtslage im Sinne von § 40 Abs. 2 Nr. 1 IRG liege vor:

> „wenn erkennbar wird, dass die rechtliche Zulässigkeit der Auslieferung von *offenen Tatsachenfragen oder ungeklärten Rechtsfragen* abhängt, wie es namentlich im Zusammenhang mit §§ 3, 6, 10II, 11, 80, 81 Nr. 4, 83 Nr. 1, 3 und 4 IRG der Fall sein kann." [789]

Demnach kommt eine schwierige Sach- oder Rechtslage bei klassischen Auslieferungsverfahren insbesondere in Betracht im Zusammenhang mit Fragen um die Strafbarkeit der Tat nach deutschem Recht (§ 3 IRG), politischen Straftaten und Verfolgung (§ 6 IRG), einer etwaigen Nachprüfung des hinreichenden Tatverdachts (§ 10 Abs. 2 IRG) und des Spezialitätsgrundsatzes (§ 11 IRG).[790]

Beurteilt man die Schwierigkeit der Sach- und Rechtslage allerdings in diesem Sinne, könnten Übergabeverfahren nach dem Europäischen Haftbefehl besonders oft „einfach gelagert" sein.[791] Dies hätte zur Folge, dass gesuchten Personen regelmäßig kein Beistand bestellt wird. Denn mit dem RbEuHb wurde der gerichtliche Prüfungsmaßstab im Vollstreckungsstaat reduziert.[792] So fällt insbesondere die obige Prüfung nach §§ 6 Abs. 1 und 11 IRG weg (vgl. § 82 IRG). Soweit § 40 Abs. 2 Nr. 1 IRG als schwierigen Fall zudem besonders auf § 81 Nr. 4 IRG verweist, soll die beiderseitige Strafbarkeit bei einem Europäischen Haftbefehls regelmäßig ohnehin nicht zu prüfen sein und der Verweis ins Leere gehen.[793]

Jedenfalls dürfte es bei Übergabeverfahren grundsätzlich als schwierig im Sinne von § 40 Abs. 2 IRG angesehen werden, wenn ein deutscher Staatsangehöriger übergeben werden soll (§ 80 IRG).[794] Relevant bleiben ferner die (seltenen) Fälle, in denen eine mündliche Verhandlung vor dem OLG angeordnet wird.[795] Im Übrigen wurde einer gesuchten Person ein Beistand bestellt, als in

---

789 OLG München, NStZ-RR 2013, 179, Hervorhebung auch im Original, indes fettgedruckt.

790 Vgl. ebenda, Verweis auf §§ 3, 6, 10 Abs. 2 und 11 IRG. Vgl. auch Fallgruppen im Überblick bei G/P/K/*Böhm*, § 40 IRG, Rn. 25.

791 In diesem Sinne auch G/P/K/*Böhm*, § 40 IRG, Rn. 24; KG, NStZ-RR 2011, 339. Kritischer dagegen *Böhm*, in: IStR in der Praxis, Rn. 1119.

792 Vgl. G/P/K/*Böhm*, § 40 IRG, Rn. 24.

793 Vgl. etwa OLG Dresden, Verfüg. v. 12.3.2010, OLG Ausl 53/10 (juris, Langtext) = StRR 2011, 150 (Kurzwiedergabe) m. krit. Anm. *Köberer*. Näher S/L/G/H/ *Lagodny/Schomburg/Hackner*, § 40 IRG, Rn. 17b f.; G/P/K/*Böhm*, § 40 IRG, Rn. 29.

794 Vgl. auch ausdrücklichen Verweis in § 40 Abs. 2 Nr. 1 IRG auf § 80 IRG; näher G/P/K/*Böhm*, § 40 IRG, Rn. 28.

795 Vgl. schon oben; KG, NStZ-RR 2011, 339; S/L/G/H/*Lagodny/Schomburg/Hackner*, § 40 IRG, Rn. 20; vgl. auch schon BT-Drs. 9/1338, S. 60.

dem Formular des Europäischen Haftbefehls keine eindeutige Deliktsgruppenbezeichnung vorgenommen worden war.[796] Ob die Prüfung der beiderseitigen Strafbarkeit entbehrlich war (§ 81 Nr. 4 IRG), habe in dem Fall nicht auf der Hand gelegen.[797] Solche formellen Unklarheiten seien für den Verfolgten grundsätzlich nicht selbst erkennbar, weshalb er des Beistandes eines Rechtsanwaltes bedürfe.[798]

Das OLG München hatte mit dem Verweis auf § 83 Abs. 1 Nr. 1, 3 und 4 IRG für Bestellungen in Übergabeverfahren ferner die denkbar schwierigen Fragen im Blick, die sich im Zusammenhang mit einer rechtskräftigen Verurteilung wegen derselben Tat in einem anderen Mitgliedstaat, einer Abwesenheitsverurteilung und im Falle der lebenslangen Freiheitsstrafe ergeben können.[799] Relevant dürften auch etwaige Hinweise auf Bewilligungshindernisse nach § 83b IRG sein.[800] Einschränkend vertritt indes das OLG Saarbrücken nunmehr die Ansicht, dass alleine die Tatsache einer Abwesenheitsverurteilung in Anbetracht der Neufassung des § 83 Abs. 1 Nr. 3 IRG eine besondere Schwierigkeit des Übergabeverfahrens nicht (mehr) begründen würde.[801] Darüber hinaus soll grundsätzlich ein einfach gelagerter Sachverhalt vorliegen und die Bestellung eines Beistandes nicht (mehr) erforderlich sein, sobald der Verfolgte seine Zustimmung zur vereinfachten Auslieferung erteilt und damit auf das gerichtliche Zulässigkeitsverfahren verzichtet hat.[802]

Insgesamt lehnt es die überwiegende Rechtsprechung zudem ab, alleine aus den besonderen Schwierigkeiten des Auslieferungsrechts, der Zuständigkeit des OLG oder der Beantragung der Entscheidung über die Zulässigkeit der Auslieferung beim OLG regelmäßig auf eine schwierige Sach- oder Rechtslage im Sinne

---

796 Vgl. OLG Karlsruhe, Beschl. v. 18.8.2005, StV 2005, 676.

797 Vgl. OLG Karlsruhe, Beschl. v. 18.8.2005, StV 2005, 676.

798 Vgl. OLG Karlsruhe, Beschl. v. 18.8.2005, StV 2005, 676.

799 Vgl. OLG München, NStZ-RR 2013, 179.

800 Vgl. G/P/K/*Böhm*, § 40 IRG, Rn. 25.

801 Vgl. OLG Saarbrücken, Beschl. v. 2.6.2016, OLG Ausl. 22/2016, BeckRS 2016, 12013, Rn. 7, da die Voraussetzungen der Auslieferung durch die Neufassung des § 83 IRG durch das Gesetz zur Stärkung des Rechts des Angeklagten auf Vertretung in der Berufungsverhandlung und über die Anerkennung von Abwesenheitsentscheidungen in der Rechtshilfe vom 17.7.2015 (BGBl. I S. 1332) präzisiert worden seien.

802 Vgl. OLG Karlsruhe, Beschl. v. 18.8.2005, StV 2005, 676; OLG Hamm, Beschl. v. 25.3.2010, BeckRS 2010, 09834; G/P/K/*Böhm*, § 40 IRG, Rn. 26. Zur Zustimmung oben S. 55 f.

von § 40 Abs. 2 Nr. 1 IRG zu schließen.[803] Nach Ansicht der Rechtsprechung sei es weder empirisch noch normativ die Regel, dass Zulässigkeitsentscheidungen in tatsächlicher oder rechtlicher Hinsicht schwierig seien.[804] Wenn weder offene Tatsachenfragen noch ungeklärte Rechtsfragen vorlägen, sei es auch „kein Gebot des fairen Verfahrens, dem Verfolgten von Amts wegen anwaltlichen Beistand zur Seite zu stellen, dem angesichts der klaren Sach- und Rechtslage allenfalls beschränkte Verteidigungsmöglichkeiten eröffnet wären".[805] Zudem würden weder der Wortlaut des § 40 IRG noch die Gesetzesmaterialien für eine regelmäßige Beistandsbestellung sprechen[806]; der Gesetzgeber habe keine derartige Regelung getroffen[807]. Auf vereinzelte andere Ansichten in der Rechtsprechung wird aber noch zurückgekommen.[808]

Im Übrigen wird eine fehlende Schwierigkeit der Sach- oder Rechtslage damit begründet, dass die Prüfung des hinreichenden Tatverdachtes im Auslieferungsverkehr grundsätzlich ausgeschlossen sei und das Auslieferungsverfahren kein Strafverfahren, sondern lediglich ein Verfahren zur Unterstützung einer ausländischen Strafverfolgung darstelle.[809] Demzufolge bleibe die Prüfung des ersuchten Staates regelmäßig darauf beschränkt, ob ein nach formalen Grundsätzen

803 Vgl. KG, Beschl. v. 14.3.2011, NStZ-RR 2011, 339 = BeckRS 2011, 19253 (hier auch zu § 40 Abs. 2 Nr. 2 IRG); OLG München, Beschl. v. 7.3.2013, NStZ-RR 2013, 179; OLG Saarbrücken, Beschl. v. 2.6.2016, OLG Ausl. 22/2016, BeckRS 2016, 12013, Rn. 5; ebenso G/P/K/*Böhm*, § 40 IRG, Rn. 24, 26; differenzierend kritisch auch bereits G/P/K/*Vogler*, § 40 IRG (Stand Januar 1995), Rn. 24 (Berücksichtigung nur im Rahmen von § 40 Abs. 2 Nr. 2 IRG). Zum abgelegenen Rechtsgebiet des Auslieferungsrechts auch OLG Hamm, Beschl. v. 4.6.2010, BeckRS 2010, 14133. Zur Gegenansicht sogleich 2.

804 Vgl. OLG München, NStZ-RR 2013, 179; zustimmend G/P/K/*Böhm*, § 40 IRG, Rn. 24, insbesondere für Übergabeverfahren. Vgl. die Bestellung eines Beistandes im Zulässigkeitsverfahren ablehnend auch u.a. OLG Hamm, Beschl. v. 27.5.2010, BeckRS 2010, 14126 (Europäischer Haftbefehl); OLG Köln, Beschl. v. 16.3.2012, BeckRS 2012, 17788 (klassisches Auslieferungsverfahren).

805 Vgl. OLG München, NStZ-RR 2013, 179.

806 Näher KG, NStZ-RR 2011, 339 m.w.N.

807 Vgl. OLG Saarbrücken, Beschl. v. 2.6.2016, OLG Ausl. 22/2016, BeckRS 2016, 12013. Den ablehnenden Willen des Gesetzgebers betonend auch G/P/K/*Böhm*, § 40 IRG, Rn. 5.

808 Vgl. insbesondere OLG Schleswig-Holstein, Beschl. v. 20.3.2003, 1 Ausl (A) 5/03 (juris), Rn. 7 („zumeist geboten"); in diese Richtung ferner BGH, Beschl. v. 17.1.1984, BGHSt 32, 221 = NJW 1984, 1309 = NStZ 1985, 222 m. Anm. *Schomburg*. Näher sogleich 2.b).

809 Vgl. OLG Hamm, Beschl. v. 19.5.2010, BeckRS 2010, 14132 m.w.N.

ordnungsgemäßes Auslieferungsersuchen vorliege.[810] Vor diesem Hintergrund erscheine eine Beiordnung oft nicht erforderlich. Mitunter wird die Bedeutung von Rechtsbeistand in Auslieferungsverfahren zudem äußerst unglücklich dahingehend relativiert, dass etwaige Schwierigkeiten tatsächlicher oder rechtlicher Art auch durch die Beiziehung eines Dolmetschers ausgeräumt werden könnten.[811]

Auf die Notwendigkeit von Rechtsbeistand bereits ab der Festnahme der gesuchten Person und insbesondere für die Zustimmung zur vereinfachten Übergabe wird noch gesondert zurückgekommen.[812] Auch hier war es bisher gängige Ansicht, dass die Bestellung eines Beistandes vor der Zustimmung zur vereinfachten Auslieferung nur in Ausnahmefällen notwendig sein soll.[813]

cc) Unzureichende Möglichkeit der Rechtswahrnehmung (§ 40 Abs. 2 Nr. 2 IRG)

Nach § 40 Abs. 2 Nr. 2 IRG muss einem Verfolgten ferner dann ein Beistand bestellt werden, wenn ersichtlich ist, dass er seine Rechte im Verfahren nicht selbst hinreichend wahrnehmen kann.[814] Dies gilt unabhängig davon, ob die Sach- und Rechtslage an sich einfach gelagert ist.[815]

Für § 40 Abs. 2 Nr. 2 IRG müssen besondere persönliche Umstände vorliegen, die den Verfolgten ersichtlich daran hindern, seine Rechte wirksam geltend zu machen.[816] Hierbei sind insbesondere die individuellen intellektuellen Fähigkeiten des Verfolgten zu berücksichtigen.[817] Als Kriterien kommen ferner die Abstammung des Verfolgten aus einem anderen Kulturkreis, fehlende Sprachkenntnisse, fehlende soziale Kontakte oder fehlende finanzielle Mittel für einen

---

810 Vgl. OLG Hamm, Beschl. v. 19.5.2010, BeckRS 2010, 14132; OLG Hamm, Beschl. v. 27.5.2010, BeckRS 2010, 14126; OLG Hamm, Beschl. v. 4.6.2010, BeckRS 2010, 14133.

811 Vgl. OLG Dresden, Verfüg. v. 12.3.2010, OLG Ausl 53/10 (juris), Rn. 5, zu Recht kritisch dazu Anm. *Köberer*, StRR 2011, 150 (152).

812 Vgl. unten im Rahmen des Zeitpunkts, S. 197 ff.

813 Vgl. G/P/K/*Böhm*, § 21 IRG, Rn. 46; G/P/K/*Böhm*, § 28 IRG, Rn. 25. Weitgehender aber G/P/K/*Böhm*, § 40 IRG, Rn. 38.

814 Alte Fassung der Norm (Stand August 2019), vor Umsetzung der RL-PKH. Nun in § 40 Abs. 3 Nr. 2 IRG n.F.

815 Vgl. S/L/G/H/*Lagodny/Schomburg/Hackner*, § 40 IRG, Rn. 18; G/P/K/*Böhm*, § 40 IRG, Rn. 31.

816 Vgl. OLG München, NStZ-RR 2013, 179 (180).

817 Vgl. G/P/K/*Böhm*, § 40 IRG, Rn. 31.

Beistand in Betracht.[818] Denn unter diesen Umständen sei einem Verfolgten die sachgerechte Wahrnehmung seiner Rechte im Falle zumindest erschwert.[819]

Auch hier gilt jedoch, dass nach der wohl herrschenden Meinung das alleinige Vorliegen *einzelner* Kriterien grundsätzlich nicht ausreichen soll, um einen Pflichtbeistand zu bestellen.[820] Insbesondere sollen allein fehlende Sprachkenntnisse eines Verfolgten oder fehlende finanzielle Mittel die Bestellung eines Rechtsbeistandes nicht erforderlich machen.[821] Im Hinblick auf die fehlenden Sprachkenntnisse wird zur Begründung angeführt, dass Verständigungsschwierigkeiten hinreichend durch die Beiziehung eines Dolmetschers Rechnung getragen werden könne.[822] Ferner würden fehlende Sprachkenntnisse in Strafverfahren ebenfalls nicht zur notwendigen Verteidigung führen[823] und ein Pflichtbeistand sei keine Voraussetzung für einen unentgeltlichen Dolmetscher[824].

Darüber hinaus wurde es in einem Einzelfall im Ergebnis abgelehnt, dem Verfolgten nach § 40 Abs. 2 Nr. 2 IRG einen Pflichtbeistand zu bestellen, obwohl

---

818 Vgl. G/P/K/*Vogler*, § 40 IRG (Stand Januar 1995), Rn. 22; ebenso S/L/G/H/*Lagodny/Schomburg/Hackner*, § 40 IRG, Rn. 18; G/P/K/*Böhm*, § 40 IRG, Rn. 31; *Schmidt*, Rn. 350.

819 G/P/K/*Vogler*, § 40 IRG (Stand Januar 1995), Rn. 22.

820 Vgl. G/P/K/*Böhm*, § 40 IRG, Rn. 31 f.; anders S/L/G/H/*Lagodny/Schomburg/Hackner*, § 40 IRG, Rn. 18.

821 Vgl. G/P/K/*Böhm*, § 40 IRG, Rn. 31 f. Nähere Ausführungen zu fehlenden Sprachkenntnissen in Auslieferungs- und Übergabeverfahren im Kontext des § 40 Abs. 2 IRG enthalten u.a. die insoweit ähnlichen Beschlüsse des OLG Hamm, vgl. Beschl. v. 25.3.2010, BeckRS 2010, 09834; Beschl. v. 19.5.2010, BeckRS 2010, 14132; Beschl. v. 27.5.2010, BeckRS 2010, 14126; Beschl. v. 4.6.2010, BeckRS 2010, 14133; vgl. zudem u.a. OLG Dresden, Verfüg. v. 12.3.2010, OLG Ausl 53/10 (juris), Rn. 5; OLG Köln, Beschl. v. 16.3.2012, BeckRS 2012, 17788.

822 Vgl. u.a. OLG Hamm, Beschl. v. 3.2.2010, BeckRS 2010, 06453; OLG Köln, Beschl. v. 16.3.2012, BeckRS 2012, 17788; KG, Beschl. v. 14.3.2011, BeckRS 2011, 19253; OLG München, NStZ-RR 2013, 179; OLG Saarbrücken, Beschl. v. 2.6.2016, OLG Ausl. 22/2016, BeckRS 2016, 12013.

823 Vgl. etwa OLG Hamm, Beschl. v. 27.5.2010, BeckRS 2010, 14126; OLG Hamm, Beschl. v. 19.5.2010, BeckRS 2010, 14132 m.w.N. Näher zur Lage im Strafverfahren auch *Schmidt*, Rn. 326 m.w.N., der jedoch für eine generelle Beiordnung bei sprachunkundigen Ausländern plädiert.

824 Grundlegend zu dieser früheren Problematik im Strafverfahren vgl. BGH, Beschl. v. 26.10.2000, BGHSt 46, 178 = NJW 2001, 309; SK-StPO/*Wohlers*, § 140, Rn. 51 m.w.N. Auch für das Auslieferungsverfahren auf den BGH verweisend u.a. OLG Hamm, Beschl. v. 27.5.2010, BeckRS 2010, 14126.

dieser nicht selber Akteneinsicht nehmen konnte.[825] In dem Fall war es aus Sicht des Gerichts jedenfalls nicht ersichtlich, dass der Verfolgte die vollständige Aktenkenntnis zur hinreichenden und sachgerechten Wahrnehmung seiner Rechte benötigte.[826] Die Akten hätten zu dem Zeitpunkt im Wesentlichen nur aus den Auslieferungsunterlagen bestanden.[827] In einem anderen Fall wurde ferner dargelegt, dass die Mitwirkung eines Pflichtbeistandes nicht bei der Frage helfen würde, ob die Verfolgte haft- oder reiseunfähig sei.[828]

Ob der Verfolgte im Sinne des § 40 Abs. 2 Nr. 2 IRG ersichtlich daran gehindert ist, seine Rechte selbst wirksam geltend zu machen, wird mithin auch hier vom Einzelfall abhängen. Zum Teil wird auch auf Anhörungsprotokolle bzw. das Verfahren verwiesen, um zu verdeutlichen, dass der Verfolgte ausreichend in der Lage gewesen sei, Einwendungen gegen die Auslieferung vorzubringen.[829]

2. Defizite

Fraglich ist, wie die bisherige Bestellungspraxis zu § 40 Abs. 2 IRG insgesamt zu bewerten ist und welche Kritikpunkte bestehen.[830]

a) Restriktive Bestellungspraxis in Deutschland

Die obigen Ausführungen haben gezeigt, dass die Frage der Bestellung eines Beistandes für gesuchte Personen in Übergabeverfahren in Deutschland eine Frage des Einzelfalls darstellt und es abgesehen von Minderjährigkeit (§ 40 Abs. 2 Nr. 3 IRG) kaum Konstellationen gibt, die *per se* zu einer Bestellung führen werden. Damit unterscheidet sich das Auslieferungs- und Übergabeverfahren

---

825 Vgl. KG, Beschl. v. 14.3.2011, BeckRS 2011, 19253 (diesbezüglich nicht in NStZ-RR 2011, 339 abgedruckt). Anders aber G/P/K/*Böhm*, § 40 IRG, Rn. 25. Im Strafverfahren wird die fehlende Möglichkeit zur Akteneinsicht überwiegend im Rahmen der Schwierigkeit der Sachlage beachtet, vgl. näher SK-StPO/*Wohlers*,§ 140, Rn. 39 f. m.w.N

826 Vgl. KG, Beschl. v. 14.3.2011, BeckRS 2011, 19253.

827 Vgl. KG, Beschl. v. 14.3.2011, BeckRS 2011, 19253.

828 Vgl. OLG Hamm, Beschl. v. 19.5.2010, BeckRS 2010, 14132.

829 Vgl. OLG Köln, Beschl. v. 6.10.2011, BeckRS 2011, 26150; OLG München, NStZ-RR 2013, 179 (180).

830 Diese Arbeit und die Normen in diesem Abschnitt haben den Stand August 2019, d.h. vor Umsetzung der RL-PKH. Durch die Umsetzung der RL-PKH zum 13. Dezember 2019 haben sich § 40 IRG sowie §§ 140 ff. StPO weitreichend verändert. Die Gesetzesänderungen werden im Rahmen der Umsetzung der RL-PKH (unten 3.) berücksichtigt.

grundlegend vom Strafverfahren, für das § 140 Abs. 1 StPO einen detaillierten Katalog vorsieht, in denen die Mitwirkung eines Verteidigers zwingend notwendig ist.

Tatsächlich wird die Bestellungspraxis zu § 40 Abs. 2 IRG auch in der Literatur seit Langem als äußerst restriktiv empfunden.[831] Soweit ein Pflichtbeistand das Interesse des Rechtsstaates an einem prozessordnungsgemäßen Verfahren sichern soll, erweckt die bisherige Praxis bei einigen gar den Eindruck, als wenn der deutsche Staat kein Interesse an einem prozessordnungsgemäßen Auslieferungsverfahren habe.[832] Auch wird kritisiert, dass ein Pflichtbeistand nicht nur nicht von Amts wegen bestellt würde, sondern selbst gestellte Anträge auf Beiordnung eines Rechtsanwaltes als Pflichtbeistand in der Praxis zurückgewiesen würden.[833]

Kritik an der bisherigen Bestellungspraxis in Deutschland wurde auch mehrfach und speziell zum Übergabeverfahren in verschiedenen Untersuchungen geübt, in denen die Rechtslage und Praxis beim Europäischen Haftbefehl in verschiedenen Mitgliedstaaten untersucht wurde. Der Evaluationsbericht zu Deutschland aus dem Jahr 2009 gelangte für das Übergabeverfahren in Deutschland zu folgendem Befund:

> „In practice, (…) the court rarely appoints ex officio a lawyer in EAW [European Arrest Warrant] proceedings, since, as a rule, this kind of case is not considered complex enough to justify it. Generally speaking, there is no legal counsel present at the examination of the requested person by the AG magistrate, and a State-paid counsel is designated for the procedure in the OLG only if some difficulty arises. In the view of the expert team this situation is not satisfactory (...).“[834]

In dem Evaluationsbericht wurde der Bundesrepublik Deutschland daher ausdrücklich empfohlen, geeignete Maßnahmen zu treffen, um sicherzustellen, dass Rechtsbeistand für die gesuchte Person während des gesamten Übergabeverfahrens gewährleistet sei.[835] Als Reaktion auf die Kritik im Evaluationsbericht wurde

---

831 Vgl. krit. S/L/G/H, Einl., Rn. 201 („überwiegend durch extrem restriktive Interpretation“); ähnlich *Ahlbrecht*, in: IStR in der Praxis, Rn. 1179; *Fromm*, StRR 2011, 208 (211); *Wächtler*, in: Arbeitsgemeinschaft Strafrecht im DAV u.a. (Hrsg.), Strafverteidigung auf neuen Wegen?, S. 105 (108); *Pieronczyk*, S. 101 ff.

832 Vgl. S/L/G/H, Einl., Rn. 202.

833 Vgl. *Köberer*, StRR 2011, 150 (151). Als jüngeres Beispiel hierfür siehe etwa OLG Saarbrücken, Beschl. v. 2.6.2016, OLG Ausl. 22/2016, BeckRS 2016, 12013.

834 Vgl. Evaluationsbericht zu Deutschland (näher Fn. 51), Ratsdok. 7058/1/09 v. 31.3.2009, S. 41 f.

835 Vgl. Recommendation Nr. 6 des Evaluationsberichts zu Deutschland (Fn. 51), S. 46: „*Take measures as considered appropriate to ensure that legal assistance is provided to the requested person throughout the procedure*“.

von deutscher Seite zwar ein Pflichtbeistand als Regelfall in Aussicht gestellt[836], gesetzgeberische Änderungen sind bisher aber unterblieben.[837]

Die Bestellungspraxis nach § 40 IRG in Deutschland wurde ferner in dem Bericht der Nichtregierungsorganisation JUSTICE aus dem Jahr 2012 kritisiert, für den ebenfalls die Lage im Übergabeverfahren in Deutschland und anderen Mitgliedstaaten untersucht wurde.[838] Im Interview mit JUSTICE teilte das Bundesministerium der Justiz und für Verbraucherschutz den Eindruck, dass ein Rechtsbeistand für Übergabeverfahren in Deutschland nur in wenigen Fällen bestellt würde.[839] Die Bestellungspraxis in Deutschland wurde in der Untersuchung zudem im Vergleich mit anderen Mitgliedstaaten als Negativbeispiel hervorgehoben.[840]

Es ist nicht ersichtlich, dass sich an dem Befund einer restriktiven Bestellungspraxis seither viel verändert hat. Einschränkend wird man zwar anführen müssen, dass die grundsätzliche Notwendigkeit der Bestellung eines Beistandes in Auslieferungs- und Übergabeverfahren regional unterschiedlich beurteilt wird.[841] So wurde zwischenzeitlich für Brandenburg[842] und Hamburg[843] von einer großzügigen Bestellungspraxis berichtet. Zudem lassen sich generelle empirische Aussagen nicht treffen, da die veröffentlichte Rechtsprechung nicht

---

836 Vgl. Follow-up to the report on Germany, Ratsdok. 14446/11 v. 21.9.2011, S. 5; zudem JUSTICE Report (Fn. 52), S. 55 („*Germany is passing legislation which will make oral hearings before the Higher Regional Court and a publicly funded lawyer the rule instead of the exception*".)

837 Die relevanten Normen wurden erst im Zuge der Umsetzung der RL-PKH im Dezember 2019 durch das Gesetz zur Neuregelung des Rechts der notwendigen Verteidigung geändert, vgl. BGBl. I S. 2128 v. 12.12.2019.

838 Vgl. JUSTICE Report (Fn. 52), zu Deutschland S. 54 ff. Für Deutschland wurden im Sommer 2012 Interviews mit Vertretern des BMJV, der Generalstaatsanwaltschaft Nürnberg sowie aus der Anwaltschaft geführt, näher S. 4 f.

839 Vgl. Zusammenfassung des Treffens mit dem Vertreter des BMJV, JUSTICE Report (Fn. XX), S. 57 („*There are very few cases where legal aid seems to be provided…*").

840 Vgl. JUSTICE Report (Fn. 52), Conclusions zu legal aid, S. 40; ähnlich bei *Wahl*, in: Pilot Project (Fn. 53), S. 326.

841 Vgl. insbesondere OLG Schleswig, Beschl. v. 20.3.2003, 1 Ausl (A) 5/03 (juris), Rn. 7, BeckRS 2013, 20125, wonach die Bestellung eines Beistandes in Auslieferungsverfahren „zumeist geboten" sei, näher noch sogleich b). Siehe auch *Pieronczyk*, S. 101, Fn. 442.

842 Vgl. *Matthies*, in: Malolepszy/Hochmayr/Nalewajko (Hrsg.), EuHb und Übergabeverfahren zwischen Deutschland und Polen, S. 73 (75).

843 So jedenfalls ein Rechtsanwalt auf dem 7. EU Strafrechtstag 2014 in Bonn.

zwingend repräsentativ sein muss[844] und bisher kaum Bestellungsstatistiken vorliegen[845].

Insgesamt verfestigt sich jedoch der Eindruck, dass aus Sicht der Rechtsprechung oft nur ein *„einfach gelagertes, allenfalls durchschnittliches Auslieferungsverfahren“*[846] vorliegt und die Bestellung eines Beistands in Deutschland in der Mehrheit der Fälle nicht erforderlich sein soll[847]. Als anekdotischer Anhaltspunkt können zudem Interviews mit Richtern und Staatsanwälten dienen, denen zufolge in Berlin, Frankfurt am Main und Köln die Unterstützung durch einen Rechtsbeistand in Übergabeverfahren allenfalls in 10 bis 20 % der Fälle gegeben sei.[848]

b) Forderung eines Pflichtbeistandes als Regelfall

Die restriktive Bestellungspraxis überzeugt indes nicht. In der Literatur und vereinzelt in der Rechtsprechung wird zu Recht vertreten, dass die Bestellung eines Pflichtbeistandes in Auslieferungs- und Übergabeverfahren regelmäßig notwendig sein muss.[849]

Grundlegend für diese Ansicht spricht die Argumentation des BGH in einem Beschluss kurz nach Inkrafttreten des IRG aus dem Jahre 1984.[850] Der BGH führte obiter dictum aus, dass es bei einer so einschneidenden Entscheidung

844 Ausführungen zum Pflichtbeistand nach § 40 IRG finden sich dabei vor allem in den BeckRS oder Juris Fundstellen, nicht mehr in den Parallelveröffentlichungen anderer Zeitschriften.

845 So das BMJV im Interview mit JUSTICE (Fn. XX), S. 57.

846 So eine Formulierung des OLG Hamm, Beschl. v. 19.5.2010, BeckRS 2010, 14132.

847 Vgl. G/P/K/*Böhm*, § 40 IRG, Rn. 24; vgl. auch etwa OLG Saarbrücken, Beschl. v. 2.6.2016, OLG Ausl. 22/2016, BeckRS 2016, 12013.

848 Vgl. *Böse/Wahl*, Country Report Germany, in: Pilot Project (Fn. 53), S. 251.

849 Vgl. S/L/G/H/*Lagodny/Schomburg/Hackner*, § 40 IRG, Rn. 1, 3, 12 ff.; A/K/R/*Köberer*, § 40 IRG, Rn. 517 ff.; *Matthies*, in: Malolepszy/Hochmayr/Nalewajko (Hrsg.), EuHb und Übergabeverfahren zwischen Deutschland und Polen, S. 73 (76 ff.); *Schork*, S. 41 f., 112 f., 251; ähnlich *Ahlbrecht*, in: IStR in der Praxis, Rn. 1178; SK-StPO/*Wohlers*, § 140, Rn. 45; *Rohlff*, S. 142 f.; *Jeker*, in: Baudenbacher (Hrsg.), Aktuelle Entwicklungen, S. 151 (190); *Pieronczyk*, S. 101 ff. Aus der Rechtsprechung zudem OLG Schleswig, Beschl. v. 20.3.2003, 1 Ausl (A) 5/03 (juris), Rn. 7 („zumeist geboten“); in diese Richtung ferner BGH, Beschl. v. 17.1.1984, BGHSt 32, 221 = NJW 1984, 1309 = NStZ 1985, 222 m. Anm. *Schomburg*.

850 Vgl. BGH, Beschl. v. 17.1.1984, BGHSt 32, 221 = NJW 1984, 1309 = NStZ 1985, 222 m. zust. Anm. *Schomburg*.

wie der über die Zulässigkeit der Auslieferung in der Regel das Rechtsstaatsprinzip in seiner Ausprägung als Garantie eines fairen Verfahrens erfordere, dass einem – häufig der deutschen Sprache unkundigen – ausländischen Verfolgten spätestens dann ein rechtskundiger Beistand zur Seite stehen müsse, wenn der Antrag auf Entscheidung über die Zulässigkeit der Auslieferung gestellt worden sei.[851]

Darüber hinaus wird die Schwierigkeit der Sach- und Rechtslage oftmals dadurch indiziert, dass es sich bei der Auslieferung um eine besonders komplexe Materie im Grenzgebiet zwischen Straf-, Strafverfahrens-, Völker- und Verfassungsrecht sowie mit Bezug zu ausländischen Rechtsordnungen handele[852], mit der selbst erfahrene Anwälte ihre Schwierigkeiten hätten[853]. Durch den Auslandsbezug und die regelmäßig erforderlichen Kenntnisse des ausländischen Rechts bestehe eine für *„Laien kaum einschätzbare Situation"*.[854] Dies gilt auch beim Europäischen Haftbefehl, selbst wenn der RbEuHb den rechtlichen Prüfungsmaßstab reduziert hat, weil die sich nun stellenden Probleme im Lichte u.a. der Rechtsprechung des EuGH und des EGMR *„immer komplexer werden und oftmals auch in Detailfragen liegen"*.[855]Es wird für eine gesuchte Person alleine nur schwer möglich sein, Auslieferungshindernisse zu erkennen und so substantiiert vorzutragen, dass die Amtsermittlungspflicht des Gerichts ausgelöst wird.[856]

Für eine grundsätzliche Schwierigkeit der Materie sprechen auch schon die Zuständigkeit des OLG und der Ausschluss von Rechtsreferendaren als Pflichtbeistand.[857] Jedenfalls sei es als Regelfall nach § 40 Abs. 2 Nr. 2 IRG anzusehen, dass der Verfolgte seine Rechte selbst nicht hinreichend wahrnehmen könne.[858]

---

851 Vgl. BGHSt 32, 221 (228) = NJW 1984, 1309.

852 Vgl. *Ahlbrecht*, in: IStR in der Praxis, Rn. 1178; *Schmidt*, Rn. 348; ähnlich S/L/G/H/*Lagodny/ Schomburg/Hackner*, § 40 IRG, Rn. 3; *Schomburg*, StV 1998, 153 (156); *Matthies*, in: Malolepszy/Hochmayr/Nalewajko (Hrsg.), EuHb und Übergabeverfahren zwischen Deutschland und Polen, S. 73 (75).

853 Vgl. *Wächtler*, in: Arbeitsgemeinschaft Strafrecht im DAV u.a. (Hrsg.), Strafverteidigung auf neuen Wegen?, S. 105 (108).

854 Vgl. *Ahlbrecht*, in: IStR in der Praxis, Rn. 1178.

855 Vgl. *Böhm*, in: IStR in der Praxis, Rn. 1119; ähnlich *Rohlff*, S. 142 f.

856 Vgl. A/K/R/*Köberer*, § 40 IRG, Rn. 518.

857 Vgl. S/L/G/H/*Lagodny/Schomburg/Hackner*, § 40 IRG, Rn. 14; ähnlich *Schork*, S. 41 f.

858 Vgl. A/K/R/*Köberer*, § 40 IRG, Rn. 522; *Köberer*, StRR 2011, 150 (151); *Schmidt*, Rn. 350; vgl. ferner G/P/K/*Vogler*, § 40 IRG (Stand Januar 1995), Rn. 22; S/L/G/H/*Lagodny/Schomburg/Hackner*, § 40 IRG, Rn. 18 („oft").

So befindet sich eine gesuchte Person regelmäßig in einer schwierigen Gesamtsituation, insbesondere bedingt durch fehlende Sprachkenntnisse, fehlende Kenntnisse der Rechtsordnung und Auslieferungshaft.[859] Die gesuchte Person wird ihre Rechte auch oft nicht kennen.[860]

Aus der Rechtsprechung ist zudem ein Beschluss des OLG Schleswig hervorzuheben.[861] Nach diesem komme es nicht darauf an, ob die Schwierigkeit der Sach- und Rechtslage im Vergleich mit anderen Auslieferungsverfahren überdurchschnittlich sei; stattdessen sei die Bestellung eines Beistandes in Auslieferungsverfahren *„zumeist geboten"*.[862] Dies wird – wie in der Literatur – aus dem erheblichen Schwierigkeitsgrad der Rechtsmaterie sowie der Zuständigkeit der Oberlandesgerichte in Auslieferungssachen gefolgert. Es bestünde kein Anlass, diese Aspekte bei der Frage nach der Notwendigkeit eines Beistandes unberücksichtigt zu lassen.[863]

c) Ungleichbehandlung von Auslieferungs- und Untersuchungshaft

Besonders kritisch ist zudem, dass Auslieferungshaft im IRG bisher nicht als eigenständiger Bestellungsgrund vorgesehen wird[864].

Ob sich eine gesuchte Person im Auslieferungs- oder Übergabeverfahren in Auslieferungshaft befindet, ist für die Bestellung eines Pflichtbeistandes bisher kaum relevant.[865] Auslieferungshaft soll die Mitwirkung eines Beistandes für sich genommen nicht notwendig machen.[866] In vielen der Entscheidungen zu Auslieferungsfällen wird eine Bestellung als Pflichtbeistand folglich abgelehnt, obwohl sich die gesuchte Person bereits in Auslieferungshaft befindet und eine Beiordnung durch die Person erwünscht wird.[867] Auch die Rechtsprechung

---

859 Vgl. *Schork*, S. 113 zur Schweiz; *Wächtler*, in: Arbeitsgemeinschaft Strafrecht im DAV u.a. (Hrsg.), Strafverteidigung auf neuen Wegen?, S. 105 (108); ähnlich *Rohlff*, S. 142 f.; allgemein für eine Beiordnung bei sprachunkundigen Ausländern *Schmidt*, Rn. 326.

860 Vgl. *Fromm*, StRR 2011, 208 (211).

861 Vgl. OLG Schleswig-Holstein, Beschl. v. 20.3.2003, 1 Ausl (A) 5/03 (juris), Rn. 7 (klassisches Auslieferungsverfahren) = BeckRS 2013, 20125.

862 Ebenda.

863 Ebenda.

864 Vgl. auch A/K/R/*König*, § 15 IRG, Rn. 209.

865 Vgl. G/P/K/*Böhm*, § 40 IRG, Rn. 20 („nicht von der Frage abhängig").

866 Vgl. OLG München, Beschl. v. 7.3.2013, NStZ-RR 2013, 179 (180); siehe auch OLG Dresden, Verfüg. v. 12.3.2010, OLG Ausl 53/10 (juris), Rn. 6.

867 Vgl. ablehnend etwa KG, Beschl. v. 14.3.2011, BeckRS 2011, 19253 (Fortdauer der Auslieferungshaft); OLG Köln, Beschl. v. 16.3.2012, BeckRS 2012, 17788 (Einwendungen gegen Auslieferungshaftbefehl); Ablehnung der Bestellung bei gleichzeitiger

konstatiert, dass *„notwendige Beistände für Auslieferungsgefangene seltene Ausnahmen"* seien.[868]

Selbst eine bestimmte Dauer der Auslieferungshaft soll nicht zwingend die Bestellung eines Pflichtbeistandes erforderlich machen, zumal § 40 Abs. 3 IRG die Anwendbarkeit des § 140 Abs. 1 Nr. 5 StPO ausschließt.[869] Der Gesetzgeber hatte sich bei der Entstehung des IRG ausdrücklich gegen die Aufnahme einer Mindestdauer der Auslieferungshaft als Bestellungsgrund entschieden.[870] Zur Begründung wurde angeführt, dass Verzögerungen im Auslieferungsverfahren häufiger auf praktische und technische Hindernisse aus dem Bereich der Förmlichkeiten des Verfahrens zurückzuführen seien (wie der Einhaltung des diplomatischen Weges oder der Herstellung von Übersetzungen), anders als im Strafverfahren durch den Umfang der Ermittlungen.[871] Bisher spielt die Dauer der Auslieferungshaft für eine Bestellung daher allenfalls mittelbar eine Rolle, indem sie im Einzelfall eine schwierige Sach- und Rechtslage indizieren können soll, beispielsweise wenn die Auslieferungshaft länger andauert als erwartet[872] und der Grundsatz der Verhältnismäßigkeit berührt sein könnte[873].

Die Gründe des damaligen Gesetzgebers für die Nichtaufnahme der Dauer der Auslieferungshaft als Bestellungsgrund erscheinen nicht mehr zeitgemäß. Diese weitgehende Nichtberücksichtigung der Auslieferungshaft ist zudem insbesondere seit der Neufassung des § 140 Abs. 1 Nr. 4 StPO für Strafverfahren zum Jahre 2010[874]

Anordnung der förmlichen Auslieferungshaft auch u.a. in OLG Hamm, Beschl. v. 4.6.2010, BeckRS 2010, 14133; OLG Hamm, Beschl. v. 25.3.2010, BeckRS 2010, 09834; OLG Hamm, Beschl. v. 27.5.2010, BeckRS 2010, 14126.

868 Vgl. OLG München, NStZ-RR 2013, 179 (180).

869 Vgl. A/K/R/*Köberer*, § 40 IRG, Rn. 521. Die Dauer der Auslieferungshaft als Kriterium ablehnend schon OLG Düsseldorf, NStZ 1984, 223 (224). Vgl. weitergehend bei mehrmonatiger Haftdauer aber S/L/G/H/*Lagodny/Schomburg/Hackner*, § 40 IRG, Rn. 21 f.

870 Vgl. BT-Drs. 9/1338, S. 60: „Die Regelung in Absatz 2 ist abschließend; eine gesetzliche Festlegung weiterer Fälle der notwendigen Beistandschaft erscheint nicht erforderlich. Insbesondere sollte sie nicht von einer bestimmten Mindestdauer der Auslieferungshaft an vorgesehen werden."

871 Vgl. BT-Drs. 9/1338, S. 60.

872 Vgl. G/P/K/*Böhm*, § 40 IRG, Rn. 34.

873 Vgl. G/P/K/*Vogler*, § 40 IRG (Stand Januar 1995), Rn. 27; A/K/R/*König*, § 40 IRG, Rn. 521.

874 Vgl. Gesetz zur Änderung des Untersuchungshaftrechts v. 29.7.2009 m.W.z. 1.1.2010, BGBl. I S. 2274 (2277); für einen Überblick *Michalke*, NJW 2010, 17.

unverständlich.[875] Denn seitdem ist die Mitwirkung eines Verteidigers in Strafverfahren stets notwendig, wenn gegen einen Beschuldigten Untersuchungshaft nach den §§ 112, 112a StPO oder eine einstweilige Unterbringung nach § 126a oder § 275a Abs. 6 StPO vollstreckt wird. Dem Beschuldigten im Strafverfahren, der noch keinen Verteidiger hat, muss in dem Fall unverzüglich nach Beginn der Vollstreckung ein Verteidiger bestellt werden (§ 141 Abs. 3 S. 4 StPO). Während seitdem also notwendige Beistände für Auslieferungsgefangene seltene Ausnahmen sind, hat jeder Untersuchungsgefangene einen notwendigen Verteidiger.[876]

Hintergrund dieser Neufassung des § 140 StPO war die Einsicht, dass ein inhaftierter Beschuldigter im Ermittlungsverfahren nicht nur einem erheblichen Eingriff in sein Freiheitsgrundrecht sowie schwerwiegenden Folgen für seine private und berufliche Zukunft ausgesetzt sei, sondern zudem erheblich in seinen Möglichkeiten beschränkt werde, sich selbst verteidigen zu können.[877] Mit der Neuregelung sollte daher eine geordnete und effektive Verteidigung für einen inhaftierten Beschuldigten gesichert werden.[878] Die bei Untersuchungshaft bis dahin erforderliche Haftzeit von mindestens drei Monaten bis zur Bestellung eines Verteidigers[879] war in Anwaltschaft und Wissenschaft ebenfalls schon lange kritisiert worden, da frühzeitiger Rechtsbeistand bei Freiheitsentzug in besonderem Maße zur Wahrnehmung der Rechte erforderlich sei.[880] Der Gesetzgeber erwartete zudem, dass die frühzeitige Mitwirkung eines Verteidigers zu einer Verkürzung der Untersuchungshaft führen könne.[881]

Die in Auslieferungshaft gefangene gesuchte Person wird aber gleichermaßen in besonderem Maße die Unterstützung durch einen Beistand benötigen.[882]

---

875 Vgl. schon S/L/G/H, Einl., Rn. 201 („Wertungswiderspruch"); siehe zudem den Eindruck vieler Praktiker, wonach der Gesetzgeber die Geltung des § 140 Abs. 1 Nr. 4 StPO für den Europäischen Haftbefehl „schlicht vergessen" habe: *Arnold*, StraFO 2013, 54 (60).

876 Vgl. so treffend OLG München, NStZ-RR 2013, 179 (180).

877 Vgl. BT-Drs. 16/13097, S. 18; näher LR/*Lüderssen/Jahn*, Nachtr. § 140 StPO, Rn. 1 f., 5 m.w.N.; MüKo-StPO/*Thomas/Kämpfer*, § 140 StPO, Rn. 16.

878 Vgl. LR/*Lüderssen/Jahn*, Nachtr. § 140 StPO, Rn. 3.

879 Vgl. § 117 Abs. 4 S. 1 StPO a.F.; BT-Drs. 16/13097, S. 18.

880 Vgl. u.a. *Wohlers*, StV 2010, 151 m.w.N.; *Michalke*, NJW 2010, 17. Näher zur Entstehungsgeschichte auch LR/*Lüderssen/Jahn*, Nachtr. § 140 StPO, Rn. 1 f. m.w.N.

881 Vgl. BT-Drs. 16/13097, S. 2, 16 ff.

882 Vgl. S/L/G/H, Einl., Rn. 201 („sogar größeres Schutzbedürfnis"); S/L/G/H/*Lagodny/Schomburg/Hackner*, § 40 IRG, Rn. 21 f.; *Roger*, S. 182; *Pieronczyk*, S. 95 ff., 244 f.; siehe auch *Wohlers*, StV 2010, 151 (152); *Augustin*, S. 101.

Zu Recht wird darauf hingewiesen, dass die Gründe für die Neufassung des § 140 Abs. 1 Nr. 4 StPO auf gesuchte Personen in Auslieferungshaft genauso zutreffen.[883] So dürfte es aus der Auslieferungshaft heraus etwa kaum gelingen, Recherchen im Ausland zu veranlassen und Einwendungen hinreichend zu substantiieren.[884] Erschwerend kommt hinzu, dass dem Richter für die Entscheidung über Freiheitsentzug bei einem Europäischen Haftbefehl nur wenige Informationen vorliegen[885] und die Verteidigung aufgrund der Fristen des RbEuHb von vornherein unter Zeitdruck erfolgt. Auch sollte die Auslieferungshaft in Übergabeverfahren letztlich als funktionsäquivalent zur Untersuchungshaft in einem Strafverfahren angesehen werden.[886]

Insgesamt überzeugt es daher nicht, dass der Umstand von Auslieferungshaft bei der Bestellung eines Pflichtbeistandes bisher weitgehend unbeachtet bleibt. Vor diesem Hintergrund erscheint es sachgerecht, wenn die Literatur im Lichte des Gleichheitsgrundsatzes für den Rechtsraum der EU für die direkte Anwendung des § 140 Abs. 1 Nr. 4 StPO in Übergabeverfahren plädiert.[887]

Bisher kann § 140 Abs. 1 Nr. 4 StPO allerdings aufgrund des Ausschlusses nach § 40 Abs. 3 IRG in Übergabeverfahren nicht zur Anwendung gelangen.[888] Das Vorliegen einer planwidrigen Regelungslücke erscheint zudem fraglich, da die Auslieferungshaft im UHaftRÄndG zumindest im anderen Zusammenhang bedacht wurde[889] und der Gesetzgeber den Anwendungsbereich des § 140 Abs. 1 Nr. 4 StPO bewusst auf die aufgeführten Konstellationen beschränken

---

883 Vgl. S/L/G/H, Einl., Rn. 211 („erst recht"); *Böse/Wahl*, Country Report Germany, in: Pilot Project (Fn. 53), S. 251; *Pieronczyk*, S. 95 ff.

884 Vgl. S/L/G/H/*Lagodny/Schomburg/Hackner*, § 40 IRG, Rn. 22; zustimmend *Matthies*, in: Malolepszy/Hochmayr/Nalewajko (Hrsg.), EuHb und Übergabeverfahren zwischen Deutschland und Polen, S. 73 (77); auch A/K/R/*Köberer*, § 40 IRG, Rn. 518. Für den Vollzug der Auslieferungshaft gelten über § 27 Abs. 1 IRG dieselben Vorgaben und Einschränkungen wie bei Untersuchungshaft.

885 Vgl. S/L/G/H, Einl., Rn. 201.

886 Vgl. treffend und näher S/L/G/H, Einl., Rn. 196 ff. („Auslieferungsuntersuchungshaft"); *Esser*, in: Sieber/Satzger/v. Heintschel-Heinegg (Hrsg.), Europäisches Strafrecht, § 59, Rn. 13 („Parallelität").

887 Vgl. S/L/G/H, Einl., Rn. 208; ähnlich *Matthies*, in: Malolepszy/Hochmayr/Nalewajko (Hrsg.), EuHb und Übergabeverfahren zwischen Deutschland und Polen, S. 73 (76 f.).

888 Vgl. auch OLG München, NStZ-RR 2013, 179 (180); G/P/K/*Böhm*, § 40 IRG, Rn. 5, 20; OLG Dresden, Verfüg. v. 12.3.2010, OLG Ausl 53/10 (juris), Rn. 6

889 Vgl. UHaftRÄndG, BGBl. I S. 2274 (2275, 2278), zum neu eingefügten § 116b StPO (vorrangige Vollstreckung von Untersuchungshaft gegenüber Auslieferungshaft) sowie die Änderung des § 27 IRG.

wollte[890]. Zudem dürfte die Grenze zu einer willkürlichen Ungleichbehandlung der Auslieferungshaft entgegen Art. 3 Abs. 1 GG (gerade) noch nicht überschritten sein.[891] Als Rechtfertigung für die Ungleichbehandlung geht dabei jedenfalls das OLG München davon aus, dass die Verteidigung eines Untersuchungsgefangenen unmittelbar den strafrechtlichen Vorwurf betreffe, während im Auslieferungsverfahren die Voraussetzungen der Zulässigkeit der Auslieferung in Rede stünden.[892] Diese seien einer Verteidigung im klassischen Sinne nur eingeschränkt zugänglich, weshalb anwaltlicher Beistand weniger dringlich erscheinen könne.[893]

Nach alledem ist mithin der Gesetzgeber aufgefordert, die Bestellung eines Pflichtbeistandes bei Inhaftierung des Verfolgten anzugleichen.[894] Bis dahin sollte man aber die Wertungen des § 140 Abs. 1 Nr. 5 StPO sowie insbesondere des § 140 Abs. 1 Nr. 4 StPO soweit wie möglich im Rahmen der Auslegung des § 40 Abs. 2 IRG berücksichtigen[895], auch wenn dies dogmatisch schwierig ist[896].

d) Andere Mitgliedstaaten im Überblick

Auf die Voraussetzungen der Prozesskostenhilfe in Übergabeverfahren in anderen Mitgliedstaaten kann abschließend allenfalls ein kurzer Blick geworfen werden.[897] Zwischen den EU-Mitgliedstaaten bestehen bei der Bestellung eines Rechtsbeistandes bzw. der Gewährung von Prozesskostenhilfe in

---

890 Vgl. BT-Drs. 16/13097, S. 19, auch Hauptverhandlungshaft sowie Sicherungshaft wurden nicht als gleichwertig erachtet; krit. dazu u.a. MüKo-StPO/*Thomas/Kämpfer*, § 140 StPO, Rn. 16.

891 Großzügiger OLG München, NStZ-RR 2013, 179 (180); G/P/K/*Böhm*, § 40 IRG, Rn. 5 („keineswegs willkürlich").

892 Vgl. OLG München, NStZ-RR 2013, 179 (180); ebenso G/P/K/*Böhm*, § 40 IRG, Rn. 5.

893 Vgl. OLG München, NStZ-RR 2013, 179 (180).

894 Dies anregend auch G/P/K/*Böhm*, § 40 IRG, Rn. 5; *Pieronczyk*, S. 99 f., 244 f.

895 Für die Berücksichtigung des Rechtsgedankens des § 140 Abs. 1 Nr. 5 StPO S/L/G/H/*Lagodny/Schomburg/Hackner*, § 40 IRG, Rn. 21 f.; zu § 140 Abs. 1 Nr. 4 IRG auch A/K/R/*König*, § 15 IRG, Rn. 209; *ders.* § 16 IRG, Rn. 227; in diese Richtung auch *Schmidt*, Rn. 352.

896 Vgl. *Pieronczyk*, S. 99 f.

897 Vgl. für nähere Einblicke zu Übergabeverfahren die Länderberichte im Rahmen der vierten Runde der gegenseitigen Begutachtungen von Seiten des Rates der Europäischen Union, (Abschlussbericht Ratsdok. 8302/2/09 v. 18.5.2009 m.w.N.) sowie die Länderberichte in der Studie der Nichtregierungsorganisation JUSTICE aus dem Jahr 2012 (Fn. 52).

Übergabeverfahren des Europäischen Haftbefehls bisher erhebliche Unterschiede in Recht sowie Praxis.[898]

Während in Deutschland für Rechtsbeistand in Übergabeverfahren gesonderte Regelungen im IRG bestehen, wenden viele Mitgliedstaaten die gleichen Vorschriften wie für Strafverfahren an.[899] Die verschiedenen nationalen Vorgaben zur Prozesskostenhilfe für Strafverfahren unterscheiden sich ebenfalls erheblich untereinander.[900]

Ob und unter welchen Voraussetzungen einer gesuchten Person in Übergabeverfahren in der Praxis ein Rechtsbeistand bestellt wird oder sie Prozesskostenhilfe erhält, hängt je nach Mitgliedstaat von verschiedenen Voraussetzungen ab. Die Kommission kam in Vorbereitung auf die RL-PKH für Strafverfahren zu dem Ergebnis, dass 13 Mitgliedstaaten für die Gewährung von Prozesskostenhilfe eine Bedürftigkeitsprüfung (*means test*) zugrunde legen würden, 3 Mitgliedstaaten eine materielle Prüfung (*merits test*, u.a. Deutschland) und 12 Mitgliedstaaten eine Kombination von beiden.[901] Wird eine Bedürftigkeitsprüfung zugrunde gelegt, gelten je nach Land zudem unterschiedliche Faktoren und Grenzwerte, wann jemand als bedürftig gelte oder inwieweit er zu unterstützen sei.[902]

Dies gilt in ähnlicher Weise für Übergabeverfahren. So soll die Gewährung von Prozesskostenhilfe für Übergabeverfahren bisher etwa in dem Vereinigten Königreich, Italien[903] und Portugal[904] von einer Prüfung der Bedürftigkeit des

---

898 Vgl. *Wahl*, in: Pilot Project (Fn. 53), S. 325 f. Dieser Abschnitt gibt den Stand vor Umsetzung der RL-PKH wieder.

899 Vgl. JUSTICE Report (Fn. 52), S. 40; *Wahl*, in: Pilot Project (Fn. 53), S. 325, Beispiele für letzteres seien etwa Dänemark und die Tschechische Republik.

900 Vgl. *Wahl*, in: Pilot Project (Fn. 53), S. 325; Commission Staff Working Document zur RL-PKH, SWD(2013) 476 final v. 27.11.2013, S. 23 sowie Annex VII. Näher und rechtsvergleichend zu notwendiger Verteidigung und Prozesskostenhilfe in Strafverfahren in England und Wales, Finnland und Estland *Plekksepp*, S. 380 ff., für Übergabeverfahren S. 38 im Überblick.

901 Vgl. Commission Staff Working Document zur RL-PKH, SWD(2013) 476 final v. 27.11. 2013, S. 23 sowie Annex VII.

902 Für Anhaltspunkte zur bisherigen Praxis und den Grenzwerten in neun Ländern vgl. die Untersuchung für das niederländische Ministerium für Justiz und Sicherheit: *Barendrecht/Kistemaker/Scholten/u.a.*, Legal Aid in Europe: Nine Different Ways to Guarantee Access to Justice?, Full Report 2014 (abrufbar unter www.hiil.org/projects [Stand: 18.10.2018]), S. 32 ff., zwar nicht allein zum Strafverfahren, dortige Besonderheiten werden jedoch ausgewiesen.

903 Vgl. Bericht des Ministeriums, JUSTICE Report (Fn. 52), S. 92.

904 Vgl. Bericht der Verteidigung, JUSTICE Report (Fn. 52), S. 125.

Verfolgten abhängen.[905] In Dänemark legt man dagegen die Schwere des Falles zugrunde.[906] Prozesskostenhilfe für Übergabeverfahren soll in Dänemark aufgrund der mit einem Europäischen Haftbefehl verbundenen Freiheitsentziehung grundsätzlich gewährt werden.[907] Neben der dänischen wurde auch die Praxis in den Niederlanden als positiv gewertet.[908] In Österreich ist die Verteidigung im Falle der Auslieferungs- und Übergabehaft notwendig und der Person ist durch das Gericht bei Bedarf ein Amtsverteidiger bzw. bei Mittellosigkeit ein Verfahrenshilfeverteidiger zu bestellen.[909] Auch muss die gesuchte Person in der Verhandlung über die Zulässigkeit der Auslieferung durch einen Verteidiger vertreten sein.[910]

In Italien soll die Verteidigung im Rahmen der innerhalb von 48 Stunden durchzuführenden ersten richterlichen Vernehmung des Verfolgten notwendig sein.[911] Es sei üblich, dass der Verfolgte durch einen vom Gericht bestellten Beistand vertreten würde.[912] Für Polen wurde über Unklarheiten berichtet, nach welchen Vorschriften der polnischen StPO einem Verfolgten im Übergabeverfahren ein Pflichtverteidiger zustehe.[913] Besonderer Kritik sah sich zudem die praktische Durchführung der Bedürftigkeitsprüfung in England und Wales im System der legal aid für das Auslieferungs- und Übergabeverfahren ausgesetzt[914], auf die noch zurückgekommen wird (dazu S. 205 ff.).

---

905 Vgl. auch JUSTICE Report (Fn. 52), S. 40.

906 Vgl. JUSTICE Report (Fn. 52), S. 40, 48; *Wahl*, in: Pilot Project (Fn. 53), S. 326.

907 Vgl. Treffen mit dem dänischen Justizministerium, JUSTICE Report (Fn. 52), S. 48 („*Where the person cannot pay for a lawyer, legal aid is granted in cases of importance, which usually means those which involve a deprivation of liberty, and therefore always applies in EAW cases.*"), positiv auch die Sicht der Verteidigung, S. 49.

908 Vgl. Evaluationsbericht Niederlande, Ratsdok. 15370/1/08 v. 2.12.2008, S. 42; sowie JUSTICE Report (Fn. 52), S. 104.

909 Vgl. § 29 Abs. 4 des österreichischen Auslieferungs- und Rechtshilfegesetzes (ARHG), auf diesen verweist § 18 Abs. 2 EU-JZG für die Übergabehaft nach dem Europäischen Haftbefehl, abgedruckt und näher bei S/L/G/H/*Rosbaud*, VII A, § 29 ARHG, Rn. 4, 9 sowie VII B; vgl. auch *Schallmoser*, S. 44 ff.

910 Vgl. § 31 Abs. 3 ARHG und den Verweis in § 21 Abs. 1 EU-JZG, näher S/L/G/H/*Rosbaud*, VII A, § 31 ARHG, Rn. 3, 10.

911 Vgl. Evaluationsbericht Italien, Ratsdok. 5832/1/09 v. 18.3.2009, S. 29.

912 Vgl. Bericht der Verteidigung, JUSTICE Report (Fn. 52), S. 93.

913 Näher *Demenko*, in: Malolepszy/Hochmayr/Nalewajko (Hrsg.), Auslieferung von eigenen Staatsangehörigen, S. 61 (64 f.), in Betracht kämen Art. 80, 79 Abs. 2 sowie 78 Abs. 1 der polnischen StPO.

914 Vgl. bereits Evaluationsbericht UK, Ratsdok. 9974/2/07, S. 68 ff; JUSTICE Report (Fn. 52), S. 147 f., 151; umfassend zudem House of Lords, Select Committee on

3. RL-PKH

Für das Übergabeverfahren nach dem Europäischen Haftbefehl könnte die RL-PKH nunmehr zu Änderungen an diesen Befunden führen. Die RL-PKH sieht ein System der Prozesskostenhilfe vor, die auch mit der Bestellung eines Rechtbeistandes einhergehen kann (vgl. Art. 6 Abs. 1 RL-PKH).

Ob und unter welchen Voraussetzungen einer gesuchten Person im Vollstreckungsstaat eines Europäischen Haftbefehls Prozesskostenhilfe zu gewähren ist, richtet sich nach Art. 5 Abs. 1 und Abs. 3 RL-PKH. Während Art. 5 Abs. 1 RL-PKH im Anwendungsbereich der RL-PKH eine Grundpflicht zur Gewährung von Prozesskostenhilfe vorsieht (dazu unten a), wird es den Mitgliedstaaten mit Art. 5 Abs. 3 RL-PKH freigestellt, eine Bedürftigkeitsprüfung einzuführen (b). Im Einzelnen bestehen zudem Unterschiede zu dem Institut der notwendigen Verteidigung (c). Nach einem Zwischenergebnis (d) wird sodann auf den Umsetzungsbedarf in Deutschland eingegangen (e).[915]

a) Anspruch auf Prozesskostenhilfe im Vollstreckungsstaat nach Art. 5 Abs. 1 RL-PKH

Fraglich ist, welche Voraussetzungen vorliegen müssen, damit eine gesuchte Person Prozesskostenhilfe für den Zugang zu einem Rechtsbeistand im Vollstreckungsstaat erhält. Nach Art. 5 Abs. 1 RL-PKH hat der Vollstreckungsstaat eines Europäischen Haftbefehls sicherzustellen, dass eine gesuchte Person *„ab dem Zeitpunkt ihrer Festnahme“* (*„upon arrest“*) aufgrund eines Europäischen Haftbefehls Anspruch auf Prozesskostenhilfe hat (*„right to legal aid“*). Der Anspruch gilt bis zu der Übergabe der gesuchten Person oder bis zu dem Zeitpunkt, zu dem die Entscheidung, diese nicht zu übergeben, rechtskräftig geworden ist (Art. 5 Abs. 1 RL-PKH).

Extradition Law, „Extradition: UK law and practice“, 2nd Report of Session 2014/15 v. 10.3.2015, HL Paper 126 (abrufbar unter www.publications.parliament.uk) [Stand: 30.10.2018], S. 59 ff. m.w.N.

915 Diese Arbeit hat den Stand August 2019, d.h. vor Umsetzung der RL-PKH in Deutschland. Zu diesem Zeitpunkt waren nur der Referentenentwurf und der Gesetzesentwurf der Bundesregierung veröffentlicht. Die RL-PKH wurde im Dezember 2019 durch das Gesetz zur Neuregelung des Rechts der notwendigen Verteidigung umgesetzt, vgl. BGBl. I S. 2128 v. 12.12.2019, mit Wirkung zum 13. Dezember 2019. Die Gesetzesänderungen wurden für die Veröffentlichung nachträglich im Rahmen der Umsetzung der RL-PKH (unten e) berücksichtigt.

aa) Anwendungsbereich für gesuchte Personen

Der Anspruch auf Prozesskostenhilfe nach Art. 5 RL-PKH ist zunächst in Verbindung mit dem Anwendungsbereich der RL-PKH zu sehen[916], der für gesuchte Personen nach Art. 2 Abs. 2 RL-PKH eröffnet sein muss. Die RL-PKH gilt für gesuchte Personen ab dem Zeitpunkt ihrer Festnahme im Vollstreckungsstaat, wenn ihnen nach der RL-RB ein Recht auf Zugang zu einem Rechtsbeistand zusteht. Ob ein solches Recht auf Zugang zu einem Rechtsbeistand besteht, richtet sich für die Lage im Vollstreckungsstaat nach Art. 10 Abs. 1 bis 3 RL-RB. Diesbezüglich kann nach oben verwiesen werden.[917] Der Verweis auf die RL-RB ist konsequent, soll doch die RL-PKH diese ergänzen[918] und die Effektivität des Rechts auf Zugang zu einem Rechtsbeistand gewährleisten[919].

Hierbei ist es als positiv hervorzuheben, dass im Anwendungsbereich der RL-PKH für gesuchte Personen gegenüber der RL-RB keine zusätzlichen Anwendungsvoraussetzungen vorgesehen werden. Vielmehr deckt sich der Anwendungsbereich der RL-PKH für gesuchte Personen vollständig mit demjenigen der RL-RB und dem Recht auf Zugang zu einem Rechtsbeistand nach der RL-RB. Prozesskostenhilfe nach der RL-PKH kommt mithin für *alle* Konstellationen in Betracht, in denen gesuchten Personen in Übergabeverfahren nach der RL-RB das Recht auf Zugang zu einem Rechtsbeistand zusteht. Dies wird der Bedeutung gerecht, die der Prozesskostenhilfe für gesuchte Personen in Übergabeverfahren zukommt, damit sie ihr Recht auf Rechtsbeistand ausüben können.

Dass eine solche Übereinstimmung mit der RL-RB nicht selbstverständlich war, zeigte die lange und schwierige Diskussion um die Anwendbarkeit der RL-PKH in Strafverfahren[920]. Für Strafverfahren enthält Art. 2 Abs. 1 RL-PKH nunmehr über das Recht auf Zugang zu einem Rechtsbeistand nach der RL-RB *hinausgehende* Voraussetzungen, damit die RL-PKH für Verdächtige und beschuldigte Personen anwendbar sein kann. Zudem werden für Strafverfahren bestimmte Ausnahmen für geringfügige Zuwiderhandlungen vorgesehen.[921] Für das Übergabeverfahren gelten derartige Ausnahmen nicht, weil der RbEuHb schon gewisse Grenzen nach unten setzt. Obwohl sich das Europäische Parlament lange dafür einsetzte, kommt die Gewährung von Prozesskostenhilfe nach

916 Vgl. *Cras*, eucrim 1/2017, 34 (38).

917 Vgl. S. 142 ff.

918 Vgl. Art. 1 Abs. 2 RL-PKH.

919 Vgl. Erwägungsgrund Nr. 1 RL-PKH.

920 Vgl. näher zur Diskussion *Cras*, eucrim 1/2017, 34 (35 ff., 39 f.) m.w.N.

921 Vgl. Art. 2 Abs. 4 RL-PKH, dazu auch Erwägungsgründe Nr. 11 bis 13 RL-PKH.

der RL-PKH in Strafverfahren mithin (anders als in Übergabeverfahren) von vornherein nicht für alle Verdächtige und beschuldigte Personen in Betracht, denen nach der RL-RB das Recht auf Zugang zu einem Rechtsbeistand zusteht.[922]

bb) Festnahme der gesuchten Person

Sowohl im Anwendungsbereich des Art. 2 Abs. 2 RL-PKH sowie in Art. 5 Abs. 1 RL-PKH wird an die *Festnahme* der gesuchten Person im Vollstreckungsstaat angeknüpft. Diese wird als materielle Voraussetzung für den Anspruch auf Prozesskostenhilfe zu verstehen sein. In der Praxis wird diese Voraussetzung regelmäßig erfüllt sein, da ein Europäischer Haftbefehl grundsätzlich mit der (vorläufigen) Festnahme der gesuchten Person einhergehen wird.[923]

Der Begriff der „Festnahme" (engl.: „*arrest*", franz.: "*arrestation*") entspricht dabei unter anderem Art. 1 Abs. 1 und Art. 11 RbEuHb und ist weit genug, um auch die vorläufige Festnahme im Zuge eines Europäischen Haftbefehls zu erfassen, wie sie das deutsche Recht etwa in § 19 IRG vorsieht. Der Begriff der Festnahme verdeutlicht, dass es für die Gewährung von Prozesskostenhilfe nicht erforderlich ist, dass gegen die Person im Vollstreckungsstaat bereits ein nationaler Auslieferungshaftbefehl vorliegt oder sie sich in Auslieferungshaft befindet.[924] Dass zwischen der Festnahme einer gesuchten Person aufgrund eines Europäischen Haftbefehls und der Inhafthaltung im Vollstreckungsstaat zu unterscheiden ist, ergibt sich schon aus Art. 12 RbEuHb. Danach entscheidet der Vollstreckungsstaat im Falle der Festnahme aufgrund eines Europäischen Haftbefehls, ob die gesuchte Person nach Maßgabe des Rechts des Vollstreckungsstaates in Haft zu halten ist.[925] Der Begriff der „*Festnahme*" in Art. 5 Abs. 1 RL-PKH ist gegenüber der Inhafthaltung folglich zeitlich vorgelagert und weiter gefasst. Hierfür spricht auch der Vergleich mit Art. 4 Abs. 4 S. 2 RL-PKH, der für Strafverfahren insoweit den engeren Begriff „*Haft*" (engl. Fassung: „*detention*")

---

922 Vgl. näher und krit. *Cras*, eucrim 1/2017, 34 (39 f.); sehr krit. im Gesetzgebungsverfahren zudem u.a. International Commission of Jurists, JUSTICE, and Nederlands Juristen Comité voor de Mensenrechten, Briefing on the European Commission Proposal COM(2013) 824 v. September 2014 (abrufbar unter www.justice.org.uk) [Stand: 29.10.2018], S. 7 f.

923 Vgl. schon Art. 1 Abs. 1, 2 RbEuHb; *Burchard*, in: Böse (Hrsg.), EnzEuR Bd. 9, § 14, Rn. 8, 24.

924 So auch Referentenentwurf des BMJV (Fn. 42), S. 21: Auch vorläufige Festnahme aufgrund eines Fahndungsersuchens erfasst.

925 In Deutschland erfordert dies etwa den Erlass eines nationalen Auslieferungshaftbefehls durch das deutsche OLG nach den §§ 15, 17, 78 Abs. 1 IRG.

verwendet. Während dieser eine richterliche Entscheidung über die Inhaftierung voraussetzen soll[926], liegt bei einem Europäischen Haftbefehl zudem jedenfalls schon eine nationale Haftanordnung des Ausstellungsstaates vor.

cc) Keine weitere materielle Prüfung

Über die Festnahme hinaus stellt Art. 5 Abs. 1 RL-PKH für den Anspruch auf Prozesskostenhilfe im Vollstreckungsstaat keine weiteren materiellen Voraussetzungen auf. Zudem scheint Art. 5 Abs. 3 RL-PKH die Prüfung weiterer materieller Kriterien für die Verfügbarkeit von Prozesskostenhilfe in Übergabeverfahren auszuschließen, da er nur noch die Möglichkeit einer *„Bedürftigkeitsprüfung"* vorsieht.[927]

Von seiner systematischen Stellung her erlaubt Art. 5 Abs. 3 RL-PKH den Mitgliedstaaten, die grundsätzliche Verpflichtung zur Gewährung von Prozesskostenhilfe nach Art. 5 Abs. 1 RL-PKH von der Prüfung bestimmter Kriterien abhängig zu machen. Eine ähnliche Möglichkeit besteht für Strafverfahren nach Art. 4 Abs. 2 RL-PKH, nach dem die Mitgliedstaaten *„eine Bedürftigkeitsprüfung, eine Prüfung der materiellen Kriterien oder beides"* vornehmen können, um festzustellen, ob Prozesskostenhilfe nach Art. 4 Abs. 1 RL-PKH zu bewilligen ist. Diese Begriffe sind von Art. 6 Abs. 3 *lit.* c EMRK und Art. 47 Abs. 3 GrCh bekannt.[928] Eine Bedürftigkeitsprüfung (engl. Fassung: *„means test"*, franz. Fassung *„critère de Ressources"*) dient dabei der Feststellung, ob die Person nicht über ausreichende Mittel zur Bezahlung eines Rechtsbeistandes verfügt. Anhand einer Prüfung der materiellen Kriterien (engl. Fassung: *„merits test"*, franz. Fassung: *„critère de bien-fondé"*) kann dagegen entschieden werden, ob Prozesskostenhilfe im Interesse der Rechtspflege erforderlich ist. In Strafverfahren haben die Mitgliedstaaten im Falle einer Prüfung der materiellen Kriterien die Schwere der Straftat, die Komplexität des Falles und die Schwere der zu erwartenden Strafe zu berücksichtigen (Art. 4 Abs. 4 S. 1 RL-PKH). Zudem sieht Art. 4 Abs. 4 S. 2 RL-PKH für Strafverfahren Konstellationen vor, in denen die materiellen Kriterien *„in jedem Fall"* erfüllt sind: Die Vorführung zur Entscheidung über eine Haft, und wenn sich ein Verdächtiger oder eine beschuldigte Person in Haft befindet.

---

926 So und für eine restriktive Auslegung des Begriffs *„detention"* *Cras*, eucrim 1/2017, 34 (41); vgl. allerdings auch Art. 4 Abs. 4 S. 2 *lit.* a RL-PKH (Vorführung zur Entscheidung über eine Haft).

927 So auch das Verständnis von *Cras*, eucrim 1/2017, 34 (42).

928 Vgl. auch *Cras*, eucrim 1/2017, 34 (40).

Im Gegensatz zu Strafverfahren sieht Art. 5 Abs. 3 RL-PKH für Übergabeverfahren jedoch keine Prüfung der materiellen Kriterien vor. Der Wortlaut des Art. 5 Abs. 3 RL-PKH ist deutlich enger gefasst und sieht insoweit nur eine „*Bedürftigkeitsprüfung*" vor. Dementsprechend sollen nach Art. 5 Abs. 3 RL-PKH auch nur die Kriterien für eine Bedürftigkeitsprüfung nach Art. 4 Abs. 3 RL-PKH in Übergabeverfahren sinngemäß gelten. Auf die in Strafverfahren *zusätzlich* mögliche Prüfung materieller Kriterien nach Art. 4 Abs. 2 und Abs. 4 RL-PKH wird für das Übergabeverfahren nicht verwiesen.

Auch die Entstehungsgeschichte des Art. 5 Abs. 3 RL-PKH spricht für eine reine Bedürftigkeitsprüfung in Übergabeverfahren. So hatte die Kommission ursprünglich noch vorgesehen, dass der Anspruch auf (gewöhnliche) Prozesskostenhilfe in Übergabeverfahren von einer „*Bedürftigkeitsprüfung und/oder von einer Prüfung des Rechtspflegeinteresses*" abhängig gemacht werden kann.[929] Ein „*merits test*" für Übergabeverfahren war gleichermaßen in den Fassungen des Rates[930] und des Europäischen Parlamentes[931] enthalten. Dass die Prüfung materieller Kriterien im Wortlaut des Art. 5 Abs. 3 RL-PKH nun weggefallen ist, dürfte eine bewusste Entscheidung des Unionsgesetzgebers sein.

Der Unionsgesetzgeber scheint denjenigen Stimmen gefolgt zu sein, die sich für Übergabeverfahren von vornherein gegen eine zusätzlich mögliche Prüfung materieller Kriterien ausgesprochen hatten.[932] Dies überzeugt auch in der Sache, da ein Europäischer Haftbefehl für die gesuchte Person grundsätzlich mit ihrer Festnahme bzw. Inhaftierung einhergehen wird und schwerwiegende Auswirkungen auf ihr Leben haben kann.[933] Auch wird jedenfalls im Ausstellungsstaat

---

929 Vgl. Art. 5 Abs. 3 RL-PKH-E, ebenso Erwägungsgrund Nr. 14 RL-PKH-E, KOM(2013) 824 endg. v. 27.11.2013.

930 Vgl. Art. 5 Abs. 3 in der Fassung der allgemeinen Ausrichtung des Rates, Ratsdok. 6603/15 v. 26.2.2015.

931 Vgl. Art. 5 Abs. 3 in der Fassung des LIBE Ausschusses v. 18.5.2015 („*interests of justice*"), A8-0165/2015.

932 So etwa ECBA Comments and recommendations following the Commission's proposals on Legal Aid (abrufbar unter www.ecba.org) [Stand: 29.10.2018], S. 9 f.; Fair Trials und LEAP (Legal Experts Advisory Panel), Position paper on the proposed directive on provisional legal aid (…) v. Feb. 2015 (abrufbar unter www.fairtrials.org) [Stand: 29.10.2018], Rn. 24.

933 Vgl. schon ECBA Comments and recommendations following the Commission's proposals on Legal Aid (abrufbar unter www.ecba.org) [Stand: 29.10.2018], S. 9 f.; Fair Trials und LEAP (Legal Experts Advisory Panel), Position paper on the proposed directive on provisional legal aid (…) v. Feb. 2015 (abrufbar unter www.fairtrials.

stets Freiheitsstrafe drohen, wie die Voraussetzungen für die Ausstellung eines Europäischen Haftbefehls in Art. 2 Abs. 1 RbEuHb zeigen.[934] In einer solchen Situation sollte für eine gesuchte Person im Interesse der Rechtspflege stets die Möglichkeit bestehen, sich frühzeitig vor ihrer etwaigen Übergabe eines Rechtsbeistandes zu bedienen.[935] Im Ergebnis entspricht der Wegfall einer Prüfung materieller Kriterien zudem der ähnlichen Wertung in Art. 4 Abs. 4 S. 2 RL-PKH, mit dem in Strafverfahren bei drohender Haft ein „*safety net*“[936] für die materielle Prüfung gespannt wird: Nach diesem sind die materiellen Kriterien „*in jedem Fall als erfüllt*“ anzusehen, wenn die Person zur Entscheidung über eine Haft vorgeführt wird oder sie sich in Haft befindet.

Insgesamt sollte Art. 5 Abs. 3 RL-PKH mithin dahingehend verstanden werden, dass die Gewährung von Prozesskostenhilfe im Falle der Festnahme einer gesuchten Person aufgrund eines Europäischen Haftbefehls *stets* im Interesse der Rechtspflege erforderlich sein wird.[937] Da der Anspruch auf Prozesskostenhilfe durch zusätzliche materielle Kriterien erschwert werden kann, stellt der Verzicht auf eine zusätzliche materielle Prüfung eine wichtige Fortentwicklung zu Gunsten von gesuchten Personen dar. Es ist zudem ein Fortschritt gegenüber dem Kommissionsentwurf, der eine solche Prüfung noch enthielt.

b) Bedürftigkeitsprüfung nach Art. 5 Abs. 3 RL-PKH

Neben der Festnahme der gesuchten Person kommt es für die Gewährung von Prozesskostenhilfe in Übergabeverfahren mithin insbesondere darauf an, ob und in welcher Form die Mitgliedstaaten von Art. 5 Abs. 3 RL-PKH Gebrauch machen. Dieser räumt den Mitgliedstaaten die Möglichkeit ein, die Bewilligung von Prozesskostenhilfe im Vollstreckungsstaat von einer Bedürftigkeitsprüfung (engl. Fassung: „*means test*“, franz. Fassung „*critère de Ressources*“) abhängig zu

---

org) [Stand: 29.10.2018], Rn. 24 (“*severity of the impact of extradition on requested persons*”).

934 Vgl. ECBA Comments and recommendations following the Commission's proposals on Legal Aid (abrufbar unter www.ecba.org) [Stand: 29.10.2018], S. 9 f.,

935 Vgl. auch schon insgesamt oben zur Forderung eines Pflichtbeistandes in Auslieferungs- und Übergabeverfahren als Regelfall und insbesondere im Falle der Auslieferungshaft, S. 163 ff. m.w.N.

936 Näher *Cras*, eucrim 1/2017, 34 (40 f.).

937 So auch das Verständnis von *Cras*, eucrim 1/2017, 34 (42): “*Such merit is presumed to exist where an EAW has been issued*”, sowie Figure 1: “*always the case in EAW proceedings*”.

machen. Über Art. 5 Abs. 3 RL-PKH kann der grundsätzliche Anspruch auf Prozesskostenhilfe nach Art. 5 Abs. 1 RL-PKH also erheblich eingeschränkt werden. Die Mitgliedstaaten müssen von der Option einer Bedürftigkeitsprüfung jedoch keinen Gebrauch machen („kann" / „*may*").

aa) Kriterien

Für die Kriterien der Bedürftigkeitsprüfung in Übergabeverfahren verweist Art. 5 Abs. 3 RL-PKH auf die Vorgaben in Art. 4 Abs. 3 RL-PKH für Strafverfahren, die entsprechend gelten sollen. Demnach hat der Vollstreckungsstaat „*sämtlichen relevanten und objektiven Kriterien*" Rechnung zu tragen, um festzustellen, ob die gesuchte Person nicht über ausreichende Mittel verfügt, um die Unterstützung durch einen Rechtsbeistand zu bezahlen.[938] Zu diesen Kriterien gehören nach Art. 4 Abs. 3 RL-PKH „*beispielsweise*" Einkommen, Vermögen, familiäre Verhältnisse der betroffenen Person, die Kosten der Unterstützung durch einen Rechtsanwalt und der Lebensstandard in dem Mitgliedstaat. Dies macht eine Prüfung im Einzelfall erforderlich. Über den Verweis in Art. 5 Abs. 3 RL-PKH gelten die Kriterien nun entsprechend in Übergabeverfahren, wobei fraglich bleibt, ob es für die Kriterien auf den Vollstreckungs- oder den Ausstellungsstaat ankommen soll und wie der Vollstreckungsstaat die etwaigen Umstände im Ausstellungsstaat beurteilen sollte. Darüber hinaus sind nach Art. 9 RL-PKH bei der Umsetzung der Richtlinie grundsätzlich die besonderen Bedürfnisse von schutzbedürftigen gesuchten Personen zu berücksichtigen.

Festzuhalten ist zunächst, dass den Mitgliedstaaten *kein* einheitlicher Prüfungsmaßstab für die Bewilligung der Prozesskostenhilfe auferlegt wird. Den Mitgliedstaaten verbleibt bei der Umsetzung viel Spielraum bei der Prüfung, ob die Person nicht über ausreichende finanzielle Mittel verfügt, um einen Rechtsbeistand zu bezahlen.[939] Entsprechendes gilt für die in Strafverfahren zusätzlich mögliche Prüfung materieller Kriterien, ob Prozesskostenhilfe im Interesse der Rechtspflege erforderlich ist (vgl. aber auch Art. 4 Abs. 4 S. 2 RL-PKH).[940] Dieser Spielraum geht auf die Kommission zurück, die von Anfang an nur Kriterien vorgesehen hatte, die die Mitgliedstaaten berücksichtigen sollten, *falls* sie eine Bedürftigkeitsprüfung („*means test*") und/oder Prüfung des Interesses der

---

938 Vgl. Art. 4 Abs. 3 i.V.m. Art. 5 Abs. 3 RL-PKH.
939 Ebenso *Cras*, eucrim 1/2017, 34 (40, 42).
940 Vgl. *Cras*, eucrim 1/2017, 34 (40).

Rechtspflege („*merits test*") vornehmen.[941] Die Kommission hatte sich gegen eine einheitliche Prüfung entschieden, weil zwischen den Bewilligungskriterien der Mitgliedstaaten (in Strafverfahren) erhebliche Unterschiede vorlägen, die grundsätzlich auch mit der EMRK und der GrCh vereinbar seien.[942]

Dieser Ansatz ist ebenso verständlich wie bedauerlich.[943] Mit dem erheblichen Spielraum der Mitgliedstaaten bleibt das Risiko bestehen, dass der Anspruch auf Prozesskostenhilfe nach nationalem Recht unterlaufen wird und sich „nichts verändern" könnte.[944] Zugleich wurde die Chance verpasst, für die Mitgliedstaaten (zumindest abstrakte) Schwellenwerte für die Bedürftigkeit vorzugeben, damit die Grenzwerte nicht so hoch angesetzt werden können, dass von vornherein nur sehr wenige Personen als bedürftig gelten.[945] Tatsächlich bestehen bisher große Unterschiede bei den maßgeblichen nationalen Einkommensgrenzen; in einigen Mitgliedstaaten sollen weniger als 10 % der Bevölkerung im Falle ihrer Beschuldigung die Bedürftigkeitsprüfung erfüllen können.[946] Dennoch wurde im Gegensatz zu der Prüfung der materiellen Kriterien (Art. 4 Abs. 4 S. 2 RL-PKH) für die Bedürftigkeitsprüfung kein „*safety net*"[947] aufgenommen, wann

941 Vgl. Empfehlungen Nr. 6 bis 10 (Bedürftigkeitsprüfung) und Nr. 11 bis 12 (Begründetheitsprüfung), Empfehlung der Kommission v. 27.11.2013, ABlEU Nr. C 378 v. 24.12.2013, S. 11 ff.

942 Vgl. Commission Staff Working Document zur RL-PKH, SWD(2013) 476 final v. 27.11.2013, S. 23, 31 sowie Annex VII.

943 Krit. zur Bedürftigkeitsprüfung und/oder Prüfung der materiellen Kriterien nach nationalem Recht im Kommissionsentwurf schon ECBA Comments and recommendations following the Commission's proposals on Legal Aid (abrufbar unter www.ecba.org) [Stand: 29.10.2018], S. 5 ff., 9 f.; Fair Trials und LEAP (Legal Experts Advisory Panel), Position paper on the proposed directive on provisional legal aid (…) v. Feb. 2015 (abrufbar unter www.fairtrials.org) [Stand: 29.10.2018], Rn. 21 ff.

944 Vgl. zu diesen Bedenken (zum Kommissionsentwurf) BRAK-Stellungnahme Nr. 20/2014 v. Juni 2014 (abrufbar unter www.brak.de) [Stand: 29.10.2018], S. 3; ähnlich kritisch DAV-Stellungnahme Nr. 26/2014 v. April 2014 (abrufbar unter www.anwaltverein.de) [Stand: 29.10.2018], S. 5 („leerlaufen").

945 Vgl. näher zu einem solchen Vorschlag ECBA Touchstones – Minimum Standards for the right to Legal Aid (Measure C part 2) (abrufbar unter www.ecba.org) [Stand: 29.10.2018], S. 12.

946 Vgl. Commission Staff Working Document zur RL-PKH, SWD(2013) 476 final v. 27.11.2013, S. 23 und umfassend S. 137 ff., die Spanne reiche von einer Eignung von unter 10 % (Belgien, Luxemburg) bis zu über 90 % (Slowenien) der Bevölkerung.

947 *Cras*, eucrim 1/2017, 34 (40 f.).

diese *„in jedem Fall als erfüllt"* gilt, um den Spielraum der Mitgliedstaaten zu beschränken.

Gegenüber dem Kommissionsentwurf kann man es aber als Fortschritt ansehen, dass Art. 4 Abs. 3 RL-PKH (und Art. 4 Abs. 4 RL-PKH) überhaupt als Maßstab für die jeweilige nationale Prüfung der Bedürftigkeit (und der materiellen Kriterien) in den Richtlinientext aufgenommen wurden. Dies geht auf den Einsatz des Europäischen Parlamentes zurück.[948] Denn ursprünglich wurden diese alleine in den Empfehlungen der Kommission vorgesehen.[949] Dies stieß zu Recht auf erhebliche Kritik, da die Empfehlungen der Kommission für die Mitgliedstaaten nicht verbindlich sind.[950] Mit der Aufnahme in die verbindliche Richtlinie wird mithin zumindest ein Schritt für die Vorhersehbarkeit und Überprüfbarkeit der Bedürftigkeitsprüfung (und Prüfung der materiellen Kriterien) geleistet.[951]

bb) Praktische Durchführung

Darüber hinaus lässt es die RL-PKH offen, wie eine Bedürftigkeitsprüfung durchzuführen ist.[952] Die praktische Ausgestaltung wird insgesamt weitgehend den Mitgliedstaaten überlassen.[953]

Hilfreich wären etwa Mindestvorgaben gewesen, wie und durch wen die Bedürftigkeit nachzuweisen ist. Insoweit wird es zumindest für Strafverfahren bei den gemeinsamen Mindeststandards der EMRK verbleiben, auch wenn diese

---

948 Vgl. schon Änderung Nr. 40 zu einem neuen Art. 4a der Richtlinie, auf den auch Art. 5 Abs. 3 in der Fassung des Europäischen Parlaments verwies, A8-0165/2015 v. 18.5.2015; zudem *Cras*, eucrim 1/2017, 34 (40).

949 Vgl. Empfehlungen Nr. 6 bis 10 (Bedürftigkeitsprüfung) und Nr. 11 bis 12 (Begründetheitsprüfung), Empfehlung der Kommission v. 27.11.2013, ABlEU Nr. C 378 v. 24.12.2013, S. 11 ff.

950 Vgl. krit. u.a. ECBA Comments and recommendations following the Commission's proposals on Legal Aid (abrufbar unter www.ecba.org) [Stand: 29.10.2018], S. 5 ff., 9 f.; Fair Trials und LEAP (Legal Experts Advisory Panel), Position paper on the proposed directive on provisional legal aid (…) v. Feb. 2015 (abrufbar unter www.fairtrials.org) [Stand: 29.10.2018], Rn. 21 ff.; BRAK-Stellungnahme Nr. 20/2014 v. Juni 2014 (abrufbar unter www.brak.de) [Stand: 29.10.2018], S. 3.

951 Die Aufnahme in den Richtlinientext empfahlen auch u.a. Fair Trials und LEAP (Legal Experts Advisory Panel), Position paper on the proposed directive on provisional legal aid (…) v. Feb. 2015 (abrufbar unter www.fairtrials.org) [Stand: 29.10.2018], Rn. 21 ff.

952 Zum Verfahren noch unten S. 235 ff.

953 Vgl. Erwägungsgrund Nr. 18 RL-PKH; auch *Cras*, eucrim 1/2017, 34 (43).

teilweise unklar sind.[954] Nach der EMRK hat grundsätzlich die Person selbst ihre Bedürftigkeit nachzuweisen.[955] Allerdings ließ es der EGMR mitunter genügen, wenn die Mittellosigkeit behauptet und ein Beweis angeboten wurde, wenn keine gegenteiligen Anhaltspunkte bestanden.[956] Da der EGMR die Bedürftigkeit jedoch regelmäßig nachträglich beurteilt, wäre es vorzugswürdig, wenn die Mitgliedstaaten bei der Umsetzung der RL-PKH von vornherein klare Anforderungen an die Bedürftigkeit und den Bedürftigkeitsnachweis aufstellen. Erleichterungen sollten insbesondere im Falle von Freiheitsentzug gelten, da es dann auf frühzeitigen Rechtsbeistand besonders ankommt und es einer gesuchten Person erschwert sein wird, die erforderlichen Nachweise beizubringen.

Es ist eine rechtspolitische Entscheidung, ob die Mitgliedstaaten auf der Grundlage von Art. 4 Abs. 3 und Art. 5 Abs. 3 RL-PKH eine Bedürftigkeitsprüfung einführen wollen. Die Prüfung der finanziellen Verhältnisse kann je nach Ausgestaltung zu erheblichem Aufwand führen.[957] Aus Sicht eines Verdächtigen oder einer beschuldigten Person in Strafverfahren erscheint eine Bedürftigkeitsprüfung allenfalls dann erstrebenswert, wenn damit in allen Fällen der Mittellosigkeit die Möglichkeit von Prozesskostenhilfe einherginge, unabhängig von materiellen Kriterien und ob ein Fall der notwendigen Verteidigung vorliegt.[958] Diese Option wird in der RL-PKH allerdings zugegebenermaßen dadurch beschränkt, dass bereits der Anwendungsbereich der RL-PKH für Strafverfahren bestimmte zusätzliche Voraussetzungen vorsieht.[959]

Für Übergabeverfahren spricht insgesamt viel dagegen, eine Bedürftigkeitsprüfung für gesuchte Personen einzuführen.[960] So kann sich insbesondere die

---

954 Vgl. näher LR/*Esser*, Art. 6 EMRK, Rn. 737 m.w.N.

955 Vgl. näher LR/*Esser*, Art. 6 EMRK, Rn. 737.

956 Vgl. zu einem Revisionsverfahren und Art. 6 EMRK: EGMR Pakelli/D, 25.4.1983, A 64, § 34 = NStZ 1983, 373; hierauf verweist für die RL-PKH auch *Cras*, eucrim 1/2017, 34 (40).

957 Vgl. zu Schwierigkeiten *Plekksepp*, S. 455 f.

958 Vgl. etwa *Mehle*, S 369 ff. m.w.N. zu bisherigen Überlegungen, dass die Mittellosigkeit eines Beschuldigten im deutschen Strafprozess berücksichtigt werden sollte. *Mehle* spricht sich für eine auf einer Bedürftigkeitsprüfung beruhende Prozesskostenhilferegelung *neben* dem System der notwendigen Verteidigung aus, vgl. S. 372 ff. Gegen eine Prozesskostenhilferegelung im Strafverfahren dagegen *Schoeller*, S. 471 ff.

959 In diese Richtung auch *Cras*, eucrim 1/2017, 34 (40).

960 Vgl. krit. zu einer Bedüftigkeitsprüfung in Übergabeverfahren auch die Sicht der Verteidigung bei *Wahl*, in: Pilot Project (Rn. 53), S. 324; ECBA Comments and recommendations following the Commission's proposals on Legal Aid (abrufbar unter www.ecba.org) [Stand: 29.10.2018], S. 9.

praktische Durchführung einer Bedürftigkeitsprüfung in Übergabeverfahren als schwierig erweisen, wenn man zugleich die effektive Mitwirkung des Beistandes am Verfahren und die Fristen des RbEuHb wahren will. Je nach Ausgestaltung der Prüfung können die Anforderungen an den Nachweis der Mittellosigkeit für ausländische Staatsangehörige regelmäßig schwer zu erfüllen sein und die Durchführung der Prüfung zu erheblichen Verzögerungen des Verfahrens führen.[961] Dies zeigte sich eindrucksvoll in Übergabeverfahren in England und Wales, weshalb die erheblichen Nachteile der Verzögerungen für die gesuchte Person und den Staat das *House of Lords* zu der Empfehlung veranlassten, das *means testing* in Übergabeverfahren zu überdenken und durch einen *interests of justice*-Test zu ersetzen.[962] Im Falle einer Bedürftigkeitsprüfung müssten jedenfalls begleitende Maßnahmen getroffen werden, damit die Prozesskostenhilfe zügig beschieden und die Zeit ohne Rechtsbeistand verkürzt wird.[963] So könnte eine frühzeitige Mitwirkung eines Rechtsbeistandes trotz Bedürftigkeitsprüfung etwa über eine Dringlichkeits- bzw. vorläufige Prozesskostenhilfe ermöglicht werden.[964]

c) *Unterschiede zur notwendigen Beistandschaft*

Abschließend ist darauf einzugehen, dass das Vorliegen eines Anspruchs auf Prozesskostenhilfe nach der RL-PKH nicht stets mit der Bestellung eines Rechtsbeistandes einhergehen muss. Unter „*Prozesskostenhilfe*" wird die Bereitstellung finanzieller Mittel durch einen Mitgliedstaat für die Unterstützung durch einen Rechtsbeistand verstanden, damit das Recht auf Zugang zu einem Rechtsbeistand wahrgenommen werden kann (Art. 3 RL-PKH). Insoweit ist zwischen den Konzepten der Prozesskostenhilfe als „*Bereitstellung finanzieller Mittel*" und einer notwendigen Verteidigung zu differenzieren. Die Unterscheidung kommt auch im Anwendungsbereich der Richtlinie in Art. 2 Abs. 1 *lit.* b) RL-PKH zum

---

961 Vgl. House of Lords, Select Committee on Extradition Law, „Extradition: UK law and practice", 2nd Report of Session 2014/15 v. 10.3.2015, HL Paper 126 (abrufbar unter www.publications.parliament.uk) [Stand: 30.10.2018], S. 59 ff; näher noch unten S. 205 ff.

962 Vgl. ebenda, insb. Recommendation 10 und 12, es sei denn der Mehrwert von *means testing* könne klar nachgewiesen werden; ebenso *Baker*, „A Review of the United Kingdom's Extradition Arrangements" v. 18.10.2011 (abrufbar unter www. homeoffice. gov.uk/) [Stand: 29.10.2018], S. 17, 310 ff.

963 Vgl. näher dazu unten im Rahmen des Zeitpunkts, S. 211 ff.

964 Vgl. Erwägungsgrund Nr. 19 RL-PKH; näher dazu unten S. 211 ff.

Ausdruck, wo Fälle der notwendigen Verteidigung nach Maßgabe des Unionsrechts oder nationalem Recht („*required to be assisted by a lawyer*“) nur als *eine* der Kategorien aufgeführt werden, in denen die RL-PKH in Strafverfahren Anwendung findet. Als Unterschiede soll hier auf eine Verzichtsmöglichkeit (aa) und ein etwaiges Antragserfordernis (bb) eingegangen werden.

aa) Verzichtsmöglichkeit

Eine mögliche Ausnahme von der Bewilligung von Prozesskostenhilfe eröffnet Erwägungsgrund Nr. 9 RL-PKH: Danach soll die RL-PKH nicht zur Anwendung kommen, wenn auf das Recht auf Zugang zu einem Rechtsbeistand nach der RL-RB verzichtet und dieser Verzicht nicht widerrufen wurde.[965] Insoweit baut die RL-PKH auf die Verzichtbarkeit des Rechts auf Zugang zu Rechtsbeistand nach der RL-RB auf und erlaubt inzident auch den Verzicht auf die Inanspruchnahme von Prozesskostenhilfe.[966]

Nach der RL-RB kann auf das Recht auf Zugang zu einem Rechtsbeistand verzichtet werden, wenn die Voraussetzungen des Art. 9 RL-RB vorliegen[967], der für gesuchte Personen über Art. 10 Abs. 3 RL-RB entsprechend gilt[968]. Ein wirksamer Verzicht setzt demnach voraus, dass die Person eindeutige und ausreichende Informationen in einfacher und verständlicher Sprache über den Inhalt des betreffenden Rechts und die möglichen Folgen eines Verzichts auf das Recht erhalten hat (Art. 9 Abs. 1 *lit.* a RL-RB).[969] Dies wird man im Hinblick auf die RL-PKH dahingehend zu verstehen haben, dass die Informationen auch solche zur Prozesskostenhilfe enthalten müssen. Zudem sind die persönlichen Umstände der Person wie ihr Alter und ihre geistige und körperliche Verfassung zu beachten.[970] Ohne ordnungsgemäße Belehrung dürfte ein erklärter Verzicht

965 In Strafverfahren gilt dies darüber hinaus in den Fällen, in denen eine vorübergehende Ausnahme nach Art. 3 Abs. 5 oder 6 RL-RB gemacht wird, vgl. Erwägungsgrund Nr. 9 RL-PKH.

966 Wie hier *Schoeller*, StV 2019, 190. An Erwägungsgrund Nr. 9 RL-PKH als Grundlage für eine Verzichtsmöglichkeit zweifelnd jedoch BRAK-Stellungnahme Nr. 9/2019 v. März 2019 (abrufbar unter www.brak.de) [Stand: 20.07.2019], S. 6.

967 Näher zu diesen G/P/K/*Schneider*, III D 18, Rn. 55 ff.

968 Die entsprechende Geltung von Art. 9 RL-RB für Übergabeverfahren wurde im Gesetzgebungsverfahren zur RL-RB zwar teilweise kritisiert, wurde von der überwiegenden Mehrheit der Mitgliedstaat jedoch früh als angemessen begrüßt, näher Ratsdok. 7794/12 v. 20.3.2012, S. 3 ff.

969 Näher Erwägungsgrund Nr. 39 RL-RB; im Einzelnen G/P/K/*Schneider*, III D 18, Rn. 55.

970 Erwägungsgrund Nr. 39 RL-RB.

unwirksam sein.[971] Die Verzichtserklärung muss ferner freiwillig und unmissverständlich abgegeben werden (Art. 9 Abs. 1 *lit.* b RL-RB) und der Verzicht und die Umstände der Verzichtserklärung sollen nach dem Recht des Mitgliedstaates schriftlich festgehalten werden[972]. Die gesuchte Person kann ihren Verzicht jederzeit widerrufen und ist hierüber zu informieren.[973] Allerdings ist der Widerruf erst ab dem Zeitpunkt wirksam, zu dem er erfolgt[974] und Befragungen oder Verfahrenshandlungen während der Dauer des Verzichts müssen nicht erneut durchgeführt werden[975].

Im Zusammenhang mit der Prozesskostenhilfe ist jedoch hervorzuheben, dass die Verzichtsmöglichkeit nach der RL-RB nur „*Unbeschadet der nationalen Rechtsvorschriften*" gilt, „*die die Anwesenheit oder Unterstützung eines Rechtsbeistandes verbindlich vorschreiben*" (Art. 9 Abs. 1 RL-RB). Die gesuchte Person kann mithin nicht auf das Recht auf Zugang zu einem Rechtsbeistand und Prozesskostenhilfe verzichten, wenn nach dem nationalen Recht ein Fall der notwendigen Verteidigung vorliegt. Die Mitgliedstaaten können sich dementsprechend gegen die Verzichtbarkeit des Rechts entscheiden.

bb) Antragserfordernis?

Darüber hinaus stellt sich die Frage, inwieweit die Gewährung von Prozesskostenhilfe bzw. die Bestellung eines Rechtsbeistandes nach der RL-PKH einen diesbezüglichen *Antrag* der gesuchten Person voraussetzt. Für das Verfahren wird den Mitgliedstaaten aufgegeben, praktische Regelungen für die Bereitstellung der Prozesskostenhilfe einzuführen.[976] Als eine solche praktische Regelung räumt die RL-PKH den Mitgliedstaaten die Möglichkeit („*könnte*", engl. „*could*") ein, die Bereitstellung von Prozesskostenhilfe an den Antrag einer beschuldigten oder gesuchten Person zu knüpfen (Erwägungsgrund Nr. 18 S. 1 RL-PKH). Damit scheint es zunächst grundsätzlich dem nationalen Recht überlassen zu sein, ob ein solcher Antrag erforderlich ist. Eine Antragstellung durch die Person ist in einigen Mitgliedstaaten bisher auch regelmäßig vorgesehen und

971 So *Burhoff*, StRR 2019, 5 (8).
972 Art. 9 Abs. 2 RL-RB, dazu auch Erwägungsgrund Nr. 40 RL-RB.
973 Art. 9 Abs. 3 RL-RB.
974 Art. 9 Abs. 3 S. 2 RL-RB.
975 Vgl. Erwägungsgrund Nr. 41 RL-RB.
976 Vgl. Erwägungsgrund Nr. 18 RL-PKH.

unterstreicht ihre Privatautonomie, in deren Rahmen es einer Person freistehen kann, keinen Rechtsbeistand zu wünschen.[977]

Zugleich kann ein etwaiges Antragserfordernis eine Person allerdings aus bürokratischen Gründen davon abhalten, Rechtsbeistand in Anspruch zu nehmen. Bedenken ergeben sich auch dann, wenn das Antragerfordernis der Person unbekannt ist oder sie aufgrund der Ausnahmesituation der Festnahme oder aus sonstigen Gründen nicht in der Lage ist, Prozesskostenhilfe zu beantragen.[978] Hervorzuheben ist daher Erwägungsgrund Nr. 18 S. 2 RL-PKH, mit dem *„Insbesondere angesichts der Bedürfnisse schutzbedürftiger Personen"* klargestellt wird, dass ein Antrag *„jedoch keine materiellrechtliche Voraussetzung für die Bewilligung von Prozesskostenhilfe"* sein soll.[979] Damit wird zumindest für schutzbedürftige Personen deutlich, dass unentgeltlicher Rechtsbeistand auch von Amts wegen ohne Antrag der Person zu gewähren ist. Den Bedürfnissen schutzbedürftiger Personen ist auch nach Art. 9 RL-PKH Rechnung zu tragen und dürfte insbesondere Minderjährige und Personen mit Behinderungen erfassen[980].

Über das Wort *„Insbesondere"* wird zudem deutlich, dass die Aufzählung nicht abschließend ist und jedenfalls auch vergleichbare Umstände des Einzelfalls umfasst.[981] Ein Rechtsbeistand sollte mithin auch dann von Amts wegen zu bestellen sein, wenn Verdächtige, beschuldigte und gesuchte Personen sich ersichtlich nicht selbst verteidigen können und/oder die Mitwirkung eines Beistandes nach nationalem Recht notwendig ist. Der Staat kann seine Verantwortung für die Wahrung der Verfahrensfairness bei notwendiger Verteidigung nicht auf die Person abwälzen.[982] Jedenfalls müsste über ein Antragserfordernis zwingend belehrt werden.

---

977 Vgl. näher *Plekksepp*, S. 460 ff., insbesondere zu England und Wales sowie Finnland, nach dem eine Bestellung von Amts wegen auch „paternalistisch" sein könne.

978 Mit Bedenken zu einem zwingenden Antragserfordernis auch BRAK-Stellungnahme Nr. 9/2019 v. März 2019 (abrufbar unter www.brak.de) [Stand: 20.07.2019], S. 6. f.

979 Engl. Fassung: "*Given in particular the needs of vulnerable persons, such a request should not, however, be a substantive condition for granting legal aid.*"

980 Vgl. G/P/K/*Schneider*, III D 18, Rn. 95, zur RL-RB.

981 Ähnlich BRAK-Stellungnahme Nr. 9/2019 v. März 2019 (abrufbar unter www.brak.de) [Stand: 20.07.2019], S. 7, Vergleichbarkeit bestehe etwa bei „typischen Überforderungssituationen" wie vorläufiger Festnahme mit kurz darauf erfolgender Beschuldigtenvernehmung.

982 Vgl. zu den diesbezüglichen Anforderungen der EMRK schon LR/*Esser*, Art. 6 EMRK, Rn. 743.

d) Zwischenergebnis zur RL-PKH

Nach der RL-PKH haben die Mitgliedstaaten sicherzustellen, dass gesuchte Personen ab dem Zeitpunkt ihrer Festnahme aufgrund eines Europäischen Haftbefehls bis zu ihrer Übergabe bzw. rechtskräftigen Ablehnung derselben Anspruch auf Prozesskostenhilfe im Vollstreckungsstaat haben (Art. 5 Abs. 1 RL-PKH). Die Notwendigkeit einer derartigen gemeinsamen Regelung zur Prozesskostenhilfe im Vollstreckungsstaat des Übergabeverfahrens war im Gesetzgebungsverfahren weitgehend unstreitig, im Gegensatz zu den Regelungen für Strafverfahren[983]. So hatte schon die Kommission hervorgehoben, dass Verdächtige oder beschuldigte Personen in Strafverfahren bisher in allen Mitgliedstaaten Prozesskostenhilfe erhalten könnten, während dies für gesuchte Personen in Übergabeverfahren nicht der Fall sei.[984] Dabei wurde auch berücksichtigt, dass die Rechte nach Art. 6 EMRK bisher nicht in Übergabeverfahren gelten.[985]

Als Voraussetzungen für unentgeltlichen Rechtsbeistand im Vollstreckungsstaat wurden hier die Festnahme der gesuchten Person sowie eine optionale Bedürftigkeitsprüfung nach Art. 5 Abs. 3 RL-PKH ausgemacht. Dabei gilt bei Übergabeverfahren die Besonderheit, dass die Mitgliedstaaten bei der Umsetzung der RL-PKH *nur* eine Bedürftigkeitsprüfung und keine weitere Prüfung materieller Kriterien vorsehen dürfen.[986] Damit wird die Bewilligung von Prozesskostenhilfe in Übergabeverfahren zu Recht als *stets* im Interesse der Rechtspflege erforderlich angesehen.[987] Dies wird der Bedeutung von unentgeltlichem Rechtsbeistand in Übergabeverfahren gerecht.

Die RL-PKH bietet den Mitgliedstaaten jedoch auch Gestaltungsspielraum für den Fall, dass – entgegen der hier vertretenen Auffassung – ein restriktiver Ansatz im Hinblick auf den Anspruch auf unentgeltlichen Rechtsbeistand verfolgt werden sollte. So stünde es ihnen insbesondere nach Art. 5 Abs. 3 RL-PKH frei, eine zusätzliche Bedürftigkeitsprüfung einzuführen.[988] Damit könnte die Gewährung unentgeltlichen Rechtsbeistandes auf solche gesuchten Personen beschränkt werden, die nicht über ausreichende Mittel zur Bezahlung eines Rechtsbeistandes verfügen. Den Mitgliedstaaten steht bei der Ausgestaltung einer solchen Bedürftigkeitsprüfung wie gezeigt viel Spielraum zu. Für das

---

983 Vgl. allgemein zu den Streitpunkten *Cras*, eucrim 1/2017, 34 ff.

984 Vgl. Begründung Nr. 11 zum RL-PKH-E.

985 Vgl. Begründung Nr. 11 zum RL-PKH-E.

986 Oben S. 175 ff. m.w.N.

987 Oben S. 175 ff. m.w.N.

988 Oben S. 177 ff.

Übergabeverfahren erscheint die Einführung einer solchen Prüfung je nach Ausgestaltung wie dargestellt jedoch nicht empfehlenswert, da sie sehr zeitintensiv ausfallen und zu praktischen Hindernissen führen kann.

Insgesamt ist der Anspruch auf Prozesskostenhilfe im Vollstreckungsstaat nach Art. 5 Abs. 1 und Abs. 3 RL-PKH zu begrüßen und trägt zur Stärkung der Effektivität des in der RL-RB vorgesehenen Rechts auf Zugang zu einem Rechtsbeistand bei.

e) Umsetzungsbedarf in Deutschland

Vor dem Hintergrund der zurückliegenden Ergebnisse führt Art. 5 Abs. 1 RL-PKH für Übergabeverfahren zu weitreichendem Umsetzungsbedarf im deutschen Recht. Der vorgesehene Anspruch auf Prozesskostenhilfe im Vollstreckungsstaat nach Art. 5 Abs. 1 RL-PKH geht deutlich über das hinaus, was im deutschen § 40 Abs. 2 IRG bisher für die Bestellung eines Pflichtbeistandes in Übergabeverfahren vorgesehen war.[989]

Während in Deutschland nach § 40 Abs. 2 IRG bisher stets der Einzelfall maßgeblich sein soll und die Gewährleistung unentgeltlichen Rechtsbeistandes von bestimmten Voraussetzungen wie insbesondere der konkreten Schwierigkeit der Sach- oder Rechtslage abhängt[990], darf es auf diese materiellen Kriterien nach der RL-PKH im Falle einer Festnahme nicht mehr ankommen.[991] Denn nach Art. 5 Abs. 1 RL-PKH wird es ab der Festnahme der gesuchten Person aufgrund eines Europäischen Haftbefehls wie gezeigt als *stets* im Interesse der Rechtspflege erforderlich angesehen, dass der gesuchten Person unentgeltlicher Rechtsbeistand gewährt wird. Im Gegensatz zur deutschen Rechtslage stellt die RL-PKH für Übergabeverfahren mithin gerade nicht auf die Schwierigkeit der Sach- oder Rechtslage im Einzelfall ab, sondern allein auf die Festnahme der gesuchten Person. Die Bewilligung von Prozesskostenhilfe im Vollstreckungsstaat eines Europäischen Haftbefehls ist (abgesehen von einer optionalen

989 Diese Arbeit hat den Stand August 2019, d.h. vor Umsetzung der RL-PKH in Deutschland. Zu diesem Zeitpunkt waren nur der Referentenentwurf und der Gesetzesentwurf der Bundesregierung veröffentlicht. Die RL-PKH wurde im Dezember 2019 durch das Gesetz zur Neuregelung des Rechts der notwendigen Verteidigung umgesetzt, vgl. BGBl. I S. 2128 v. 12.12.2019, mit Wirkung zum 13. Dezember 2019. Die Gesetzesänderungen wurden für die Veröffentlichung nachträglich berücksichtigt.

990 Vgl. insgesamt oben S. 150 ff. m.w.N., insb. S. 153 ff. und Kritik S. 160 ff.

991 So auch der Referentenentwurf des BMJV (Fn. 42), S. 21 („nicht vereinbar"); Gesetzesentwurf der Bundesregierung (Fn. 43), S. 23.

Bedürftigkeitsprüfung) nach der RL-PKH als *Regelfall* anzusehen. Folglich stellt die nun erforderlich gewordene Umsetzung der RL-PKH für Übergabeverfahren einen erheblichen Fortschritt zum Schutz der Rechte gesuchter Personen in Deutschland dar. Die RL-PKH bestätigt damit all diejenigen, die die Gesamtsituation einer gesuchten Person im Übergabeverfahren seit jeher als schwierig ansehen und sich seit Einführung des RbEuHb für die Notwendigkeit eines Pflichtbeistandes aussprechen.[992]

Bleibt man im bisherigen System der notwendigen Verteidigung nach § 40 Abs. 2 IRG, wird es zur Umsetzung der RL-PKH mindestens erforderlich, für gesuchte Personen in Übergabeverfahren einen zusätzlichen Fall der notwendigen Verteidigung ab ihrer Festnahme in das IRG einzuführen.[993] Als Standort für die Neuregelung bietet sich § 40 IRG an, obwohl sich dieser im Abschnitt zum klassischen Auslieferungsverfahren befindet und die RL-PKH nur für Übergabeverfahren anwendbar ist. Denn § 40 IRG stellt bisher die Kernnorm zur Bestellung eines Beistandes im IRG dar und der Standort erscheint zur Hervorhebung der Bedeutung des neuen Bestellungsgrundes in der Praxis sinnvoll.[994]

Der Referentenentwurf des BMJV zur Umsetzung der RL-PKH in Deutschland und der Gesetzesentwurf der Bundesregierung entsprechen den hier gefundenen Ergebnissen und sehen eine umfassende Neufassung des § 40 IRG vor.[995] Zu den Voraussetzungen unentgeltlichen Rechtsbeistands in Übergabeverfahren in Deutschland lautete der im Referentenentwurf vorgeschlagene § 40 Abs. 2 S. 1 IRG-E wie folgt:

> „Die Auslieferung ist ein Fall der notwendigen Rechtsbeistandschaft".[996]

---

992 Vgl. bereits oben S. 163 ff. m.w.N.

993 So auch der Umsetzungsvorschlag von *Schlothauer/Neuhaus/Matt/Brodowski,* wonach in § 40 Abs. 2 IRG als neuer Bestellungsgrund Nr. 4 einzufügen ist, dass „der Verfolgte aufgrund eines Europäischen Haftbefehls festgenommen wird", HRRS 2018, 55 (59 f., 68 f.).

994 Vgl. auch *Schlothauer/Neuhaus/Matt/Brodowski,* HRRS 2018, 55 (59 f., 68 f.).

995 Vgl. Referentenentwurf des BMJV (Fn. 42), S. 11; Gesetzesentwurf der Bundesregierung (Fn. 43), S. 12 f. So nun auch das Gesetz zur Neuregelung des Rechts der notwendigen Verteidigung, durch das die RL-PKH in Deutschland mit Wirkung zum 13. Dezember 2019 umgesetzt wurde, vgl. BGBl. I S. 2128 v. 12.12.2019. Bei den hier relevanten Normen entspricht das Gesetz zur Neuregelung des Rechts der notwendigen Verteidigung dem Gesetzesentwurf der Bundesregierung.

996 Vgl. Referentenentwurf des BMJV (Fn. 42), S. 11.

Dieser Vorschlag ist uneingeschränkt und nachdrücklich zu unterstützen und wird den Anforderungen des Art. 5 RL-PKH mehr als gerecht.[997] Nach § 40 Abs. 2 S. 1 IRG-E in der Fassung des Referentenentwurfs wären künftig *alle* Übergabefälle aufgrund eines Europäischen Haftbefehls ein Fall der notwendigen Rechtsbeistandschaft.[998] Der Referentenentwurf knüpft auch nicht an die Festnahme der gesuchten Person an.[999]

Der Regierungsentwurf behält die weitreichende Änderung des § 40 IRG bei. Im Gegensatz zum Referentenentwurf differenziert der Regierungsentwurf allerdings danach, ob eine Festnahme der gesuchten Person erfolgt ist. Dementsprechend sieht § 40 Abs. 2 IRG-RegE vor:

> „Die Auslieferung ist ein Fall der notwendigen Rechtsbeistandschaft, wenn eine Festnahme der verfolgten Person erfolgt."[1000]

Diese Neuregelung der notwendigen Beistandschaft in § 40 Abs. 2 IRG-RegE (sowie nun § 40 Abs. 2 IRG n.F.[1001]) ist gelungen und führt zu einem erheblichen Mehrwert für gesuchte Personen.[1002] Anders als im Referentenentwurf sollen demgegenüber nach § 40 Abs. 3 IRG-RegE in den Fällen, in denen keine Festnahme erfolgt, die bisherigen Kriterien des § 40 Abs. 2 IRG für eine notwendige Beistandschaft weiter gelten (so nun auch § 40 Abs. 3 IRG n.F.).[1003] Diese Einschränkung ist angesichts der grundsätzlichen Schwierigkeit des Verfahrens und des Schutzbedarfs gesuchter Personen bedauerlich, steht doch zu befürchten, dass es in Fällen ohne Festnahme bei der bisherigen restriktiven

997 § 40 IRG-RefE begrüßend auch BRAK-Stellungnahme Nr. 1/2019 v. Januar 2019 zum RefE (abrufbar unter www.brak.de) [Stand: 20.07.2019], S. 19; Stellungnahme des Deutschen Richterbundes Nr. 14/18 v. November 2018 zum RefE (abrufbar unter www.drb.de) [Stand: 20.07.2019], S. 4.

998 Vgl. so auch ausdrücklich Referentenentwurf des BMJV (Fn. 42), S. 51.

999 Näher zur Festnahme als Bestellungszeitpunkt noch unten E.III.3, S. 208 ff.

1000 Gesetzesentwurf der Bundesregierung (Fn. 43), S. 12. So nun auch § 40 Abs. 2 IRG n.F., vgl. BGBl. I S. 2128 v. 12.12.2019.

1001 Vgl. Gesetz zur Neuregelung des Rechts der notwendigen Verteidigung, BGBl. I S. 2128 v. 12.12.2019.

1002 § 40 Abs. 2 IRG Reg-E begrüßend auch *Böhm*, NStZ 2019, 256 (262).

1003 Vgl. Gesetzesentwurf der Bundesregierung (Fn. 43), S. 23; Umsetzung der RL-PKH durch das Gesetz zur Neuregelung des Rechts der notwendigen Verteidigung, BGBl. I S. 2128 v. 12.12.2019.

Bestellungspraxis bleibt.[1004] Sie ist aber mit den Anforderungen des Art. 5 Abs. 1 RL-PKH ebenfalls vereinbar.

Zu begrüßen ist, dass sich der Referentenentwurf und der Regierungsentwurf (sowie nun das Gesetz) damit gegen die Einführung einer zusätzlichen Bedürftigkeitsprüfung im IRG entschieden haben, wie sie nach Art. 5 Abs. 3 RL-PKH möglich gewesen wäre.[1005] Dies geht darauf zurück, dass der Referentenentwurf und der Regierungsentwurf die RL-PKH insgesamt unter *Beibehaltung* des bisherigen deutschen Systems der notwendigen Verteidigung und Pflichtverteidigung umsetzen möchten.[1006] Einer unverteidigten Person soll nach den Entwürfen (und nun dem Gesetz) in Fällen der notwendigen Beistandschaft daher weiterhin unabhängig von ihrer finanziellen Leistungsfähigkeit und Willen ein staatlich finanzierter Pflichtbeistand zur Seite gestellt werden.[1007] Im bisherigen System der notwendigen Verteidigung wäre die Einführung einer Bedürftigkeitsprüfung ein „*Systembruch*"[1008] gewesen.

Eine Verzichtbarkeit des Rechts wird in den Gesetzesentwürfen folglich ebenfalls nicht vorgesehen, auch wenn diese nach Erwägungsgrund Nr. 9 RL-PKH möglich gewesen wäre.[1009] Statt eines bloßen (verzichtbaren) Anspruchs

---

1004 Zu dieser Praxis und der Forderung nach einem Pflichtbeistand als Regelfall schon oben S. 150, 163 ff.

1005 Vgl. Referentenentwurf des BMJV (Fn. 42), S. 22. Näher und krit. zur optionalen Bedürftigkeitsprüfung oben S. 177 ff., insb. S. 180 ff. m.w.N. Gegen die Einführung einer Bedürftigkeitsprüfung im Zuge der RL-PKH auch BRAK-Stellungnahme Nr. 34/2018 v. Oktober 2018 (abrufbar unter www.brak.de) [Stand: 29.10.2018], S. 3.

1006 Vgl. Referentenentwurf des BMJV (Fn. 42), S. 2, 18 f., 51; Gesetzesentwurf der Bundesregierung (Fn. 43), S. 2, 19 f., 59. Dies begrüßend DAV-Stellungnahme Nr. 58/2018 v. November 2018 zum RefE (abrufbar unter www.antwaltverein.de) [Stand: 20.07.2019], S. 4 f.; BRAK-Stellungnahme Nr. 1/2019 v. Januar 2019 zum RefE (abrufbar unter www.brak.de) [Stand: 20.07.2019], S. 5; Stellungnahme des Deutschen Richterbundes Nr. 14/18 v. November 2018 zum RefE (abrufbar unter www.drb.de) [Stand: 20.07.2019], S. 2. Differenzierende Würdigung bei *Schoeller*, StV 2019, 190 (191 f.). Kritisch dagegen *Meyer-Mews*, ZRP 2019, 5 (8).

1007 Vgl. Referentenentwurf des BMJV (Fn. 42), S. 2, 18 f.; Gesetzesentwurf der Bundesregierung (Fn. 43), S. 2, 19 f.

1008 Vgl. *Brodowski*, Editorial zu StV 8/2017, zum Strafprozessrecht.

1009 Siehe schon oben S. 183 f. Krit. zum Referentenentwurf und die Verzichtbarkeit betonend *Tully/Wenske*, NStZ 2019, 183 (185 f.): Die PKH-Richtlinie sichere lediglich die „Bereitstellung finanzieller Mittel durch den Mitgliedstaat" ab und enthalte nicht für jeden Einzelfall eine Pflicht, dies gar gegen den Willen eines Beschuldigten auch zu tun.

auf einen staatlich finanzierten Beistand sehen die deutschen Umsetzungsentwürfe eine „Pflicht" zur Beistandschaft vor.[1010] Mit der Beibehaltung des deutschen Systems der notwendigen Beistandschaft wäre eine Verzichtbarkeit des Rechts jedoch auch kaum vereinbar.[1011] Gegen eine Verzichtbarkeit des Rechts auf Zugang zu einem Rechtsbeistand und Prozesskostenhilfe im Falle von notwendiger Verteidigung spricht zudem Art. 9 RL-RB (auf den Erwägungsgrund Nr. 9 RL-PKH verweist), wonach der Verzicht nur „*Unbeschadet der nationalen Rechtsvorschriften*" gilt, „*die die Anwesenheit oder Unterstützung eines Rechtsbeistandes verbindlich vorschreiben*" (Art. 9 Abs. 1 RL-RB).[1012] Es steht dem Gesetzgeber dementsprechend frei, sich gegen eine Verzichtbarkeit des Rechts zu entscheiden.[1013]

Ganz besonders zu begrüßen und hervorzuheben ist zudem, dass von § 40 Abs. 2 S. 1 IRG-RefE und § 40 Abs. 2, 3 IRG-RegE sogar alle *klassischen Auslieferungsfälle mit Drittstaaten* erfasst werden sollen (so nun auch § 40 Abs. 2, 3 IRG n.F.)[1014]. Der Referentenentwurf hat die RL-PKH zum Anlass genommen, um auch die Bestellungsgründe für Verfolgte im klassischen Auslieferungsverfahren zu erweitern.[1015] Der Regierungsentwurf (sowie nun das Gesetz) behalten dies bei.[1016] Dies geht deutlich über den konkreten Umsetzungsbedarf der RL-PKH hinaus, der nur für Übergabeverfahren zwischen den Mitgliedstaaten der EU besteht. Die Erweiterung ist aufgrund des ähnlichen Schutzbedarfs eines Verfolgten im klassischen Auslieferungsverfahren sehr wünschenswert. Es ließe sich nicht rechtfertigen, wenn zukünftig alle gesuchte Personen in Übergabeverfahren über einen Pflichtbeistand verfügen, während es für Verfolgte in klassischen Auslieferungsverfahren bei den bisherigen restriktiven Voraussetzungen bliebe.[1017]

1010 Vgl. *Schoeller*, StV 2019, 190 (190 ff.).

1011 Äußerst kritisch zu einer Verzichtsmöglichkeit BRAK-Stellungnahme Nr. 9/2019 v. März 2019 (abrufbar unter www.brak.de) [Stand: 20.07.2019], S. 5 ff.

1012 Siehe schon oben S. 183 f.

1013 Ebenso *Schoeller*, StV 2019, 190 (191 f.).

1014 Vgl. Referentenentwurf des BMJV (Fn. 42), S. 51; dies begrüßend auch Stellungnahme des Deutschen Richterbundes Nr. 14/18 v. November 2018 zum RefE (abrufbar unter www.drb.de) [Stand: 20.07.2019], S. 4. Umsetzung der RL-PKH im Dezember 2019 durch das Gesetz zur Neuregelung des Rechts der notwendigen Verteidigung, vgl. BGBl. I S. 2128 v. 12.12.2019, mit Wirkung zum 13. Dezember 2019.

1015 Vgl. Referentenentwurf des BMJV (Fn. 42), S. 18, 51.

1016 Vgl. Gesetzesentwurf der Bundesregierung (Fn. 43), S. 1 f., 59 f.; Gesetz zur Neuregelung des Rechts der notwendigen Verteidigung, BGBl. I S. 2128 v. 12.12.2019.

1017 Ähnlich auch Referentenentwurf des BMJV (Fn. 42), S. 51.

Die Begründung des Referentenentwurfs erinnert zudem an die Argumente, die seit jeher für die grundsätzliche Notwendigkeit von Rechtsbeistand in Auslieferungsverfahren vorgebracht werden[1018]: Auslieferungsverfahren seien der Natur der Sache nach häufig mit besonderen Schwierigkeiten der Sach- und Rechtslage verbunden, seien oftmals von überdurchschnittlicher Komplexität und das IRG sehe die Zuständigkeit des OLG für das Verfahren vor.[1019] Die Sach- und Rechtslage in klassischen Auslieferungsverfahren mit Drittstaaten könne zudem „*oftmals weitaus unübersichtlicher und im Einzelnen schwerer zu beurteilen*" sein als in Übergabeverfahren.[1020] Dem ist uneingeschränkt zuzustimmen.

In der Fassung des Referentenentwurfs und Regierungsentwurfs (wie nun auch der Neufassung des Gesetzes) führt die RL-PKH damit zu einer signifikanten Verbesserung der Rechtslage zu unentgeltlichen Rechtsbeistand in Deutschland – sowohl für gesuchte Personen in Übergabeverfahren, als auch Verfolgte in klassischen Auslieferungsverfahren. Dies wird der Bedeutung von Rechtsbeistand in Auslieferungs- und Übergabeverfahren sowie der RL-PKH gerecht. Seit dem Ende der Umsetzungsfrist am 25. Mai 2019 war der bisherige § 40 Abs. 2 IRG bis zur Umsetzung der RL-PKH in nationales Recht richtlinienkonform auszulegen.[1021] Den Mitgliedstaaten wird in Art. 5 RL-PKH nur hinsichtlich der Frage ein Spielraum bei der Umsetzung belassen, ob sie eine zusätzliche Bedürftigkeitsprüfung einführen wollen (Art. 5 Abs. 3 RL-PKH).[1022] Art. 5 Abs. 1 RL-PKH – und damit ein Anspruch auf Prozesskostenhilfe ab Festnahme im Vollstreckungsstaat – ist dagegen zwingend.[1023] In Anbetracht der in der RK-PKH vorgesehenen Verzichtsmöglichkeit kann bis zur Umsetzung im deutschen System der notwendigen Beistandschaft ab der Festnahme allenfalls

---

1018 Vgl. bereits oben S. 163 ff. m.w.N.

1019 Vgl. Referentenentwurf des BMJV (Fn. 42), S. 51; ebenso Gesetzesentwurf der Bundesregierung (Fn. 43), S. 60.

1020 Vgl. Referentenentwurf des BMJV (Fn. 42), S. 51; ebenso Gesetzesentwurf der Bundesregierung (Fn. 43), S. 60.

1021 So auch ausdrücklich jüngst OLG München, Beschl. v. 6.6.2019, 1 AR 198/19, BeckRS 2019, 10914, Rn. 40 ff. Die RL-PKH wurde seither im Dezember 2019 durch das Gesetz zur Neuregelung des Rechts der notwendigen Verteidigung umgesetzt, vgl. BGBl. I S. 2128 v. 12.12.2019.

1022 Ebenso ausdrücklich OLG München, Beschl. v. 6.6.2019, 1 AR 198/19, BeckRS 2019, 10914, Rn. 27, 45. Bei den strafrechtlichen Bestimmungen des Art. 4 RL-PKH besteht dagegen ein größerer Umsetzungsspielraum, siehe *Burhoff*, StRR 2019, 5 f.; *Tully/Wenske*, NStZ 2019, 183 (185).

1023 Vgl. OLG München, Beschl. v. 6.6.2019, 1 AR 198/19, BeckRS 2019, 10914, Rn. 45.

noch von einer Bestellung abgesehen werden, wenn die gesuchte Person – etwa im vereinfachten Auslieferungsverfahren – auf eine Pflichtbeistandsbestellung ausdrücklich und entsprechend der vorgesehenen Anforderungen (Erwägungsgrund Nr. 9 RL-PKH und Art. 9 RL-RB) verzichtet.[1024]

III. Zeitpunkt der Bestellung eines Rechtsbeistandes

Als nächsten Aspekt ist auf den Zeitpunkt der Bestellung unentgeltlichen Rechtsbeistandes im Vollstreckungsstaat eines Übergabeverfahrens einzugehen, sowohl nach dem bisher geltenden Recht (1) und Defiziten in der Praxis (2) als auch nach der RL-PKH (3). Dies betrifft die Frage, ab wann und bis wann unentgeltlicher Rechtsbeistand zur Verfügung stehen muss.[1025]

1. Geltendes Recht bis zur RL-PKH

Der Zeitpunkt der Bestellung eines Rechtsbeistandes war in Deutschland für das Übergabeverfahren bisher nicht vorgegeben. Während dies für Strafverfahren in § 141 Abs. 1 bis 3 StPO geregelt wird, schließt § 40 Abs. 3 IRG die entsprechende Anwendung dieser Absätze für Auslieferungs- und Übergabeverfahren aus.[1026]

Der Pflichtbeistand in Auslieferungs- und Übergabeverfahrens kann mithin in jeder Lage des Verfahrens bestellt werden[1027] und die Notwendigkeit der Bestellung ist während des gesamten Verfahrens zu prüfen[1028]. Die Bestellung eines Rechtsbeistandes kann bereits frühzeitig im Haftverfahren erfolgen, etwa nach der vorläufigen Festnahme der gesuchten Person oder nach Anordnung der vorläufigen Auslieferungshaft.[1029] In Ausnahmefällen kann die Bestellung zudem noch nach bereits erfolgter Auslieferung der Person vorgenommen werden.[1030] Eine rückwirkende Bestellung allein für in der Vergangenheit liegende

1024 Vgl. OLG München, Beschl. v. 6.6.2019, 1 AR 198/19, BeckRS 2019, 10914, Rn. 47.

1025 Diese Arbeit hat den Stand August 2019. Durch die Umsetzung der RL-PKH zum 13. Dezember 2019 haben sich § 40 IRG sowie §§ 140 ff. StPO weitreichend verändert. Auf die Gesetzesänderungen wird für die Veröffentlichung im Rahmen der Umsetzung der RL-PKH (unten 3) eingegangen.

1026 Die Normen in diesem Abschnitt haben den Stand vor Umsetzung der RL-PKH in Deutschland. Die neue Regelung in § 40 Abs. 5 IRG n.F. zum Zeitpunkt der Bestellung wurde erst in Umsetzung der RL-PKH zum 13. Dezember 2019 eingefügt.

1027 Vgl. G/P/K/*Böhm*, § 15 IRG, Rn. 81; *Ahlbrecht*, in: IStR in der Praxis, Rn. 1182.

1028 Vgl. G/P/K/*Böhm*, § 21 IRG, Rn. 46 m.w.N.

1029 Vgl. G/P/K/*Böhm*, § 15 IRG, Rn. 81, § 16 IRG, Rn. 48.

1030 Vgl. OLG Karlsruhe, Beschl. v. 18.8.2005, StV 2005, 676 = BeckRS 2005, 10394 (rechtzeitiger Antrag der Verfolgten); G/P/K/*Böhm*, § 15 IRG, Rn. 81.

Tätigkeiten des Rechtsbeistandes scheidet jedoch grundsätzlich aus.[1031] Ein Pflichtbeistand wird im Vollstreckungsstaat zudem nicht mehr bestellt werden, wenn die gesuchte Person dem vereinfachten Auslieferungsverfahren zugestimmt hat.[1032]

Wird ein Rechtsbeistand bestellt, gilt die Bestellung grundsätzlich für das gesamte Auslieferungs- und Übergabeverfahren. Die Bestellung wirkt nicht fort in weitere Verfahren, die mit einem neuen Ersuchen beginnen und zu einer neuen Entscheidung über die Zulässigkeit der Auslieferung ohne Bindung an die vorherige Entscheidung wegen eines anderen Sachverhalts führen.[1033]

2. Defizite

Dies wirft die Frage auf, wann die Bestellung eines Beistandes bisher in der Praxis erfolgte und inwieweit Rechtsbeistand gerade in frühen Stadien des Übergabeverfahrens notwendig ist.[1034] Wichtige Schritte am Anfang des Übergabeverfahrens im Vollstreckungsstaat sind insbesondere die (vorläufige) Festnahme der gesuchten Person sowie ihre Vorführung und erste Vernehmung durch den Richter des nächsten Amtsgerichts (§§ 21, 22 IRG).[1035] Die gesuchte Person wird durch den Richter am Amtsgericht über ihr Recht auf Beistand und Schweigerecht belehrt, zu ihren persönlichen und sozialen Bindungen vernommen und kann Einwendungen gegen ihre Auslieferung oder Inhaftnahme erheben.[1036]

a) Defizite in der Praxis

Zu dem bisherigen Zeitpunkt der Bestellung eines Rechtsbeistandes in Übergabeverfahren in Deutschland liegen keine gesicherten empirischen Kenntnisse vor. Erfahrungen aus der Praxis weisen jedoch darauf hin, dass die gesuchte Person in diesem frühen Stadium eines Auslieferungs- und Übergabeverfahrens

1031 Vgl. G/P/K/*Böhm*, § 15 IRG, Rn. 81 m.w.N.

1032 Vgl. G/P/K/*Böhm*, § 15 IRG, Rn. 81.

1033 Vgl. OLG Köln, Beschl. v. 19.7.2010, NStZ-RR 2010, 377, zur Erweiterung der Auslieferungsbewilligung nach § 35 IRG.

1034 Diese Arbeit und die Normen in diesem Abschnitt haben den Stand August 2019, d.h. vor Umsetzung der RL-PKH in Deutschland. Auf die Gesetzesänderungen in Umsetzung der RL-PKH wird nachträglich im Rahmen der RL-PKH (unten 3) eingegangen.

1035 Vgl. zum Ablauf bereits oben S. 51 ff.

1036 Ebenda, zudem §§ 21 Abs. 2, 22 Abs. 2 IRG, näher auch Muster 41 zu Nr. 153 Abs. 2 RiVaSt.

nur selten durch einen Rechtsbeistand vertreten sein wird.[1037] Der erste Kontakt zu einem Rechtsbeistand soll in Auslieferungs- und Übergabeverfahren regelmäßig erst *nach* der ersten Vernehmung der gesuchten Person am Amtsgericht stattfinden.[1038] Die regelmäßige Abwesenheit von Rechtsbeistand bei der Anhörung durch den Richter am Amtsgericht (§§ 21, 22, 28 IRG) wurde auch im Evaluationsbericht zu Deutschland kritisiert[1039] und kam in den Interviews von JUSTICE zum Ausdruck[1040]. Die Möglichkeit, sich nach § 40 Abs. 1 IRG in jeder Lage des Verfahrens eines Beistandes zu bedienen, wird zuweilen auch als „frommer Wunsch des Gesetzgebers“ kritisiert.[1041]

Für das regelmäßige Fehlen von Rechtsbeistand nach der Festnahme und bei der ersten Vernehmung durch das Amtsgericht spricht auch, dass die Mitwirkung eines Rechtsbeistandes in Übergabeverfahren insgesamt selten als notwendig angesehen wird.[1042] Zudem wird beobachtet, dass nur wenige gesuchte Personen zu diesem frühen Zeitpunkt überhaupt nach Rechtsbeistand fragen.[1043] Anders sei dies nur in Fällen, in denen bereits ein Asylantrag gestellt wurde.[1044] Die Gründe hierfür sind unklar, die Befürchtung von Kosten für den Beistand könnte jedoch eine Rolle spielen, da unentgeltlicher Rechtsbeistand schwierig zu erlangen ist.[1045]

Dies schließt es nicht aus, dass die gesuchte Person in einigen Fällen der richterlichen Vernehmung bereits einen Wahlbeistand bevollmächtigt haben

---

1037 Vgl. *Böhm*, in: IStR in der Praxis, Rn. 937; *Matthies*, in: Malolepszy/Hochmayr/Nalewajko (Hrsg.), EuHb und Übergabeverfahren zwischen Deutschland und Polen, S. 73 (74).

1038 So die Erfahrung von *Ahlbrecht*, in: IStR in der Praxis, Rn. 1165; ähnlich *Fromm*, StRR 2011, 208 (209, 211).

1039 Vgl. Evaluationsbericht zu Deutschland, Ratsdok. 7058/1/09 v. 31.3.2009, S. 41 f.: „*Generally speaking, there is no legal counsel present at the examination of the requested person by the AG magistrate…*“

1040 Vgl. JUSTICE Report (Fn. 52), S. 57, 61.

1041 Vgl. *Fromm*, StRR 2011, 208 (209).

1042 Vgl. zur restriktiven Beiordnungspraxis bereits oben S. 160 ff.

1043 So die Vertreter des BMJV und der Generalstaatsanwaltschaft in den Interviews mit JUSTICE, vgl. JUSTICE Report (Fn. 52), S. 57, 61 („*Very few persons ask for legal advice*“).

1044 So der Vertreter des BMJV, vgl. JUSTICE Report (Fn. 52), S. 57.

1045 Vgl. näher Vertreter des BMJV, JUSTICE Report (Fn. 52), S. 57 f. („*It may be that because it is difficult to obtain legal aid people assume they will have to pay for their lawyer*“).

könnte[1046], der am Amtsgericht jedoch physisch abwesend sein wird[1047]. So soll es in der Praxis auch vorkommen, dass der Wahlbeistand mangels Kenntnis von seiner Beauftragung nicht von dem Termin benachrichtigt wird.[1048] Die Teilnahme eines Beistandes an der Anhörung am Amtsgericht wird zudem nicht mit einer Terminsgebühr vergütet.[1049]

Darüber hinaus geht die frühzeitige Bestellung eines Beistands in Übergabeverfahren in Deutschland mit praktischen Problemen einher.[1050] Zu diesen kann es gehören, dass bei dem Termin vor dem Amtsgericht kein Rechtsbeistand anwesend ist[1051], der Richter am nächsten Amtsgericht für die Bestellung eines Beistandes nicht zuständig ist[1052] und eine Unterbrechung der Verhandlung zugleich nur insoweit veranlasst sein soll, wie die Vernehmungsfrist des §§ 21 Abs. 2 S. 1 IRG, 22 Abs. 2 S. 1 IRG noch zu wahren ist[1053]. Von ähnlichen praktischen Problemen wurde für Strafverfahren berichtet: So soll die noch rechtzeitige Hinzuziehung eines Beistandes faktisch insbesondere dann erschwert sein, wenn der Verfolgte erst im Zuge einer Vernehmung einen Verteidiger sprechen möchte.[1054] Eine kurzfristige Verteidigerbestellung könnte zudem im Hinblick auf die Auswahl des Pflichtbeistandes problematisch sein, da es die Überlegungsfrist für die Person zur Auswahl eines Beistandes ihres Vertrauens verkürzen und einer übereilten Wahl eine mögliche Bindungswirkung für das weitere Verfahren zukommen kann.[1055]

1046 Nach G/P/K/*Böhm*, § 21 IRG, Rn. 46 soll dies zumindest in Fällen des § 21 IRG oftmals der Fall sein.

1047 In diese Richtung womöglich auch JUSTICE Report (Fn. 52), S. 59, wonach Rechtsanwälte in Deutschland oft telefonisch beraten würden.

1048 Vgl. G/P/K/*Böhm*, § 21 IRG, Rn. 26 („durchaus öfters").

1049 Näher unten S. 250 ff. m.w.N.

1050 Vgl. *Matthies*, in: Malolepszy/Hochmayr/Nalewajko (Hrsg.), EuHb und Übergabeverfahren zwischen Deutschland und Polen, S. 73 (76).

1051 Vgl. etwa *Matthies*, in: Malolepszy/Hochmayr/Nalewajko (Hrsg.), EuHb und Übergabeverfahren zwischen Deutschland und Polen, S. 73 (74).

1052 Näher dazu noch unten S. 223 ff. m.w.N.

1053 Vgl. G/P/K/*Böhm*, § 21 IRG, Rn. 26; G/P/K/*Böhm*, § 28 IRG, Rn. 15 (anders im Rahmen von § 28 IRG); siehe zudem den Beispielsfall von *Fromm*, StRR 2011, 208 f. Näher zu diesem Problem im Strafverfahren vgl. SK-StPO/*Paeffgen*, § 115, Rn. 9 m.w.N., KK-StPO/*Graf*, § 115, Rn. 10 f.

1054 Vgl. etwa LR/*Gleß*, § 136 StPO, Rn. 46; dagegen aber auch *Schlothauer/Weider/Nobis*, Rn. 356 ff. mit Verweis auf Anwaltsnotdienste.

1055 Aus diesen Gründen wurde die Vorverlagerung des Beiordnungszeitpunktes in Strafverfahren auf den Zeitpunkt der Vorführung in der Studie von *Jahn* von 21,5 % der

b) Notwendigkeit frühzeitigen Rechtsbeistandes

Vor diesem Hintergrund soll näher auf die Notwendigkeit frühzeitigen Rechtsbeistandes ab der Festnahme der gesuchten Person (aa) und insbesondere auch für die Entscheidung über die Zustimmung zum vereinfachten Verfahren (bb) eingegangen werden.

aa) Festnahme und richterliche Vernehmung

Es überzeugt nicht, wenn die gesuchte Person ab ihrer Festnahme und bei der ersten richterlichen Vernehmung keinen Rechtsbeistand hat. Da das Freiheitsgrundrecht der gesuchten Person nach Art. 2 Abs. 2 S. 2 GG in Frage steht, sollte die Mitwirkung eines Rechtsbeistandes unverzüglich ab der Festnahme der gesuchten Person[1056] bzw. spätestens zu ihrer ersten Anhörung durch den Richter am nächsten Amtsgericht nach §§ 21, 22 IRG[1057] notwendig sein.

Für die frühzeitige Beteiligung eines Rechtsbeistandes im Übergabeverfahren spricht zunächst grundsätzlich, dass das Übergabeverfahren durch den RbEuHb beschleunigt wurde und Zeitdruck besteht; zudem kann es für eine effektive Verteidigung im Übergabeverfahren oftmals entscheidend sein, noch rechtzeitig einen zweiten Rechtsbeistand aus dem Ausstellungsstaat des Europäischen Haftbefehls hinzuziehen zu können.[1058]

Der Vernehmung durch den Richter am nächsten Amtsgericht kommt zudem erhebliche Bedeutung zu, die die Mitwirkung eines Rechtsbeistandes erforderlich macht. Zwar darf dieser über die Frage der Inhafthaltung im Übergabeverfahren nur eingeschränkt entscheiden, da für die Anordnung der Auslieferungshaft das Oberlandesgericht zuständig ist.[1059] Der Richter am nächsten Amtsgericht trifft aber insbesondere in den Fällen des § 22 IRG die erste Entscheidung eines

---

Praktiker abgelehnt, vgl. *Jahn*, S. 37 f., 43 f.; krit. auch *Heydenreich*, StraFo 2011, 263 ff. zu § 140 Abs. 1 Nr. 4 StPO. Näher zur Auswahl des Rechtsbeistandes noch unten S. 219 ff.

1056 So die Recommendation Nr. 13 im Pilot Project ("*Since the personal freedom of the person is at stake, the arrested person must be assisted by counsel immediately after arrest (mandatory assistance; right "of first advice by a defence counsel*"), vgl. *Böse*, in: Pilot Project (Fn. 53), S. 367.

1057 Vgl. A/K/R/*Köberer*, § 22 IRG, Rn. 292. In diese Richtung auch S/L/G/H/*Schomburg/Hackner*, § 15 IRG, Rn. 38.

1058 Vgl. in diese Richtung auch G/P/K/*Böhm*, § 40 IRG, Rn. 14; näher zu Rechtsbeistand im Ausstellungstaat noch unten F., S. 267 ff.

1059 Vgl. bereits oben S. 51 ff.

deutschen Gerichtes über die Freiheitentziehung.[1060] Die Vernehmung der gesuchten Person am Amtsgericht bildet zudem gerade die Grundlage für das Oberlandesgericht, um die Voraussetzungen der Anordnung, Aufhebung und Außervollzugsetzung von etwaiger Auslieferungshaft und die Zulässigkeit der Auslieferung prüfen und entscheiden zu können. Den Angaben der Person kann in Anbetracht der oftmals nur knappen Angaben im Europäischen Haftbefehl entscheidende Bedeutung im Hinblick auf die Inhaftierung zukommen, etwa für die Beurteilung von Haftgründen[1061], und zu weiterer Sachaufklärung Anlass geben[1062]. Die hohe Bedeutung von Rechtsbeistand bei dem Vorführungstermin nach § 21 IRG zeigt sich darüber hinaus darin, dass die weitere Vernehmung nach § 28 IRG bei einem Europäischen Haftbefehl unterbleiben kann[1063]. Die gesuchte Person sollte in Anbetracht der Schwere des Freiheitseingriffs durch Auslieferungshaft ihre Einwendungen daher frühzeitig und effektiv vorbringen können.

Die gesuchte Person erscheint nach der Ausnahmesituation der Festnahme zudem besonders schutzbedürftig, auch mit Blick auf die mögliche Bedeutung ihrer Angaben für das weitere Übergabe- und Strafverfahren[1064]: So äußern sich die meisten Personen bei ihrer ersten richterlichen Vernehmung im Auslieferungs- und Übergabeverfahren regelmäßig zum Tatvorwurf gegen sie, trotz Belehrung über ihr Schweigerecht[1065]. Angaben, die die gesuchte Person zum Gegenstand der Beschuldigung macht, werden in das richterliche Protokoll aufgenommen (§§ 22 Abs. 2 S. 4, 21 Abs. 2 S. 4 IRG) und könnten auf Anfrage vom Ausstellungsstaat gegen sie verwertet werden.[1066]Auch wenn der Tatvorwurf selbst im Übergabeverfahren nur ausnahmsweise geprüft wird (§ 10 Abs. 2 IRG), können Angaben dazu zudem Auswirkungen haben auf die Frage, inwieweit die Tat im Sinne von § 80 Abs. 1 Nr. 2 IRG einen maßgeblichen Bezug zum

---

1060 Vgl. ebenda; zudem A/K/R/*Köberer*, § 22 IRG, Rn. 282; S/L/G/H/*Schomburg/Hackner*, § 22 IRG, Rn. 1.

1061 Vgl. etwa G/P/K/*Böhm*, § 21 IRG, Rn. 22, wonach ein anwesender Rechtsbeistand auf eine möglichst umfassende Einlassung der Person Wert legen sollte.

1062 Vgl. auch G/P/K/*Böhm*, § 23 IRG, Rn. 11.

1063 Umstritten, vgl. Nr. 159a RiVaSt; näher *Hackner/Schierholt*, Rn. 66 m.w.N.

1064 Vgl. auch *Oehmichen*, FD-StrafR 2018, 400418.

1065 So die Erfahrung von *Ahlbrecht*, in: IStR in der Praxis, Rn. 1165 („kaum ein Mandant verfügt über genügend Selbstbeherrschung, in dieser Situation *keine* Stellungnahme in eigener Sache abzugeben…") (Hervorhebung fett im Original).

1066 Vgl. OLG Rostock, NStZ 2012, 101.

ersuchenden Mitgliedstaat aufweist[1067] und die Auslieferung auch von deutschen Staatsangehörigen zulässig ist.

In Anbetracht des Missbrauchspotenzials von Europäischen Haftbefehlen[1068] gilt Rechtsbeistand ab der Festnahme zudem zu Recht als wichtiger Schutzfaktor, um den verhältnismäßigen Gebrauch von Europäischen Haftbefehlen abzusichern.[1069] Dabei ist auch zu sehen, dass etwaige Einwendungen der gesuchten Person in Deutschland mitunter nur dann unverzüglich dem zuständigen Oberlandesgericht vorgelegt werden, wenn bereits in der Anhörung ein Antrag auf Aufhebung oder Außervollzugsetzung des Auslieferungshaftbefehls gestellt wird.[1070] Die derzeitige Praxis kann dazu führen, dass der gesuchten Person länger als erforderlich die Freiheit entzogen wird und die Bestellung eines Beistandes erst spät im Verfahren erfolgt. Die denkbaren zeitlichen Abläufe zeigen sich etwa in einem Fall des OLG Hamm aus dem Jahr 2014[1071]: Ein zu dem Zeitpunkt 16-Jähriger wurde aufgrund eines Europäischen Haftbefehls zur Strafvollstreckung[1072] aus Slowenien am 6. April festgenommen. Bei der Anhörung durch den Richter am Amtsgericht stimmte er der Vollstreckung in Slowenien zu und das Amtsgericht erließ am 7. April eine Festhalteanordnung. Am 10. April wurde die Zustimmung zur Vollstreckung mit Schreiben seines (Wahl)Beistandes widerrufen. Am gleichen Tag beantragte die Generalstaatsanwaltschaft, ihm nach § 40 Abs. 2 Nr. 3 IRG einen Beistand zu bestellen. Am 16. April (!) – d.h. zehn Tage nach Festnahme – lehnte das Oberlandesgericht die Anordnung der förmlichen Auslieferungshaft ab, da die Auslieferung aufgrund einer möglicherweise unerträglich schweren Strafe von vornherein unzulässig erschien und mit dem Grundsatz der Verhältnismäßigkeit nicht vereinbar sei – und ordnete den Rechtsbeistand bei.

Für die hohe Bedeutung rechtlichen Beistandes schon im Vorführungstermin in Übergabeverfahren kann zudem auf ähnliche Diskussionen im Strafverfahren verwiesen werden.[1073] Gegen die Notwendigkeit eines Beistandes in

---

1067 Vgl. A/K/R/*Köberer*, § 21 IRG, Rn. 268 f.

1068 Oben S. 63 f. m.w.N.

1069 Vgl. Recommendation Nr. 13, *Böse*, in: Pilot Project (Fn. 53), S. 367.

1070 So die Erfahrung von G/P/K/*Böhm*, § 21 IRG, Rn. 42.

1071 Vgl. auch nachfolgend: OLG Hamm, Beschl. v. 16.4.2014, BeckRS 2014, 09913 = NStZ-RR 2014, 227 (ohne die Entscheidung der Beiordnung).

1072 Verurteilung in Slowenien zu einer Freiheitsstrafe von „mindestens einem Jahr und höchstens drei Jahren", da er seine Eltern bedroht und beleidigt sowie Einrichtungsgegenstände der Wohnung beschädigt habe.

1073 Vgl. oben S. 165 ff. zu Gemeinsamkeiten der Auslieferungs- und der Untersuchungshaft. Stand der Arbeit und der Normen hier August 2019, d.h. vor Umsetzung der

Übergabeverfahren ließ sich bisher anführen, dass ein Beschuldigter im Strafverfahren bei der Vorführung und Vernehmung nach den §§ 128, 115, 115a StPO oftmals ebenfalls ohne Pflichtverteidiger ist[1074]. So ist es zwar nach §§ 140 Nr. 4, 141 Abs. 3 StPO erforderlich, einem Beschuldigten unverzüglich nach *„Beginn der Vollstreckung"* der Untersuchungshaft einen Verteidiger zu bestellen, wenn er noch keinen hat. Damit soll nach herrschender Meinung allerdings erst der Zeitpunkt ab dem Beginn der Haft und nicht schon der Vorführungstermin selbst gemeint sein.[1075] Dieser Zeitpunkt wird jedoch vielfach als zu spät kritisiert, da eine effektive Verteidigung gegen die drohende Inhaftierung damit nicht gewährleistet wird, sondern die Bestellung erst dann eingreife, wenn *„das Kind schon in den Brunnen gefallen"* sei.[1076] De lege ferenda wird in Strafverfahren daher nachdrücklich eine Vorverlagerung der Bestellung spätestens ab der Vorführung gefordert.[1077]

Eine erste Vorverlagerung ist für Strafverfahren seither mit § 141 Abs. 3 S. 4 StPO n.F. im Jahr 2017 in Kraft getreten.[1078] Danach bestellt das Gericht dem Beschuldigten im Strafverfahren von Amts wegen einen Verteidiger für eine

---

RL-PKH. Durch die Umsetzung der RL-PKH zum 13. Dezember 2019 wurden die §§ 140 ff. StPO weitreichend geändert, vgl. BGBl. I S. 2128 v. 12.12.2019.

1074 Vgl. näher LR/*Lüderssen/Jahn*, Nachtr. § 141 StPO, Rn. 5 f.; krit. *Schlothauer/ Weider/ Nobis*, Rn. 288, 334, 353.

1075 Vgl. BGH, Beschl. v. 20.10.2014, NJW 2015, 265 = NStZ 2014, 722 m. Anm. *Knauer*; mit Bedauern auch LR/*Lüderssen/Jahn*, Nachtr. § 140 StPO, Rn. 2, Nachtr. § 141 StPO, Rn. 5 m.w.N.; *Wohlers*, StV 2010, 151 (152 f.); a.A. KK-StPO/*Graf*, § 115, Rn. 11a; MAH Strafverteidigung/*von Stetten*, § 16, Rn. 12; MüKO-StPO/*Thomas/Kämpfer*, § 140 StPO, Rn. 17 m.w.N.; SSW-StPO/*Beulke*, § 141 StPO, Rn. 9.

1076 Vgl. *Schlothauer/Weider/Nobis*, Rn. 288; ähnlich *Wohlers*, StV 2010, 151 (153) m.w.N.: „auf halbem Wege stecken geblieben".

1077 Vgl. u.a. LR/*Lüderssen/Jahn*, Nachtr. § 141 StPO, Rn. 6 m.w.N.; SSW-StPO/*Herrmann*, vor §§ 112 ff. StPO, Rn. 50 ff. m.w.N. (auf vorläufige Festnahme bzw. Festnahme); *Schlothauer/Weider/Nobis*, Rn. 288, 294, siehe auch Rn. 334; vgl. zudem *Mehle*, S. 348 ff. m.w.N., 387 ff. Empirischen Nachdruck erhielt die Forderung durch eine Studie von *Jahn* im Jahr 2013: Von den 949 befragten Praktikern erachteten 49,6 % die Vorverlagerung des Bestellungszeitpunkts auf den Vorführungszeitpunkt als zwingend notwendig und 28,9 % als wünschenswert, vgl. S. 37 ff., näher zur Methodik S. 5 ff. Kritisch dagegen *Tully/Wenske*, NStZ 2019, 183 ff.

1078 Vgl. Einfügung von § 141 Abs. 3 S. 4 StPO n.F. zum 17.8.2017 mit dem Gesetz zur effektiveren und praxistauglicheren Ausgestaltung des Strafverfahrens, BGBl. I 3202 v. 23.8.2017, in Kraft getreten am 24.8.2017; begrüßend und näher *Schlothauer*, StV 2017, 557 ff.

richterliche Vernehmung, wenn die Mitwirkung eines Verteidigers aufgrund der Bedeutung der Vernehmung zur Wahrung der Rechte des Beschuldigten geboten erscheint. Der Gesetzgeber wollte damit das Konfrontationsrecht bei Ausschluss des Beschuldigten und den Schutz des Beschuldigten mit Blick auf § 254 StPO (z.B. verlesbares Geständnis) stärken.[1079] Die Regelung wird jedoch gleichermaßen so verstanden, dass einem Beschuldigten in Anbetracht der erheblichen Bedeutung für seine Freiheit und das weitere Verfahren ein Verteidiger für die richterliche Vernehmung bei einer Vorführung zur Entscheidung über eine Haft bestellt werden kann und sollte.[1080] Entsprechendes sollte zukünftig für richterliche Vernehmungen im Übergabeverfahren gelten.

bb) Zustimmung zum vereinfachten Auslieferungsverfahren

Darüber hinaus kann die derzeitige Praxis dazu führen, dass eine gesuchte Person schon bei ihrer ersten Vernehmung ohne vorherige Beratung mit einem Rechtsbeistand ihre Zustimmung zum vereinfachten Auslieferungsverfahren abgibt und auf den Schutz durch den Grundsatz der Spezialität verzichtet[1081], womöglich in Unkenntnis der Bedeutung und Folgen dieser Erklärungen.[1082] Die Erklärungen können bereits im ersten Vorführungstermin wirksam und unwiderruflich abgegeben werden.[1083] Dennoch wird vertreten, dass die Bestellung eines Beistandes vor der Zustimmung zur vereinfachten Auslieferung nur in Ausnahmefällen notwendig sein soll.[1084]

1079 Vgl. BR-Drucks. 796/16, S. 10 f.

1080 Vgl. zu diesem Verständnis *Schlothauer*, StV 2017, 557 (558); zustimmend SSW-StPO/ *Beulke*, § 141 StPO, Rn. 19; Meyer-Goßner/*Schmitt*, § 141 StPO, Rn. 5a, 5c; in diesem Sinne auch AG Stuttgart, Beschl. v. 27.11.2017, StV 2018, 169; ebenso LG Halle, Beschl. v. 26.3.2018, Az. 10a Qs 33/18, BeckRS 2018, 5529; vgl. auch *Jahn/Zink*, in: FS Graf-Schlicker, S. 475 (486, 490). Andere Ansicht *Tully/Wenske*, NStZ 2019, 183 ff.

1081 Zu diesen Erklärungen schon oben S. 55 ff.

1082 Vgl. *Matthies*, in: Malolepszy/Hochmayr/Nalewajko (Hrsg.), EuHb und Übergabeverfahren zwischen Deutschland und Polen, S. 73 (74) („in der Regel ohne Verteidiger"); auch *Ahlbrecht*, in: IStR in der Praxis, Rn. 1165, wonach gesuchte Personen die Erklärungen in deutlich über 50 % der Auslieferungsfälle abgeben würden. Zu Statistiken vgl. auch Ratsdok. 8414/14 v. 5.5.2014, S. 13.

1083 Oben S. 55 f.; §§ 21 Abs. 6, 22 Abs. 3 IRG und § 41 IRG; vgl. auch G/P/K/*Böhm*, § 41 IRG, Rn. 17.

1084 Vgl. G/P/K/*Böhm*, § 21 IRG, Rn. 46; G/P/K/*Böhm*, § 28 IRG, Rn. 25. Weitgehender aber G/P/K/*Böhm*, § 40 IRG, Rn. 38.

Dies überzeugt nicht. Der gesuchten Person sollte vor Abgabe der Erklärungen spätestens dann ein Rechtsbeistand bestellt werden, wenn auch nur die geringsten Anhaltspunkte dafür vorliegen, dass sie die Bedeutung der Erklärungen nicht voll versteht.[1085] Dabei sollten auch Sprachprobleme und finanzielle Schwierigkeiten der Person berücksichtigt werden.[1086] Für die grundsätzlich notwendige Mitwirkung eines Beistandes sprechen schon die Unwiderrufbarkeit der Erklärungen und ihre erhebliche Bedeutung und oftmals unüberschaubaren Folgewirkungen für das weitere Übergabe- und Strafverfahren.[1087] So fällt in der Folge insbesondere die gerichtliche Überprüfung der Zulässigkeit der Auslieferung weitgehend weg, wenn eine gesuchte Person der vereinfachten Auslieferung zustimmt.[1088] Das Fehlen von Rechtsbeistand bei der ersten Vernehmung kann zudem dazu führen, dass deutsche Staatsangehörige in Unkenntnis ihres ansonsten bestehenden Schutzes nach § 80 IRG auf diesen verzichten – und die nach § 40 Abs. 2 IRG bei deutschen Staatsangehörigen an sich vorgesehene Bestellung leer läuft.[1089] Daher überzeugt es, wenn auf eine Beiordnung allenfalls in klaren einfachen Fällen einer Zustimmung verzichtet werden sollte, die aufgrund der zusätzlichen Möglichkeit des Verzichts auf den Grundsatz der Spezialität jedoch selten sein dürften.[1090]

1085 Vgl. S/L/G/H/*Schomburg/Hackner*, § 21 IRG, Rn. 12; S/L/G/H, Einl., Rn. 36; S/L/G/H/ *Lagodny*, § 28 IRG, Rn. 16; ähnlich S/L/G/H/*Lagodny/Schomburg/Hackner*, § 40 IRG, Rn. 15; ähnlich *Matthies*, in: Malolepszy/Hochmayr/Nalewajko (Hrsg.), EuHb und Übergabeverfahren zwischen Deutschland und Polen, S. 73 (75); noch weitgehender A/K/R/*Köberer*, § 21 IRG, Rn. 278 („nicht nur dann der Fall, wenn sich Anhaltspunkte dafür ergeben"); A/K/R/*Köberer*, § 22 IRG, Rn. 295 („in jedem Falle"); A/K/R/*Köberer*, § 41 IRG, Rn. 536 („erscheint es zwingend").

1086 Vgl. S/L/G/H/*Schomburg/Hackner*, § 21 IRG, Rn. 12; zu Ersterem auch *Matthies*, in: Malolepszy/Hochmayr/Nalewajko (Hrsg.), EuHb und Übergabeverfahren zwischen Deutschland und Polen, S. 73 (74).

1087 Vgl. S/L/G/H/*Schomburg/Hackner*, § 21 IRG, Rn. 12; S/L/G/H, Einl., Rn. 36; S/L/G/H/ *Lagodny*, § 41 IRG, Rn. 20. Vgl. zur wünschenswerten Mitwirkung eines Rechtsbeistandes im Termin am Amtsgericht im Rahmen der Kosten zudem OLG Jena, Beschl. v. 14.5.2007, NStZ-RR 2008, 63 (64); OLG Celle, Beschl. v. 14.12.2009, BeckRS 2010, 00685.

1088 Oben S. 55 ff. Näher zur verbleibenden Kontrolle und Bedeutung der Erklärungen zudem G/P/K/*Böhm*, § 41 IRG, Rn. 18 ff.

1089 So *Böhm*, in: IStR in der Praxis, Rn. 937, der daher jedoch nicht die frühzeitige Bestellung eines Beistandes, sondern eine gesonderte Belehrung Deutscher über ihren besonderen Schutz vor der Zustimmung zur vereinfachten Übergabe fordert.

1090 Vgl. S/L/G/H/*Lagodny/Schomburg/Hackner*, § 40 IRG, Rn. 15.

Die grundsätzlich notwendige Mitwirkung eines Rechtsbeistandes vor Abgabe der Erklärungen wird auch nicht ausreichend dadurch kompensiert, dass die gesuchte Person durch den Richter am Amtsgericht über die Bedeutung und Folgen der Erklärungen aufgeklärt wird.[1091] Tatsächlich werden in der Rechtsprechung zwar hohe Anforderungen an die richterliche Belehrung gestellt[1092] und eine sachgerechte Aufklärung dürfte regelmäßig vorliegen[1093]. Dies bedeutet jedoch nicht, dass eine gesuchte Person, die „zum ersten Mal den Begriff der Spezialitätsbindung hört, etwas damit anfangen kann"[1094] oder eine informierte Entscheidung in Kenntnis der Tragweite ihrer Erklärungen treffen kann.[1095] Die richterliche Belehrung kann eine qualifizierte rechtsanwaltliche Beratung nicht ersetzen, zumal nur der Rechtsbeistand zum Schweigen verpflichtet ist.[1096]

Die gesuchte Person wird auch nicht hinreichend dadurch geschützt, dass die Zustimmung zur Übergabe und der Verzicht auf den Spezialitätsschutz nachträglich unwirksam sein können, falls die Belehrung über ihre Bedeutung oder der Hinweis auf das Recht auf Rechtsbeistand unzureichend waren.[1097] Zwar soll es insbesondere zum Zeitpunkt einer Vorführung nach § 22 IRG schwierig sein, eine wirksame Erklärung abzugeben, da noch keine gesicherte Tatsachenbasis vorliege.[1098] Zur Unwirksamkeit der Erklärungen besteht aber nur wenig Rechtsprechung, da die gerichtliche Überprüfung mit der Zustimmung

1091 So aber G/P/K/*Böhm*, § 21 IRG, Rn. 46; ähnlich G/P/K/*Böhm*, § 28 IRG, Rn. 25.

1092 Vgl. etwa OLG Karlsruhe, Beschl. v. 30.11.1998, NStZ 1999, 252 (253); OLG Stuttgart, Beschl. v. 21.8.2002, BeckRS 2002, 17802, Rn. 14 = StV 2003, 95. Näher auch S/L/G/H/*Lagodny*, § 41 IRG, Rn. 19; G/P/K/*Böhm*, § 41 IRG, Rn. 55 f.

1093 Vgl. aber auch G/P/K/*Böhm*, § 41 IRG, Rn. 5, wonach die (sachlich zutreffende) Belehrung des Verfolgten über die begrenzten Prüfungsmöglichkeiten des OLG häufig „so eindrücklich und nachhaltig" erfolge, dass der Verfolgte „voreilig" seine Zustimmung zur vereinfachten Auslieferung abgebe.

1094 Vgl. A/K/R/*Köberer*, § 41 IRG, Rn. 536.

1095 Vgl. S/L/G/H/*Lagodny/Schomburg/Hackner*, § 40 IRG, Rn. 15; S/L/G/H/*Schomburg/Hackner*, § 21 IRG, Rn. 12; A/K/R/*Köberer*, § 21 IRG, Rn. 278.

1096 Vgl. S/L/G/H/*Schomburg/Hackner*, § 21 IRG, Rn. 12; S/L/G/H, Einl., Rn. 36. Auch G/P/K/*Böhm*, § 40 IRG, Rn. 17 rät grundsätzlich von der Abgabe der Erklärungen vor der Konsultation mit einem Rechtsbeistand ab.

1097 So aber G/P/K/*Böhm*, § 21 IRG, Rn. 47; G/P/K/*Böhm*, § 28 IRG, Rn. 26. Wie hier kritisch dagegen A/K/R/*Köberer*, § 21 IRG, Rn. 278.

1098 Vgl. G/P/K/*Böhm*, § 22 IRG, Rn. 34; A/K/R/*Köberer*, § 22 IRG, Rn. 295. Vgl. zudem OLG Stuttgart, Beschl. v. 21.8.2002, 3 Ausl 33/2002 (juris), Rn. 14 = StV 2003, 95 im Hinblick auf einen übergangenen Antrag auf Hinzuziehung eines Rechtsbeistandes

zum vereinfachten Verfahren gerade weitgehend entbehrlich wird.[1099] Vor allem aber muss die gesuchte Person die etwaige Unwirksamkeit ihrer Erklärung grundsätzlich selbst geltend machen.[1100] Dies führt zu der zutreffend als paradox angesehenen Situation, dass eine gesuchte Person, die schon die Belehrung nicht verstanden hat und daher keine wirksame Erklärung abgegeben habe, dies dem Gericht anschließend substantiiert vortragen müsse.[1101] Dadurch bleibt die Person schutzlos, die keinen Beistand hat: Etwaige Mängel bei der Belehrung kann sie selber nicht erkennen, und nach ihrer Zustimmung zur vereinfachten Auslieferung wird ihr in Anbetracht der (dann) einfachen Sach- und Rechtslage auch kein Beistand mehr bestellt.[1102]

Bleibt der Einwand, wonach die obige Forderung „*praxisfremd*" und nicht umsetzbar sei, da der für die Bestellung zuständige Richter am Oberlandesgericht die Umstände nach Aktenlage vorab kaum einschätzen könne und es auf eine unzulässige „*Verdachtsbestellung*" hinauslaufe.[1103] Tatsächlich erscheint es für den Richter am Oberlandesgericht schwierig, die Gegebenheiten im konkreten Fall vorab zu beurteilen. Dies ist aber ein grundsätzliches Problem, wenn der Richter am Oberlandesgericht über die Bestellung entscheiden soll, obwohl der Richter am Amtsgericht die Anhörung durchführt. Es spricht nicht gegen die Notwendigkeit des Beistandes, sondern für die Notwendigkeit einer jedenfalls vorübergehenden Bestellungsmöglichkeit durch den Richter am Amtsgericht.[1104] Der Richter am Amtsgericht könnte die Anhörung zudem unterbrechen oder erneut vornehmen[1105] und die Erklärungen können gleichermaßen später abgegeben werden. Soweit praktische Probleme für eine zeitnahe Verteidigerbestellung bestehen, könnte diesen zudem mit Anwaltsnotdiensten begegnet werden.[1106] Für Strafverfahren wird etwa vorgeschlagen, einen sog.

1099 Vgl. dazu und näher zu möglichen Fehlerquellen G/P/K/*Böhm*, § 41 IRG, Rn. 60 ff.

1100 Vgl. G/P/K/*Böhm*, § 21 IRG, Rn. 47; G/P/K/*Böhm*, § 28 IRG, Rn. 26; OLG Karlsruhe, Beschl. v. 4.10.2007, 1 AK 51/07 (juris), Rn. 3 = StV 2007, 653; näher zum diesbezüglichen Antrag des Verfolgten auch G/P/K/*Böhm*, § 41 IRG, Rn. 43.

1101 Vgl. A/K/R/*Köberer*, § 21 IRG, Rn. 278.

1102 Vgl. *Matthies*, in: Malolepszy/Hochmayr/Nalewajko (Hrsg.), EuHb und Übergabeverfahren zwischen Deutschland und Polen, S. 73 (76).

1103 Vgl. G/P/K/*Böhm*, § 21 IRG, Rn. 46; ähnlich G/P/K/*Böhm*, § 28 IRG, Rn. 25.

1104 Näher noch unten im Rahmen der Zuständigkeit S. 223 ff.

1105 Vgl. auch S/L/G/H/*Schomburg/Hackner*, § 21 IRG, Rn. 12.

1106 Vgl. zu Strafverfahren bei § 115a StPO schon *Schlothauer/Weider/Nobis*, Rn. 357 („ist es ausgeschlossen, dass nicht innerhalb kurzer Zeit ein verteidigungsbereiter Rechtsanwalt gefunden werden kann") mit Verweis auf Anwaltsnotdienste; zu § 141 Abs. 3 S. 4 StPO n.F. auch *Schlothauer*, StV 2017, 557 (559).

Notverteidiger zumindest für die Eröffnung des Haftbefehls und die erste Vernehmung zu bestellen.[1107]

c) *„Means testing" in England und Wales*

Abschließend soll zudem ein Überblick über die Schwierigkeiten für die Gewährung von frühzeitigem Rechtsbeistand gegeben werden, die im Falle einer Bedürftigkeitsprüfung („*means test*") auftreten können, wie sie auch Art. 5 Abs. 3 RL-PKH für die Bewilligung von Prozesskostenhilfe ermöglicht. Die Durchführung der Bedürftigkeitsprüfung in Übergabeverfahren führte in England und Wales zwischenzeitlich zu derartigen Verzögerungen des Verfahrens, dass sie Gegenstand der Untersuchung von Sir Scott Baker aus dem Jahr 2011[1108] sowie des im März 2015 vorgelegten Berichts des House of Lords Select Committee on Extradition Law[1109] wurde.[1110]

In England und Wales wird eine qualifizierte anwaltliche Beratung in Übergabeverfahren bei der ersten richterlichen Anhörung grundsätzlich als wichtig angesehen, damit die gesuchte Person fundiert über die Zustimmung zur vereinfachten Auslieferung entscheiden kann.[1111] Nach Ziffer 45 Abs. 5 *lit.* a des Extradition Act 2003 darf einer vereinfachten Auslieferung grundsätzlich nur dann zugestimmt werden, wenn die gesuchte Person vor dem zuständigen Richter zum Zeitpunkt der Erklärung anwaltlich vertreten ist.[1112] Alternativ soll

---

1107 Vgl. *Schlothauer/Weider/Nobis*, Rn. 344; SSW-StPO/*Herrmann*, vor §§ 112 ff. StPO, Rn. 51 m.w.N. Die in der Folge nötige Möglichkeit eines Pflichtverteidigerwechsels betonend *Heydenreich*, StraFo 2011, 263 (270 f.).

1108 Vgl. *Baker*, „A Review of the United Kingdom's Extradition Arrangements" v. 18.10.2011 (abrufbar unter www.homeoffice.gov.uk/) [Stand: 29.10.2018], S. 17, 310 ff.

1109 Vgl. House of Lords, Select Committee on Extradition Law, „Extradition: UK law and practice", 2nd Report of Session 2014/15 v. 10.3.2015, HL Paper 126 (abrufbar unter www.publications.parliament.uk) [Stand: 30.10.2018], S. 59 ff.

1110 Vgl. zu Defiziten auch bereits Evaluationsbericht UK, Ratsdok. 9974/2/07, S. 68 ff; zudem JUSTICE Report (Fn. 52), S. 147 f., 151.

1111 Vgl. auch House of Lords, Select Committee on Extradition Law, „Extradition: UK law and practice", 2nd Report of Session 2014/15 v. 10.3.2015, HL Paper 126 (abrufbar unter www.publications.parliament.uk) [Stand: 30.10.2018], S. 59: "*This is clearly a significant decision regarding reliable advice*".

1112 Vgl. Section 45 Abs. 5 *lit.* a des Extradition Act 2003: "*A person may not give his consent under this section unless – (a) he is legally represented before the appropriate judge at the time he gives consent*" (abrufbar unter http://www.legislation.gov.uk). Näher dazu auch Section 45 Abs. 8 des Extradition Act 2003: "*For the purposes of*

es ausreichen, wenn die gesuchte Person über ihr Recht auf Beantragung von *legal aid* belehrt wurde und diese trotz Gelegenheit nicht beantragt hat, oder die Bewilligung von *legal aid* abgelehnt oder zurückgenommen wurde.[1113] Insgesamt soll eine Person vor ihrer Zustimmung zur vereinfachten Auslieferung mithin eine rechtliche Beratung oder zumindest die Möglichkeit rechtlicher Beratung haben.[1114]

Die etwaige Bewilligung von Prozesskostenhilfe setzt in England und Wales in Übergabeverfahren allerdings eine Bedürftigkeitsprüfung durch die *Legal Aid Agency* voraus („*means testing*").[1115] Hierbei erwies sich in Übergabeverfahren das Verfahren bis zur Bewilligung von Prozesskostenhilfe als äußerst mühsam und langwierig, auch wenn *legal aid* im Ergebnis in den meisten Fällen gewährt wurde.[1116] Für Probleme sorgte insbesondere, dass gesuchte Personen erhebliche Schwierigkeiten hatten, die erforderlichen Unterlagen für einen *means test* zu erlangen und die Formulare korrekt auszufüllen.[1117] Dies wurde unter anderem auf Sprachprobleme und darauf zurückgeführt, dass gesuchte Personen oftmals als Selbstständige oder bei mehreren Arbeitgebern tätig waren.[1118]

Das Verfahren bis zur Entscheidung über die Prozesskostenhilfe führte in der Folge daher regelmäßig zu erheblichen Verzögerungen des gesamten Übergabeverfahrens.[1119] Während auf die Entscheidung über *legal aid* gewartet wurde, mussten richterliche Anhörungen regelmäßig vertagt werden und die vorgesehenen 21 Tage bis zum Beginn des Übergabeverfahrens seien kaum einzuhalten

subsection (5) a person is to be treated as legally represented before the appropriate judge if (and only if) he has the assistance of counsel or a solicitor to represent him in the proceedings before the appropriate judge."

1113 Vgl. Section 45 Abs. 5 *lit.* b i.V.m. Abs. 6 Extradition Act 2003: "*(a) he has been informed of his right to apply for legal aid and has had the opportunity to apply for legal aid, but he has refused or failed to apply; (b) he has applied for legal aid but his application has been refused; (c) he was granted legal aid but the legal aid was withdrawn.*"

1114 Vgl. Explanatory Note Nr. 133 zum Extradition Act 2003 (ebenfalls abrufbar unter www.legislation.gov.uk).

1115 Vgl. House of Lords, Select Committee on Extradition Law, „Extradition: UK law and practice", 2nd Report of Session 2014/15 v. 10.3.2015, HL Paper 126 (abrufbar unter www.publications.parliament.uk) [Stand: 30.10.2018], S. 61.

1116 Vgl. House of Lords Report, ebenda, S. 62 f. m.w.N.

1117 Vgl. näher House of Lords Report, ebenda, S. 62 f. m.w.N, es gäbe aber reduzierte Anforderungen in Haftsachen.

1118 Vgl. näher House of Lords Report, ebenda, S. 62 f. m.w.N

1119 Vgl. näher House of Lords Report, ebenda, S. 63 f. m.w.N.

gewesen.[1120] Der Westminster Magistrates' Court soll sich zwischenzeitlich sogar dazu genötigt gesehen haben, Anhörungen in Übergabeverfahren von vornherein erst nach drei Monaten anzusetzen, um der Person genügend Zeit zu belassen, *legal aid* zu erhalten.[1121]

Diese Situation wurde in den Untersuchungen stark kritisiert, durch einen Richter etwa auch unter Kostengesichtspunkten wie folgt:

> "It is deeply depressing that any [Requested Person], particularly one remanded in custody, is not able to have the immediate benefit of legal aid. These delays are extremely expensive. Until legal aid is granted no work is done on behalf of the Requested Person and during that time the UK taxpayer has to pay for his accommodation at HMP Wandsworth. Further there are costs associated with courts, interpreters and the CPS for each court hearing. The Legal Services Commissioner might be protecting its budget (but the administrative costs of processing and then rejecting these applications are not inconsequential), but more importantly` it is doing so to the obvious detriment of other budgets. Anyone looking at the issue holistically would immediately see that to grant legal aid, in all extradition cases, at the first hearing would save tens of thousands of pounds over a year. It is troubling that this RP had to wait over 11 weeks to obtain his legal representation order – see also Article 11.2 FD".[1122]

In Anbetracht der erheblichen Nachteile der Verzögerungen durch das Verfahren der Prozesskostenhilfe für die gesuchte Person und den Staat empfahlen daher sowohl der Baker Review als auch das House of Lords, das *means testing* speziell für Übergabeverfahren zu überdenken.[1123] Stattdessen sei es vorzuziehen, Prozesskostenhilfe in Übergabeverfahren anhand eines *interests of justice* Tests zu bewilligen. Als Alternative schlug das House of Lords vor, in Übergabeverfahren zunächst automatisch Prozesskostenhilfe zu gewähren, um eine zügige Anhörung mit Rechtsbeistand zu ermöglichen, und erst später in die Prüfung der finanziellen Verhältnisse einzusteigen, um die Prozesskostenhilfe womöglich wieder zurückzunehmen.[1124]

1120 Vgl. näher House of Lords Report, ebenda, S. 64 m.w.N.

1121 Vgl. ebenda, S. 64, nachdrücklich etwa Judge Riddle: "*We faithfully tried to stick to 21 days until earlier this year [2014] when it became absolutely obvious that all we were doing was adjourning for 21 days and then adjourning again.*"

1122 Zitiert nach *Baker*, „A Review of the United Kingdom's Extradition Arrangements" v. 18.10.2011 (abrufbar unter www.homeoffice.gov.uk/) [Stand: 29.10.2018], S. 312 f.

1123 Vgl. House of Lords Report, ebenda, S. 65 ff. m.w.N., insb. Recommendation 10 und 12, es sei denn der Mehrwert von *means testing* könne klar nachgewiesen werden; *Baker*, „A Review of the United Kingdom's Extradition Arrangements" v. 18.10.2011 (abrufbar unter www.homeoffice.gov.uk/) [Stand: 29.10.2018], S. 17, 313 f.

1124 Vgl. House of Lords Report, ebenda, S. 67.

3. RL-PKH

Das deutsche Recht steht der frühzeitigen Bestellung eines Rechtsbeistandes für die gesuchte Person im Übergabeverfahren wie gezeigt grundsätzlich nicht entgegen. In der Praxis soll Rechtsbeistand ab der Festnahme und für die erste richterliche Vernehmung der Person im Übergabeverfahren bisher allerdings regelmäßig nicht notwendig sein. Fraglich ist mithin, wie die diesbezüglichen Vorgaben der RL-PKH zu werten sind. Die RL-PKH knüpft für gesuchte Personen an den Zeitpunkt der Festnahme im Vollstreckungsstaat an (dazu unten a). Zugleich ist fraglich, inwieweit die RL-PKH ausreichend Vorsorge dafür trägt, dass Prozesskostenhilfe bzw. ein Rechtsbeistand *tatsächlich* frühzeitig im Übergabeverfahren und ab der Festnahme der gesuchten Person gewährt wird (b). Im Anschluss wird auf den Umsetzungsbedarf in Deutschland eingegangen (c).[1125]

a) Zeitpunkt der Festnahme

Der Anspruch auf Prozesskostenhilfe für gesuchte Personen besteht nach der RL-PKH ab ihrer Festnahme im Vollstreckungsstaat. So gilt die RL-PKH für gesuchte Personen *„ab dem Zeitpunkt ihrer Festnahme im Vollstreckungsmitgliedstaat“* (Anwendungsbereich, Art. 2 Abs. 2 RL-PKH) und der Vollstreckungsstaat hat sicherzustellen, dass gesuchte Personen *„ab dem Zeitpunkt ihrer Festnahme aufgrund eines Europäischen Haftbefehls“* Anspruch auf Prozesskostenhilfe haben (Art. 5 Abs. 1 RL-PKH).

Mit der Anknüpfung an die Festnahme wurde für die Prozesskostenhilfe ein früher Zeitpunkt des Übergabeverfahrens im Vollstreckungsstaat gewählt, der der hiesigen Forderung nach frühzeitigem Rechtsbeistand entspricht und zu begrüßen ist. Es wurde bereits als positiv hervorgehoben, dass der Anspruch auf Prozesskostenhilfe damit übereinstimmend ab dem Zeitpunkt besteht, ab dem die gesuchte Person nach der RL-RB das Recht auf Zugang zu einem Rechtsbeistand im Vollstreckungsstaat hat (Art. 2 Abs. 2, 10 Abs. 1, 2 RL-RB).[1126] So ist das Recht auf Zugang zu einem Rechtsbeistand im Vollstreckungsstaat nach

---

1125 Diese Arbeit hat den Stand August 2019, d.h. vor Umsetzung der RL-PKH in Deutschland. Zu diesem Zeitpunkt waren nur der Referentenentwurf und der Gesetzesentwurf der Bundesregierung veröffentlicht. Die RL-PKH wurde im Dezember 2019 durch das Gesetz zur Neuregelung des Rechts der notwendigen Verteidigung umgesetzt, vgl. BGBl. I S. 2128 v. 12.12.2019, mit Wirkung zum 13. Dezember 2019. Die Gesetzesänderungen wurden für die Veröffentlichung nachträglich im Rahmen der Umsetzung der RL-PKH (unten c) berücksichtigt.

1126 Oben S. 173 f.

Art. 10 Abs. 2 *lit.* a RL-RB zeitlich und verfahrensrechtlich so zu gewähren, dass die gesuchte Person ihre Rechte wirksam und in jedem Fall unverzüglich ab Freiheitsentzug ausüben kann. Der korrespondierende Anspruch auf Prozesskostenhilfe nach Art. 5 Abs. 1 RL-PKH ist ein wichtiger Schritt, um die Effektivität des Rechts auf Zugang zu Rechtsbeistand sicherzustellen. Mit der Anknüpfung an die Festnahme wird es – vorbehaltlich einer Bedürftigkeitsprüfung – *jeder* gesuchten Person ermöglicht, frühzeitigen Rechtsbeistand ab ihrer Festnahme zu erlangen.

Der Zeitpunkt der Festnahme für Prozesskostenhilfe im Übergabeverfahren war bereits von der Kommission gewählt worden.[1127] Der in vielen Mitgliedstaaten unzureichende Zugang zu Prozesskostenhilfe gerade im Frühstadium eines Strafverfahrens sowie in Verfahren zur Vollstreckung eines Europäischen Haftbefehls galt als eine der Hauptursachen für den oftmals unzureichenden Zugang zu effektiver Prozesskostenhilfe.[1128] Es war der Kommission von Anfang an ein Anliegen, den effektiven Zugang zu einem Rechtsbeistand im Falle von Freiheitsentzug schon im Frühstadium des Verfahrens zu ermöglichen, sowohl im Straf- als auch im Übergabeverfahren.[1129] Denn wem die Freiheit entzogen wurde sei gerade am Anfang des Verfahrens besonders schutzbedürftig und auf rechtlichen Beistand angewiesen, um sein Recht auf ein faires Verfahren und Schweigerecht zu wahren.[1130]

Zugleich gilt mit dem Zeitpunkt der Festnahme in der RL-RB sowie der RL-PKH für gesuchte Personen im Vollstreckungsstaat allerdings die Kritik fort, die schon zu Art. 11 RbEuHb geäußert wurde: dass es an einem Recht auf angemessene Verteidigung in jeder Lage des Verfahrens fehle.[1131] Tatsächlich beginnt das Übergabeverfahren bei einer transnationalen Sicht nicht erst mit der Festnahme der gesuchten Person im Vollstreckungsstaat, sondern bereits mit dem Erlass des Europäischen Haftbefehls. Besonders hervorzuheben ist daher der Änderungsvorschlag des Europäischen Parlamentes, das für den Anspruch auf

1127 Vgl. schon Art. 5 Abs. 1 RL-PKE-E; ebenso beibehalten in Art. 5 Abs. 1 i.d.F. des Rates.

1128 Ausführliche Problemanalyse: Commission Staff Working Document, Impact Assessment accompanying the Proposal for Measures on Legal Aid for Suspects or Accused Persons in Criminal Proceedings, SWD(2013) 476 final v. 27.11.2013, S. 13 ff.

1129 Vgl. schon Erwägungsgrund Nr. 1 sowie Art. 4 RL-PKH-E.

1130 Vgl. Begründungen Nr. 10, 25 RL-PKH-E, auch mit Verweisen auf die Rechtsprechung des EGMR.

1131 So zum RbEuHb schon *Wehnert*, StraFo 2003, 356 (358); krit. auch bereits *Heine*, S. 121; *Schork*, S. 251.

Prozesskostenhilfe im Vollstreckungsstaat auf den Zeitpunkt des *Erlasses* des Europäischen Haftbefehls im Ausstellungstaat abstellen wollte.[1132] Dies hätte den effektiven Zugang zu einem Rechtsbeistand schon vor der Festnahme und während des gesamten Verfahrens stärken können. Der Vorschlag wäre insbesondere für die Lage im Ausstellungsstaat sinnvoll gewesen, hätte es der gesuchten Person doch erleichtert, mit Prozesskostenhilfe im Ausstellungsstaat gegen den (nationalen) Haftbefehl vorzugehen und ihre Festnahme von vornherein zu verhindern.[1133] Da allerdings schon die RL-RB auf die Festnahme abstellt, erschien eine Einigung auf einen früheren Zeitpunkt für die Prozesskostenhilfe unwahrscheinlich. Im Vollstreckungsstaat wird der Zeitpunkt der Festnahme der gesuchten Person zudem zumindest regelmäßig mit dem Zeitpunkt zusammenfallen, in dem die gesuchte Person offiziell von dem gegen sie bestehenden Verdacht erfährt und mit dem Vollstreckungsstaat in Kontakt kommt.[1134] Dies entspricht den Vorgaben für Verdächtige oder beschuldigte Personen in Strafverfahren, für die das Recht auf Rechtsbeistand nach Art. 2 Abs. 1 RL-RB sowie Art. 6 EMRK ihre amtliche „Inkenntnissetzung" über den gegen sie bestehenden Verdacht voraussetzt.[1135]

Der Anspruch auf Prozesskostenhilfe im Vollstreckungsstaat gilt sodann bis zu der Übergabe der gesuchten Person oder bis zu dem Zeitpunkt, in dem die Entscheidung, diese nicht zu übergeben, rechtskräftig geworden ist (Art. 5 Abs. 1 RL-PKH). Dieser Zeitrahmen entspricht ebenfalls dem Recht auf Zugang zu einem Rechtsbeistand nach Art. 10 Abs. 1, 2 RL-RB.

b) Praktische Umsetzung und Absicherung

Damit Prozesskostenhilfe bzw. Rechtsbeistand tatsächlich frühzeitig und ab der Festnahme der gesuchten Person gewährt wird, bedarf es zudem praktischer Vorkehrungen.

1132 Vgl. Art. 5 Abs. 1 i.d.F. von Änderung Nr. 42 in der Fassung des LIBE Ausschusses v. 18.5.2015 („*once a European arrest warrant has been issued*"), A8-0165/2015.

1133 Vgl. „Im Sinne eines präventiven Freiheitsschutzes" ebenfalls für Prozesskostenhilfe ab dem Zeitpunkt des Erlasses eines Europäischen Haftbefehls: DAV-Stellungnahme Nr. 26/2014 zur RL-PKH-E v. April 2014 (abrufbar unter www.anwaltsverein.de) [Stand: 29.10.2018], S. 5.

1134 Vgl. G/P/K/*Schneider*, III D 18, Rn. 12 zur RL-RB.

1135 Vgl. G/P/K/*Schneider*, III D 18, Rn. 11 f. zur RL-RB.

aa) Unverzügliche Entscheidung über die Prozesskostenhilfe

Eine wichtige Vorgabe ist Art. 6 Abs. 1 RL-PKH, nach dem Entscheidungen über die Bewilligung oder Ablehnung von Prozesskostenhilfe und über die Bestellung eines Rechtsbeistandes „*unverzüglich*" von der zuständigen Behörde zu treffen sind. Dies wird man als „*ohne schuldhaftes Zögern*" zu verstehen haben[1136], wie es auch in der englischen und französischen Fassung deutlicher wird („*without undue delay*", „*sans retard indu*"). Soweit die gesuchte Person einen Antrag auf Prozesskostenhilfe gestellt hat, wird man nach Art. 6 Abs. 1 RL-PKH mithin eine unverzügliche Entscheidung über die Bewilligung von Prozesskostenhilfe „nach Antragsstellung" der Person erwarten dürfen.[1137] Soweit ein Antrag nicht erforderlich ist, müsste die Entscheidung jedenfalls unverzüglich ab dem Zeitpunkt getroffen werden, ab dem die Voraussetzungen der Prozesskostenhilfe vorliegen und Rechtsbeistand notwendig erscheint. Hervorzuheben ist insoweit auch Erwägungsgrund Nr. 24 RL-PKH, wonach die Entscheidungen über die Bewilligung von Prozesskostenhilfe „*Unbeschadet der Bestimmungen des nationalen Rechts über die zwingende Anwesenheit eines Rechtsbeistands*" getroffen werden sollten.

bb) Risiko von Verzögerungen bei Bedürftigkeitsprüfungen

Zugleich stellt sich die Frage, inwieweit die gesuchte Person geschützt wird, während der Staat eine mitunter langwierige Bedürftigkeitsprüfung durchführt. So wurde oben anhand von England und Wales gezeigt, dass die praktische Durchführung einer Bedürftigkeitsprüfung in der Praxis mit Verzögerungen des gesamten Übergabeverfahrens einhergehen kann. Verzögerungen bei der Bewilligung der Prozesskostenhilfe müssen dabei nicht zwingend auf einem „schuldhaften Zögern" des Staates entgegen Art. 6 Abs. 1 RL-PKH beruhen, sondern können sich auch daraus ergeben, dass die gesuchte Person die Formulare nicht richtig ausfüllt oder Nachfragen erforderlich werden.

Die Kommission wollte zur Absicherung frühzeitigen Rechtsbeistandes ursprünglich einen Anspruch auf vorläufige Prozesskostenhilfe einführen. Diese sollte auch gesuchten Personen ohne unnötige Verzögerung nach Freiheitsentzug und in jedem Fall vor einer Befragung gewährt werden, bis die Entscheidung über die Gewährung gewöhnlicher Prozesskostenhilfe ergangen und wirksam

1136 Ebenso zur RL-RB G/P/K/*Schneider*, III D 18, Rn. 37; auch *Jahn/Zink*, in: FS Graf-Schlicker, S. 475 (489) im Kontext des Art. 4 Abs. 5 RL-PKH.

1137 Vgl. auch *Jahn/Zink*, in: FS Graf-Schlicker, S. 475 (489).

geworden ist.[1138] Durch die vorläufige Prozesskostenhilfe sollte sichergestellt werden, dass Personen, denen die Freiheit entzogen worden ist, bereits im Frühstadium des Verfahrens Unterstützung erhielten, um ihr Recht auf Zugang zu einem Rechtsbeistand effektiv ausüben zu können.[1139] Sie sollten nicht auf die mitunter langwierige Prüfung ihres Antrags auf Prozesskostenhilfe warten müssen.[1140] Um dies zu ermöglichen, wurden zudem Mechanismen wie ein Pflichtverteidigersystem oder anwaltliche Notdienste angeregt.[1141]

Der Anspruch auf vorläufige Prozesskostenhilfe galt nach der Kommission für Strafverfahren sowie Übergabeverfahren gleichermaßen, findet sich in dieser Form jedoch nicht mehr in der RL-PKH. Nunmehr lassen sich Unterschiede zwischen Straf- und Übergabeverfahren ausmachen.

(1) Fehlen eines spätestmöglichen Zeitpunktes in Übergabeverfahren

Bei Strafverfahren wird frühzeitiger Rechtsbeistand insbesondere mit Art. 4 Abs. 5 RL-PKH abgesichert. Dieser sieht einen *„spätestmöglichen Zeitpunkt"* vor[1142], bis zu dem Prozesskostenhilfe bzw. Rechtsbeistand in Strafverfahren zu gewähren ist: Nach Art. 4 Abs. 5 RL-PKH ist sicherzustellen, dass Prozesskostenhilfe *„unverzüglich und spätestens vor einer Befragung"* durch die Polizei, eine andere Strafverfolgungsbehörde oder eine Justizbehörde *„oder vor der Durchführung"* bestimmter Ermittlungs- und Beweiserhebungshandlungen bewilligt wird.[1143] Gerade diese Regelung wird für Strafverfahren als sehr wichtiger Schritt und Mehrwert der RL-PKH im Hinblick auf einen Anspruch des Beschuldigten auf *„Pflichtverteidigung ab der ersten Stunde"* angesehen.[1144] Ferner wird aus

---

1138 Vgl. Definition in Art. 3 *lit.* b RL-PKH-E, näher Art. 4 RL-PKH-E, für Straf- sowie Übergabeverfahren. Ebenso zunächst in den Fassungen des Rates und des Europäischen Parlamentes: Vgl. Art. 4 und 5 Abs. 0a und 0b i.d.F. des Rates, Ratsdok. 6603/15 v. 26.2.2015, für Übergabeverfahren in Art. 5 gebündelt. Ergänzt in der Fassung des LIBE Ausschusses des Europäischen Parlaments v. 18.5.2015, vgl. Änderung Nr. 42, A8-0165/2015.

1139 Vgl. schon Erwägungsgrund Nr. 1 RL-PKH-E; auch bereits oben S. 128 f.

1140 Vgl. Begründung Nr. 26, Erwägungsgründe Nr. 1 und 9 RL-PKH-E.

1141 Vgl. Begründung Nr. 27 zum RL-PKH-E.

1142 Vgl. *Jahn/Zink*, in: FS Graf-Schlicker, S. 475 (489).

1143 Ebenso Erwägungsgrund Nr. 19 S. 1 RL-PKH. Näher zum Verständnis der Vorschrift *Cras*, eucrim 1/2017, 34 (41), nach dem sie keinen eigenständigen Bestellungsgrund darstelle.

1144 Vgl. *Brodowski*, Editorial zu StV 8/2017; *Jahn/Zink*, in: FS Graf-Schlicker, S. 475 (476 f., 490); *Schlothauer*, StV 2018, 169 (170).

Art. 4 Abs. 5 RL-PKH abgeleitet, dass dem Pflichtbeistand eine effektive Teilnahme an der Befragung oder Ermittlungs- und Beweiserhebungshandlung ermöglicht werden müsse – und mit den Ermittlungshandlungen folglich bis zu der Entscheidung über die Prozesskostenhilfe zuzuwarten sei.[1145]

Eine entsprechende Vorgabe für Übergabeverfahren fehlt allerdings. Die RL-PKH sieht für Übergabeverfahren insoweit nur in Erwägungsgrund Nr. 22 RL-PKH vor, dass die Mitgliedstaaten dafür sorgen sollten, *„dass gesuchte Personen bis zu ihrer Übergabe oder bis zu dem Zeitpunkt, zu dem die Entscheidung, diese nicht zu übergeben, rechtskräftig wird, Anspruch auf Prozesskostenhilfe haben"*, damit sie *„tatsächlich Zugang zu einem Rechtsbeistand erhalten"*. Dadurch wird für Übergabeverfahren aber nicht sichergestellt, dass Prozesskostenhilfe und eine wirksame Teilnahme des Rechtsbeistandes auch praktisch ab dem Zeitpunkt der Festnahme ermöglicht werden muss (wie nach Art. 4 Abs. 5 RL-PKH). Es nützt der gesuchten Person wenig, wenn sie zwar ab ihrer Festnahme einen Anspruch auf Prozesskostenhilfe hat (siehe Art. 5 Abs. 1 RL-PKH), aufgrund der langwierigen Durchführung einer Bedürftigkeitsprüfung jedoch faktisch keine Prozesskostenhilfe oder Rechtsbeistand erhält.

(2) Dringlichkeits- bzw. vorläufige Prozesskostenhilfe

Diese Lücke könnte aber durch Erwägungsgrund Nr. 19 S. 2 RL-PKH abgemildert werden. Dieser enthält eine weitere äußerst wichtige Absicherung für frühzeitigen Rechtsbeistand.[1146] Erwägungsgrund Nr. 19 S. 1 RL-PKH entspricht Art. 4 Abs. 5 RL-PKH und wiederholt zunächst, dass Prozesskostenhilfe unverzüglich und bis zur Befragung bzw. vor der Durchführung bestimmter Ermittlungs- und Beweiserhebungshandlungen zu bewilligen ist. Besonders wichtig ist Erwägungsgrund Nr. 19 S. 2 RL-PKH: Wenn die zuständigen Behörden *„dazu nicht in der Lage"* seien, sollten sie vor einer solchen Befragung oder Ermittlungs- oder Beweiserhebungshandlung *„zumindest eine Dringlichkeits- Prozesskostenhilfe oder eine vorläufige Prozesskostenhilfe gewähren"*. Diese Vorgabe scheint deutlich von dem ursprünglichen Kommissionsentwurf für eine vorläufige Prozesskostenhilfe inspiriert zu sein.[1147] Eine Dringlichkeits- bzw. vorläufige Prozesskostenhilfe erscheint als sehr wichtiger Schritt, damit eine Verdächtige oder beschuldigte Person frühzeitigen Zugang zu einem Rechtsbeistand erhält,

---

1145 Vgl. *Schlothauer*, StV 2018, 169 (172); *Jahn/Zink*, in: FS Graf-Schlicker, S. 475 (491).
1146 Hervorhebend auch *Cras*, eucrim 1/2017, 34 (41) (*„important clarification"*).
1147 Vgl. *Cras*, eucrim 1/2017, 34 (41)

selbst wenn der Staat eine mitunter langwierige Prüfung der Voraussetzungen der Prozesskostenhilfe durchführen sollte.

Entscheidend für die praktische Sicherstellung frühzeitigen Rechtsbeistands in Übergabeverfahren ist mithin, ob Erwägungsgrund Nr. 19 RL-PKH auch für gesuchte Personen gilt. Es wiegt schwer zu Lasten gesuchter Personen, dass die RL-PKH diese Frage nicht klar zu beantworten scheint.

Gegen die Anwendbarkeit auf gesuchte Personen sprechen zunächst der Wortlaut und die systematische Stellung des Erwägungsgrundes im Lichte der RL-PKH. Gesuchte Personen werden in Erwägungsgrund Nr. 19 RL-PKH nicht ausdrücklich genannt; dieser befindet sich systematisch auch nicht in dem Abschnitt der Erwägungsgründe, die grundsätzlich für gesuchte Personen gelten (Nr. 20 bis 22). In anderen Erwägungsgründen zu Strafverfahren werden gesuchte Personen wiederum ausdrücklich aufgeführt, wenn er auch für sie gelten soll (etwa in Nr. 18). Inhaltlich wiederholt Erwägungsgrund Nr. 19 S. 1 RL-PKH ferner zunächst Art. 4 Abs. 5 RL-PKH, der nur für Strafverfahren gilt, während sich der maßgebliche S. 2 darauf bezieht („*dazu*") und dies zu konkretisieren scheint.

Zweifel an der Anwendbarkeit ergeben sich auch daraus, dass Erwägungsgrund Nr. 19 RL-PKH die Wortwahl und den Inhalt fortsetzt, der bereits beim Recht auf Rechtsbeistand nach der RL-RB nur für Strafverfahren gelten sollte. So entsprechen die Halbsätze „*vor der Befragung*" durch die Polizei und andere sowie die „*Ermittlungs- oder Beweiserhebungshandlungen*" den Art. 3 Abs. 2 *lit.* a und b RL-RB für Strafverfahren. Das Recht auf Rechtsbeistand nach Art. 10 Abs. 2 RL-RB für Übergabeverfahren enthält zu diesen keine Parallele. Insbesondere fehlt in Art. 10 Abs. 2 *lit.* b RL-RB von vornherein das Recht, mit dem Rechtsbeistand „*auch vor der Befragung*" (wie in Art. 3 Abs. 3 *lit.* a RL-RB) zusammenzutreffen.[1148] Der Begriff der „*Befragung*" („*questioning*") wird in der RL-RB ferner insgesamt nur für Strafverfahren verwendet, während für Übergabeverfahren der engere Begriff „*Vernehmung*" („*hearing*") gilt.[1149] Der Unterschied soll darauf zurückgehen, dass der RbEuHb eine polizeiliche Befragung der gesuchten Person nicht vorsieht, sondern nur eine Vernehmung durch die

1148 Vgl. G/P/K/*Schneider*, III D 18, Rn. 85; auch Erwägungsgrund Nr. 43 RL-RB stellte dies nicht klar, vgl. aber zumindest Erwägungsgrund Nr. 44 RL-RB (Kommunikation mit dem Rechtsbeistand in jedem Verfahrensstadium).

1149 Vgl. Art. 3 Abs. 2 *lit.* a und Art. 3 Abs. 3 *lit.* a und b RL-RB für Strafverfahren („*Befragung*"), im Vergleich zu Art. 10 RL-RB.

vollstreckende Justizbehörde zulässt.[1150] Die Aufnahme von Befragungen durch die Polizei in Art. 10 RL-RB für Übergabeverfahren war im Gesetzgebungsverfahren jedoch diskutiert worden[1151], da sie in der Praxis einiger Mitgliedstaaten durchaus vorkommen kann[1152].

Insgesamt bleiben die Vorgaben zum Zeitpunkt des Rechtsbeistandes in der RL-PKH für Übergabeverfahren mithin in ihrer Klarheit und Verbindlichkeit hinter den Vorgaben zurück, die für Strafverfahren bestehen. Es würde jedoch nicht überzeugen, wenn die in Erwägungsgrund Nr. 19 S. 2 RL-PKH vorgesehene Dringlichkeits- bzw. vorläufige Prozesskostenhilfe nicht auch in Übergabeverfahren gelten sollte, während eine Bedürftigkeitsprüfung durchgeführt wird. Vorzugswürdig erscheint, dass Zweifel an seiner Anwendbarkeit nur auf eine fehlende Sorgfalt des Unionsgesetzgebers zurückzuführen sind.[1153] Denn wie wichtig die tatsächliche zügige Gewährung von Prozesskostenhilfe gerade ab der Festnahme der gesuchten Person ist, wurde hier insbesondere mit Blick auf die bevorstehende richterliche Entscheidung über die Inhaftierung und die Möglichkeit der Zustimmung zur Übergabe deutlich, für die die gesuchte Person regelmäßig fachkundigen Rechtsbeistand benötigen wird.[1154] Das Recht auf unverzüglichen Zugang zu einem Rechtsbeistand ab Festnahme im Vollstreckungsstaat nach Art. 10 Abs. 1 und 2 RL-RB bliebe in der Praxis zudem wertlos, wenn die gesuchte Person sich den Rechtsbeistand nicht leisten kann und dennoch Wochen auf die Bearbeitung ihres Antrags auf Prozesskostenhilfe warten müsste.[1155] Unklarheiten in Erwägungsgrund Nr. 19 RL-PKH sollten daher bei der Umsetzung nicht zu Lasten gesuchter Personen gehen und den Anspruch auf Prozesskostenhilfe nach Art. 5 RL-PKH ab Festnahme in der Praxis konterkarieren können.

1150 Vgl. Art. 14 RbEuHb; G/P/K/*Schneider*, III D 18, Rn. 86 („nur eine förmliche Befragung").

1151 Vgl. LIBE Orientation Vote v. 12.7.2012, Dok. 908151, Änderung Nr. 73: „*at any law enforcement and judicial authorities questioning and at any hearing*"; Ratdok. 7794/12 v. 20.3.2012, S. 5.

1152 Vgl. schon JUSTICE Report (Fn. 52), Bericht zu Deutschland, Angaben des BMJV auf S. 57 („*Police questioning should not be happening in EAW cases but this is a usual domestic practice and because local police will not be specifically trained in EAW cases they may not know to conduct them differently.*").

1153 So schon zu den obigen anderen Formulierungen in der RL-RB G/P/K/*Schneider*, III D 18, Rn. 86.

1154 Oben S. 197 ff.

1155 Vgl. schon Begründung Nr. 26, Erwägungsgründe Nr. 1 und 9 RL-PKH-E.

Im Falle einer Bedürftigkeitsprüfung nach Art. 5 Abs. 3 RL-PKH sollte das besondere Augenmerk der Mitgliedstaaten daher darauf liegen, praktischen Verzögerungen bei der Mitwirkung unentgeltlichen Rechtsbeistandes vorzubeugen. Der gesuchten Person sollte nach ihrer vorläufigen Festnahme unverzüglich eine Art Dringlichkeits- bzw. vorläufige Prozesskostenhilfe gewährt werden, damit der Zugang zu einem Rechtsbeistand trotz Durchführung der Bedürftigkeitsprüfung nicht verzögert wird. Für die Umsetzung einer solchen Dringlichkeitsbzw. vorläufigen Prozesskostenhilfe bietet es sich an, die Bedürftigkeit der Person bei einem Antrag auf Prozesskostenhilfe jedenfalls vorübergehend zu vermuten, wie es die Kommission mit ihrem Konzept der vorläufigen Prozesskostenhilfe ursprünglich vorgesehen hatte.[1156] Ein Rechtsbeistand könnte einstweilen bestellt werden, wenn die Bewilligung von Prozesskostenhilfe möglich erscheint, eine rechtzeitige Entscheidung hierüber aber nicht zu erwarten ist.[1157] Noch weitgehender könnte die Prüfung der Bedürftigkeit auch insgesamt erst nach endgültigen Abschluss des (Straf)verfahrens vorgenommen werden.[1158]

c) *Umsetzungsbedarf in Deutschland*

Bleibt man im bisherigen deutschen System der notwendigen Verteidigung, die nur nach materiellen Kriterien gewährt wird, ist der gesuchten Person in Umsetzung des Art. 5 Abs. 1 RL-PKH künftig ab dem Zeitpunkt ihrer Festnahme in Deutschland unverzüglich ein Rechtsbeistand zu bestellen.[1159] Dies

---

1156 Vgl. Art. 4 RL-PKH-E; so auch ein Vorschlag des House of Lords, Select Committee on Extradition Law, „Extradition: UK law and practice“, 2nd Report of Session 2014/15 v. 10.3.2015, HL Paper 126 (abrufbar unter www.publications.parliament.uk) [Stand: 30.10.2018], S. 67; vgl. zu Strafverfahren auch etwa *Plekksepp*, S. 456.

1157 Vgl. in Deutschland bei Prozesskostenhilfe etwa näher die einstweilige Eilbeiordnung eines Rechtsanwaltes für einen Nebenkläger nach § 406h Abs. 4 StPO; siehe auch *Mehle*, S. 374 f. m.w.N., der (unabhängig von der RL-PKH) einen ähnlichen Ansatz für Beschuldigte im Ermittlungsverfahren vorschlägt.

1158 Vgl. näher zu diesem Vorschlag (unabhängig von der RL-PKH) *Plekksepp*, S. 456.

1159 So auch der Umsetzungsvorschlag von *Schlothauer/Neuhaus/Matt/Brodowski*, HRRS 2018, 55 (59 f., 68 f.); ebenso nun der Referentenentwurf des BMJV (Fn. 42), S. 21, 52 sowie der Gesetzesentwurf der Bundesregierung (Fn. 43), S. 12, 61. So nun auch das Gesetz zur Neuregelung des Rechts der notwendigen Verteidigung, mit dem die RL-PKH in Deutschland mit Wirkung zum 13. Dezember 2019 umgesetzt wurde, vgl. BGBl. I S. 2128 v. 12.12.2019 und § 40 Abs. 5 Nr. 1 IRG n.F. Die Gesetzesänderungen wurden nachträglich für die Veröffentlichung dieser Arbeit berücksichtigt. Die hier relevanten Normen haben sich gegenüber dem Gesetzesentwurf der Bundesregierung nicht geändert.

ist in Übergabeverfahren in Deutschland zwar bereits möglich, da § 40 IRG für die Bestellung eines Pflichtbeistandes bisher keine zeitlichen Vorgaben vorsah. Allerdings wurden in der Praxis Defizite festgestellt, da die Mitwirkung eines Rechtsbeistandes in frühen Stadien des Übergabeverfahrens in Deutschland bisher oft nicht als notwendig angesehen wird.[1160] Mit Art. 5 Abs. 1 RL-PKH rückt die Festnahme der gesuchten Person als der maßgebliche Zeitpunkt in den Fokus, ab dem einer gesuchten Person auch unentgeltlicher Rechtsbeistand zustehen muss. Erforderlich ist daher eine ausdrückliche Klarstellung, dass Rechtsbeistand in Übergabeverfahren ab der Festnahme der gesuchten Person zu bestellen ist.

Der Referentenentwurf des BMJV sieht genau dies vor: Nach § 40 Abs. 2 S. 2 IRG-RefE wird einer verfolgten Person, die noch keinen Rechtsbeistand hat, „*unverzüglich ein Rechtsbeistand bestellt, sobald sie festgenommen wird*".[1161] Der Regierungsentwurf behält diesen Vorschlag als neuen § 40 Abs. 5 Nr. 1 IRG-RegE bei („*unverzüglich nach Festnahme*") (so nun auch § 40 Abs. 5 Nr. 1 IRG n.F.).[1162] Wichtig ist, dass die unverzügliche Bestellung nach Festnahme auch für den Fall der vorläufigen Festnahme aufgrund eines Fahndungsersuchens zum Zwecke der Übergabe gilt.[1163] Um dies praktisch zu ermöglichen, sehen die Entwürfe (sowie nun das Gesetz) zudem die Zuständigkeit des *Amtsgerichts* für die Bestellung vor, dem die verfolgte Person vorzuführen ist.[1164] Diese Umsetzungsvorschläge sind uneingeschränkt zu begrüßen, zumal sie nach der Intention des Referentenentwurfs – über die Anforderungen der RL-PLH hinaus – sogar in klassischen Auslieferungsverfahren gelten.

Der Referentenentwurf präzisierte zudem den Zeitpunkt der Bestellung, wenn keine Festnahme erfolgt: „*Erfolgt keine Festnahme, wird ein Rechtsbeistand nach Bekanntgabe des Auslieferungsersuchens bestellt*" (§ 40 Abs. 2 S. 3 IRG-E).[1165] Diese Fälle hätten in der Praxis zwar eine untergeordnete Bedeutung,

1160 Oben S. 194 ff. m.w.N.

1161 Vgl. Referentenentwurf des BMJV (Fn. 42), S. 11.

1162 Vgl. Gesetzesentwurf der Bundesregierung (Fn. 43), S. 12 f, 61; ebenso nun Gesetz zur Neuregelung des Rechts der notwendigen Verteidigung, BGBl. I S. 2128 v. 12.12.2019.

1163 Näher Referentenentwurf des BMJV (Fn. 42), S. 52.

1164 Vgl. § 40 Abs. 3 IRG-RefE sowie § 40 Abs. 6 IRG-RegE; ebenso nun § 40 Abs. 6 S. 1 IRG n.F.; näher zur Zuständigkeit noch unten S. 223 ff.

1165 Vgl. Referentenentwurf des BMJV (Fn. 42), S. 11.

aber die Sach- und Rechtsfragen seien oftmals vergleichbar komplex.[1166] Mit der Erfassung dieser Fälle sollen zudem Schutzlücken vermieden werden, da die Bestellung bisher nicht an die Festnahme anknüpfe.[1167] Der Regierungsentwurf behält diese Regelung weitgehend bei. Da der Regierungsentwurf allerdings mit § 40 Abs. 3 IRG-RegE von vornerein eine eigene Regelung vorsieht, wenn keine Festnahme erfolgt, wird auch der Zeitpunkt der Bestellung für die Fälle ohne Festnahme in § 40 Abs. 5 Nr. 2 und Nr. 3 IRG-RegE eigenständig näher präzisiert (so nun auch § 40 Abs. 5 Nr. 2 und 3 IRG n.F.). Danach hat die Bestellung grundsätzlich unverzüglich nach Bekanntgabe des Auslieferungsersuchens zu erfolgen. Alternativ müssen die Voraussetzungen des § 40 Abs. 3 Nr. 1 und 2 IRG-RegE vorliegen, die den bisherigen § 40 Abs. 2 Nr. 1 und 2 IRG entsprechen.[1168]

Hinsichtlich der Dauer der Prozesskostenhilfe nach Art. 5 Abs. 1 RL-PKH sehen der Referentenentwurf und Regierungsentwurf (sowie nun das Gesetz) ebenfalls Umsetzungsbedarf, da das IRG bisher keine Regelung zur Beendigung der Rechtsbeistandschaft enthalte.[1169] In § 40 Abs. 4 IRG-RefE wie auch § 40 Abs. 7 S. 1 IRG-RegE wird daher vorgesehen, dass die Bestellung mit der Übergabe der verfolgten Person endet, oder mit der abschließenden Entscheidung, die verfolgte Person nicht zu übergeben (so nun auch § 40 Abs. 7 S. 1 IRG n.F.).[1170] Dies entspricht grundsätzlich dem Wortlaut des Art. 5 Abs. 1 RL-PKH. Die Entwürfe (wie nun das Gesetz) haben sich jedoch auch hier für eine über Art. 5 Abs. 1 RL-PKH hinausgehende Regelung entschieden: Während die RL-PKH auf die Rechtskraft der Entscheidung abstellt, knüpfen die Gesetzesentwürfe an den umfassenderen Begriff der *„abschließenden Entscheidung“* an.[1171] Damit sollen auch die Verfahren des § 33 IRG erfasst werden, falls das Oberlandesgericht nach Rechtskraft der Entscheidung erneut über die Zulässigkeit der Übergabe entscheiden muss.[1172] Im Regierungsentwurf wird dies nun

---

1166 Näher Referentenentwurf des BMJV (Fn. 42), S. 52 wie auch Gesetzesentwurf der Bundesregierung (Fn. 43), S. 61.

1167 Ebenda.

1168 Siehe näher § 40 Abs. 5 Nr. 3 IRG-RegE: Gesetzesentwurf der Bundesregierung (Fn. 43), S. 11, 61; ebenso nun § 40 Abs. 5 Nr. 3 IRG n.F., vgl. Gesetz zur Neuregelung des Rechts der notwendigen Verteidigung, BGBl. I S. 2128 v. 12.12.2019.

1169 Vgl. Referentenentwurf des BMJV (Fn. 42), S. 22; ebenso Gesetzesentwurf der Bundesregierung (Fn. 43), S. 23.

1170 Vgl. Referentenentwurf des BMJV (Fn. 42), S. 11; Gesetzesentwurf der Bundesregierung (Fn. 43), S. 13; ebenso nun Gesetz zur Neuregelung des Rechts der notwendigen Verteidigung, BGBl. I S. 2128 v. 12.12.2019.

1171 Vgl. Referentenentwurf des BMJV (Fn. 42), S. 52 f.

1172 Vgl. Referentenentwurf des BMJV (Fn. 42), S. 52.

ausdrücklich als § 40 Abs. 7 S. 2 f. IRG-RegE klargestellt und die Dauer näher präzisiert, wenn keine gerichtliche Entscheidung ergeht (so nun auch § 40 Abs. 7 S. 2 f. IRG n.F.).[1173] Dies ist zu begrüßen.

Die Umsetzung der RL-PKH führt in Deutschland daher zu einem erheblichen Mehrwert hinsichtlich des Zeitpunktes unentgeltlichen Rechtsbeistandes in Übergabeverfahren.[1174] In praktischer Hinsicht wird die RL-PKH zugleich mit der verstärkten Etablierung von Anwaltsnotdiensten einhergehen müssen und Organisationsbedarf für die Anwaltschaft auslösen, damit tatsächlich kurzfristig ein Rechtsbeistand zur Verfügung steht.[1175]

IV. Verfahren, Auswahl und Qualität des Rechtsbeistandes

Für die Wirksamkeit und praktische Umsetzung unentgeltlichen Rechtsbeistandes ist ferner wichtig, wie und durch wen unentgeltlicher Rechtsbeistand gewährt wird und wie die Auswahl eines Pflichtbeistandes erfolgt. Damit eng verbunden ist zudem die Frage nach der Qualität der unentgeltlichen Beistandsleistung und deren Absicherung in der Praxis. Nach einem Überblick zum bisher geltenden Recht (dazu 1) wird auf diesbezügliche Defizite (2) sowie die Anforderungen der RL-PKH (3) eingegangen.[1176]

1173 Siehe näher § 40 Abs. 7 IRG-RegE, Gesetzesentwurf der Bundesregierung (Fn. 43), S. 13 und Begründung S. 62 f.; BGBl. I S. 2128 v. 12.12.2019.

1174 Die Regelungen der RL-PKH zum Strafverfahren waren nicht Gegenstand der Untersuchung – hier wird aber ebenfalls mit einer erheblichen Vorverlagerung des Bestellungszeitpunktes gerechnet. Siehe dazu *Brodowski*, Editorial StV 8/2017; *Jahn/Zink*, in: FS Graf-Schlicker, S. 475 (476); auch SK-StPO/*Meyer*, Art. 6 EMRK, Rn. 430; im Kontext des Referentenentwurfs *Burhoff*, StRR 2019, 5 (6 f.); *Meyer-Mews*, ZRP 2019, 5 (6 f.); *Schlothauer*, KriPoZ 1/2019, 3 (6 ff.); kritisch dagegen in Bezug auf die Pflichtverteidigerbestellung im Rahmen haftrichterlicher Vorführungen *Tully/Wenske*, NStZ 2019, 183 (185 f.).

1175 Vgl. ebenso zur Umsetzung der RL-PKH in Strafverfahren *Brodowski*, Editorial StV 8/2017 („Herausforderung für die Anwaltschaft"); *Jahn/Zink*, in: FS Graf-Schlicker, S. 475 (490); ähnlich SK-StPO/*Meyer*, Art. 6 EMRK, Rn. 430. Allgemein zu einem Notverteidiger für die Eröffnung eines Haftbefehls auch schon SSW-StPO/*Herrmann*, vor §§ 112 ff. StPO, Rn. 51 m.w.N.

1176 Diese Arbeit hat den Stand August 2019, d.h. vor Umsetzung der RL-PKH in Deutschland. Zu diesem Zeitpunkt waren nur der Referentenentwurf und der Gesetzesentwurf der Bundesregierung veröffentlicht. Die RL-PKH wurde im Dezember 2019 durch das Gesetz zur Neuregelung des Rechts der notwendigen Verteidigung umgesetzt, vgl. BGBl. I S. 2128 v. 12.12.2019, mit Wirkung zum 13. Dezember 2019.

1. Geltendes Recht bis zur RL-PKH

In Deutschland wird einer gesuchten Person im Auslieferungs- und Übergabeverfahren bisher ein Pflichtbeistand bestellt, wenn die Voraussetzungen des § 40 Abs. 2 IRG vorliegen und sie noch keinen Beistand hat.[1177] Für das Verfahren der Bestellung und der Auswahl des Pflichtbeistandes sieht das IRG keine gesonderten Regelungen vor. Über den Verweis in § 40 Abs. 3 IRG (in Verbindung mit § 78 Abs. 1 IRG) richtet sich dies nach den Vorgaben der StPO, mit Ausnahme der § 141 Abs. 1 bis 3 und § 142 Abs. 2 StPO.

Zuständig für die Bestellung eines Pflichtbeistandes für den Verfolgten ist der Vorsitzende des Gerichts, bei dem das Verfahren anhängig ist (§ 40 Abs. 3 IRG i.V.m. § 141 Abs. 4 S. 1 StPO). Dies ist in Auslieferungs- und Übergabeverfahren der Vorsitzende des zuständigen Strafsenats des Oberlandesgerichts.[1178] Sollte ein insoweit unzuständiger Richter am Amtsgericht einen Rechtsanwalt als Pflichtbeistand beiordnen, wird die Beiordnung durch das OLG bisher aufgehoben.[1179]

Die Auswahl des Pflichtbeistandes richtet sich nach § 40 Abs. 3 IRG i.V.m. § 142 Abs. 1 StPO[1180]: Dem Verfolgten soll mithin vor der Bestellung Gelegenheit gegeben werden, innerhalb einer zu bestimmenden Frist einen Beistand seiner Wahl zu bezeichnen (§ 142 Abs. 1 S. 1 StPO).[1181] Die Vorschrift wird regelmäßig als Anhörungspflicht der Person verstanden.[1182] Durch die Auswahlmöglichkeit der Person soll der Bedeutung eines Vertrauensverhältnisses zu dem Verteidiger für eine effektive Verteidigung und ein faires Verfahren Rechnung getragen werden.[1183]

Die Gesetzesänderungen wurden für die Veröffentlichung nachträglich im Rahmen der Umsetzung der RL-PKH (unten 3) berücksichtigt.

1177 Diese Arbeit und die Normen in diesem Abschnitt haben den Stand August 2019. Durch die Umsetzung der RL-PKH zum 13. Dezember 2019 haben sich § 40 IRG sowie §§ 140 ff. StPO weitreichend verändert. Auf die Gesetzesänderungen wird für die Veröffentlichung im Rahmen der Umsetzung der RL-PKH (unten 3) eingegangen.

1178 Vgl. §§ 13 Abs. 1, 27 Abs. 3, 78 Abs. 1 IRG, auch G/P/K/*Böhm*, § 40 IRG, Rn. 37.

1179 Vgl. OLG Hamm, Beschl. v. 25.3.2010, BeckRS 2010, 09834.

1180 Vgl. auch G/P/K/*Böhm*, § 40 IRG, Rn. 39.

1181 Vgl. näher Meyer-Goßner/*Schmitt*, § 142 StPO, Rn. 10 f.

1182 Vgl. Meyer-Goßner/*Schmitt*, § 142 StPO, Rn. 1 m.w.N.

1183 Näher zur Entstehungsgeschichte und Hintergründen der Norm SK-StPO/*Wohlers*, § 142 StPO, Rn. 14 ff m.w.N.; MüKo-StPO/*Thomas/Kämpfer*, § 142 StPO, Rn. 1 f. Vgl. auch BVerfG, NJW 2001, 3695 (3696) m.w.N. („Anwalt des Vertrauens").

Damit die Person selbst einen Beistand benennen kann, sind durch den Staat Hilfestellungen zu geben.[1184] Als Informationsquelle in Strafverfahren werden etwa sog. Verteidigerlisten mit beiordnungsbereiten Strafverteidigern für sinnvoll befunden.[1185] Als Rechtsbeistand kommen Rechtsanwälte sowie Rechtslehrer an deutschen Hochschulen in Betracht.[1186] Rechtsreferendare können in Übergabeverfahren dagegen nicht als Pflichtbeistand tätig werden.[1187]

Wenn die gesuchte Person einen Rechtsbeistand ihrer Wahl benennt, hat der Vorsitzende nach § 142 Abs. 1 S. 2 StPO grundsätzlich diesen zu bestellen (sog. Wahlpflichtbeistand). Die Regelung schränkt das ansonsten bestehende richterliche Auswahlermessen ein.[1188] Eine Ausnahme besteht nur insoweit, als der Bestellung des gewünschten Beistandes ein *„wichtiger Grund"* entgegensteht (§ 142 Abs. 1 S. 2 StPO). Als ein solcher Grund kommt etwa die Verweigerung der Beistandsleistung durch den gewünschten Rechtsanwalt in Betracht.[1189] Zudem ist das Verbot der Mehrfachvertretung nach § 146 StPO zu beachten. Dieses gilt über § 40 Abs. 3 IRG auch im Auslieferungs- und Übergabeverfahren, da eine Interessenkollision mit Blick auf das spätere Strafverfahren vorliegen kann.[1190]

Wenn die gesuchte Person keinen Rechtsbeistand benennt, hat der Richter über die konkrete Person des Rechtsbeistandes zu entscheiden.[1191] Der Richter soll sich bei der Auswahl insbesondere an der Gewährleistung einer wirksamen Verteidigung orientieren und auch Fach- und Sprachkenntnisse beachten.[1192] Das Gesetz sieht jedoch keine Auswahlgrundsätze vor.[1193] Die Beiordnungsentscheidung soll als Akt der Rechtsprechung zudem unter den Schutz der

1184 Näher etwa *Wohlers*, StV 2010, 151 (153 f).

1185 Vgl. SSW-StPO/*Herrmann*, vor §§ 112 ff. StPO, Rn. 56.

1186 Vgl. § 40 Abs. 3 IRG i.V.m. § 138 Abs. 1 StPO.

1187 Vgl. Ausnahme von § 142 Abs. 2 StPO im Verweis des § 40 Abs. 3 IRG.

1188 Vgl. Meyer-Goßner/*Schmitt*, § 142 StPO, Rn. 3.

1189 Vgl. näher Meyer-Goßner/*Schmitt*, § 142 StPO, Rn. 13 m.w.N. Näher zu Fachkenntnissen sogleich 2.c) und d).

1190 Vgl. OLG Rostock, NStZ 2012, 101; auch S/L/G/H/*Lagodny/Schomburg/Hackner*, § 40 IRG, Rn. 28; anders SK-StPO/*Wohlers*, § 146 StPO, Rn. 13.

1191 Vgl. auch *Schoeller*, S. 371.

1192 Vgl. *Wenske*, NStZ 2010, 479 (480); *Wohlers*, StV 2010, 151 (155); näher zu diesen sowie weiteren Kriterien im Überblick *Schoeller*, S. 370 ff m.w.N.

1193 Vgl. Meyer-Goßner/*Schmitt*, § 142 StPO, Rn. 3.

richterlichen Unabhängigkeit nach Art. 97 Abs. 1 GG fallen und kaum einer Kontrolle unterliegen.[1194]

Die Bestellung des Rechtsbeistandes erfolgt sodann grundsätzlich durch ausdrückliche Verfügung des Richters[1195] und gilt als staatlicher Hoheitsakt[1196]. Der gerichtlich bestellte Rechtsanwalt ist standesrechtlich nach § 49 Abs. 1 BRAO zur Übernahme der Beistandsleistung verpflichtet.[1197] Ein bereits mandatierter Wahlbeistand kann ebenfalls beantragen, als Pflichtbeistand beigeordnet zu werden.[1198] Dies kann insbesondere sinnvoll sein, wenn seine Gebühren ansonsten nicht gesichert sind: Mit der Beiordnung wird der Rechtsbeistand aus der Staatskasse vergütet.[1199] Unter bestimmten Umständen kann der bestellte Rechtsbeistand zudem nach § 40 Abs. 3 IRG i.V.m. § 143 StPO ausgewechselt werden.[1200]

2. Defizite

In der Praxis können sich Defizite im Übergabeverfahren bisher insbesondere daraus ergeben, dass der Richter am Oberlandesgericht für die Entscheidung über die Bestellung eines Rechtsbeistandes zuständig ist (dazu a) und der konkrete Rechtsbeistand durch den Richter ausgewählt wird (b).[1201] Eng verbunden mit der Auswahl des Pflichtbeistandes stellt sich zudem die Frage nach der Qualität der unentgeltlichen Beistandsleistung in Übergabeverfahren (c) und deren Absicherung in der Praxis (d). Es liegt auf der Hand, dass alleine die Bestellung eines Pflichtbeistandes die Stellung einer gesuchten Person im Übergabeverfahren nicht automatisch verbessern wird.

1194 So die wohl herrschende Ansicht, vgl. *Wenske*, NStZ 2010, 479 (482); *Jahn/Zink*, in: FS Graf-Schlicker, S. 475 (491 f.); *Schoeller*, S. 385 m.w.N.

1195 Näher Meyer-Goßner/*Schmitt*, § 141 StPO, Rn. 7.

1196 Näher zur Diskussion um die Wirkung der Beiordnung *Mehle*, S. 131 ff. m.w.N.

1197 Vgl. auch S/L/G/H/*Lagodny/Schomburg/Hackner*, § 40 IRG, Rn. 2.

1198 In dem Antrag des Wahlbeistandes wird regelmäßig die Erklärung gesehen, das Wahlmandat solle mit der Bestellung enden, vgl. KK-StPO/*Laufhütte*, § 141 StPO, Rn. 1 m.w.N.

1199 Näher zur Vergütung des Pflichtbeistandes vgl. G/P/K/*Böhm*, § 40 IRG, Rn. 56 ff. sowie unten S. 248 ff.

1200 Ausführlich zu den Voraussetzungen und der Rechtsprechung zu § 143 StPO: *Schlothauer/Weider/Nobis*, Rn. 325 ff.

1201 Stand der Arbeit und der Normen hier August 2019, d.h. vor Umsetzung der RL-PKH. Die neue Regelung in § 40 Abs. 6 S. 1 IRG n.F. wurde erst in Umsetzung der RL-PKH zum 13. Dezember 2019 eingefügt, näher dazu noch unten 3.

a) Zuständigkeit des Richters am Oberlandesgericht für die Bestellung

Der Gesetzgeber ging davon aus, dass die Entscheidung über die Bestellung eines Beistandes („ob“) im Auslieferungsverfahren dem Richter am Oberlandesgericht überlassen bleiben könne, da entweder bereits eine Haftentscheidung des OLG vorliege oder aber die Zuständigkeit des Amtsgerichts sachlich eng begrenzt und nur vorübergehender Art sei.[1202] Da das Oberlandesgericht über die Zulässigkeit der Auslieferung entscheidet, kann es zudem besonders gut einschätzen, ob das Auslieferungs- und Übergabeverfahren im Sinne von § 40 Abs. 2 Nr. 1 IRG in rechtlicher Hinsicht schwierig ist.

Die Zuständigkeit des Richter des zuständigen Strafsenats des OLG nach § 40 Abs. 3 IRG i.V.m. § 141 Abs. 4 S. 1 StPO für die Bestellung eines Rechtsbeistandes kann in der Praxis jedoch zu Schwierigkeiten für die frühzeitige Bestellung eines Rechtsbeistandes führen.[1203] Denn die gesuchte Person wird im Übergabeverfahren zunächst dem Richter am nächsten Amtsgericht vorgeführt, während der Richter am OLG die Akten gegebenenfalls erst später erhält und die gesuchte Person im Verfahren oftmals insgesamt nicht persönlich erleben wird.[1204] Da der Richter am Amtsgericht bisher nicht für die Bestellung eines Rechtsbeistandes zuständig war, musste er sich demnach (etwa telefonisch) mit dem zuständigen Richter des OLG in Verbindung setzen, wenn er Rechtsbeistand für notwendig erachtet.[1205] Es erscheint jedoch zu Recht fraglich, inwieweit dies der Rechtswirklichkeit entspricht.[1206] In diesem Zusammenhang wird zudem der Einwand relevant, dass der für die Bestellung zuständige Richter am OLG die Umstände des Einzelfalls nach Aktenlage kaum einschätzen könne und eine „Verdachtsbestellung“ vor der ersten Vernehmung zugleich nicht sachgerecht sei.[1207]

Als Lösungsansatz wird vorgeschlagen, dass der Richter am Amtsgericht einen Rechtsbeistand dennoch zur Not beiziehen und dem OLG zur späteren

---

1202 Vgl. BT-Drs. 9/1338, S. 60.

1203 Vgl. krit. zu dem Verweis auf die StPO schon G/P/K/*Böhm*, § 40 IRG, Rn. 37 („wenig glückliche Regelung“); *Matthies*, in: Malolepszy/Hochmayr/Nalewajko (Hrsg.), EuHb und Übergabeverfahren zwischen Deutschland und Polen, S. 73 (76).

1204 Vgl. G/P/K/*Böhm*, § 40 IRG, Rn. 37, 35.

1205 Vgl. S/L/G/H/*Lagodny/Schomburg/Hackner*, § 40 IRG, Rn. 28

1206 Vgl. G/P/K/*Böhm*, § 40 IRG, Rn. 37.

1207 So G/P/K/*Böhm*, § 21 IRG, Rn. 46; ähnlich G/P/K/*Böhm*, § 28 IRG, Rn. 25, als Gegenargument im Kontext von Rechtsbeistand für die Zustimmung zur vereinfachten Übergabe.

Bestellung vorschlagen soll.[1208] Dies ist für den Rechtsbeistand allerdings mit der Unsicherheit verbunden, ob das Oberlandesgericht die Ansicht teilen wird.[1209]

De lege ferenda wird daher zu Recht gefordert, dass es zulässig sein müsse, dass der Richter des nächsten Amtsgerichts zumindest für die Vernehmung selbst einen Beistand im Wege einer „*befristeten Bestellung*" verpflichten kann.[1210] Eine solche Bestellungsmöglichkeit des Richters am Amtsgericht würde die Stellung des Verfolgten gerade am Anfang des Verfahrens stärken und letztlich auch dem Ziel eines zügigen Verfahrens dienen.[1211] Der Richter am Amtsgericht kann die Notwendigkeit eines Beistandes zudem in tatsächlicher Hinsicht besonders gut beurteilen.[1212]

In diese Richtung gehen seit 2017 auch zwei Änderungen des § 141 StPO für das Strafverfahren.[1213] Zum einen wurde mit § 141 Abs. 3 S. 4 StPO n.F. eine Sonderregelung für richterliche Vernehmungen eingeführt. Das Gericht bestellt einem Beschuldigten nun (unabhängig von den Voraussetzungen des § 140 StPO) von Amts wegen für die Vernehmung einen Verteidiger, wenn die Mitwirkung eines Verteidigers aufgrund der Bedeutung der Vernehmung zur Wahrung der Rechte des Beschuldigten geboten erscheint.[1214] Von Interesse ist zudem die Neuregelung des § 141 Abs. 4 S. 2 Hs. 1 StPO, nach der vor Erhebung der Anklage das Amtsgericht über die Bestellung des Rechtsbeistandes entscheidet, in dessen Bezirk die Staatsanwaltschaft oder ihre zuständige Zweigstelle ihren Sitz hat, oder das nach § 162 Absatz 1 Satz 3 StPO zuständige Gericht.

1208 Vgl. G/P/K/*Böhm,* § 21 IRG, Rn. 47.

1209 Vgl. auch etwa Meyer-Goßner/*Schmitt,* § 141 StPO, Rn. 8 m.w.N., wonach die Zulässigkeit einer rückwirkenden Bestellung im Strafverfahren umstritten und nach weit überwiegender Rechtsprechung unzulässig und unwirksam ist.

1210 Vgl. G/P/K/*Böhm,* § 40 IRG, Rn. 38, konkret zur Vernehmung nach vorläufiger Festnahme nach § 22 Abs. 2 IRG, insbesondere wenn der Verfolgte nicht ohne Rechtsrat der vereinfachten Auslieferung zustimmen möchte; ähnlich S/L/G/H/*Lagodny/Schomburg/Hackner,* § 40 IRG, Rn. 24. Zu einer ähnlichen Problematik im Rahmen von § 115a StPO ebenso MüKo-StPO/*Böhm/Werner,* § 115a StPO, Rn. 14 f.; für eine befristete Bestellung auch KK-StPO/*Graf,* § 115, Rn. 11a.

1211 Vgl. zu letzterem auch G/P/K/*Böhm,* § 40 IRG, Rn. 38.

1212 Vgl. ähnlich G/P/K/*Böhm,* § 40 IRG, Rn. 38.

1213 Vgl. BGBl. I 3202 v. 23.8.2017. Stand der Arbeit und der Normen hier August 2019, d.h. vor Umsetzung der RL-PKH. Durch die Umsetzung der RL-PKH zum 13. Dezember 2019 wurden die §§ 140 ff. StPO weitreichend geändert, vgl. BGBl. I S. 2128 v. 12.12.2019.

1214 Vgl. näher *Schlothauer,* StV 2017, 557 ff.; Meyer-Goßner/*Schmitt,* § 141 StPO, Rn. 5a, 5c.

Mit dieser soll im Ermittlungsverfahren eine einheitliche Zuständigkeit des Ermittlungsrichters für die Bestellung eines Pflichtverteidigers geschaffen werden, um die Zuständigkeitsregelungen zu vereinfachen und das Verfahren durch schnellere Erreichbarkeiten zu beschleunigen.[1215] Der Ermittlungsrichter könne ebenso wie der Vorsitzende des Gerichts der Hauptsache sachlich fundiert über die Notwendigkeit des Verteidigers und einen konkret geeigneten Verteidiger entscheiden.[1216]

Beide Änderungen dürften sich bisher zwar nicht auf das Auslieferungs- und Übergabeverfahren auswirken.[1217] Vergleichbare Überlegungen sind jedoch wie gezeigt angebracht, insbesondere für die Vernehmungen am Anfang des Verfahren nach §§ 21, 22 IRG. Im Ergebnis spricht daher viel für die (zumindest befristete) Zuständigkeit des Amtsgerichts für die Bestellung eines Rechtsbeistandes.

b) *Auswahl des Pflichtbeistandes durch den Richter*

Besonders umstritten ist in Deutschland zudem die Auswahl eines Pflichtbeistandes („wer"), wenn die Person selbst keinen Beistand ihres Vertrauens bezeichnet.[1218] Die Auswahl obliegt in Übergabeverfahren dann wie dargestellt dem für das Verfahren zuständigen Richter, ebenso wie in Strafverfahren. Für Strafverfahren legen empirische Erkenntnisse nahe, dass dem Richter in etwa einem Viertel der Fälle die Auswahl obliegt, in denen ein Verteidiger zu bestellen ist.[1219]

1215 Vgl. BR-Drucks. 796/16, S. 28.

1216 Vgl. näher Bericht der Expertenkommission zur effektiveren und praxistauglicheren Ausgestaltung des allgemeinen Strafverfahrens und des jugendgerichtlichen Verfahrens v. Oktober 2015 (abrufbar unter www.bmjv.bund.de), S. 45 f.

1217 § 40 Abs. 3 i.V.m. § 78 Abs. 1 IRG schließt die Anwendbarkeit des § 141 Abs. 3 StPO in Übergabeverfahren ausdrücklich aus. Einen Ermittlungsrichter wie nach § 141 Abs. 4 S. 2 StPO gibt es im Übergabe- und Auslieferungsverfahren des Vollstreckungsstaates zudem nicht.

1218 Vgl. zur Diskussion und Kritik im Überblick SSW-StPO/*Herrmann*, vor §§ 112 ff. StPO, Rn. 54 ff. m.w.N; *Wenske*, NStZ 2010, 479 (480 f.) m.w.N., im Ergebnis aber anders; *Augustin*, S. 107 ff. m.w.N.

1219 So die Untersuchung von *Schoeller* zur Praxis der Beiordnung von Pflichtverteidigern aus dem Jahr 2016, S. 271 ff: In den von ihm ausgewerteten 880 Verfahrensakten erfolgte die Auswahl des Pflichtverteidigers zu 75 % originär durch den Beschuldigten und zu 25 % durch den Richter. Näher zur Methodik der Studie S. 62 ff.

Die Auswahl des Pflichtbeistandes durch den Richter wird in Deutschland seit langem als intransparent und beliebig kritisiert.[1220] Da die Auswahlkriterien des Richters nicht näher bestimmt sind[1221], lässt die derzeitige Praxis bei vielen Strafverteidigern Zweifel daran aufkommen, inwieweit der Auswahlentscheidung sachliche Kriterien zugrunde liegen[1222]. Durch die Nähe des Richters zum Verfahren stehen Befürchtungen im Raum, wonach „Gerichtshuren“ und „Geständnishelfer“ bevorzugt bestellt würden und die Unabhängigkeit des Verteidigers unterlaufen werden könnte.[1223] Es drohe das Risiko, dass der Richter (wenn auch nur unbewusst) vor allem solche Verteidiger auswählen könnte, mit denen er gut zusammenarbeite.[1224] Tatsächlich zeigte die Untersuchung von *Schoeller*, dass Richter in Strafverfahren wiederholt denselben Verteidiger bestellen.[1225] Ferner würden sich Richter seltener als Beschuldigte selbst für einen Fachanwalt für Strafrecht als Pflichtverteidiger entscheiden.[1226]

Die Auswahl des Pflichtbeistandes durch den für das Verfahren zuständigen Richter wird zu Recht kritisch gesehen. Ein Vorteil dieser Vorgehensweise ist zwar, dass der zuständige Richter über Kenntnisse des Verfahrens verfügt und die Auswahlentscheidung so an die Umstände und Besonderheiten des Einzelfalles anpassen kann.[1227] Die Auswahlentscheidung durch den Richter darf zudem an sich Objektivität erwarten lassen, anders als womöglich die Auswahl durch

1220 Vgl. MAH Strafverteidigung/*König*, § 4, Rn. 82j m.w.N.; Befürchtungen im Überblick bei *Schoeller*, S. 390 ff. m.w.N.; zu empirischen Erkenntnissen *Jahn*, S. 115 ff.; sehr krit. aus Richtersicht ferner *Leitmeier*, StV 2016, 515 m.w.N.; *Heydenreich*, StraFo 2011, 263 (269 f.); *Schlothauer/Weider/Nobis*, Rn. 310; siehe zu anderen Ländern auch *Plekksepp*, S. 464 f.

1221 Vgl. Meyer-Goßner/*Schmitt*, § 142 StPO, Rn. 3.

1222 Vgl. zu diesbezüglichen Befürchtungen der Strafverteidiger insbesondere die Untersuchung von *Jahn* zur Rechtswirklichkeit der Pflichtverteidigerbestellung aus dem Jahr 2014, S. 115 ff. Für die Untersuchung wurden Strafverteidiger (941 Antworten) und hessische Richter (30 Antworten) schriftlich befragt, näher zur Methodik S. 5 ff.

1223 Vgl. zu diesen und ähnlichen Begriffen SSW-StPO/*Herrmann*, vor §§ 112 ff. StPO, Rn. 58 m.w.N.; aus den Fragebögen *Jahn*, S. 120.

1224 Vgl. näher *Augustin*, S. 108 f. m.w.N.; krit. aus Richtersicht auch *Leitmeier*, StV 2016, 515 ff.

1225 Näher *Schoeller*, S. 396 ff.: In 22 % der untersuchten Fälle, in denen dem Richter die Auswahl oblag.

1226 Vgl. näher *Schoeller*, S. 409 ff.

1227 Vgl. aber auch *Leitmeier*, StV 2016, 515 (518), wonach dies etwa bei der Nutzung von Verteidigerlisten durch die Bildung von Unterkategorien erreicht werden könnte, etwa zu Sprachkenntnissen oder Tätigkeitsschwerpunkten.

den Polizeibeamten, wie sie in einigen anderen Mitgliedstaaten ebenfalls praktiziert wird. Dennoch gehen mit der Auswahlentscheidung des Richters zu Recht Bedenken einher: Denn auch wenn der Richter eine sachgerechte Auswahl trifft, kann nach außen hin und aus Sicht des Beschuldigten schnell der Eindruck einer *„strukturelle[n] Befangenheit“*[1228] entstehen – nicht nur auf Seiten des auswählenden Richters, sondern auch auf Seiten des Verteidigers zu Lasten des Mandanten[1229]. Die Auswahl des Pflichtbeistandes durch den zuständigen Richter kann die Unabhängigkeit des Pflichtbeistandes aus Sicht des Beschuldigten in Zweifel ziehen und das Vertrauensverhältnis zum Pflichtbeistand belasten.[1230] Durch das Auswahlrecht des Richters wird systematisch einer Nähe zwischen dem Richter und dem Verteidiger erzeugt, welche eine effektive Verteidigung sowie das Vertrauen in den Rechtsstaat untergraben könne.[1231]

Zugleich besteht bisher allerdings keine Einigkeit darüber, wie die Auswahl des Pflichtbeistandes im Interesse des Beschuldigten verbessert werden könnte. Diskutiert werden unter anderem die verpflichtende oder schematische Nutzung von Verteidigerlisten durch den Richter, die Zuständigkeit eines in der Sache unzuständigen Richters oder die Einholung eines Vorschlages der Rechtsanwaltskammer.[1232] Anstelle des staatlichen Ermessens wird zudem die Gewährung eines Rechts auf einen gesetzlichen Pflichtverteidiger in Form eines anwaltschaftsinternen Rotations- oder Zufallsprinzip vorgeschlagen, wie es etwa in England und Wales über die *duty solicitors* Schemata bestehe.[1233] Die Aufstellung und Nutzung von Verteidigerlisten wird jedoch als uneinheitlich und unbefriedigend empfunden[1234] und aus Sicht der Praxis scheint die Zuständigkeit

---

1228 Vgl. treffend *Schlothauer*, StV 2018, 169 (174); ebenso *Schlothauer/Neuhaus/Matt/Brodowski*, HRRS 2018, 55 (66).

1229 Vgl. *Leitmeier*, StV 2016, 515 (515 ff.).

1230 Vgl. *Augustin*, S. 109, 113 m.w.N.; *Leitmeier*, StV 2016, 515 (516 f.).

1231 So und näher *Leitmeier*, StV 2016, 515 (516 f.), nach dem es aus Richterperspektive zudem die Grundlage der eigenen Urteile fragwürdig erscheinen lasse, wenn man sich stets fragen müsse, ob der Verteidiger nicht nur den Beschuldigten, sondern auch sich selbst vertrete.

1232 Vgl. zu diesen und weiteren Vorschlägen im Überblick *Schoeller*, S. 380 ff. m.w.N.; *Wenske*, NStZ 2010, 479 (481 ff.) m.w.N.; *Augustin*, S. 279 ff. m.w.N.

1233 Vgl. *Plekksepp*, S. 465, 478.

1234 Vgl. schon *Jahn*, S. 98 ff.; auch SSW-StPO/*Herrmann*, vor §§ 112 ff. StPO, Rn. 56; näher *Schoeller*, S. 381 ff. Kritisch zu verpflichtenden Vorauswahllisten im Strafverfahren zudem *Wenske*, NStZ 2010, 479 (481 ff.).

des Ermittlungsrichters bisher keinen großen Unterschied zu machen[1235]. Die Übertragung der Auswahl auf die Rechtsanwaltskammer ist ihrerseits innerhalb der Anwaltschaft umstritten[1236] und wird mitunter als „wenig praktikabel" kritisiert.[1237]

c) Qualität der Beistandsleistung in Übergabeverfahren

Die Qualität der Beistandsleistung in Übergabeverfahren lässt sich allgemein schwer beurteilen. In der Praxis liegen jedoch Anhaltspunkte dafür vor, dass die Beistandsleistung in Übergabeverfahren in vielen Mitgliedstaaten nicht immer fachkundig und wirksam sein wird und dem Rechtsbeistand die für den Fall erforderlichen Fachkenntnisse fehlen können.[1238]

In der Studie von JUSTICE wurde es auch für Deutschland durchaus für möglich befunden, dass eine angemessene Verteidigung im deutschen Übergabeverfahren fehlen könne.[1239] Es würden Fachkenntnisse und Erfahrungen im Auslieferungsrecht fehlen, etwa zum Grundsatz der Spezialität.[1240] Der interviewte Vertreter der Generalstaatsanwaltschaft Nürnberg hatte seinerseits Schwierigkeiten, Beispiele für tatsächliches Verteidigerhandeln aufzuzeigen.[1241] Von den drei vorbereiteten Fallbeispielen hätten zwei Fälle keinerlei Tätigkeiten

---

1235 Vgl. Ergebnisse der Studie von *Jahn*, S. 140 ff.: 70,4 % der Praktiker nahmen keine Unterschiede zwischen der Beiordnung durch Ermittlungsrichter oder Strafkammer wahr.

1236 Vgl. ablehnend: 61,8 % der befragten Praktiker in der Studie von *Jahn*, S. 136 ff.; ablehnend auch weiterhin Gesamtvorstand der RAK Berlin, Protokoll der Sitzung des Gesamtvorstandes vom 14.3.2018 (abrufbar unter rak-berlin.de), S. 7 ff.

1237 So und näher *Schoeller*, S. 387; ablehnend als „verfassungsrechtlich unzulässig" zudem *Wenske*, NStZ 2010, 479 (483 f.), selbst wenn die Rechtsanwaltskammer lediglich Vorschläge für die Bestellung machen sollte.

1238 Vgl. zu Defiziten schon JUSTICE Report (Fn. 52), S. 40 („*in most member states, defence lawyers are generally not well equipped to deal with them*"); auch *Böse*, in: Pilot Project (Fn. 53), S. 354 („*…the added value of legal assistance depends on the expertise of the defence lawyer; and judges, prosecutors and defence lawyers complained of considerable shortcomings in that respect.*")

1239 Vgl. Sicht der Verteidigung, JUSTICE Report (Fn. 52), S. 59 („*It is quite possible that there are people not being adequately represented in EAW cases.*").

1240 Vgl. Sicht der Strafverteidigung, JUSTICE Report (Fn. 52), S. 59 („*Many do not know anything about the EAW process or how to defend such cases. This means that most do not explain specialty which can result in a person waiving their rights.*").

1241 Vgl. JUSTICE Report (Fn. 52), S. 61.

des Verteidigers aufgewiesen, während die Aktivitäten im dritten Fall als „*helpless and uninformed*" erschienen seien.[1242]

Dass im Einzelnen Defizite bestehen können, erscheint auch in Anbetracht der Anforderungen und Besonderheiten der Tätigkeit nicht überraschend. Mit der Tätigkeit als Pflichtbeistand in Übergabeverfahren gehen aufgrund der Besonderheiten des Verfahrens und der Materie, dem zeitlichen Druck durch die Fristen des RbEuHb sowie der regelmäßig bestehenden Haftsituation der gesuchten Person hohe Anforderungen an den Pflichtbeistand einher.[1243] Für eine effektive Verteidigung werden zudem oftmals Kenntnisse anderer Rechtsordnungen und die Zusammenarbeit mit einem Rechtsbeistand aus dem Ausstellungsstaat wichtig sein.[1244] Darüber hinaus könnten etwaige Defizite daraus resultieren, dass ein Rechtsanwalt im Vergleich zu rein nationalen Strafverfahren nur vergleichsweise selten in einem Übergabeverfahren als Pflichtbeistand tätig sein wird.[1245] Auch wenn es mittlerweile verstärkt Angebote gibt, um einen Rechtsbeistand in Übergabeverfahren zu unterstützen[1246], kann dem Rechtsbeistand in Fällen der Eilbedürftigkeit zudem wie bei der Anhörung nach §§ 21, 22 IRG selbst wenig Zeit verbleiben, sich in die Materie einzuarbeiten.

d) Qualitätssichernde Anforderungen an den Rechtsbeistand

Fraglich erscheint mithin, ob und wie die Qualität der Beistandsleistung *präventiv* abgesichert werden kann. Eine gesuchte Person wird im Falle eines Pflichtbeistandes ganz besonders auf die Wirksamkeit der Beistandsleistung angewiesen sein. Grundsätzliche Zweifel an der Qualität von Pflichtbeiständen könnten gesuchte Personen davon abschrecken, nach Rechtsbeistand zu fragen.[1247] Es können zudem Bedenken

---

1242 Vgl. JUSTICE Report (Fn. 52), S. 61.

1243 Vgl. JUSTICE Report (Fn. 52), S. 11; näher auch *Gillmeister*, NJW 1991, 2245 (2252) zum klassischen Auslieferungsverfahren.

1244 Näher dazu noch unten Kapitel F., S. 267 ff.

1245 Vgl. auch ECBA Handbook on the EAW for Defence Lawyers (abrufbar unter http://handbook.ecba-eaw.org) [Stand: 29.10.2018], S. 5.

1246 Hervorzuheben ist insbesondere das Handbuch der ECBA zur Verteidigung in Verfahren des Europäischen Haftbefehls, vgl. ECBA Handbook on the EAW for Defence Lawyers (abrufbar unter http://handbook.ecba-eaw.org) [Stand: 29.10.2018]. Zu diesbezüglichen Anregungen schon JUSTICE Report (Fn. 52), S. 12. Für einen guten Überblick zur Verteidigung in Auslieferungssachen vgl. zudem *Ahlbrecht*, in: IStR in der Praxis, Rn. 1157 ff.

1247 Dies sah etwa der Vertreter des BMJV als möglich an, vgl. JUSTICE Report (Fn. 52), S. 58 („*It is not clear why people are not requesting a lawyer. […] There may also be*

hinsichtlich der Waffengleichheit bestehen, wenn die Staatsanwaltschaft und Richter auf Auslieferungssachen spezialisiert sind, während der Pflichtbeistand über keine Erfahrungen in dem Bereich verfügt.[1248] Darüber hinaus besteht in Übergabeverfahren das besondere Risiko, dass die gesuchte Person bei einer inadäquaten Beratung vorzeitig auf die Wahrnehmung ihrer Rechte und gerichtliche Überprüfung der Auslieferung verzichtet, indem sie dem vereinfachten Verfahren zustimmt.[1249] Eine nachträgliche Kontrolle der Qualität in Übergabeverfahren wird dagegen durch die Übergabe der Person an ein anderes Land erschwert.[1250] In Betracht kommen Fortbildungen zu Übergabeverfahren (aa) und Anforderungen an Pflichtbeistände (bb).

aa) Fortbildung und Fachkenntnisse

Besonders wichtig für die Wirksamkeit der Beistandsleistung sind – neben dem Einsatz des Rechtsbeistandes für den Mandanten – insbesondere das Training des Rechtsbeistandes zu Übergabeverfahren und Fachkenntnisse des Auslieferungsrechts.[1251] Das Training von Verteidigern speziell zu Übergabeverfahren wird in Untersuchungen wiederholt als essentiell für eine effektive Verteidigung und einer der wichtigsten Bereiche für Verbesserungen in den Mitgliedstaaten genannt.[1252] Die Notwendigkeit von speziellen Fortbildungen zu Übergabeverfahren wird auch von Seiten der Anwaltschaft hervorgehoben und eine Spezialisierung zu Übergabeverfahren anhand objektiver Kriterien angeregt, die in einem öffentlichen Register mitsamt den Sprachkenntnissen

---

a concern about the standard of duty representation and that a duty lawyer will be unlikely to have access to legal assistance in the issuing state.").

1248 Vgl. *Goldsmith*/CCBE/European Lawyers Foundation, EAW-Rights: Analysis of the implementation and operation of the European Arrest Warrant from the point of view of defence practitioners, Final Report 2016 (abrufbar unter www.europeanlawyersfoundation.eu [Stand: 31.8.2018]), S. 55 ("*obvious consequences for equality of arms*").

1249 Vgl. schon Sicht der Strafverteidigung, JUSTICE Report (Fn. 52), S. 59.

1250 Vgl. JUSTICE Report (Fn. 52), S. 11.

1251 Vgl. auch ECBA Handbook on the EAW for Defence Lawyers (abrufbar unter http://handbook.ecba-eaw.org) [Stand: 29.10.2018], S. 5 ("*there is a risk that the lawyer will be unable to provide a quality defence through lack of training and expertise in extradition law*"). Näher zur Vergütung des Pflichtbeistandes S. 248 ff.

1252 Vgl. JUSTICE Report (Fn. 52), Recommendation Nr. 1 auf S. 10, näher S. 11 ff.; *Böse*, in: Pilot Project (Fn. 53), S. 367, Recommendation Nr. 14; ähnlich schon Recommendation Nr. 3 im Abschlussbericht des Rates, Ratsdok. 8302/2/09 v. 18.5.2009, S. 9.

des Rechtsbeistandes abrufbar ist.[1253] Bisher würden Trainingsangebote in den meisten Mitgliedstaaten allerdings allenfalls von den Rechtsanwaltskammern organisiert und seien für die Tätigkeit als Rechtsbeistand in Übergabeverfahren nicht verpflichtend.[1254]

Auch in Deutschland bestehen nur wenige Trainingsanforderungen und Mechanismen, um die Qualität der Verteidigung in Auslieferungssachen nach der Zulassung zum Rechtsanwalt präventiv abzusichern.[1255] Für Rechtsanwälte gilt nach § 43a Abs. 6 BRAO zwar eine allgemeine Fortbildungspflicht, die in der Praxis jedoch kaum konkretisiert oder im Falle ihrer Missachtung mit Sanktionen verbunden sein soll.[1256] Die Einführung einer sanktionierbaren Fortbildungspflicht ist für Strafverfahren seit langem umstritten, auch mit Blick auf die Berufsfreiheit des Art. 12 GG.[1257] Ein Fachanwalt für Strafrecht muss dagegen besondere Voraussetzungen erfüllen und Fortbildungen nachweisen[1258]; auch hier werden jedoch Defizite gesehen.[1259] Die besonderen Kenntnisse eines Fachanwaltes für Strafrecht müssen auch nicht zwingend das Auslieferungsrecht betreffen. Anregungen für einen Fachanwalt für europäisches bzw. internationales Strafrecht[1260] wurden bisher nicht umgesetzt und könnten aufgrund der erforderlichen Fallzahlen schwierig sein.

1253 Vgl. *Goldsmith*/CCBE/European Lawyers Foundation, EAW-Rights: Analysis of the implementation and operation of the European Arrest Warrant from the point of view of defence practitioners, Final Report 2016 (abrufbar unter www.europeanlawyersfoundation.eu [Stand: 31.8.2018]), S. 58 („*training in the area of representation in cases of EAW needs to be made a priority*").

1254 Vgl. näher JUSTICE Report (Fn. 52), S. 11 zu Übergabeverfahren; ähnlich für Strafverfahren Commission Staff Working Document zur RL-PKH, SWD(2013) 476 final v. 27.11.2013, S. 26 m.w.N.

1255 Näher zu Strafverfahren *Augustin*, S. 114 ff. m.w.N.; vgl. für Übergabeverfahren auch die Interviews zu Deutschland, JUSTICE Report (Fn. 52), S. 57 ff. Für einen Überblick der in Deutschland angebotenen Fort- und Weiterbildungen zu europäischer Strafverteidigung vgl. aber *Arnold*, S. 152 ff.

1256 Näher *Augustin*, S. 116 m.w.N.

1257 Vgl. umfassend zur Debatte *Augustin*, S. 258 ff. m.w.N.

1258 Vgl. insb. §§ 2 ff., 13, 15 Fachanwaltsordnung; auch *Schlothauer/Neuhaus/Matt/Brodowski*, HRRS 2018, 55 (70).

1259 Insgesamt näher und zu Defiziten *Augustin*, S. 118, 123 ff. m.w.N.

1260 Vgl. *Arnold*, S. 152 f.

bb) Zulassung von Pflichtbeiständen?

Will man die Qualität des Pflichtbeistandes erhöhen, könnte dies zudem über Vorgaben zur Auswahl des Pflichtbeistandes für Übergabeverfahren erfolgen. JUSTICE schlägt ein formales Erfordernis von speziellem Training für Pflichtbeistände in Übergabeverfahren vor, um in die relevante Pflichtverteidigerliste aufgenommen zu werden.[1261] Ein solches Erfordernis soll etwa teilweise in den Niederlanden bestehen.[1262]

Einen ähnlichen Ansatz für Übergabeverfahren verfolgte das House of Lords für Pflichtbeistände an den Amtsgerichten in England und Wales (*duty solicitor scheme).*[1263] Um den Besonderheiten des Auslieferungsrechts Rechnung zu tragen, wurde an einigen Amtsgerichten für die erste Anhörung in Übergabeverfahren eine Spezialistenliste für Pflichtbeistände eingeführt.[1264] Dem House of Lords reichten die Anforderungen für die Aufnahme in die Spezialistenliste jedoch nicht aus, da man sich schlicht selbst als „qualifiziert" für die Arbeit eintragen konnte.[1265] In Anbetracht der Schwierigkeiten und Besonderheiten des Auslieferungsrechts wurde empfohlen, ein System einzuführen, um den Zugang zum Pflichtverteidigerdienst für Übergabeverfahren zu beschränken und qualifizierten Rechtsbeistand ab Anfang des Übergabeverfahrens sicherzustellen („*ticketing system*").[1266] Hierfür sprach aus Sicht des House of Lords auch, dass die in Übergabeverfahren tätigen Staatsanwälte und Richter ihre Kenntnisse des Auslieferungsrechts ebenfalls nachweisen müssten, ebenso wie Rechtsanwälte in anderen schwierigen Bereichen wie Asyl- und Ausländerrecht.[1267]

Die meisten Gesprächspartner von JUSTICE standen dem Vorschlag von JUSTICE jedoch skeptisch gegenüber.[1268] Bisher bestehen in vielen Mitgliedstaaten keine näheren Anforderungen oder Nachweiserfordernisse an Fachkenntnisse,

---

1261 Vgl. JUSTICE Report (Fn. 52), S. 11.

1262 Vgl. JUSTICE Report (Fn. 52), S. 11, näher aber S. 40. Vgl. auch Evaluationsbericht Niederlande, Ratsdok. 15370/1/08, S. 41, 51, wonach Pflichtbeistände ein Training von mindestens 4 Stunden in Auslieferungs- und Übergabesachen nachweisen müssten („*specialists list*").

1263 Vgl. House of Lords, Select Committee on Extradition Law, „Extradition: UK law and practice", 2nd Report of Session 2014-15 v. 10.3.2015, HL Paper 126 (abrufbar unter www.publications.parliament.uk) [Stand: 30.10.2018], S. 59 ff.

1264 Vgl. House of Lords, ebenda.

1265 Vgl. House of Lords, ebenda, insb. Box 9 auf S. 60 f.

1266 Vgl. House of Lords, ebenda, S. 61, Recommendation 9.

1267 Vgl. House of Lords, ebenda, S. 60 f.

1268 Vgl. JUSTICE Report (Fn. 52), S. 11 („*anti-competitive*").

um als Pflichtbeistand in Übergabeverfahren tätig werden zu können[1269], ähnlich wie in Strafverfahren[1270].

In Deutschland besteht ein formales Erfordernis von speziellen Fortbildungen und Fachkenntnissen für die Tätigkeit als Pflichtbeistand in Übergabeverfahren ebenfalls nicht; es gilt zudem als schwierig.[1271] Soweit dem Richter die Auswahl des Pflichtbeistandes obliegt, soll aus Gründen der prozessualen Fürsorgepflicht zwar soweit wie möglich ein Beistand bestellt werden, der Kenntnisse des Auslieferungsrechts hat.[1272] Ein möglicher Konflikt besteht jedoch insbesondere dann, wenn die gesuchte Person einen Rechtsbeistand ihres Vertrauens benennt. Die Auswahl der gesuchten Person ist bisher grundsätzlich nicht auf Rechtsbeistände mit bestimmten Kenntnissen beschränkt, abgesehen davon, dass ein Rechtsreferendar aufgrund der Schwierigkeiten des Verfahrens nicht als Pflichtbeistand tätig sein kann (§ 40 Abs. 3 IRG). Ob und inwieweit der Richter die Bestellung des von der gesuchten Person gewünschten Beistands nach § 142 S. 2 StPO noch aus „wichtigem Grund“ ablehnen darf, wenn diesem Spezialkenntnisse fehlen, ist umstritten.[1273] Bei fehlenden Kenntnissen des Auslieferungsrechts in Übergabeverfahren soll dies aber allenfalls in Einzelfällen in Betracht kommen.[1274]

Im Ergebnis gilt: Bisher hängt es in Deutschland weitgehend von der Auswahl und dem konkret für die gesuchte Person tätigen Rechtsbeistand ab, ob und inwieweit dieser über Kenntnisse des Auslieferungsrechts verfügt.

1269 Vgl. Überblick bei *Goldsmith*/CCBE/European Lawyers Foundation, EAW-Rights: Analysis of the implementation and operation of the European Arrest Warrant from the point of view of defence practitioners, Final Report 2016 (abrufbar unter www. europeanlawyersfoundation.eu [Stand: 31.8.2018]), S. 55 ff.

1270 Vgl. näher Commission Staff Working Document zur RL-PKH, SWD(2013) 476 final v. 27.11.2013, S. 26 m.w.N. („*in a number of Member States you can be assisted e.g. by someone who has no or limited experience in criminal law matters and usually deals with family or property law*“).

1271 Vgl. Vertreter des BMJV in JUSTICE Report (Fn. 52), S. 58 („*Although the state pays legal aid, it would be very difficult to demand training requirements.*“). Näher zur Diskussion im Strafverfahren auch *Augustin*, S. 258 ff. m.w.N.

1272 Vgl. S/L/G/H/*Lagodny/Schomburg/Hackner*, § 40 IRG, Rn. 25 m.w.N.; in diese Richtung auch OLG Köln, Beschl. v. 26.1.2009, BeckRS 2009, 09229.

1273 Vgl. befürwortend Meyer-Goßner/*Schmitt*, § 142 StPO, Rn. 13 m.w.N.; ablehnend MüKo-StPO/*Thomas/Kämpfer*, § 142 StPO, Rn. 13 m.w.N.

1274 Vgl. G/P/K/*Böhm*, § 40 IRG, Rn. 39.

3. RL-PKH

Das Verfahren bis zur Bewilligung von Prozesskostenhilfe und der Bestellung eines Rechtsbeistandes wird in der Richtlinie in Art. 6 RL-PKH geregelt. Dieser ist im Kontext des Art. 7 RL-PKH zu sehen, der Mindestanforderungen an die Qualität des nationalen Prozesskostenhilfesystems als solchem sowie hinsichtlich der Qualität der mit Prozesskostenhilfe verbundenen Dienstleistungen vorsieht. Art. 6 und Art. 7 RL-PLH gelten für Strafverfahren und Übergabeverfahren gleichermaßen.

Vor dem Hintergrund der obigen Ausführungen wird im Folgenden auf die Zuständigkeit (dazu a), das Verfahren und die Auswahl des Rechtsbeistandes (b) und die Qualität der Beistandsleistung (c) nach der RL-PKH eingegangen. Sodann soll nach einem Zwischenergebnis (d) ein Ausblick auf den Umsetzungsbedarf in Deutschland gegeben werden (e).[1275]

a) Zuständigkeit

Nach Art. 6 Abs. 1 S. 1 RL-PKH müssen Entscheidungen über die Bewilligung oder Ablehnung von Prozesskostenhilfe und über die Bestellung von Rechtsbeistanden unverzüglich von einer zuständigen Behörde getroffen werden. Auf das Merkmal „*unverzüglich*“ wurde bereits eingegangen.[1276]

Wer als „*zuständige Behörde*“ in Betracht kommt, wird in Erwägungsgrund Nr. 24 RL-PKH näher präzisiert. Danach soll es sich um eine „*unabhängige Behörde*“ oder um „*ein Gericht*“ handeln, einschließlich eines Einzelrichters.[1277] Diese Regelung war zunächst nur in den unverbindlichen Empfehlungen der Kommission enthalten[1278], wurde aber auf Druck des Europäischen Parlaments in die RL-PKH selbst aufgenommen[1279]. Damit wird der Kritik Rechnung

1275 Diese Arbeit hat den Stand August 2019, d.h. vor Umsetzung der RL-PKH in Deutschland. Zu diesem Zeitpunkt waren nur der Referentenentwurf und der Gesetzesentwurf der Bundesregierung veröffentlicht. Die RL-PKH wurde im Dezember 2019 durch das Gesetz zur Neuregelung des Rechts der notwendigen Verteidigung umgesetzt, vgl. BGBl. I S. 2128 v. 12.12.2019, mit Wirkung zum 13. Dezember 2019. Die Gesetzesänderungen wurden für die Veröffentlichung nachträglich im Rahmen der Umsetzung der RL-PKH (unten e) berücksichtigt.

1276 Oben im Rahmen des Zeitpunktes S. 211 f.

1277 Vgl. Erwägungsgrund Nr. 24 S. 2 RL-PKH.

1278 Vgl. Empfehlung Nr. 14 der Kommission, ABlEU Nr. C 378 v. 24.12.2013, S. 11 ff.

1279 Vgl. schon Änderung Nr. 41, als neuer Art. 4b, in der Fassung des LIBE Ausschusses v. 18.5.2015, A8-0165/2015; näher zur Debatte *Cras*, eucrim 1/2017, 34 (42 f.).

getragen, dass bei einer Auswahl durch die Polizei die Unabhängigkeit und Qualität der rechtlichen Beratung unterlaufen werden könnte.[1280] Zugleich wurde für eilbedürftige Fälle auf Bedenken der Mitgliedstaaten hin aber ein Kompromiss getroffen.[1281] So bleibt es nach Erwägungsgrund Nr. 24 S. 3 RL-PKH „*in dringenden Fällen*" möglich, dass vorübergehend die Polizei und die Staatsanwaltschaft in die Entscheidung eingebunden wird, soweit dies für eine rechtzeitige Bewilligung von Prozesskostenhilfe erforderlich ist.

b) Verfahren und Auswahl des Rechtsbeistandes

Für das konkrete Verfahren bis zur Entscheidung über die Bewilligung oder Ablehnung von Prozesskostenhilfe und über die Bestellung von Rechtsbeistanden sieht Art. 6 RL-PKH darüber hinaus nur wenige Vorgaben vor.

Nach Art. 6 Abs. 1 S. 2 RL-PKH sind geeignete Maßnahmen zu ergreifen, damit die zuständige Behörde ihre Entscheidungen über die Bewilligung der Prozesskostenhilfe und Bestellung von Rechtsbeiständen mit Sorgfalt trifft und dabei die Rechte der Verteidigung wahrt. Dies geht mit Art. 7 Abs. 1 *lit.* a RL-PKH einher, wonach insgesamt ein wirksames System der Prozesskostenhilfe von angemessener Qualität zu bestehen hat. Es ist zudem sicherzustellen, dass die Qualität der verbundenen Dienstleistungen angemessen ist, um die Fairness des Verfahrens zu wahren (Art. 7 Abs. 1 *lit.* b RL-PKH). Damit die Entscheidungen über die Bewilligung von Prozesskostenhilfe und Bestellung eines Rechtsbeistandes in der Praxis tatsächlich sorgfältig getroffen werden, ist es sinnvoll, dass nach Art. 7 Abs. 2 RL-PKH dem in die Entscheidung eingebundenen Personal angemessene Schulungen zur Verfügung zu stellen sind.[1282] Die Unabhängigkeit der Justiz soll dadurch nicht in Frage gestellt werden.[1283]

Für das Verfahren wird den Mitgliedstaaten im Übrigen aufgegeben, praktische Regelungen für die Bereitstellung der Prozesskostenhilfe einzuführen (Erwägungsgrund Nr. 18 RL-PKH). Auf ein etwaiges Antragserfordernis wurde

---

1280 Vgl. etwa Fair Trials und LEAP (Legal Experts Advisory Panel), Position paper on the proposed directive on provisional legal aid (…) v. Februar 2015 (abrufbar unter www.fairtrials.org) [Stand: 29.10.2018], Rn. 28 f.

1281 Vgl. zustimmend *Cras*, eucrim 1/2017, 34 (43) („*seems fair*").

1282 Vgl. krit. zum Fehlen einer solchen Bestimmung im Entwurf noch Fair Trials und LEAP (Legal Experts Advisory Panel), Position paper on the proposed directive on provisional legal aid (…) v. Feb. 2015 (abrufbar unter www.fairtrials.org) [Stand: 29.10.2018], Rn. 33.

1283 Vgl. näher Erwägungsgrund Nr. 26 RL-PKH.

bereits eingegangen.[1284] Sollte ein Antrag auf Prozesskostenhilfe teilweise oder ganz abgelehnt werden, ist die Person darüber schriftlich zu informieren (Art. 6 Abs. 2 RL-PKH).[1285] Dies ist auch im Hinblick auf Art. 8 RL-PKH wichtig, wonach gesuchten Personen bei Verletzung ihrer Rechte nach der RL-PKH ein wirksamer Rechtsbehelf nach nationalem Recht zustehen muss.

Darüber hinaus trifft die RL-PKH keine Vorgaben dazu, wie die Auswahl des konkret zu bestellenden Rechtsbeistandes zu erfolgen hat.[1286] Die Richtlinie sieht insbesondere nicht vor, ob und inwieweit die Person selbst an der Auswahl des Pflichtbeistandes zu beteiligen ist. Während nach der (unverbindlichen) Empfehlung Nr. 24 der Kommission den Wünschen der Person bei der Bestellung von Prozesskostenhilfeanwälten zwar *„so weit wie möglich"* entgegengekommen werden sollte[1287], wurde ein entsprechendes Pendant nicht in die verbindliche Richtlinie selbst aufgenommen. Dies ist misslich, weil die Auswahl des Pflichtbeistandes wie gezeigt wichtig für ein auf Vertrauen basierendes Verhältnis und die Effektivität der Verteidigung sein kann.[1288]

Das Fehlen eines Auswahlrechts der Person hinsichtlich des Pflichtbeistandes ist allerdings insoweit konsequent, als dass auch bereits in der RL-RB ein Recht der Person auf den Zugang zu einem Rechtsbeistand ihrer Wahl fehlte[1289]. Nach Art. 6 EMRK wird ein *Pflicht*beistand nach Wahl zudem nicht garantiert.[1290] Vielmehr hebt der EGMR hervor, dass das Recht auf einen Verteidiger der eigenen Wahl nicht absolut gewährleistet sei und insbesondere bei einem Pflichtbeistand eingeschränkt werden könne.[1291] Eine beschuldigte oder gesuchte Person

1284 Oben S. 184 ff.

1285 Vgl. auch bereits Empfehlung Nr. 16 der Kommission, v. 27.11.2013, ABlEU Nr. C 378 v. 24.12.2013, S. 11 ff.

1286 Ähnlich *Schlothauer*, StV 2018, 169 (173).

1287 Vgl. Empfehlung der Kommission v. 27.11.2013, ABlEU Nr. C 378 v. 24.12.2013, S. 11 ff.

1288 Vgl. ein Auswahlrecht anregend Fair Trials und LEAP (Legal Experts Advisory Panel), Position paper on the proposed directive on provisional legal aid (…) v. Feb. 2015 (abrufbar unter www.fairtrials.org) [Stand: 29.10.2018], Rn. 30.

1289 Vgl. kritisch zum Fehlen eines Wahlrechts in der RL-RB u.a. G/P/K/*Schneider*, III D 18, Rn. 25; *European Criminal Policy Initiative*, ZIS 2013, 412 (429); *Sayers*, in: Peers/Hervey/Kenner u.a. (Hrsg.), GrCh Commentary, Rn. 48.108B.

1290 Vgl. Meyer-Ladewig/*Meyer-Ladewig/Harrendorf/König*, Art. 6 EMRK, Rn. 229.

1291 Vgl. EGMR Croissant/D, 25.9.1992, A237-B, § 29 = EuGRZ 1992, 542 („*Nevertheless, and notwithstanding the importance of a relationship of confidence between lawyer and client, this right cannot be considered to be absolute. It is necessarily subject to certain limitations where free legal aid is concerned and also where, as in the present case, it*

kann ihren Pflichtbeistand bisher auch in vielen Mitgliedstaaten nicht selbst aussuchen.[1292] Die RL-PKH belässt den Mitgliedstaaten dementsprechend Spielraum bei der Umsetzung. Zugleich sollte es aber bei der Rechtsprechung des EGMR bleiben, wonach die Präferenzen der Person zumindest zu berücksichtigen sind, auch wenn sich die nationalen Stellen im Interesse der Rechtspflege darüber hinwegsetzen können.[1293]

Die RL-PKH trägt gleichwohl mit verschiedenen Bestimmungen dem Risiko Rechnung, dass über die Auswahl des Rechtsbeistandes die Unabhängigkeit oder Qualität der Beistandsleistung unterlaufen werden könnte. Dazu zählen neben der Entscheidung durch eine unabhängige Behörde, die die Entscheidung mit Sorgfalt zu treffen hat (Art. 6 RL-PKH), insbesondere die Vorgaben zur Qualität nach Art. 7 RL-PKH. Insoweit ist es als sehr positiv hervorzuheben, dass mit Art. 7 RL-PKH Vorgaben zur Qualität und Qualifikation der mit der Prozesskostenhilfe verbundenen Dienstleistungen gemacht werden, die auch bei der Auswahl des Pflichtbeistandes zu beachten sein werden (dazu sogleich). Zum anderen sollen Personen auf einen entsprechenden Antrag hin das Recht haben, den ihnen zugewiesenen Rechtsbeistand auswechseln zu lassen, wenn die konkreten Umstände es rechtfertigen (Art. 7 Abs. 4 RL-PKH).[1294]

c) *Qualität der Beistandsleistung*

Nach Art. 7 Abs. 1 RL-PKH haben die Mitgliedstaaten die erforderlichen Maßnahmen – auch finanzieller Art – zu treffen, um sicherzustellen, dass ein „*wirksames System der Prozesskostenhilfe von angemessener Qualität*" besteht (*lit.* a)

---

is for the courts to decide whether the interests of justice require that the accused be defended by counsel appointed by them."); (GK) Dvorski/KRO, 20.10.2015, ECHR 2015, § 79 = NJOZ 2017, 514; näher LR/*Esser*, Art. 6 EMRK, Rn. 724, 744.

1292 Vgl. Fair Trials International, The practical operation of legal aid in the EU v. Juli 2012 (abrufbar unter www.fairtrials.org) [Stand: 29.10.2018], S. 3 ff zu Strafverfahren; für einen Überblick in Übergabeverfahren auch *Goldsmith*/CCBE/European Lawyers Foundation, EAW-Rights: Analysis of the implementation and operation of the European Arrest Warrant from the point of view of defence practitioners, Final Report 2016 (abrufbar unter www.europeanlawyersfoundation.eu [Stand: 31.8.2018]), S. 57.

1293 Vgl. etwa EGMR (GK) Dvorski/KRO, 20.10.2015, ECHR 2015, § 79 m.w.N. („*The Court has consistently held that the national authorities must have regard to the defendant's wishes as to his or her choice of legal representation, but may override those wishes when there are relevant and sufficient grounds for holding that this is necessary in the interests of justice*"); Karpenstein/Mayer/*Meyer*, Art. 6 EMRK, Rn. 184.

1294 Näher dazu *Jahn/Zink*, in: FS Graf-Schlicker, S. 475 (492 f.).

und die Qualität der mit der Prozesskostenhilfe verbundenen Dienstleistungen *„angemessen ist, um die Fairness des Verfahrens zu wahren“* (*lit.* b). Bei letzterem ist die Unabhängigkeit der Rechtsberufe gebührend zu achten. Konkretisierungen dazu, wie eine solche Qualität zu gewährleisten ist, enthalten Art. 7 Abs. 2 (Schulungen des staatlichen Personals), Abs. 3 (Weiterbildungsmaßnahmen für Rechtsbeistände) und Abs. 4 (Recht auf Auswechslung des Rechtsbeistandes) RL-PKH.

Dies entspricht im Ausgangspunkt der Rechtsprechung des EGMR zu Art. 6 EMRK, wonach alleine die Bestellung eines Rechtsbeistandes nicht ausreichen wird, um eine effektive Verteidigung sicherzustellen[1295]. Insgesamt erscheint Art. 7 RL-PKH jedoch klarer und regt zu präventiven Vorkehrungen an, während der EGMR die staatliche Kontrolle der Qualität der Pflichtbeistandsleistung im Lichte der Unabhängigkeit der Rechtsberufe eher gering hält[1296]. Noch deutlicher war insoweit die (unverbindliche) Empfehlung Nr. 17 der Kommission, wonach die im Rahmen der Prozesskostenhilfe geleistete rechtliche Unterstützung zur Gewährleistung eines fairen Verfahrens *„hohen Qualitätsanforderungen genügen“* und einer *„allgemeinen Qualitätssicherung“* unterliegen sollte.[1297]

Im Hinblick auf die hier festgestellten Defizite stellt sich zu Art. 7 RL-PKH zunächst die Frage, ob die fachspezifische Fortbildung von Pflichtbeiständen künftig (sanktionsbewehrt) verpflichtend sein soll.[1298] Nach Art. 7 Abs. 3 RL-PKH haben die Mitgliedstaaten *„geeignete Maßnahmen zur Förderung geeigneter Weiterbildungsmaßnahmen“* für solche Rechtsbeistände zu ergreifen, die im Rahmen von Prozesskostenhilfe Dienstleistungen erbringen. Dabei sind die Unabhängigkeit der Rechtsberufe und die Rolle derjenigen, die für die Weiterbildung von Rechtsbeiständen zuständig sind, gebührend zu achten.[1299]

1295 Vgl. etwa EGMR Pavlenko/R, 1.4.2010, § 99.

1296 Vgl. etwa EGMR Pavlenko/R, 1.4.2010, § 99 („*Nevertheless, a State cannot be held responsible for every shortcoming on the part of a lawyer appointed for legal-aid purposes. It follows from the independence of the legal profession from the State that the conduct of the defence is essentially a matter between the defendant and his counsel, whether appointed under a legal-aid scheme or privately financed. The competent national authorities are required under Article 6 § 3 (c) to intervene only if a failure by legal-aid counsel to provide effective representation is manifest or sufficiently brought to their attention in some other way*"); näher auch *Plekksepp*, S. 468 f. m.w.N.

1297 ABlEU Nr. C 378 v. 24.12.2013, S. 11 (13).

1298 So das Verständnis und der Umsetzungsvorschlag von *Schlothauer/Neuhaus/Matt/Brodowski*, HRRS 2018, 55 (69 ff.); ebenso näher *Schlothauer*, StV 2018, 169 (172 f.).

1299 Vgl. Art. 7 Abs. 3 RL-PKH.

Gegen eine künftige *Pflicht* zur Fortbildung spricht indes der Wortlaut des Art. 7 Abs. 3 RL-PKH, der nur die „*Förderung*" von geeigneten Weiterbildungsmaßnahmen für Prozesskostenhilfeanwälte (engl. Fassung: „*to promote the provision of adequate training*") durch die Mitgliedstaaten vorsieht. Als eine solche Maßnahme zur „*Förderung*" erschiene es etwa auch denkbar, dass der Staat die Kosten für bestimmte Weiterbildungsmaßnahmen von Pflichtbeiständen trägt. Wie eine klarere Regelung hätte aussehen können, zeigt zudem die Empfehlung Nr. 21 der Kommission, wonach „*[d]ie Zulassung als Prozesskostenhilfeanwalt [...] so weit wie möglich mit einer Pflicht zur kontinuierlichen beruflichen Weiterbildung verbunden werden*" sollte.

Gleichwohl könnte es Art. 7 Abs. 1 *lit.* b RL-PKH erforderlich machen, Anforderungen an Pflichtbeistände zu stellen oder die Auswahl des Pflichtbeistandes auf bestimmte Rechtsbeistände zu beschränken, wie es für Übergabeverfahren etwa von JUSTICE empfohlen wurde[1300]. Da der Staat die erforderlichen Maßnahmen zu treffen hat, um eine angemessene Qualität der mit der Prozesskostenhilfe verbundenen Dienstleistungen sicherzustellen (Art. 7 Abs. 1 *lit.* b RL-PKH), könnte alleine die Möglichkeit einer nachträglichen Auswechslung des Rechtsbeistandes nach Art. 7 Abs. 4 RL-PKH nicht ausreichen. Dementsprechend verstehen *Schlothauer/Neuhaus/Matt/Brodowski* die Richtlinie dahingehend, dass nicht jeder zugelassene Rechtsanwalt zur Erbringung der angemessenen Qualität der Dienstleistungen in der Lage sei[1301] und besonders qualifizierte Rechtsanwälte als Pflichtbeistand herangezogen werden müssten[1302]. Vor diesem Hintergrund wird es zur Umsetzung der RL-PKH in Deutschland als erforderlich angesehen, das Auswahlrecht auf solche Rechtsanwälte zu beschränken, die (i) Fachanwälte für Strafrecht sind und jährliche Fortbildungsveranstaltungen nachweisen, oder (ii) denen die Berechtigung zu Pflichtbeistandsleistungen durch die zuständige Rechtsanwaltskammer nach bestimmten Voraussetzungen erteilt wurde.[1303] Denn den Mitgliedstaaten werde eine verbindliche Qualitätssicherung auferlegt

1300 Vgl. oben S. 229 ff.

1301 Vgl. *Schlothauer/Neuhaus/Matt/Brodowski*, HRRS 2018, 55 (69).

1302 Vgl. *Schlothauer/Neuhaus/Matt/Brodowski*, HRRS 2018, 55 (70); vgl. auch *Schlothauer*, StV 2018, 169 (172 f.).

1303 Vgl. insgesamt näher und zu den Voraussetzungen im Einzelnen *Schlothauer/Neuhaus/Matt/Brodowski*, HRRS 2018, 55 (56 ff., 66 f., 69 ff.), insbesondere die Vorschläge zur Änderung von § 142 StPO und § 49 Bundesrechtsanwaltsordnung; vgl. auch *Schlothauer*, StV 2018, 169 (173): Derzeit nur Fachanwälte.

und es gebe ansonsten „*keinen Maßstab und kein Verfahren*", um die Qualität der Verteidigung verbindlich zu beurteilen.[1304]

Ein solches Zulassungssystem ist zu begrüßen, insbesondere wenn es mit konkreten Anforderungen an Pflichtbeistände für Übergabeverfahren einhergeht. Mit einem Zulassungssystem für Prozesskostenhilfebeistände könnte eine allgemeine Qualitätssicherung eingeführt und dafür Sorge getragen werden, dass der Rechtsbeistand im Interesse eines fairen Verfahrens hohen fachlichen Ansprüchen genügt.[1305] Objektive Anforderungen an *alle* Pflichtbeistände könnten die Qualität der Beistandsleistung zudem insgesamt erhöhen und die bisherige Bedeutung der Auswahl des Pflichtbeistandes für eine effektive Verteidigung relativieren, die mitunter vom Zufall abhängen kann.[1306] Qualitätsanforderungen an Pflichtbeistände erscheinen auch nicht als unverhältnismäßiger Eingriff in die Freiheit des anwaltlichen Berufes.[1307]

Dennoch erscheint die Einführung eines solchen Zulassungssystems nach der RL-PKH nicht zwingend. Dem nationalen Gesetzgeber verbleibt Spielraum bei der Umsetzung, um den Anforderungen des Art. 7 Abs. 1 RL-PKH zu genügen. Ein „*Zulassungssystem für Prozesskostenhilfeanwälte*" wurde von der Kommission zwar konkret in ihren Empfehlungen Nr. 19 und 20 gefordert[1308], diese sind für die Mitgliedstaaten jedoch nicht verbindlich (Art. 288 Abs. 5 AEUV). Ein Zulassungssystem findet sich in dieser Form und Deutlichkeit auch nicht mehr in der verbindlichen RL-PKH wieder. Gegen die Einführung eines Zulassungssystems nur für Pflichtbeistände könnte aus Sicht der Mitgliedstaaten etwa sprechen, dass sich womöglich nicht genügend qualifizierte Rechtsbeistände zur Übernahme von Prozesskostenhilfemandaten bereit erklären könnten.[1309]

1304 Vgl. *Schlothauer*, StV 2018, 169 (173).

1305 Vgl. schon Erwägungsgrund Nr. 11 der Empfehlung der Kommission; zur Notwendigkeit einer Qualitätssicherung im Interesse von Beschuldigten auch *Schlothauer*, StV 2018, 169 (173) („gibt es zahlreiche Pflichtverteidiger, vor denen Beschuldigte geschützt werden müssen").

1306 Vgl. auch schon *Goldsmith*/CCBE/European Lawyers Foundation, EAW-Rights: Analysis of the implementation and operation of the European Arrest Warrant from the point of view of defence practitioners, Final Report 2016 (abrufbar unter www.europeanlawyersfoundation.eu) [Stand: 31.8.2018], S. 58.

1307 So aber DAV-Stellungnahme Nr. 26/2014 (abrufbar unter www.anwaltverein.de) [Stand: 29.10.2018], S. 7, wenn eine angemessene Vergütung fehle.

1308 Vgl. ABlEU Nr. C 378 v. 24.12.2013, S. 11 (13); hierauf verweist auch *Schlothauer*, StV 2018, 169 (172 f.).

1309 Vgl. krit. DAV-Stellungnahme Nr. 26/2014 (abrufbar unter www.anwaltverein.de) [Stand: 29.10.2018], S. 7; kritisch zur Einführung eines

Dieses Risiko könnte insbesondere im Hinblick auf die niedrigere Vergütung von Pflichtbeistanden bestehen.[1310] In Ergebnis räumt daher auch *Schlothauer* die Möglichkeit von reduzierten Anforderungen ein, wenn die zugelassenen Rechtsbeistände den Bedarf nicht abdecken, jedenfalls solange eine Mindestqualität sichergestellt sei.[1311]

d) Zwischenergebnis zur RL-PKH

Die RL-PKH überlasst das Verfahren bis zur Bewilligung von Prozesskostenhilfe und der Bestellung eines Rechtsbeistandes weitgehend den Mitgliedstaaten. Mit Art. 6 und Art. 7 RL-PKH wurden jedoch weitreichende begleitende Vorgaben in die Richtlinie aufgenommen, um die Wirksamkeit und Qualität der Prozesskostenhilfe in der Praxis abzusichern. Nationale Defizite in diesen Bereichen wurden schon von der Kommission als wichtige Faktoren angesehen, die das gegenseitige Vertrauen und die Wirksamkeit der Prozesskostenhilfe unterlaufen könnten.[1312] Die Kommission hatte diesbezügliche Vorgaben jedoch nur in ihren für die Mitgliedstaaten nicht verbindlichen Empfehlungen vorgesehen[1313], deren „Harmonisierungsdruck" für die Mitgliedstaaten gering war[1314].

Es ist sehr zu begrüßen, dass mit Art. 6 und Art. 7 RL-PKH nähere Vorgaben auf Druck des Europäischen Parlaments[1315] in die Richtlinie selbst aufgenommen wurden. Den Normen wird zu Recht zugesprochen, dass ihnen ein erheblicher praktischer Mehrwert zukomme[1316] und dass insbesondere Art. 7 RL-PKH hohe Anforderungen an die Qualität der Beistandsleistung stelle, die ernst zu

---

Zulassungssystems für Prozesskostenhilfeanwälte im Gesetzgebungsverfahren auch noch BRAK-Stellungnahme Nr. 20/2014 v. Juni 2014 (abrufbar unter www.brak.de) [Stand: 29.10.2018], S. 4; weiterhin ablehnend RAK Berlin, Protokoll der Sitzung des Gesamtvorstandes vom 14.3.2018 (abrufbar unter rak-berlin.de), S. 7 ff.

1310 Vgl. DAV-Stellungnahme Nr. 26/2014 (abrufbar unter www.anwaltverein.de) [Stand: 29.10.2018], S. 7

1311 Vgl. *Schlothauer*, StV 2018, 169 (173).

1312 Vgl. Commission Staff Working Document, SWD(2013) 476 final v. 27.11.2013, S. 18, 25 ff.

1313 Vgl. Empfehlungen Nr. 14 ff. der Kommission, ABlEU Nr. C 378 v. 24.12.2013, S. 11 ff.

1314 Vgl. krit. zur Vorgehensweise der Kommission DAV-Stellungnahme Nr. 26/2014 (abrufbar unter www.anwaltverein.de) [Stand: 29.10.2018], S. 6.

1315 Vgl. schon Änderungen Nr. 40 ff., insb. der neue Art. 5a, in der Fassung des LIBE Ausschusses v. 18.5.2015, A8-0165/2015; auch *Cras*, eucrim 1/2017, 34 (42 ff.).

1316 Vgl. *Cras*, eucrim 1/2017, 34 (38, 43) („*substantial practical and added value*").

nehmen seien[1317]. Zwar wird den Mitgliedstaaten bei der Umsetzung Spielraum verbleiben. Ein Mitgliedstaat wird sein nationales Recht aber genau und kritisch auf den Prüfstand stellen müssen, um die erforderlichen Bemühungen und Umsetzungsmaßnahmen nach Art. 10 RL-PKH gegenüber der Kommission nachweisen zu können.

e) Umsetzungsbedarf in Deutschland

In Deutschland könnte die RL-PKH zu Änderungen hinsichtlich der Zuständigkeit für die Bestellung eines Pflichtbeistandes (aa) und das Verfahren und die Auswahl eines Pflichtbeistandes (bb) führen.[1318]

aa) Zuständigkeit

Soweit die Richtlinie die *Zuständigkeit* für die Bewilligung von PKH und der Bestellung eines Rechtsbeistandes einer unabhängigen Behörde oder Gericht übertragt[1319], löst dies für das Übergabeverfahren in Deutschland an sich keinen konkreten Umsetzungsbedarf aus[1320]. Aus diesem Blickwinkel kann es bei der bisherigen Rechtslage bleiben, wonach nach § 40 Abs. 3 IRG i.V.m. § 141 Abs. 4 StPO der für das Verfahren zuständige Richter am Oberlandesgericht den Rechtsbeistand in Übergabeverfahren bestellt.

Um eine *frühzeitige* Bestellung eines Rechtsbeistandes ab der Festnahme der gesuchten Person im Übergabeverfahren zu ermöglichen, wurde allerdings gezeigt, dass dem Richter am Amtsgericht eine Bestellungsmöglichkeit zukommen sollte.[1321] Es ist daher nachdrücklich zu begrüßen, dass der Referentenentwurf des BMJV zur Umsetzung der RL-PKH in Deutschland in § 40 Abs. 3 IRG-RefE vorsieht: „*Über die Bestellung eines Rechtsbeistands entscheidet das Gericht, dem die verfolgte Person vorzuführen ist oder dem sie vorzuführen*

1317 Vgl. *Schlothauer*, StV 2018, 169 (172).

1318 Siehe nun auch das Gesetz zur Neuregelung des Rechts der notwendigen Verteidigung, mit dem die RL-PKH in Deutschland mit Wirkung zum 13. Dezember 2019 umgesetzt wurde, vgl. BGBl. I S. 2128 v. 12.12.2019. Die Gesetzesänderungen wurden nachträglich für die Veröffentlichung dieser Arbeit berücksichtigt. Die hier relevanten Normen haben sich gegenüber dem Gesetzesentwurf der Bundesregierung nicht geändert.

1319 Vgl. Art. 6 Abs. 1 und Erwägungsgrund Nr. 24 RL-PKH.

1320 Ebenso für das Strafverfahren: *Jahn/Zink*, in: FS Graf-Schlicker, S. 475 (489); *Schlothauer*, KriPoZ 1/2019, 3 (8).

1321 Oben S. 223 ff.

wäre".[1322] Damit überträgt der Referentenentwurf die Bestellungszuständigkeit insgesamt dem Richter des nächsten Amtsgerichts, da sich dieses sich nach der Festnahme „*am zeitnächsten*" mit der gesuchten Person zu befassen habe.[1323] Da der Richter am Amtsgericht nach der Konzeption der RL-PKH und des Referentenentwurfs für eine Bestellung auch keine materiellen Kriterien mehr zu prüfen hat, sondern in Auslieferungsfällen bei einer Festnahme nun *stets* ein Rechtsbeistand notwendig ist[1324], begegnet diese Regelung keine Bedenken. Die Zuständigkeit des Amtsgerichts kann zu einem erheblichen praktischen Fortschritt im Hinblick auf den Zeitpunkt der Bestellung und zu einer Vereinfachung der Verfahrensabläufe führen.[1325] Der Regierungsentwurf behält die Zuständigkeit des Richters am Amtsgericht als § 40 Abs. 6 S. 1 IRG-RegE im Falle einer Festnahme in Anbetracht der Eilbedürftigkeit der Bestellung zu Recht bei (so nun auch § § 40 Abs. 6 S. 1 IRG n.F.).[1326] Der Regierungsentwurf ergänzt die Neuregelung lediglich um einen § 40 Abs. 6 S. 2 IRG-RegE, wonach das zuständige Oberlandesgericht über die Bestellung entscheidet, wenn ein Antrag gemäß § 29 IRG gestellt wurde (ebenso nun § 40 Abs. 6 S. 2 IRG n.F.).[1327]

bb) Verfahren und Auswahl des Pflichtbeistandes

Im Hinblick auf das Verfahren stellt sich dagegen die Frage, inwieweit das deutsche Recht bereits hinreichend den *Qualitätsanforderungen* des Art. 7 Abs. 1 RL-PKH entspricht, wonach die erforderlichen Maßnahmen getroffen werden müssen, um ein wirksames System der Prozesskostenhilfe von angemessener Qualität und eine angemessene Qualität der mit der Prozesskostenhilfe verbundenen Dienstleistungen sicherzustellen.

Als ein Problemkreis im Rahmen der Wirksamkeit der Verteidigung wurde hier die Auswahl des Pflichtbeistandes durch den Richter ausgemacht, die das Risiko einer „*strukturellen Befangenheit*" nahelegt.[1328] Zu der konkreten *Auswahl*

1322 Vgl. Referentenentwurf des BMJV (Fn. 42), S. 11.

1323 Vgl. Referentenentwurf des BMJV (Fn. 42), S. 52.

1324 Oben S. 187 ff. m.w.N.

1325 Oben S. 223 ff.

1326 Vgl. Gesetzesentwurf der Bundesregierung (Fn. 43), S. 13 und nun auch Gesetz zur Neuregelung des Rechts der notwendigen Verteidigung, BGBl. I S. 2128 v. 12.12.2019. Begrüßend auch *Böhm*, NStZ 2019, 256 (262), demzufolge in Nichthaftsachen die Zuständigkeit jedoch beim OLG verbleiben sollte.

1327 Vgl. Gesetzesentwurf der Bundesregierung (Fn. 43), S. 13; ebenso nun BGBl. I S. 2128 v. 12.12.2019.

1328 Oben S. 225 ff. m.w.N.

des Pflichtbeistandes sieht die RL-PKH an sich wie gezeigt keine näheren Vorgaben vor, aber insbesondere Art. 7 RL-PKH bietet hier wichtige Anknüpfungspunkte für weitere Diskussionen[1329]. Zur Verbesserung der derzeitigen Rechtslage erscheinen insbesondere die Vorschläge zur Umsetzung sinnvoll, welche die Auswahl des Rechtsbeistandes (mit Ausnahme von eilbedürftigen Fällen) den Organen der Anwaltschaft selbst übertragen.[1330] Im Ergebnis dürfte die RL-PKH jedoch nicht zu einem solchen Schritt zwingen, solange die erforderliche Qualität der Beistandsleistung gewährleistet wird.[1331] Der Referentenentwurf und Regierungsentwurf sehen insoweit auch keine derartigen Änderungen vor.[1332]

Gleichwohl ist hervorzuheben, dass der Gesetzgeber nach Art. 7 Abs. 1 *lit.* b RL-PKH eine angemessene Qualität der Beistandsleistung sicherzustellen hat und nach Art. 7 Abs. 3 RL-PKH Weiterbildungsmaßnahmen für Pflichtbeistände fördern soll, auch wenn ihm hierbei Spielraum zusteht. Da in Deutschland bisher kaum präventive Maßnahmen zur Sicherstellung einer effektiven Verteidigung bestehen, wird Art. 7 RL-PKH mit gesetzgeberischen Umsetzungsmaßnahmen einhergehen müssen.[1333] Der Referentenentwurf und Regierungsentwurf (wie nun auch das Gesetz) entscheiden sich dabei für eine differenzierende Lösung. Grundsätzlich seien alle Rechtsanwälte durch ihr Studium hinreichend für die Tätigkeit als Verteidiger qualifiziert, weshalb es auch zukünftig möglich sein soll,

---

1329 Vgl. auch *Jahn/Zink*, in: FS Graf-Schlicker, S. 475 (492).

1330 Vgl. umfassend *Schlothauer/Neuhaus/Matt/Brodowski*, HRRS 2018, 55 (66 f.); ebenso *Schlothauer*, StV 2018, 169 (174); *Bahns/Burkert/Guthke/u.a.*, Policy Paper der Strafverteidigervereinigungen: Neuordnung der Pflichtverteidigerbestellung, Schriftenreihe der Strafverteidigervereinigungen Mai 2018, S. 26 ff.; in diese Richtung auch *Jahn/Zink*, in: FS Graf-Schlicker, S. 475 (492). Für eine solche Lösung auch bereits *Leitmeier*, StV 2016, 515 (517 f.).

1331 So auch *Schlothauer*, KriPoZ 1/2019, 3 (10).

1332 Dies kritisierend und für eine Einbeziehung der Rechtsanwaltskammer: DAV-Stellungnahme Nr. 58/2018 v. November 2018 zum RefE (abrufbar unter www.anwaltverein.de) [Stand: 20.07.2019], S. 9 ff.; BRAK-Stellungnahme Nr. 1/2019 v. Januar 2019 zum RefE (abrufbar unter www.brak.de) [Stand: 20.07.2019], S. 10.

1333 So nun auch Referentenentwurf des BMJV (Fn. 42), S. 23, 38 ff.; ebenso der Gesetzesentwurf der Bundesregierung (Fn. 43), S. 24 ff. Umsetzungsbedarf zu Art. 7 RL-PKH sieht auch SK-StPO/*Meyer*, Art. 6 EMRK, Rn. 430. Siehe nun auch Änderungen durch das Gesetz zur Neuregelung des Rechts der notwendigen Verteidigung, BGBl. I S. 2128 v. 12.12.2019.

sich durch den Rechtsbeistand seines Vertrauens verteidigen zu lassen.[1334] Der vom Beschuldigten bezeichnete Rechtsbeistand sei weiterhin zu bestellen, wenn dem kein wichtiger Grund entgegenstehe.[1335] Wenn die Auswahl des Pflichtbeistandes dagegen dem Richter obliegt, weil die gesuchte Person keinen Rechtsbeistand benennt, soll der Kreis der als Pflichtbeistände in Betracht kommenden Personen jedoch näher eingegrenzt werden, um eine angemessene Qualität der Verteidigung zu gewährleisten.[1336] Diese Differenzierung erscheint annehmbar, wird doch das Vertrauen der gesuchten Person in den Rechtsbeistand ebenfalls sehr wichtig für eine effektive Verteidigung und ein faires Verfahren sein.[1337]

Fraglich ist jedoch, ob die in § 142 Abs. 4 StPO-RefE bzw. § 142 Abs. 6 StPO-RegE (so nun auch § 142 Abs. 6 StPO n.F.) vorgesehenen Qualitätsanforderungen an Pflichtbeistände überzeugen, wenn der Rechtsbeistand durch das Gericht auszuwählen ist. § 142 Abs. 4 StPO-RefE (wie auch § 142 Abs. 6 StPO-RegE und nun § 142 Abs. 6 StPO n.F.) sieht vor, dass der vom Gericht auszuwählende Rechtsbeistand grundsätzlich entweder ein Fachanwalt für Strafrecht sein soll oder ein Rechtsanwalt, der gegenüber der Rechtsanwaltskammer sein Interesse an der Übernahme von Pflichtverteidigungen angezeigt hat und für die Übernahme der Verteidigung geeignet ist. Dies gilt über § 40 Abs. 5 IRG-RefE bzw. § 40 Abs. 8 IRG-RegE (nun § 40 Abs. 8 IRG n.F.) für Übergabeverfahren entsprechend. Damit schränkt der Referentenentwurf wie schon öfters gefordert das richterliche Auswahlrecht einerseits auf Fachanwälte für Strafrecht ein, die

1334 Vgl. Referentenentwurf des BMJV (Fn. 42), S. 23; ebenso Gesetzesentwurf der Bundesregierung (Fn. 43), S. 25.

1335 Vgl. näher § 142 Abs. 3 StPO-RefE, der über § 40 Abs. 5 IRG-RefE auch für das Übergabeverfahren gilt: Referentenentwurf des BMJV (Fn. 42), S. 8, 11. Ebenso § 142 Abs. 5, 6 StPO-RegE, anwendbar über § 40 Abs. 8 IRG-RegE, vgl. Gesetzesentwurf der Bundesregierung (Fn. 43), S. 8, 13.

1336 Vgl. Referentenentwurf des BMJV (Fn. 42), S. 23; ebenso Gesetzesentwurf der Bundesregierung (Fn. 43), S. 25.

1337 Für den Vorrang des Wunsches des Beschuldigten auch *Schoeller*, StV 2019, 190 (197 f.); BRAK-Stellungnahme Nr. 34/2018 v. Oktober 2018 (abrufbar unter www.brak.de) [Stand: 29.10.2018], S. 5; zustimmend auch DAV-Stellungnahme Nr. 58/2018 v. November 2018 zum RefE (abrufbar unter www.antwaltverein.de) [Stand: 20.07.2019], S. 13. Kritisch gegenüber der Möglichkeit, jeden zugelassenen Rechtsanwalt bezeichnen zu können dagegen BRAK-Stellungnahme Nr. 1/2019 v. Januar 2019 zum RefE (abrufbar unter www.brak.de) [Stand: 20.07.2019], S. 12 f.; *Schlothauer*, KriPoZ 1/2019, 3 (12).

als besonders geeignet zur Übernahme von Pflichtverteidigermandaten erscheinen.[1338] Dies ist zu begrüßen. Andererseits reicht es nach § 142 Abs. 4 StPO-RefE/§ 142 Abs. 6 StPO-RegE (entspricht nun § 142 Abs. 6 S. 2 StPO n.F.) aus, dass der Verteidiger das Interesse an der Übernahme von Pflichtverteidigungen gegenüber der Bundesrechtsanwaltskammer bekundet hat. Eine solche Interessensbekundung mag als erste Verbesserung gegenüber der bisherigen Rechtslage zwar die Motivation des Rechtsbeistandes demonstrieren und zugleich den Bedarf an qualifizierten Rechtsbeiständen in der Fläche sicherstellen.[1339] Ob ein Rechtsanwalt mit einer Interessensbekundung allerdings tatsächlich – wie vom Referentenentwurf angenommen – den besonderen fachlichen Bezug zur Strafverteidigung und die Bereitschaft zur fortlaufenden Fortbildung herausstellt[1340], bleibt letztlich offen.[1341] Eine gesonderte Berechtigung zu Pflichtbeistandsleistungen oder der Nachweis von Fortbildungen[1342] ist damit nicht verbunden. Damit bleibt weiterhin eine Verteidigung durch unerfahrene oder fachfremde Rechtsanwälte möglich, was den Interessen der Person an einer effektiven Verteidigung nicht zwingend entsprechen wird.[1343]

1338 So auch die Forderung von *Schlothauer/Neuhaus/Matt/Brodowski*, HRRS 2018, 55 (56 ff., 66 f., 69 ff.); *Schlothauer*, StV 2018, 169 (173); für eine Anknüpfung an das objektivierbare Kriterium der Fachanwaltschaft auch *Wohlers*, StV 2010, 151 (155).

1339 Zu letzterem Argument: Referentenentwurf des BMJV (Fn. 42), S. 40.

1340 Vgl. Referentenentwurf des BMJV (Fn. 42), S. 40.

1341 Stark bezweifelnd BRAK-Stellungnahme Nr. 1/2019 v. Januar 2019 zum RefE (abrufbar unter www.brak.de) [Stand: 20.07.2019], S. 13 f. („Es ist evident, dass allein die Interessensbekundung keine Gewähr dafür liefert, dass es sich bei dem Interessierten um eine Person handelt, die im Hinblick auf ihre strafrechtliche Kompetenz mit einem Fachanwalt für Strafrecht vergleichbar ist"). Diesbezüglich krit. zum Referentenentwurf auch *Meyer-Mews*, ZRP 2019, 5 (7); *Schlothauer*, KriPoZ 1/2019, 3 (12); *Schoeller*, StV 2019, 190 (198).

1342 Vgl. dies fordernd und näher den Umsetzungsvorschlag von *Schlothauer/Neuhaus/Matt/ Brodowski*, HRRS 2018, 55 (56 ff., 66 f., 69 ff.); für eine Pflicht zur Teilnahme an einer mindestens 15-stündigen spezifischen Weiterbildungsmaßnahme auch BRAK-Stellungnahme Nr. 1/2019 v. Januar 2019 zum RefE (abrufbar unter www.brak.de) [Stand: 20.07.2019], S. 15; einen Nachweis jährlicher Fortbildungen begrüßend auch *Meyer-Mews*, ZRP 2019, 5 (7); *Schlothauer*, KriPoZ 1/2019, 3 (12); ähnlich *Schoeller*, StV 2019, 190 (198).

1343 Vgl. zu Zweifeln an einer „Selbstdeklaration" auch schon *Wohlers*, StV 2010, 151 (155). Äußerst kritisch zur Interessensanzeige statt Eignung BRAK-Stellungnahme Nr. 1/2019 v. Januar 2019 zum RefE (abrufbar unter www.brak.de) [Stand: 20.07.2019], S. 13 ff.; krit. auch DAV-Stellungnahme Nr. 58/2018 v. November 2018 zum RefE (abrufbar unter www.antwaltverein.de) [Stand: 20.07.2019], S. 14. Die

Im Übrigen verwies der Referentenentwurf für das Verfahren in § 40 Abs. 5 IRG-E auf die entsprechende Geltung der überarbeiteten Vorgaben des elften Abschnittes des Ersten Buches der StPO, mit Ausnahme der §§ 139, 140, 141 Abs. 1, 142 Abs. 1, 143 und § 144 StPO-E.[1344] Eine vergleichbare Regelung findet sich im Regierungsentwurf in § 40 Abs. 8 IRG-RegE (teils gegenüber dem Referentenentwurf geändert, siehe nun auch § 40 Abs. 8 IRG n.F.). Zur Umsetzung des Art. 8 RL-PKH (Rechtsbehelf gegen Verletzung der Rechte der RL-PKH) wird die Einführung einer sofortigen Beschwerde vorgesehen, über die in Übergabeverfahren das Oberlandesgericht entscheidet.[1345] Die Gesetzesentwürfe (sowie nun das Gesetz) haben die RL-PKH darüber hinaus zum Anlass genommen, um den Bereich der notwendigen Verteidigung und die Verfahrensvorgaben der StPO grundlegend zu normieren und systematisch klarer zu strukturieren.[1346] Hierzu gehört der neue § 143a StPO-RefE bzw. RegE, in dem der Wechsel des Verteidigers nun umfassend geregelt wird (siehe nun auch § 143a StPO n.F.).[1347] Den Vorgaben des Art. 7 Abs. 4 RL-RB (Recht auf Auswechslung des Rechtsbeistandes) entsprach in Deutschland bisher an sich bereits § 143 StPO in der erweiternden Auslegung durch die Rechtsprechung[1348], der über § 40 Abs. 3 IRG auch in Übergabeverfahren galt. Aufgrund von Problemen in der Praxis ist die umfassende Regelung zur Klarstellung jedoch zu begrüßen.[1349]

Regelung begrüßend dagegen Stellungnahme des Deutschen Richterbundes Nr. 14/18 v. November 2018 zum RefE (abrufbar unter www.drb.de) [Stand: 20.07.2019], S. 4.

1344 Vgl. Referentenentwurf des BMJV (Fn. 42), S. 11, zu den entsprechend geltenden Vorgaben der StPO-RefE siehe S. 7 ff. Vgl. nun auch BGBl. I S. 2128 v. 12.12.2019.

1345 Vgl. näher § 142 Abs. 5 StPO-RefE, § 40 Abs. 5 IRG-RefE: Referentenentwurf des BMJV (Fn. 42), S. 8, 11, 41. Im Regierungsentwurf entsprechend in § 142 Abs. 7 StPO-RegE, § 40 Abs. 8 IRG-RegE, vgl. Gesetzesentwurf der Bundesregierung (Fn. 43), S. 8, 13. Krit. zur vorgesehenen Beschwerde im Kontext des Strafverfahrens *Schlothauer*, KriPoZ 1/2019, 3 (15 f.). Siehe nun auch § 40 Abs. 7 StPO n.F, § 40 Abs. 8 IRG n.F. durch BGBl. I S. 2128 v. 12.12.2019.

1346 Vgl. näher Referentenentwurf des BMJV (Fn. 42), S. 17 f., im Einzelnen zu den § 141 ff. StPO-E zudem S. 34 ff. Ebenso Gesetzesentwurf der Bundesregierung (Fn. 43), S. 18 f.

1347 Vgl. näher Referentenentwurf des BMJV (Fn. 42), S. 8 f., 41 f.; Gesetzesentwurf der Bundesregierung (Fn. 43), S. 9 f.; auch *Schlothauer*, KriPoZ 1/2019, 3 (13 f.). Siehe nun auch Gesetz zur Neuregelung des Rechts der notwendigen Verteidigung, BGBl. I S. 2128 v. 12.12.2019.

1348 Vgl. so und näher *Jahn/Zink*, in: FS Graf-Schlicker, S. 475 (492 f.) m.w.N.

1349 Eine solche fordernd auch bereits *Jahn/Zink*, in: FS Graf-Schlicker, S. 475 (493).

V. Vergütung des Rechtsbeistandes

Abschließend ist darauf einzugehen, welche Vergütung ein bestellter Rechtsbeistand in Auslieferungsfällen erhält und ob die gesuchte Person die Kosten zu tragen hat (1). Defizite bei der Vergütung könnten sich nachteilig auf die Qualität der rechtlichen Unterstützung auswirken (2). Die RL-PKH sieht für diesen Bereich kaum Vorgaben vor (3).[1350]

1. Geltendes Recht

a) Gebühren in Auslieferungs- und Übergabeverfahren

Die Vergütung eines gerichtlich bestellten Rechtsanwaltes richtet sich in Deutschland nach dem Rechtsanwaltsvergütungsgesetz (*RVG*).[1351] Der gerichtliche bestellte Beistand in Auslieferungs- und Übergabeverfahren erhält seine Vergütung aus der Staatskasse, grundsätzlich der des Landes, § 45 Abs. 3 RVG. Er kann einen angemessenen Vorschuss verlangen (§ 47 RVG).

Gebührentatbestände sowie die Höhe der Gebühren sind im Vergütungsverzeichnis geregelt (Anlage 1 zu § 2 Abs. 2 S. 1 RVG, *VV-RVG*). Für Auslieferungsverfahren finden sich die gesetzlichen Gebühren in Teil 6 (Sonstige Verfahren), Abschnitt 1 (Verfahren nach dem IRG), Unterabschnitt 2 VV-RVG. Für den Wahl- und Pflichtbeistand wird eine Verfahrensgebühr (Nr. 6101 VV-RVG) sowie Terminsgebühr je Verhandlungstag (Nr. 6102 VV-RVG) vorgesehen.[1352]

Demnach erhält der Pflichtbeistand im Auslieferungsverfahren stets eine Verfahrensgebühr in Höhe von 316 Euro (Nr. 6101 VV-RVG).[1353] Diese feste Gebühr für einen Pflichtbeistand entspricht 80 % der Mittelgebühr eines Wahlbeistandes, für den ein Gebührenrahmen von 100 bis 690 Euro gilt.[1354] Die Verfahrensgebühr entsteht für das Betreiben des Geschäftes im Auslieferungsverfahren, d.h.

1350 Diese Arbeit und die Normen in diesem Abschnitt haben den Stand August 2019.

1351 Gesetz über die Vergütung der Rechtsanwältinnen und Rechtsanwälte v. 5.5.2004, BGBl. I S. 718, 788.

1352 Bis zur Einfügung des Unterabschnitt 1 zum 1.10.2010 als Nrn. 6100 sowie 6101 VV-RVG.

1353 In der Fassung vom 17.7.2017. Die Verfahrensgebühr wurde im Jahr 2013 leicht von 264 Euro auf 316 Euro erhöht, vgl. Zweites Gesetz zur Modernisierung des Kostenrechts v. 23.7.2013, BGBl. I S. 2586 (2700). Vgl. auch *Ahlbrecht*, in: IStR in der Praxis, Rn. 1214.

1354 Vgl. auch *Burhoff*, StRR 2010, 143 (145).

ab der ersten Beistandsleistung, inklusive der Informationsaufnahme.[1355] Mit der Verfahrensgebühr werden sämtliche Tätigkeiten des Pflichtbeistandes im Auslieferungsverfahren abgegolten, die außerhalb gerichtlicher Verhandlungen stattfinden.[1356] Zu diesen gehören die Beistandsleistungen bei Auslieferungshaft, der Zustimmung zur vereinfachten Übergabe, ebenso wie Einwendungen gegen den Haftbefehl.[1357] Es wird noch darauf einzugehen sein, dass dieser Betrag für die dafür umfassten Tätigkeiten sehr niedrig ist (dazu unten 2).

Für die Teilnahme an gerichtlichen Terminen steht dem Pflichtbeistand in Auslieferungsverfahren darüber hinaus eine Terminsgebühr in Höhe von 424 Euro je Verhandlungstag zu (Nr. 6102 VV-RVG). Eine Teilnahme in diesem Sinne setzt nicht voraus, dass besondere Anträge oder Handlungen des Pflichtbeistandes vorgenommen werden.[1358]

Allerdings geht die überwiegende obergerichtliche Rechtsprechung davon aus, dass die Terminsgebühr nur für die Teilnahme an einer mündlichen Verhandlung vor dem OLG über die Zulässigkeit der Auslieferung (§§ 30 Abs. 3, 31 IRG) anfallen wird.[1359] Die Teilnahme des Pflichtbeistandes an Anhörungsterminen vor dem Amtsgericht nach den §§ 21, 22 oder 28 IRG soll dagegen *keine* Terminsgebühr auslösen.[1360] Hintergrund ist, dass die Termingebühr dem Wortlaut nach nur „*je Verhandlungstag*" anfalle, während vor dem Amtsgericht nicht „verhandelt" würde, zumal der Richter am Amtsgericht im Wesentlichen nicht

---

1355 Vgl. Vorbemerkung 6 Abs. 2 VV-RVG; Riedel/Sußbauer/*Schneider*, RVG, VV 6100-6102, Rn. 6.

1356 *Burhoff*, StRR 2010, 143 (144); näher Riedel/Sußbauer/*Schneider*, RVG, VV 6100-6102, Rn. 6.

1357 Riedel/Sußbauer/*Schneider*, RVG, VV 6100-6102, Rn. 6.

1358 Vgl. Riedel/Sußbauer/*Schneider*, RVG, VV 6100-6102, Rn. 9; ferner Vorbemerkung 6 Abs. 3 VV-RVG.

1359 Vgl. umfassend OLG Brandenburg, Beschl. v. 25.7.2009, NStZ-RR 2009, 392 m.w.N.; OLG Oldenburg, Beschl. v. 16.3.2009, NStZ-RR 2009, 192 m.w.N.; ablehnend auch OLG Brandenburg, Beschl. v. 5.5.2011, BeckRS 2011, 14317; OLG Celle, Beschl. v. 14.12.2009, BeckRS 2010, 00685; OLG Stuttgart, Beschl. v. 1.10.2009, NStZ 2010, 710; OLG Dresden, Beschl. v. 6.2.2007, BeckRS 2007, 03432. Aus jüngerer Zeit bestätigend zudem OLG Köln, Beschl. v. 10.1.2018, BeckRS 2018, 2565; OLG Dresden, Beschl. v. 1.12.2017, BeckRS 2017, 134733. Andere Ansicht OLG Jena, Beschl. v. 14.5.2007, NStZ-RR 2008, 63 (zu § 28 IRG); Riedel/Sußbauer/*Schneider*, RVG, VV 6100-6102, Rn. 6, 8. Vgl. zur Diskussion ferner G/P/K/*Böhm*, § 40 IRG, Rn. 58 m.w.N.; *Burhoff*, StRR 2010, 143 (145).

1360 Vgl. ebenda.

zur Sachentscheidung befugt sei.[1361] Vor dem Amtsgericht würden vor allem Belehrungspflichten wahrgenommen und Erklärungen entgegengenommen[1362], selbst wenn der Beistand im Termin Einwendungen gegen die Auslieferung vortragen sollte[1363]. Der Anwendung auf Termine vor dem Amtsgericht steht aus Sicht der Rechtsprechung zudem der Wille des Gesetzgebers entgegen.[1364] Eine unbillige Härte wird hierin nicht gesehen, da dem Rechtsbeistand im Einzelfall eine Pauschgebühr zugebilligt werden könne[1365] (dazu sogleich b)). Eine entsprechende Anwendung der Terminsgebühr der Nr. 6102 VV-RVG soll allenfalls ausnahmsweise in den Fällen des §§ 21, 22 IRG in Betracht kommen, in denen das BVerfG dem Richter am Amtsgericht in Evidenzfällen eine erweiterte Entscheidungskompetenz zugesprochen hat. [1366]

Darüber hinaus kann der Pflichtbeistand nach den Nrn. 7000 ff. VV-RVG Auslagen geltend machen.[1367] Ihm steht zudem eine Pauschale für die Kommunikation zu.

b) Bewilligung einer Pauschgebühr

Weitere Gebührentatbestände für Auslieferungsverfahren sind im Gesetz nicht vorgesehen. Über die gesetzlichen Gebühren hinaus kann dem Pflichtbeistand allenfalls noch im Einzelfall auf seinen Antrag hin eine Pauschgebühr bewilligt werden, wenn die Voraussetzungen des § 51 Abs. 1 S. 1 RVG vorliegen.[1368]

1361 Vgl. ausführlich aus jüngerer Zeit etwa OLG Köln, Beschl. v. 10.1.2018, BeckRS 2018, 2565; ähnlich OLG Dresden, Beschl. v. 1.12.2017, BeckRS 2017, 134733, beide zu § 28 IRG.

1362 Näher u.a. OLG Brandenburg, Beschl. v. 25.7.2009, NStZ-RR 2009, 392 (zu § 28 IRG).

1363 Vgl. OLG Stuttgart, Beschl. v. 1.10.2009, NStZ 2010, 710 (zu § 28 IRG).

1364 Vgl. etwa OLG Köln, Beschl. v. 14.3.2006, NJW-RR 2007, 71 m.w.N. Nach Ansicht des OLG Celle, Beschl. v. 14.12.2009, BeckRS 2010, 00685 steht sogar nur der Wille des Gesetzgebers einer Terminsgebühr entgegen, während Wortlaut, Systematik und Bedeutung der Mitwirkung eines Beistandes beim Termin am Amtsgericht eine Terminsgebühr durchaus erlauben würden.

1365 Vgl. etwa OLG Köln, Beschl. v. 10.1.2018, BeckRS 2018.

1366 So G/P/K/*Böhm*, § 40 IRG, Rn. 58 sowie § 22 IRG, Rn. 39. Vgl. zum BVerfG den Beschl. v. 16.9.2010, BVerfGK 18, 63 = StV 2011, 170. Anders weiterhin für § 28 IRG: G/P/K/*Böhm*, § 28 IRG, Rn. 28 f.

1367 S/L/G/H/*Lagodny/Schomburg/Hackner*, § 40 IRG, Rn. 32.

1368 Vgl. umfassend zu Pauschgebühren in Auslieferungsverfahren etwa OLG Koblenz, Beschl. v. 29.6.2016, 1 AR 99/15 (juris).

Danach kommt eine Pauschgebühr in Betracht, wenn die in Teil 6 des VV-RVG bestimmten Gebühren wegen des besonderen Umfangs oder der besonderen Schwierigkeit der Sache nicht zumutbar sind.[1369] Bei einem Wahlbeistand können Besonderheiten über den Gebührenrahmen honoriert werden, während dies bei einem Pflichtbeistand aufgrund der gesetzlichen Festgebühren nicht möglich ist.[1370] Die Pauschgebühr soll daher einen besonderen Aufwand des Pflichtbeistandes ausgleichen, damit die Inanspruchnahme als Pflichtbeistand kein „Sonderopfer" darstellt.[1371]

Über den Antrag auf Bewilligung einer Pauschgebühr entscheidet das Oberlandesgericht, vgl. § 51 Abs. 2 S. 1 RVG. Ob und in welcher Höhe eine Pauschgebühr zugebilligt wird, hängt von einer Gesamtschau der Umstände im Einzelfall ab[1372] und wird in der obergerichtlichen Rechtsprechung unterschiedlich gehandhabt.[1373] Die Zuerkennung einer Pauschgebühr soll jedoch grundsätzlich die Ausnahme darstellen.[1374] Eine besondere Schwierigkeit der Sache im Sinne von § 51 Abs. 1 S. 1 RVG kann im Einzelfall vorliegen, wenn sich der Beistand mit Einzelheiten einer ausländischen Rechtsordnung befassen muss, wohingegen Kenntnisse der besonderen Rechtsmaterie des Auslieferungsrechts nicht gesondert vergütungsfähig seien.[1375] Für einen insgesamt überdurchschnittlichen Umfang des Verfahrens sprachen ein Aktenumfang von 550 Seiten, Fragen der Haftbedingungen und paralleler Asylverfahren und die Notwendigkeit wiederholten detaillierten Sachvortrags.[1376] Mitunter wird dem Pflichtbeistand in Auslieferungsverfahren auch eine Pauschgebühr bewilligt, um seine Teilnahme an Anhörungsterminen zu honorieren[1377] oder um den besonders

---

1369 Ähnlich für den Wahlbeistand nach § 42 RVG; vgl. auch *Ahlbrecht*, in: IStR in der Praxis, Rn. 1214.

1370 Näher *Burhoff*, StRR 2010, 143 (144 f.); OLG Hamm, Beschl. v. 1.3.2007, StraFo 2007, 218 f.

1371 Vgl. § 51 Abs. 1 S. 1 RVG; näher Riedel/Sußbauer/*Kremer*, RVG, § 51, Rn. 1 f. m.w.N.

1372 Vgl. Riedel/Sußbauer/*Kremer*, RVG, § 51, Rn. 16.

1373 Vgl. auch *Fromm*, Vergütung des Verteidigers in Auslieferungsverfahren (EU-Haftbefehl), RVG-News v. 14.8.2014 (abrufbar unter www.rvg-news.de) [Stand: 30.10.2018].

1374 Vgl. näher OLG Koblenz, Beschl. v. 29.6.2016, 1 AR 99/15 (juris), Rn. 6 m.w.N.

1375 Vgl. OLG Koblenz, Beschl. v. 29.6.2016, 1 AR 99/15 (juris), Rn. 8 f.

1376 Vgl. OLG Koblenz, Beschl. v. 29.6.2016, 1 AR 99/15 (juris), Rn. 11 ff.; zum Umfang im Sinne von § 51 RVG auch G/P/K/*Böhm*, § 40 IRG, Rn. 57.

1377 So etwa vom OLG Celle, Beschl. v. 14.12.2009, BeckRS 2010, 00685 (500 Euro, da deutsche Staatsangehörigkeit des Verfolgten sowie Teilnahme am Termin zur Verkündung des Haftbefehls); OLG Dresden, Beschl. v. 6.2.2007, BeckRS 2007, 03432

hohen Aufwand des Beistandes im Falle der Auslieferungshaft des Verfolgten auszugleichen[1378]. Andere lehnen es dagegen ab, eine Pauschgebühr damit zu begründen, dass es sich um einen inhaftierten ausländischen Staatsangehörigen handele, der nur in der JVA und mithilfe eines Dolmetschers kontaktiert werden könne.[1379] Denn dies sei gerade der Regelfall im Auslieferungsverfahren.[1380]

Die Höhe einer etwaigen Pauschgebühr liegt sodann im Ermessen des Gerichts.[1381] Grundsätzlich soll jedoch die Höchstgebühr des Wahlbeistandes eine Obergrenze bilden.[1382] Wie bedeutsam die Bewilligung einer Pauschgebühr für den Pflichtbeistand in Auslieferungsverfahren sein kann, zeigt sich anschaulich in einem Beschluss des OLG Köln aus dem Jahr 2009.[1383] Das OLG Köln sah sich für ein klassisches Auslieferungsverfahren dazu veranlasst, die Tätigkeit des Pflichtbeistandes mit einer Pauschgebühr von 4.000 Euro besonders zu honorieren, was erheblich über die gesetzlichen Gebühren hinausging.[1384] Denn der Aufwand des Pflichtbeistandes sei weit über das hinausgegangen, was selbst durch die Höchstgebühren eines Wahlbeistandes als abgegolten gelten könne.[1385]

(Pauschgebühr in Höhe einer weiteren Verfahrensgebühr für Teilnahme am Anhörungstermin sowie vorhergehende Besprechung); vgl. auch OLG Köln, Beschl. v. 14.3.2006, NJW-RR 2007, 71; G/P/K/*Böhm*, § 40 IRG, Rn. 57 f.

1378 Vgl. jedenfalls OLG Köln, Beschl. v. 26.1.2009, BeckRS 2009, 09229; Besuche dagegen OLG Koblenz, Beschl. v. 29.6.2016, 1 AR 99/15 (juris), Rn. 17.

1379 Vgl. näher OLG Koblenz, Beschl. v. 29.6.2016, 1 AR 99/15 (juris), Rn. 10, Rn. 17, auch im Einzelnen Besuche in der Auslieferungshaft bei der Bemessung ablehnend. Zur Diskussion um besondere Sprachkenntnisse des Beistandes und Pauschgebühren vgl. befürwortend Riedel/Sußbauer/*Kremer*, RVG, § 51, Rn. 16 (Sprachkenntnisse) m.w.N.

1380 Vgl. OLG Koblenz, Beschl. v. 29.6.2016, 1 AR 99/15 (juris), Rn. 10.

1381 Näher Riedel/Sußbauer/*Kremer*, RVG, § 51, Rn. 26 ff.

1382 Vgl. OLG Koblenz, Beschl. v. 29.6.2016, 1 AR 99/15 (juris), Rn. 15.

1383 Vgl. OLG Köln, Beschl. v. 26.1.2009, BeckRS 2009, 09229

1384 Vgl. OLG Köln, Beschl. v. 26.1.2009, BeckRS 2009, 09229.

1385 Vgl. näher OLG Köln, Beschl. v. 26.1.2009, BeckRS 2009, 09229: Erforderliche vertiefte Auseinandersetzung mit ausländischem Recht der Gegenwart und Vergangenheit sowie der Rechtsprechung panamerikanischer Menschenrechtsgremien und der Genfer Flüchtlingskonvention, ferner Auswertung und erforderliche Übersetzung von mehr als 1000 Blatt Aktenmaterial, über acht Monate hinziehendes Mandat, Verständigung mit dem Mandaten nur in englischer Sprache.

c) *Kostentragung durch die gesuchte Person?*

Für die gesuchte Person stellt sich darüber hinaus die Frage, inwieweit der Pflichtbeistand für sie letztlich tatsächlich unentgeltlich bleiben wird. Die Sorge vor finanziellen Folgen wäre verständlich, wird eine gesuchte Person doch sowohl im Vollstreckungs- als auch Ausstellungsstaat eines Europäischen Haftbefehls Kosten befürchten müssen.

Dass die Rückforderung der Kosten unentgeltlichen Rechtsbeistandes möglich sein kann, zeigt ein Blick auf das innerstaatliche Strafverfahren. Dort zählt die Vergütung eines Pflichtverteidigers zu den Kosten des Verfahrens im Sinne von § 464a Abs. 1 StPO.[1386] Wenn ein Angeklagter rechtskräftig verurteilt wird, hat er nach § 465 Abs. 1 StPO auch die Kosten des Pflichtverteidigers zu tragen.[1387] Auf die mögliche Kostenfolge wird nach § 136 Abs. 1 S. 5 Hs. 2 StPO neuerdings bereits im Verfahren hingewiesen, auch wenn dies als abschreckend kritisiert wird.[1388] Eine Besonderheit kann allenfalls dann bestehen, wenn der Verurteilte auch nach seiner rechtskräftigen Verurteilung mittellos bleibt. Die Kosten des Verfahrens werden ihm zwar trotzdem auferlegt, allerdings kann im Rahmen der Vollstreckung mitunter Vollstreckungsschutz nach § 6 Abs. 1 Justizbeitreibungsgesetz bestehen[1389], etwa über die sinngemäße Geltung der §§ 850 f. ZPO zum Schutz von Arbeitseinkommen.

Einer solchen nachträglichen Kostentragung steht auch Art. 6 Abs. 3 *lit.* c EMRK grundsätzlich nicht entgegen.[1390] Die EMRK garantiert nicht, dass ein zunächst unentgeltlich zu gewährender Pflichtbeistand auch nach Ende des Verfahrens unentgeltlich bleiben muss, solange der Verurteilte die Kosten tragen kann.[1391]

1386 Vgl. SSW-StPO/*Steinberger-Fraunhofer*, § 464a StPO, Rn. 6, § 464b StPO, Rn. 1.

1387 Vgl. SSW-StPO/*Steinberger-Fraunhofer*, § 464a StPO, Rn. 6 m.w.N.; ähnlich in anderen Staaten, vgl. *Plekksepp*, S. 456.

1388 Vgl. etwa SSW-StPO/*Eschelbach*, § 136 StPO, Rn. 56.

1389 Vgl. *Schlothauer/Neuhaus/Matt/Brodowski*, HRRS 2018, 55 (59, 68); *Jahn/Zink*, in: FS Graf-Schlicker, S. 475 (487 f.).

1390 Vgl. SSW-StPO/*Steinberger-Fraunhofer*, § 464a StPO, Rn. 6.

1391 Vgl. schon EKMR X/D (E), 6.5.1982, D.R. 28, 229 („*it is not contrary to Article 6(3) (c) that the accused has to pay the costs of his legal aid counsel after final conviction unless his means are insufficient*“); EGMR Croissant/D, 25.9.1992, A237-B, §§ 33 ff. = EuGRZ 1992, 542; SSW-StPO/*Steinberger-Fraunhofer*, § 464a StPO, Rn. 6; Karpenstein/ Mayer/*Meyer*, Art. 6 EMRK, Rn. 185; Meyer-Ladewig/*Meyer-Ladewig/ Harrendorf/König*, Art. 6 EMRK, Rn. 231.

Für die Kosten des Übergabeverfahrens im Vollstreckungsstaat ist die Rechtslage indes anders. Bisher gilt für Auslieferungs- und Übergabeverfahren tatsächlich das „*Prinzip des kostenlosen Pflichtbeistandes*".[1392] Wenn die Auslieferung unzulässig ist, sind die Kosten des Verfahrens ohnehin durch die Staatskasse zu tragen.[1393] Dies gilt jedoch auch, wenn die Auslieferung zulässig ist. Die aus der Staatskasse bezahlten Kosten des Pflichtbeistandes in Auslieferungs- und Übergabeverfahrens sind nicht durch die gesuchte Person zu erstatten.[1394] Es fehlt an einer gesetzlichen Grundlage für eine Rückforderung.[1395] Das IRG sieht insoweit allenfalls die Möglichkeit vor, die Kosten durch den ersuchenden Staat erstattet zu bekommen.[1396] Der gesuchten Person können die Kosten auch nicht nach § 77 IRG i.V.m. § 465 StPO entsprechend auferlegt werden[1397], weil die Kostentragung in Strafverfahren an die Verurteilung des Angeklagten anknüpft, über die im Übergabeverfahren nicht entschieden wird. Darüber hinaus hat der gerichtliche Beschluss keine Entscheidung über die Kosten des Verfahrens zu enthalten, wenn die Auslieferung für zulässig erklärt wird.[1398] Der Rechtsbeistand hat ebenfalls keinen weitergehenden Anspruch gegen die gesuchte Person.[1399]

2. Defizite

Fraglich ist, inwieweit die Art und Höhe der gewährten Vergütung an den Pflichtbeistand in Auslieferungssachen überzeugt. Die Vergütung des Pflichtbeistandes kann sich auf die Qualität der rechtlichen Beratung auswirken. Zum einen besteht im Falle einer unangemessen niedrigen Vergütung das Risiko, dass ein Pflichtbeistand aus finanziellen Gründen seinen zeitlichen und/oder

---

1392 Vgl. S/L/G/H/*Lagodny/Schomburg/Hackner*, § 40 IRG, Rn. 32.

1393 Vgl. G/P/K/*Böhm*, § 40 IRG, Rn. 45.

1394 Vgl. S/L/G/H/*Lagodny/Schomburg/Hackner*, § 40 IRG, Rn. 32 m.w.N.; S/L/G/H/*Lagodny*, § 32, Rn. 18a; OLG Hamm, NStZ-RR 2002, 159; A/K/R/*Köberer*, § 40 IRG, Rn. 527; auch *Hackner/Schierholt*, Rn. 45.

1395 Vgl. OLG Hamm, NStZ-RR 2002, 159; S/L/G/H/*Schomburg/Hackner*, § 75 IRG, Rn. 2, 6 m.w.N.

1396 Vgl. etwa § 75 IRG, näher S/L/G/H/*Schomburg/Hackner*, § 75 IRG, Rn. 2, 6 m.w.N.

1397 Siehe zur entsprechenden Anwendbarkeit der §§ 467, 467a StPO aber G/P/K/*Böhm*, § 40 IRG, Rn. 46 ff., im Einzelnen sehr umstritten.

1398 Vgl. G/P/K/*Böhm*, § 40 IRG, Rn. 45.

1399 Vgl. G/P/K/*Böhm*, § 40 IRG, Rn. 56; S/L/G/H/*Lagodny/Schomburg/Hackner*, § 40 IRG, Rn. 32; A/K/R/*Köberer*, § 40 IRG, Rn. 527.

inhaltlichen Einsatz für den Mandanten reduziert bzw. reduzieren muss.[1400] Eine geringe Vergütung könnte zudem abschreckend wirken, so dass nur unerfahrene Rechtsanwälte die Pflichtvertretung übernehmen.[1401] Soll die Pflichtverteidigung nicht Verteidigung „zweiter Klasse" sein[1402], müssen adäquate Rahmenbedingungen bestehen, um eine angemessene anwaltliche Beratung zu ermöglichen.

a) Vergütung in Deutschland

Vor diesem Hintergrund ist die Vergütung des Pflichtbeistandes in Auslieferungs- und Übergabeverfahren in Deutschland kritisch zu sehen. Dies gilt insbesondere in klassischen Auslieferungsverfahren, die sich über eine lange Zeit hinziehen können.

Positiv ist zwar, dass die Anhebung der Gebühr für den Pflichtbeistand auf 80 % der Mittelgebühr eines Wahlbeistandes in Deutschland vergleichsweise hoch ist[1403] und die Tätigkeit als Pflichtbeistand attraktiver gemacht hat[1404]. Für Auslieferungs- und Übergabeverfahren entspricht die Höhe der Verfahrensgebühr mit 316 Euro zudem den erhöhten Sätzen für den ersten Rechtszug vor dem Oberlandesgericht in Strafsachen[1405], um der größeren Schwierigkeit und Bedeutung eines Auslieferungsverfahrens für den Verfolgten Rechnung zu tragen.[1406]

Problematisch ist jedoch, dass mit dieser festen Verfahrensgebühr in Höhe von 316 Euro zu viele Tätigkeiten honoriert werden müssen. Viele Tätigkeiten in Auslieferungs- und Übergabeverfahren werden (anders als in Strafverfahren) nicht gesondert vergütet. So erhält der Pflichtbeistand in Übergabeverfahren keinen Zuschlag, wenn sich der Verfolgte nicht auf freiem Fuß befindet[1407], im Gegensatz zum Pflichtverteidiger in innerstaatlichen Strafsachen[1408]. Im für Auslieferungsverfahren maßgeblichen Teil 6 VV-RVG wird ferner keine

---

1400 Vgl. MAH Strafverteidigung/*von Stetten*, § 16, Rn. 2; vgl. auch Interviews bei *Arnold*, S. 104 ff.

1401 Vgl. JUSTICE Report (Fn. 52), S. 40.

1402 Vgl. zur Diskussion in Strafverfahren *Augustin*, S. 104 ff. m.w.N.

1403 Vgl. noch sogleich unter b) zu anderen Mitgliedstaaten.

1404 Vgl. zum Strafverfahren *Augustin*, S. 112.

1405 Vgl. Nr. 4118 VV-RVG; ebenso die Termingebühr: Nr. 4120 VV-RVG.

1406 OLG Hamm, Beschl. v. 1.3.2007, StraFo 2007, 218 (219).

1407 Vgl. *Burhoff*, StRR 2010, 143 (145); *Fromm*, Vergütung des Verteidigers in Auslieferungsverfahren (EU-Haftbefehl), RVG-News v. 14.8.2014 (abrufbar unter www.rvg-news.de) [Stand: 30.10.2018].

1408 Vgl. Vorbemerkung 4 Abs. 4 VV-RVG.

Grundgebühr für die erstmalige Einarbeitung in den Rechtsfall vorgesehen.[1409] Ob auf die Grundgebühr für Strafsachen in Teil 4 VV-RVG zurückgegriffen werden kann, ist nach der Systematik des VV-RVG zweifelhaft.[1410] Zudem wirkt sich der erhöhte Aufwand durch die grenzüberschreitenden Aspekte des Falles nicht aus.[1411] Dieser kann etwa durch die erforderliche Organisation und Zusammenarbeit mit einem Rechtsbeistand im Ausstellungsstaat oder der Kommunikation mit dem Mandanten über einen Dolmetscher entstehen.

Besonders misslich ist, dass in Auslieferungs- und Übergabeverfahren die Teilnahme des Rechtsbeistandes an Anhörungen vor dem Amtsgericht und das dortige Vorbringen von Einwendungen gebührenrechtlich nicht honoriert wird.[1412] Dies wäre aber erforderlich, um der Bedeutung von frühzeitigem Rechtsbeistandes vor dem Amtsgericht gerecht zu werden.[1413] Zudem wird die Entscheidung des OLG über die Zulässigkeit der Auslieferung im Termin vor dem Amtsgericht nach § 28 IRG gerade „wesentlich vorbereitet", zumal regelmäßig keine mündliche Verhandlung mehr vor dem OLG stattfindet.[1414]

Im Ergebnis werden die gesetzlichen Gebühren in Auslieferungssachen in der Anwaltschaft daher als derart niedrig kritisiert, dass eine angemessene Bearbeitung des Mandats oftmals kaum möglich sei.[1415] Es besteht das Risiko, dass

---

1409 Vgl. *Burhoff*, StRR 2010, 143 (144); *Fromm*, Vergütung des Verteidigers in Auslieferungsverfahren (EU-Haftbefehl), RVG-News v. 14.8.2014 (abrufbar unter www.rvg-news.de) [Stand: 30.10.2018] („ungerechtfertigte Schlechterstellung"). In anderen Verfahren gilt dagegen eine Grundgebühr, zum Beispiel in Strafsachen (Nr. 4100 f. VV-RVG: 160 Euro bzw. 192 Euro mit Zuschlag), Bußgeldsachen (Nr. 5100 VV-RVG: 80 Euro) oder Disziplinarverfahren (Nr. 6200 VV-RVG: 156 Euro).

1410 Ablehnend *Burhoff*, StRR 2010, 143 (144); vgl. auch ähnlich zu Strafvollstreckungssachen Riedel/Sußbauer/*Kremer*, RVG, VV 4100, Rn. 9 (keine Grundgebühr, da nicht vorgesehen); dafür aber S/L/G/H/*Lagodny/Schomburg/Hackner*, § 40 IRG, Rn. 33a.

1411 Vgl. ähnlich die allgemeine Kritik der Interviewpartner bei *Arnold*, S. 106, die etwa eine Zusatzgebühr für die Verteidigung in grenzüberschreitenden europäischen Strafverfahren vorschlagen.

1412 Vgl. zur Rechtsprechung oben S. 249 f. m.w.N; als Ausnahme und insgesamt überzeugend dagegen OLG Jena, Beschl. v. 14.5.2007, NStZ-RR 2008, 63 (64); krit. auch *Oehmichen*, FD-StrafR 2018, 400418.

1413 Ähnlich *Oehmichen*, FD-StrafR 2018, 400418; zur Bedeutung frühzeitigen Rechtsbeistandes zudem schon S. 156 ff.

1414 Vgl. überzeugend OLG Jena, Beschl. v. 14.5.2007, NStZ-RR 2008, 63 (64).

1415 Vgl. *Fromm*, Vergütung des Verteidigers in Auslieferungsverfahren (EU-Haftbefehl), RVG-News v. 14.8.2014 (abrufbar unter www.rvg-news.de) [Stand: 30.10.2018] („aus rein wirtschaftlichen Erwägungen heraus ist der Aufwand…kaum zu vertreten"); ähnlich die Sicht der Strafverteidigung im JUSTICE Report (Fn. 52), S. 59 („*does*

die gesuchte Person in Deutschland mit einem Pflichtbeistand nicht die beste Interessenvertretung erhalten wird.[1416] Auch die Rechtsprechung hebt hervor, dass die gesetzliche Vergütung des Pflichtbeistandes in Auslieferungsverfahren nach dem VV-RVG in einer Vielzahl von Auslieferungsverfahren unzureichend ist.[1417] Denn in Auslieferungsverfahren, in denen es der Beiordnung eines Pflichtverteidigers bedürfe, würden regelmäßig besondere rechtliche und/oder tatsächliche Schwierigkeiten vorliegen.[1418] Die Verfolgten seien auf Grund der Schwierigkeit der Materie, die sich nicht zuletzt aus verfahrensrechtlichen und materiell-rechtlichen Besonderheiten der ausländischen Rechtsordnungen herleite, zudem auf eine qualifizierte anwaltliche Vertretung in Auslieferungsverfahren angewiesen.[1419] Den hieraus erwachsenden Anforderungen könne durch eine bloße Verfahrensgebühr nicht hinreichend gerecht werden.

Vor diesem Hintergrund ist es zumindest positiv, dass erhebliche Defizite bei der Vergütung in Auslieferungs- und Übergabeverfahren mitunter durch die Bewilligung einer Pauschgebühr nach § 51 RVG abgemildert werden.[1420] Der Ausgleich über eine Pauschgebühr ist jedoch nur bedingt eine befriedigende Lösung der Problematik.[1421] Zum einen muss der Pflichtbeistand einen gesonderten Antrag stellen (§ 51 Abs. 1 S. 1 RVG) und die besonderen Umstände des Verfahrens substantiiert darlegen und ggf. glaubhaft machen.[1422] Der ohnehin schon zeitlich belastete Pflichtbeistand hat dadurch noch mehr Aufwand. Zum anderen hängt die Gewährung und Höhe einer Pauschgebühr wie gezeigt von

---

not allow a case to be properly prepared"). Der Begriff der „Zweiklassenverteidigung" kam auch mehrfach in den allgemeineren Interviews von *Arnold* vor, vgl. S. 105.

1416 Vgl. schon die Zusammenfassung des Interviews mit dem BMJV, JUSTICE Report (Fn. 52), S. 58 („*Legal aid does not pay very much in any event and therefore the requested person will not get the best representation anyway.*")

1417 Vgl. hierzu und im Folgenden OLG Köln, Beschl. v. 26.1.2009, BeckRS 2009, 09229 m.w.N.; ebenso bereits u.a. OLG Köln, Beschl. v. 14.3.2006, NJW-RR 2007, 71. Zustimmend Riedel/Sußbauer/*Kremer*, RVG, § 51, Rn. 16.

1418 Vgl. OLG Köln, Beschl. v. 26.1.2009, BeckRS 2009, 09229.

1419 Vgl. OLG Köln, Beschl. v. 26.1.2009, BeckRS 2009, 09229.

1420 Oben S. 250 f. m.w.N.; vgl. auch die Auflistung des OLG Köln zur Höhe gewährter Pauschgebühren, Beschl. v. 26.1.2009, BeckRS 2009, 09229 m.w.N: u.a. 3.000 Euro; 1.000 Euro; 800 Euro; 700 Euro.

1421 Krit. auch *Fromm*, Vergütung des Verteidigers in Auslieferungsverfahren (EU-Haftbefehl), RVG-News v. 14.8.2014 (abrufbar unter www.rvg-news.de) [Stand: 30.10.2018] („nur ein kleiner Trost").

1422 Dazu Riedel/Sußbauer/*Kremer*, RVG, § 51, Rn. 19.

einer Gesamtschau der jeweiligen Umstände im Einzelfall ab.[1423] Dies ist für den Pflichtbeistand mit Unsicherheiten verbunden.

Nach alledem bleibt festzuhalten, dass die derzeitige Vergütung des Pflichtbeistandes in Auslieferungsverfahren der Bedeutung seiner Tätigkeiten zur Sicherung eines fairen Verfahrens und zur Wahrung der Rechte des Verfolgten nur bedingt gerecht wird.[1424]

b) *Andere Mitgliedstaaten im Überblick*

Für andere Mitgliedstaaten wird berichtet, dass anwaltliche Tätigkeiten in Übergabeverfahren im Wege der *legal aid* nur sehr gering vergütet würden.[1425] Der Einsatz und die Ausgaben eines Pflichtbeistandes in Übergabeverfahren sollen durch die gewährte Vergütung regelmäßig nicht abgedeckt sein.[1426] Als Negativbeispiele führt der JUSTICE Report insbesondere Griechenland, Italien, Polen und Portugal auf.[1427] Von Seiten der Rechtsanwaltskammer in Portugal wurde zwischenzeitlich zudem kritisiert, dass die Vergütung pro *legal aid case* in Portugal zu der geringsten in den Ländern des Europarates zähle.[1428] Die Qualität der Beratung würde unter der geringen Vergütung durchaus leiden, ebenso wie durch fehlendes Training.[1429] Ebenso wurde von Strafverteidigern etwa aus Italien berichtet, dass erfahrene Anwälte die Beratung im Wege der *legal aid* aufgrund der geringen Vergütung mitunter ablehnen würden.[1430]

Dies ähnelt den Erfahrungen in Strafverfahren. In vielen Mitgliedstaaten soll die Vergütung eines Pflichtbeistandes in Strafverfahren dabei 50 % oder mehr

---

1423 Oben S. 250 f. m.w.N.

1424 Krit. auch *Fromm*, Vergütung des Verteidigers in Auslieferungsverfahren (EU-Haftbefehl), RVG-News v. 14.8.2014 (abrufbar unter www.rvg-news.de) [Stand: 30.10.2018]; *Oehmichen*, FD-StrafR 2018, 400418 zur Terminsgebühr.

1425 Vgl. *Wahl*, in: Pilot Project (Fn. 53), S. 326; JUSTICE Report (Fn. 52), S. 40; *Goldsmith*/ CCBE/European Lawyers Foundation, EAW-Rights: Analysis of the implementation and operation of the European Arrest Warrant from the point of view of defence practitioners, Final Report 2016 (abrufbar unter www.europeanlawyersfoundation.eu) [Stand: 31.8.2018], S. 59 ff.

1426 Vgl. *Wahl*, in: Pilot Project (Fn. 53), S. 326.

1427 JUSTICE Report (Fn. 52), S. 40.

1428 Näher Bericht der Verteidigung, Portugal, JUSTICE Report (Fn. 52), S. 125 („*that the funding for legal aid per case was amongst the least paid of any Council of Europe country*").

1429 Vgl. u.a. Bericht der Verteidigung, Portugal, JUSTICE Report (Fn. 52), S. 125.

1430 Vgl. JUSTICE Report (Fn. 52), S. 93.

unter derjenigen eines Wahlbeistandes liegen oder als feste Pauschale bezahlt werden, ohne Rücksicht auf die Besonderheiten oder Komplexität des Verfahrens.[1431] Darüber hinaus wurden deutliche Bedenken an der unterschiedlichen und teilweise sehr geringen vorgesehenen Finanzierung der Prozesskostenhilfe in Strafverfahren durch einige Mitgliedstaaten geäußert.[1432]

Das bei einer geringen Vergütung des Pflichtbeistandes in Übergabeverfahren bestehende Risiko eines vorzeitigen Rechteverzichts durch die gesuchte Person illustriert das Fallbeispiel der *Deborah Dark* von der Nichtregierungsorganisation Fair Trials International.[1433] Die britische Staatsangehörige wurde im Jahr 2008 aufgrund eines Europäischen Haftbefehls zur Strafvollstreckung in Spanien festgenommen. Die zugrunde liegende französische Verurteilung stammte aus dem Jahr 1990 und war in Abwesenheit von Deborah Dark und ohne ihre Kenntnis erfolgt.[1434] Auch der Haftbefehl wurde erst 2005 erlassen. Der vom Gericht bestellte Rechtsbeistand erklärte ihr jedoch, dass keine andere Möglichkeit bliebe, als der Übergabe zuzustimmen.[1435] Ihr stünde im Wege der *legal aid* unabhängig von der Komplexität des Falles auch nur eine Beratung im Wert von 250 Euro zu. Dazu Fair Trials International: „*The lawyer's advice was therefore not particularly surprising*".[1436] Am Ende stimmte Deborah Dark ihrer Übergabe nur auf den Rat eines Arztes hin nicht zu und das spanische Gericht erklärte

---

1431 Vgl. Fair Trials und LEAP (Legal Experts Advisory Panel), Position paper on the proposed directive on provisional legal aid (...) v. Feb. 2015 (abrufbar unter www.fairtrials.org) [Stand: 29.10.2018], Rn. 25.

1432 Vgl. etwa *Spronken/Vermeulen/de Vocht/van Puyenbroeck*, EU Procedural Rights in Criminal Proceedings (Fn. 30), insb. S. 13 ("*The remarkable low budgets of some countries raise the question whether despite existing guarantees in the applicable legal framework, it is- in everyday practice – in fact possible to effectuate the right to free legal assistance whenever the interest of justice demands it.*"), näher S. 74 ff.; auch *Plekksepp*, S. 470.

1433 Vgl. zum Folgenden: Fair Trials International, The practical operation of legal aid in the EU v. Juli 2012, S. 7 f.; ähnlich Fair Trials International, Report, Defence rights in the EU v. Oktober 2012, S. 22 (beide abrufbar unter www.fairtrials.org) [Stand: 29.10.2018].

1434 Sie war in Frankreich zunächst in Anwesenheit vom Vorwurf der Begehung von Drogendelikten freigesprochen worden, nach ihrer Rückkehr ins UK wurden jedoch Rechtsmittel eingelegt, vgl. ebenda.

1435 Vgl. ebenda.

1436 Vgl. Fair Trials International, Report, Defence rights in the EU v. Oktober 2012 (abrufbar unter www.fairtrials.org) [Stand: 29.10.2018], S. 22.

die Übergabe aufgrund unangemessen langer Verzögerung und Zeitablaufs für unzulässig.[1437]

Zur Verbesserung der Situation wird von Verteidigern oftmals ein „*EU legal aid scheme*“ vorgeschlagen.[1438] Viele Strafverteidiger sind zudem der Ansicht, dass eine Verbesserung der effektiven Verteidigung in grenzüberschreitenden Verfahren maßgeblich von einer Finanzierung durch die EU abhänge.[1439]

Demgegenüber wurde die Honorierung von Pflichtbeiständen in Übergabeverfahren in den Niederlanden als angemessen und positiv für eine effektive Verteidigung bewertet.[1440] Als Höhe wurden zwischenzeitlich 1.500 Euro pro Fall bis zu 27 Stunden sowie 100 Euro für jede zusätzliche Stunde genannt.[1441]

3. RL-PKH

Die RL-PKH enthält zur Vergütung (a) oder Kostentragung (b) allerdings keine Regelungen und löst daher auch keinen konkreten Umsetzungsbedarf in Deutschland aus (c).

a) Vergütung

Die RL-PKH enthält keine Vorgaben zur Mindesthöhe der Prozesskostenhilfe oder Vergütung der Beistandsleistung. Dies geht schon auf die Kommission zurück, die sich gegen die Schaffung gemeinsamer Standards zur Mindesthöhe der zu gewährenden Prozesskostenhilfe oder diesbezügliche Anregungen entschieden hatte.[1442] Die Kommission begründete dies damit, dass sie die Angemessenheit der Vergütung nicht beurteilen könne: Zwischen den Mitgliedstaaten bestünden zu viele Unterschiede bei den Lebenshaltungskosten, der Bereitschaft zur Übernahme der Verteidigung sowie im Hinblick auf die Komplexität und die

---

1437 Vgl. ebenda. Zu der Tragik des Falles gehörte ferner, dass Deborah Dark nach ihrer Rückkehr in die UK erneut festgenommen wurde, da der Europäische Haftbefehl aus Frankreich bis 2010 weiterhin bestand. Die UK musste ihre Auslieferung erneut prüfen und lehnte ebenfalls ab, vgl. ebenda.

1438 Vgl. Erfahrungsberichte bei *Wahl*, in: Pilot Project (Fn. 53), S. 331.

1439 Vgl. Interviews bei *Arnold*, S. 104 ff.; *Wahl*, in: Pilot Project (Fn. 53), S. 331.

1440 Vgl. Evaluationsbericht Niederlande, Ratsdok. 15370/1/08, S. 51; ferner von Seiten der Strafverteidiger, JUSTICE Report (Fn. 52), S. 40 und näher im jeweiligen Bericht.

1441 Vgl. Evaluationsbericht Niederlande, Ratsdok. 15370/1/08, S. 51.

1442 Vgl. Commission Staff Working Document, Impact Assessment, SWD(2013) 476 final v. 27.11.2013, S. 32.

fehlende Vergleichbarkeit der Gebühren, die Pflicht- oder Wahlbeistände verlangen könnten.[1443]

Dieser Ausgangspunkt ist verständlich und es erscheint fraglich, inwieweit die RL-PKH detaillierte Vorgaben zur Höhe der Vergütung in allen Mitgliedstaaten hätte vorsehen können.[1444] Gleichwohl ist es bedauerlich, dass in der RL-PKH gänzlich Mindestvorgaben zur Angemessenheit der Vergütung für einen Pflichtbeistand fehlen.[1445] In Anbetracht der geschilderten Defizite in den Mitgliedstaaten wäre dies ein wichtiges Signal gewesen, um die Wirksamkeit und Qualität der Verteidigung auf der Basis von *legal aid* praktisch zu unterstreichen.[1446] Es hätte beispielweise darüber nachgedacht werden können, zumindest relative Mindestvorgaben dergestalt vorzusehen, dass bei der Höhe der Vergütung etwa der Umfang der Tätigkeiten und die Komplexität des Falles berücksichtigt werden müssten.[1447] Wichtig erschien auch der Vorschlag des Europäischen Parlamentes, wonach in den Mitgliedstaaten jedenfalls angemessene Mittel für die Finanzierung der Prozesskostenhilfe zur Verfügung stehen müssten.[1448]

1443 Vgl. Commission Staff Working Document, Impact Assessment, SWD(2013) 476 final v. 27.11.2013, S. 32 („*is not possible to assess what level of remuneration would be adequate given the difference in standards of living, the readiness of lawyers to carry out defence work, the complexity and lack of comparability of legal aid remuneration regimes and fees charged by lawyers when acting privately*").

1444 Ebenso Fair Trials und LEAP (Legal Experts Advisory Panel), Position paper on the proposed directive on provisional legal aid (…) v. Feb. 2015 (abrufbar unter www.fairtrials.org) [Stand: 29.10.2018], Rn. 26 ("*would not be appropriate*").

1445 Diesbezüglich krit. zum Entwurf der Kommmission auch DAV-Stellungnahme Nr. 26/ 2014 (abrufbar unter www.anwaltverein.de) [Stand: 29.10.2018], S. 3; zustimmend *Arnold*, S. 131; krit. zudem Fair Trials und LEAP (Legal Experts Advisory Panel), Position paper on the proposed directive on provisional legal aid (…) v. Feb. 2015 (abrufbar unter www.fairtrials.org) [Stand: 29.10.2018], Rn. 25 ff.

1446 Vgl. auch DAV-Stellungnahme Nr. 26/2014 (abrufbar unter www.anwaltverein.de) [Stand: 29.10.2018], S. 3 („Eine effektive und qualifizierte Strafverteidigung setzt die Gewährleistung einer *angemessenen* Vergütung voraus.").

1447 Vgl. zu diesbezüglichen Anregungen schon ECBA Touchstones – Minimum Standards for the right to Legal Aid (Measure C part 2) (abrufbar unter www.ecba.org) [Stand: 29.10.2018], S. 12; ähnlich Fair Trials und LEAP (Legal Experts Advisory Panel), Position paper on the proposed directive on provisional legal aid (…) v. Feb. 2015 (abrufbar unter www.fairtrials.org) [Stand: 29.10.2018], Rn. 27.

1448 Vgl. Änderung Nr. 43, neuer Art. 5a Abs. 2 *lit.* e in der Fassung des Berichts des LIBE Ausschusses v. 18.5.2015, A8-0165/2015 („*adequate funding and resources*"; „*budgetary autonomy is guaranteed for efficient functioning of the legal aid system*").

Als Indiz für eine angemessene Vergütung kann nun allenfalls Art. 7 Abs. 1 RL-PKH angesehen werden, wonach die Mitgliedstaaten die erforderlichen Maßnahmen „*auch finanzieller Art*“ zu treffen haben, um ein wirksames System der Prozesskostenhilfe von angemessener Qualität im Ganzen und eine angemessene Qualität der verbundenen Dienstleistungen im Konkreten sicherzustellen. Erwägungsgrund Nr. 8 RL-PKH sieht zudem vor, dass die Prozesskostenhilfe die Kosten der Verteidigung von Beschuldigten und gesuchten Personen decken soll. Im Ergebnis verbleibt den Mitgliedstaaten jedoch viel Spielraum bei der Umsetzung. Dies muss nicht notwendig mit einer Erhöhung der Verteidigergebühren einhergehen. So erschiene es etwa auch möglich, eine wirksame Verteidigung über qualitative Anforderungen an Pflichtbeistände zu sichern, wie sie bereits oben diskutiert wurden.

b) Kostentragung

Die Frage, durch wen und wie die Kosten der Prozesskostenhilfe zu tragen sind, bleibt nach der RL-PKH ebenfalls dem nationalen Gesetzgeber überlassen.[1449]

Insoweit sieht Erwägungsgrund Nr. 8 S. 2 RL-PKH nur vor, dass es den zuständigen Behörden bei der Bewilligung von Prozesskostenhilfe erlaubt sein soll, Verdächtige und gesuchte Personen je nach ihren finanziellen Möglichkeiten zu verpflichten, einen Teil der Kosten selber zu tragen. Dies entspricht der Praxis in vielen Mitgliedstaaten in Strafverfahren.[1450] Da in Erwägungsgrund Nr. 8 RL-PKH an die finanzielle Situation der Person angeknüpft wird, dürfte ein unentgeltlicher Rechtsbeistand bei Mittellosigkeit während des Verfahrens insgesamt gewährleistet bleiben.[1451]

Vorgaben zur nachträglichen Rückforderung der Kosten der Prozesskostenhilfe enthält die RL-PKH nicht.[1452] Diese wird auch nicht ausgeschlossen. Insoweit verbleibt es bei der (unverbindlichen) Empfehlung Nr. 13 der Kommission, wonach die Kosten bei einer nach materiellen Kriterien gewährten Prozesskostenhilfe im Falle einer rechtskräftigen Verurteilung nur dann zurückgefordert werden können, wenn der Verurteilte zum Zeitpunkt der Rückforderung nach

---

1449 Ähnlich *Cras*, eucrim 1/2017, 34 (43).

1450 Vgl. näher *Spronken/Vermeulen/de Vocht/van Puyenbroeck*, EU Procedural Rights in Criminal Proceedings (Fn. 30), S. 72 f.

1451 Vgl. zu diesen Anforderungen nach der EMRK: LR/*Esser*, Art. 6 EMRK, Rn. 752; SK-StPO/*Meyer*, Art. 6 EMRK, Rn. 427.

1452 Vgl. *Cras*, eucrim 1/2017, 34 (43).

einer Bedürftigkeitsprüfung nicht über ausreichende Mittel verfügt.[1453] Darüber hinaus wäre allerdings der Vorschlag des Europäischen Parlamentes sinnvoll gewesen, wonach die Voraussetzungen einer Rückforderung klar und angemessen sein müssen, um die Entscheidung der Person, ihr Recht auszuüben, nicht zulasten der Fairness des Verfahrens zu unterlaufen.[1454]

Die von der Kommission ursprünglich in Art. 4 Abs. 5 RL-PKH-E vorgesehene Rückforderungsmöglichkeit ist dagegen weggefallen. Nach dieser hätten die Mitgliedstaaten die Kosten der *vorläufigen* Prozesskostenhilfe zurückfordern können, wenn die Bewilligungskriterien für die Gewährung von gewöhnlicher Prozesskostenhilfe nach nationalem Recht nicht vorlagen. Die Regelung sollte wohl die Akzeptanz der vorläufigen Prozesskostenhilfe erhöhen. Sie war jedoch umstritten[1455] und wurde als „*unacceptable barrier on access to legal aid*“ kritisiert, da sie eine beschuldigte Person gerade am Anfang des Verfahrens abschrecken könne, ihr Recht auf Zugang zu einem Rechtsbeistand wahrzunehmen[1456]. Als Hintergrund für den Wegfall dürfte zudem gelten, dass die von der Kommission vorgesehene vorläufige Prozesskostenhilfe insgesamt wegfiel.

c) Umsetzungsbedarf in Deutschland

Mangels verbindlicher Vorgaben der RL-PKH ergibt sich hinsichtlich der Höhe der Vergütung kein konkreter Umsetzungsbedarf in Deutschland. Der Referentenentwurf des BMJV und der Regierungsentwurf sehen zur Umsetzung der

---

1453 Vgl. Empfehlung der Kommission v. 27.11.2013, ABlEU Nr. C 378 v. 24.12.2013, S. 11 ff.; vgl. auch *Arnold*, S. 132.

1454 Vgl. Änderung Nr. 39 in der Fassung des Berichts des LIBE Ausschusses v. 18.5.2015, A8-0165/2015.

1455 Der Rat behielt die Norm weitgehend bei und sie galt nach Art. 5 Abs. 0a i.d.F. des Rates entsprechend für Übergabeverfahren, vgl. Ratsdok. 6603/15 v. 26.2.2015. Das Europäische Parlament wollte eine Rückforderungsmöglichkeit dagegen als Ausnahme vorsehen („*exceptionally*“), insbesondere bei vorsätzlich falschen Angaben zur finanziellen Situation, vgl. Änderung Nr. 39 i.d.F. des LIBE Ausschusses v. 18.5.2015, A8-0165/2015.

1456 Vgl. so etwa International Commission of Jurists, JUSTICE, and Nederlands Juristen Comité voor de Mensenrechten, Briefing on the European Commission Proposal COM(2013) 824 v. September 2014 (abrufbar unter www.justice.org.uk) [Stand: 29.10.2018], S. 12, zu Strafverfahren; krit. auch Fair Trials und LEAP (Legal Experts Advisory Panel), Position paper on the proposed directive on provisional legal aid (...) v. Feb. 2015 (abrufbar unter www.fairtrials.org) [Stand: 29.10.2018], Rn. 18 ff.

RL-PKH oder darüber hinausgehend auch keine Änderungen zu Art und Höhe der Vergütung des Pflichtbeistandes vor.[1457] Ebenso wenig nun das Gesetz zur Umsetzung der RL-PKH.[1458]

Um die Wirksamkeit und Qualität der Pflichtbeistandschaft im Sinne von Art. 7 Abs. 1 RL-PKH sicherzustellen, wäre es in Anbetracht der hier festgestellten Defizite dennoch wünschenswert, dass der Gesetzgeber die derzeitige Vergütung in Auslieferungs- und Übergabeverfahren in Deutschland überprüft. Zukünftig sollte insbesondere die Teilnahme des Pflichtbeistandes an Terminen beim Amtsgericht (§§ 21, 22, 28 IRG) gebührenrechtlich honoriert werden.[1459] In Anbetracht der hohen Bedeutung des Termins erscheint eine Terminsgebühr in der bisherigen Höhe von 424 Euro sachgerecht[1460], zumindest aber sollte der maßgebliche Teil 6 VV-RVG um eine Terminsgebühr vor dem Amtsgericht in gegebenenfalls reduzierter Höhe ergänzt werden.[1461]

Darüber hinaus sollte das Fehlen einer Grundgebühr und eines Haftzuschlages in Auslieferungssachen überprüft werden.[1462] So soll der Haftzuschlag in Strafsachen dem Umstand Rechnung tragen, dass die Inhaftierung des Mandanten für den Rechtsanwalt in der Regel mit mehr Aufwand verbunden ist.[1463] Es ist nicht nachvollziehbar, weshalb dies nicht auch bei Auslieferungshaft gelten soll.[1464] Insgesamt sollte zudem bedacht werden, dass bei höheren

---

1457 Vgl. Referentenentwurf des BMJV (Fn. 42), S. 15: Änderung des Rechtsanwaltsvergütungsgesetzes nur im anderen Kontext; ebenso Gesetzesentwurf der Bundesregierung (Fn. 43), S. 17.

1458 Die RL-PKH wurde nach Einreichung dieser Arbeit durch das Gesetz zur Neuregelung des Rechts der notwendigen Verteidigung umgesetzt, vgl. BGBl. I S. 2128 v. 12.12.2019.

1459 So auch *Oehmichen*, FD-StrafR 2018, 400418. Auch *Böhm*, NStZ 2019, 256 (262) zufolge sollte der Gesetzgeber ausdrücklich regeln, dass ein notwendiger Rechtsbeistand anders als bisher eine Terminsgebühr nach Nr. 6102 VV-RVG erhält. Siehe nun auch *Böhm*, NStZ 2020, 204 (211).

1460 Vgl. schon insgesamt überzeugend OLG Jena, Beschl. v. 14.5.2007, NStZ-RR 2008, 63 (64).

1461 Etwa nach dem Vorbild des Nr. 4102 Ziff. 3 VV-RVG (Termine außerhalb der Hauptverhandlung: Anordnung oder Fortdauer der Untersuchungshaft), in Höhe von 136 Euro.

1462 Ebenso *Fromm*, Vergütung des Verteidigers in Auslieferungsverfahren (EU-Haftbefehl), RVG-News v. 14.8.2014 (abrufbar unter www.rvg-news.de) [Stand: 30.10.2018].

1463 Vgl. Riedel/Sußbauer/*Kremer*, RVG, VV Vorbemerkung 4, Rn. 39.

1464 Ähnlich *Fromm*, Vergütung des Verteidigers in Auslieferungsverfahren (EU-Haftbefehl), RVG-News v. 14.8.2014 (abrufbar unter www.rvg-news.de) [Stand:

Anforderungen an Pflichtbeistände auch die Höhe der Vergütung angemessen sein muss, damit sich genügend qualifizierte Rechtsanwälte zur Pflichtverteidigung bereit erklären.[1465]

Mit Blick auf die Kostentragung löst die RL-PKH ebenfalls keinen Umsetzungsbedarf aus. Eine Kostenerstattung wird nicht ausgeschlossen. Trotz Ausweitung der notwendigen Rechtsbeistandschaft durch die RL-PKH sollte es in Übergabeverfahren jedoch bei der derzeitigen Kostenfreiheit für gesuchte Personen verbleiben. Für Strafverfahren erscheint der Vorschlag sinnvoll, bereits in § 456 StPO klarzustellen, dass die Kosten der notwendigen Verteidigung nach einer Verurteilung nur vollstreckt werden dürfen, soweit die Person sie nach ihren persönlichen und wirtschaftlichen Verhältnissen aufbringen kann.[1466] Der Referentenentwurf und Regierungsentwurf verhalten sich dazu nicht (ebenso wenig wie nun das Gesetz).[1467]

30.10.2018]; für Beispiele des Mehraufwandes durch Auslieferungshaft auch *Fromm*, StRR 2011, 208 (209); ähnlich OLG Köln, Beschl. v. 26.1.2009, BeckRS 2009, 09229.

1465 Vgl. schon DAV-Stellungnahme Nr. 26/2014 (abrufbar unter www.anwaltverein.de) [Stand: 29.10.2018], S. 7.

1466 So und näher *Schlothauer/Neuhaus/Matt/Brodowski*, HRRS 2018, 55 (59, 68); auch *Jahn/Zink*, in: FS Graf-Schlicker, S. 475 (488).

1467 Vgl. Referentenentwurf des BMJV (Fn. 42); Gesetzesentwurf der Bundesregierung (Fn. 43); Gesetz zur Neuregelung des Rechts der notwendigen Verteidigung, BGBl. I S. 2128 v. 12.12.2019.

F. (Unentgeltlicher) Rechtsbeistand im Ausstellungsstaat des Übergabeverfahrens, sog. doppelter Rechtsbeistand

Selbst wenn die gesuchte Person im Vollstreckungsstaat über fachkundigen Rechtsbeistand verfügen sollte, reicht dies womöglich nicht aus, um eine effektive Verteidigung im Übergabeverfahren zu gewährleisten. Es wurde bereits angesprochen, dass das Übergabeverfahren mit besonderen Schwierigkeiten für die Verteidigung einhergeht, insbesondere durch die geteilte Verantwortung der Staaten und die Zweiteilung des Rechtsschutzes.[1468] In diesem Kapitel soll näher darauf eingegangen werden, ob und inwieweit der gesuchten Person im Übergabeverfahren auch Rechtsbeistand im Ausstellungsstaat des Europäischen Haftbefehls bzw. in beiden Staaten des Übergabeverfahrens zu ermöglichen ist. Rechtsbeistand im Ausstellungsstaat kann für eine effektive Verteidigung von entscheidender Bedeutung sein (I). Ein ausdrückliches Recht auf Rechtsbeistand im Ausstellungsstaat während des Übergabeverfahrens wurde zudem im Zuge der RL-RB verankert (II). Fraglich ist nunmehr, inwieweit dieser Rechtsbeistand nach der RL-PKH unentgeltlich zu gewähren ist (III).

I. Bedeutung einer sog. doppelten Verteidigung in Übergabeverfahren

In Anbetracht der Funktionsweise der gegenseitigen Anerkennung wird schon seit Entstehung des RbEuHb darauf hingewiesen, dass eine gesuchte Person im Übergabeverfahren eine sog. doppelte (notwendige) Verteidigung benötigen wird („*dual representation*"), d.h. ihr mithin sowohl im Vollstreckungs- als auch im Ausstellungsstaat das Recht auf Hinzuziehung eines Rechtsbeistandes zustehen müsse.[1469] Es handele sich beim Übergabeverfahren um ein grenzüberschreitendes Verfahren, weshalb die Verteidigung ebenfalls über die Grenze

1468 Vgl. im Überblick oben S. 61 ff.

1469 Vgl. früh bereits insbesondere *Salditt*, StV 2003, 136 (137); *Wehnert*, StraFo 2003, 356 (358); *Nestler*, ZStW 116 (2004), 332 (340); allgemein *Ahlbrecht/Lagodny*, StraFo 2003, 329 (335): Recht auf mehrnationale Verteidigerteams; zudem *Rohlff*, S. 144 f., der zugleich auf finanzielle Implikationen hinweist.

hinaus agieren müsse.[1470] Eine doppelte Verteidigung wird für eine effektive Verteidigung in Übergabeverfahren vielfach als essentiell angesehen; die Forderung danach zählt zu den wichtigsten Ansätzen, um die Rechte gesuchter Personen in Übergabeverfahren zu stärken.[1471] Eine effektive Verteidigung im transnationalen Übergabeverfahren sei ohne Rechtsbeistand sowohl im Vollstreckungs- als auch im Ausstellungsstaat *„schlichtweg undenkbar"*.[1472]

Die besondere Bedeutung eines Rechtsbeistandes auch im Ausstellungsstaat eines Europäischen Haftbefehls wird durch die European Criminal Bar Association (*ECBA*) treffend wie folgt hervorgehoben:

> „Access to a lawyer limited to the executing State is not effective as 'access to a lawyer', as this lawyer cannot properly exercise the rights of defence, namely to assess himself and to help the courts to assess the validity of the arrest warrant in the issuing State and the existence of grounds for refusal or the need to ask for guarantees, as enshrined e.g. in the FD on the EAW [Framework Decision on the European Arrest Warrant]."[1473]

Ein zweiter Rechtsbeistand im Ausstellungsstaat gilt als essentiell für die Effektivität des Rechts auf Zugang zu einem Rechtsbeistand im Vollstreckungsstaat und die wirksame Ausübung der Rechte der gesuchten Person.[1474] Nur über die

---

1470 Vgl. JUSTICE Report (Fn. 52), S. 40.

1471 Vgl. für eine doppelte Verteidigung im Übergabeverfahren u.a. JUSTICE Report (Fn. 52), S. 13 f., 42 ff.; Fair Trials International, „The European Arrest Warrant seven years on – the case for reform" v. Mai 2011 (abrufbar unter www.fairtrials.net) [Stand: 29.10.2018], S. 10 ff.; *Mansell*, EuCLR 2012, 37 (43 ff.); *Demenko*, in: Malolepszy/ Hochmayr/Nalewajko (Hrsg.), Auslieferung von eigenen Staatsangehörigen, S. 61 (66 f.); *Schork*, S. 211; *Heine*, S. 122; *Plekksepp*, S. 485; *Wächtler*, in: Arbeitsgemeinschaft Strafrecht im DAV u.a. (Hrsg.), Strafverteidigung auf neuen Wegen?, S. 105 (109); *European Criminal Policy Initiative*, ZIS 2013, 412 (417); vgl. auch *Wahl*, in: Pilot Project 2013 (Fn. 53), S. 327 f.; G/P/K/*Böse*, vor § 78 IRG, Rn. 34; zudem *Goldsmith*/CCBE/European Lawyers Foundation, EAW-Rights: Analysis of the implementation and operation of the European Arrest Warrant from the point of view of defence practitioners, Final Report 2016 (abrufbar unter www. europeanlawyers foundation.eu [Stand: 31.8.2018]), S. 13 f., 49 ff.; den Mehrwert betonend auch *Ahlbrecht*, in: IStR in der Praxis, Rn. 1174, 1201.

1472 DAV-Stellungnahme Nr. 59/2012 v. Juni 2012 (abrufbar unter www.anwaltverein.de) [Stand: 29.10.2018], S. 7.

1473 Vgl. ECBA Cornerstones on access to a lawyer in criminal proceedings (abrufbar unter www.ecba.org) [Stand: 29.10.2018], S. 5 [im Original teils fettgedruckt].

1474 Vgl. ebenda; ähnlich ECBA Handbook on the EAW for Defence Lawyers, October 2017 (abrufbar unter http://handbook.ecba-eaw.org) [Stand: 29.10.2018], S. 46 ff.

Kooperation von zwei Rechtsbeiständen ließen sich die „beiderseitigen Mängel" der Verteidigung in zwei Staaten in einem europäischen Raum der Freiheit, der Sicherheit und des Rechts kompensieren.[1475]

Die Bedeutung der doppelten Verteidigung in der Praxis wurde insbesondere durch die Studie von JUSTICE unterstrichen. Die Notwendigkeit von Unterstützung im Ausstellungsstaat wurde durch *alle* teilnehmenden Praktiker aus zehn Mitgliedstaaten betont.[1476] Die Auswertung von konkreten Fallbeispielen ergab ebenfalls, dass eine solche Unterstützung regelmäßig erforderlich und hilfreich ist.[1477] Ein Rechtsbeistand im Ausstellungsstaat während des Übergabeverfahrens wird insbesondere als erforderlich angesehen, um

- die Wirksamkeit des Europäischen Haftbefehls und der zugrunde liegenden nationalen Entscheidung prüfen zu können („*Verifying validity of the EAW*"),
- Informationen und Beweise aus dem Ausstellungsstaat einzuholen und zu bewerten, etwa um Auslieferungshindernisse zu erkennen und zu substantiieren,
- und um das Verfahren auf sonstigem Wege positiv zu beeinflussen („*furthering the administration of a case*"), etwa indem im Ausstellungsstaat die Bezahlung einer ausstehenden Strafe eingeleitet wird.[1478]

Der Rechtsbeistand aus dem Ausstellungsstaat ist mithin zum einen wichtig, um für den Rechtsbeistand im Vollstreckungsstaat zuverlässige Informationen einzuholen (etwa zu konkreten Haftbedingungen) und ihn zum Recht und

1475 Vgl. *Salditt*, StV 2003, 136 f.; zu Erfahrungswerten aus der Praxis ferner *Goldsmith*/CCBE/European Lawyers Foundation, EAW-Rights: Analysis of the implementation and operation of the European Arrest Warrant from the point of view of defence practitioners, Final Report 2016 (abrufbar unter www.europeanlawyersfoundation.eu [Stand: 31.8.2018]), S. 49 ff.

1476 Vgl. JUSTICE Report (Fn. 52), S. 42. Ähnlich die Praktiker in den Interviews von *Arnold*, vgl. S. 57 ff., generell zu Verteidigung im grenzüberschreitenden europäischen Kontext.

1477 Vgl. JUSTICE Report (Fn. 52), S. 42 („*regularly required and in fact would be useful in most cases*").

1478 Vgl. jeweils näher JUSTICE Report (Fn. 52), S. 43 f.; vgl. zudem *Wahl*, in: Pilot Project (Fn. 53), S. 327 f.; ähnlich und näher zu Bedarf und Funktion des Rechtsbeistandes im Ausstellungsstaat ECBA Handbook on the EAW for Defence Lawyers, October 2017 (abrufbar unter http://handbook.ecba-eaw.org) [Stand: 29.10.2018], S. 46 ff.; ähnlich auch die Fallbeispiele bei *Arnold*, S. 77 ff.

Verfahren des Ausstellungsstaats zu beraten („*advice on law or procedure*").[1479] So werden vielfach nähere Kenntnisse des zugrunde liegenden Strafverfahrens im Ausstellungsstaat benötigt, etwa bei Abwesenheitsverurteilungen oder Bedenken bezüglich ne bis in idem, wofür Einsicht in die Verfahrensakten des Ausstellungsstaates genommen werden muss.[1480] Das Gericht im Vollstreckungsstaat wird den Ausstellungsstaat regelmäßig erst bei Zweifeln um zusätzliche Informationen bitten.[1481]

Zum anderen gilt der Rechtsbeistand im Ausstellungsstaat als wichtig, um sich für die Interessen des Verfolgten im Ausstellungsstaat selbst einsetzen zu können. Der Rechtsbeistand im Ausstellungsstaat kann insbesondere auf die Überprüfung des Europäischen Haftbefehls oder der zugrunde liegenden nationalen Entscheidung im Ausstellungsstaat hinwirken und gegebenenfalls die Rücknahme des Europäischen Haftbefehls durch den Ausstellungsstaat erreichen.[1482] Gerade bei „kleineren" Delikten ließe sich über die Mitwirkung eines Rechtsbeistandes im Ausstellungsstaat zudem das Verfahren vereinfachen und Alternativen zur Übergabe der gesuchten Person finden, etwa die freiwillige Rückkehr des Verfolgten oder die Zahlung einer ausstehenden Strafe.[1483]

Darüber hinaus wird die doppelte Verteidigung auch für sinnvoll befunden, da es die Informationseinholung im Ausstellungsstaat beschleunigen und

---

1479 In der Studie von JUSTICE wurde eine solche Beratung etwa in der Hälfte der 37 ausgewerteten Fälle erteilt, vgl. S. 27 und Darstellung der einzelnen Fälle S. 25 ff.; vgl. auch Fallbeispiele bei *Arnold*, S. 77 ff.; *Ahlbrecht*, in: IStR in der Praxis, Rn. 1174, 1201.

1480 Vgl. *Demenko*, in: Malolepszy/Hochmayr/Nalewajko (Hrsg.), Auslieferung von eigenen Staatsangehörigen, S. 61 (66); Fair Trials International, „The European Arrest Warrant seven years on – the case for reform" v. Mai 2011 (abrufbar unter www.fairtrials.net) [Stand: 29.10.2018], S. 11.

1481 Näher *Demenko*, in: Malolepszy/Hochmayr/Nalewajko (Hrsg.), Auslieferung von eigenen Staatsangehörigen, S. 61 (67).

1482 Vgl. JUSTICE Report (Fn. 52), S. 27 („*Of real value is the fact that in almost all cases of withdrawal documented above, an issuing state lawyer was making representations to the issuing authorities.*"); ähnlich *Demenko*, in: Malolepszy/Hochmayr/Nalewajko (Hrsg.), Auslieferung von eigenen Staatsangehörigen, S. 61 (66 f.).

1483 Vgl. JUSTICE Report (Fn. 52), S. 43 f.; ähnlich Stellungnahmen bei House of Lords, Select Committee on Extradition Law, „Extradition: UK law and practice", 2nd Report of Session 2014/15 v. 10.3.2015, HL Paper 126 (abrufbar unter www.publications.parliament.uk) [Stand: 30.10.2018], Rn. 236 m.w.N., etwa *Evans* („*we always advise people straightaway, 'If you can, get a lawyer in the requesting state'—the lawyer will go to the court and say, 'He is in the UK. He is living a good life. He can pay the fine. Is that okay?' 'Yes, fine.' Pay the fine; warrant disappears.*").

dem Vollstreckungsstaat bei der Prüfung etwaiger Auslieferungshindernisse helfen könne.

II. Recht auf Rechtsbeistand im Ausstellungsstaat

1. Geltendes Recht bis zur RL-RB

Obwohl eine doppelte Verteidigung wie gezeigt schon lange als äußerst wichtig gilt, kam die Kommission in ihren Vorbereitungen zur RL-RB allerdings zu dem Ergebnis, dass bis dahin in *keinem* Mitgliedstaat Regelungen zum Recht der gesuchten Person auf Rechtsbeistand im Ausstellungstaat während des Übergabeverfahrens bestanden.[1484] Die Kommission erreichten über die Jahre zudem zahlreiche Stellungnahmen, wonach ein solches Recht nicht gegeben sei und dass dies ein Problem darstelle.[1485] Das Fehlen einer solchen Regelung im nationalen Recht der Mitgliedstaaten war insoweit nicht verwunderlich, als schon der RbEuHb kein Recht der gesuchten Person auf Hinzuziehung eines Rechtsbeistandes im Ausstellungsstaat während des Übergabeverfahrens vorsah.[1486]

Der Befund ließ sich indes dahingehend ergänzen, dass für die gesuchte Person im Ausstellungsstaat eines Europäischen Haftbefehls die regulären strafprozessualen Beschuldigtenrechte gelten konnten. Denn im Ausstellungsstaat eines Europäischen Haftbefehls liegt gegen die gesuchte Person eine strafrechtliche Anklage und damit ein Strafverfahren im Sinne von Art. 6 Abs. 3 EMRK vor. Dementsprechend kann sich eine gesuchte Person in Deutschland als Ausstellungsstaat eines Europäischen Haftbefehls beispielsweise wie ein „regulärer" Beschuldigter in jeder Lage des Verfahrens nach § 137 Abs. 1 StPO des Beistandes eines Verteidigers bedienen[1487], auch wenn sie sich noch im Vollstreckungsstaat befindet.

2. Defizite

Gleichwohl überzeugte der Einwand der Mitgliedstaaten nicht, wonach das Recht auf Zugang zu einem Rechtsbeistand ohnehin während des Strafverfahrens im Ausstellungsstaat gewährleistet und besondere Vorgaben für das

---

1484 Vgl. Commission Staff Working Paper, Impact Assessment accompanying the Proposal (…), SEC(2011) 686 v. 8.6.2011, S. 15; ähnlich JUSTICE Report (Fn. 52), S. 13: „*without a legal basis*".

1485 Vgl. schon KOM(2011) 175 endg. v. 11.4.2011, S. 6.

1486 Vgl. schon oben C.I. m.w.N.

1487 So ausdrücklich BT-Drucks. 18/9534, S. 19.

Übergabeverfahren nicht erforderlich seien.[1488] Gegen dieses Argument sprach zum einen, dass es ohne eine ausdrückliche Regelung zum Übergabeverfahren nicht sichergestellt war, dass die doppelte Verteidigung während des Übergabeverfahrens tatsächlich möglich sein würde[1489]: So findet das Übergabeverfahren sehr früh im Ermittlungsverfahren oder erst spät nach Abschluss des Strafverfahrens statt. Zu diesen Zeitpunkten konnte der Zugang zum Rechtsbeistand je nach Ausstellungsstaat praktisch schwierig und unterschiedlich ausgestaltet sein.[1490] Eine im Vollstreckungsstaat festgenommene Person wird im Ausstellungsstaat auch nicht zwangsläufig einem im eigenen Land festgenommenen Beschuldigten gleichgestellt.[1491]

Zudem wird auch die abstrakte Geltung der gängigen nationalen Beschuldigtenrechte im Ausstellungsstaat dem Verfolgten nur wenig helfen, wenn er während des Übergabeverfahrens im Vollstreckungsstaat nicht in der Lage ist, diese effektiv wahrzunehmen. So konnte es in der Praxis bisher zwar möglich sein, eine doppelte Verteidigung zu etablieren.[1492] Die Organisation und Einholung von Unterstützung im Ausstellungsstaat erwies sich jedoch oft als sehr mühsam, wenn sie denn überhaupt zustande kam.[1493] Ohne Verpflichtung und Mitwirkung der beteiligten Staaten ist nicht gewährleistet, dass ein Recht auf Rechtsbeistand im Ausstellungsstaat besteht, die gesuchte Person dieses kennt und sie es aus dem Vollstreckungsstaat heraus ausüben kann. So war es beispielsweise

1488 Vgl. Ratsdok. 15826/11 v. 24.10.2011, S. 4 („*The point was made that the right of access to a lawyer is provided anyway during criminal proceedings in the issuing State and that thus no specific rules on European arrest warrant proceedings would be needed.*").

1489 Vgl. auch JUSTICE Report (Fn. 52), S. 13; *Plekksepp*, S. 485.

1490 Vgl. auch Opinion of the Council of Europe Secretariat on the Commission's Proposal (zur RL-RB) v. 9.11.2011, S. 7, wonach noch keine Rechtsprechung des EGMR zu Geltung und Umfang der Rechte des Art. 6 EMRK im Ausstellungsstaat eines Europäischen Haftbefehls vorläge.

1491 Vgl. ähnlich DAV-Stellungnahme Nr. 59/2012 v. Juni 2012 (abrufbar unter www.anwaltverein.de) [Stand: 29.10.2018], S. 8; siehe zu Erfahrungen in Bezug auf Akteneinsicht auch *Wahl*, in: Pilot Project (Fn. 53), S. 327 („*the defence lawyer (…) in the issuing state may become active only once the requested person is surrendered to this state*").

1492 Vgl. näher und zu Fallbeispielen JUSTICE Report (Fn. 52), S. 25 ff., wo in 37 der 72 untersuchten Fallbeispiele die Unterstützung durch einen Rechtsbeistand im Ausstellungs- bzw. dritten Staat eingeholt wurde. Die an der Studie beteiligten Anwälte wiesen jedoch auch eine hohe Spezialisierung und Erfahrung auf, vgl. S. 21.

1493 Vgl. schon JUSTICE Report (Fn. 52), S. 13; auch Erfahrungsberichte bei *Wahl*, in: Pilot Project (Fn. 53), S. 327 ff.

schon nicht erforderlich, dass die gesuchte Person durch den Vollstreckungsstaat über ein etwaiges Recht im Ausstellungsstaat belehrt wurde.[1494]

Die Herstellung einer doppelten Verteidigung noch während des Übergabeverfahrens sieht sich in der Praxis zudem mit vielen Problemen konfrontiert, wozu insbesondere die Auswahl des Rechtsbeistandes aus der Ferne, der Zeitdruck des Übergabeverfahrens, Sprachbarrieren und ihre doppelte Finanzierung zählen.[1495] In der Studie von JUSTICE berichteten viele beteiligte Rechtsanwälte von Problemen, einen geeigneten Rechtsbeistand im Ausstellungsstaat zu finden.[1496] Zudem gilt es ohne rechtliche Grundlage als schwierig, die nötige Unterstützung innerhalb der engen Fristen des Übergabeverfahrens einzuholen.[1497] In der Praxis wird Zeitdruck als ein Hauptproblem genannt, um eine doppelte Verteidigung herzustellen[1498], zumal die Gerichte im Vollstreckungsstaat hierfür nur selten Termine verlegen würden[1499].

In einigen Mitgliedstaaten wie Dänemark wurde die Art der möglichen Unterstützung durch einen Rechtsbeistand aus dem Ausstellungsstaat zudem dadurch begrenzt, dass es nicht die Aufgabe des Rechtsbeistandes sein sollte, eigenständig Beweismittel im Ausstellungsstaat einzuholen, auch nicht über einen zweiten Rechtsbeistand.[1500] Dies konnte vielmehr als Behinderungen der Ermittlungen angesehen werden und den Beweiswert von Beweismitteln reduzieren. Falls Informationen aus dem Ausland erforderlich würden, seien die offiziellen Rechtshilfewege einzuhalten.[1501]

1494 Vgl. für Deutschland als Vollstreckungsstaat etwa §§ 21 Abs. 2 S. 2, 22 Abs. 2 S. 2 und § 28 Abs. 2 S. 2 IRG (Geltung über § 78 Abs. 1 IRG), wonach nur über das Recht auf einen Beistand im Vollstreckungsstaat nach § 40 IRG zu belehren war.

1495 Vgl. näher JUSTICE Report (Fn. 52), S. 13, 28; zu Problemen ferner *Böse*, in: Pilot Project (Fn. 53), S. 354 f.; *Goldsmith*/CCBE/European Lawyers Foundation, EAW-Rights: Analysis of the implementation and operation of the European Arrest Warrant from the point of view of defence practitioners, Final Report 2016 (abrufbar unter www.europeanlawyersfoundation.eu [Stand: 31.8.2018]), S. 50 ff.

1496 Vgl. JUSTICE Report (Fn. 52), S. 28; vgl. auch *Wahl*, in: Pilot Project (Fn. 53), S. 327.

1497 Vgl. JUSTICE Report (Fn. 52), S. 13.

1498 Vgl. *Wahl*, in: Pilot Project (Fn. 53), S. 329.

1499 Vgl. JUSTICE Report (Fn. 52), S. 43; ähnlich *Wahl*, in: Pilot Project (Fn. 53), S. 329.

1500 Vgl. näher JUSTICE Report (Fn. 52), Defence perspective Dänemark, S. 50.

1501 Vgl. JUSTICE Report (Fn. 52), Defence perspective Dänemark, S. 50. Inoffizielle Unterstützung aus dem Ausstellungsstaat sei jedoch entscheidend, um hierfür die richtigen Fragen zu stellen.

Eine klare Regelung für Übergabeverfahren war daher erforderlich, um die Bedeutung der doppelten Verteidigung hervorzuheben und die Grundlage für eine effektive Verteidigung im Übergabeverfahren zu schaffen.[1502]

3. Recht auf Rechtsbeistand im Ausstellungsstaat nach der RL-RB

Eine maßgebliche Entwicklung für die doppelte Verteidigung im Übergabeverfahren ist seither mit der RL-RB erfolgt.

a) Aufnahme eines Rechts auf doppelte Verteidigung in die RL-RB

Für gesuchte Personen wurde in Art. 10 Abs. 4 bis 6 RL-RB ein Recht auf Rechtsbeistand im Ausstellungstaat während des Übergabeverfahrens aufgenommen. Dies ist vor dem obigen Hintergrund sehr zu begrüßen und trägt wesentlich zur Verbesserung der Position der gesuchten Person in Übergabeverfahren bei.[1503] Der Unionsgesetzgeber erkennt damit den Bedarf nach einem zweiten Rechtsbeistand im Ausstellungsstaat während des Übergabeverfahrens ausdrücklich an.[1504] Das Recht auf Rechtsbeistand kann zudem als wichtiger Schritt des Unionsgesetzgebers angesehen werden, die Verfahrensrechte gesuchter Personen speziell an die grenzüberschreitende Verfahrenskonstellation anzupassen.[1505]

Gleichwohl konnte das Recht auf Rechtsbeistand im Ausstellungsstaat nur gegen den erheblichen Widerstand der großen Mehrheit der Mitgliedstaaten im

---

1502 Vgl. auch JUSTICE Report (Fn. 52), S. 13. Nachdrücklich zur Erforderlichkeit des Rechts während des Gesetzgebungsverfahrens auch u.a. DAV-Stellungnahme Nr. 59/2012 v. Juni 2012 (abrufbar unter www.anwaltverein.de) [Stand: 29.10.2018], S. 7; Joint Statement on the Directive on the Right of Access to a Lawyer and to Communicate Upon Arrest von neun internationalen Nichtregierungsorganisationen (u.a. JUSTICE, Fair Trials International, ECBA) v. 7.5.2012 (abrufbar unter www.ecba.org) [Stand: 29.10.2018], S. 10 f.

1503 Vgl. begrüßend auch ECBA Press release v. 19.6.2013 (abrufbar unter www.ecba.org) („*huge step forward*"); *Anagnostopoulos*, ERA-Forum (2014) 15, 9 (16); G/P/K/*Schneider*, III D 18, Rn. 88 („wesentliche Verbesserung der Position der gesuchten Person"); *Arnold*, S. 145. Vgl. auch *Cras*, eucrim 2014, 32 (42) („*big novelty*").

1504 Vgl. *Arnold*, S. 119; ebenso schon *Demenko*, in: Malolepszy/Hochmayr/Nalewajko (Hrsg.), Auslieferung von eigenen Staatsangehörigen, S. 61 (67), zum Kommissionsentwurf.

1505 Vgl. *Thurnberg Schunke*, S. 126 f., noch zum Kommissionsentwurf („*example of an individually fitted defence right constructed for the transnational setting*").

Rat in die Richtlinie aufgenommen werden.[1506] Das Recht war zwar bereits im Entwurf der Kommission angelegt[1507] und wurde als wichtig erachtet, um die Wahrung der Rechte der gesuchten Person im Vollstreckungsstaat zu erleichtern und insbesondere die Geltendmachung von Ablehnungsgründen zu ermöglichen[1508]. Der Rat wollte die Regelung jedoch insgesamt streichen.[1509]

Die Mitgliedstaaten hatten neben den obigen Bedenken insbesondere die Sorge, dass grundlegende Veränderungen am Übergabeverfahren das *„good working"* System des RbEuHb insgesamt in Frage stellen könnten.[1510] Dass ein Recht auf Rechtsbeistand im Ausstellungsstaat eines Europäischen Haftbefehls überhaupt in der RL-RB verankert werden konnte, war zwischenzeitlich daher kaum absehbar und ist vor allem auf den Einsatz des Europäischen Parlamentes zurückzuführen, unterstützt durch die Kommission sowie Nichtregierungsorganisationen.[1511] Vor diesem Hintergrund sind die nachfolgenden Zugeständnisse zu sehen, die bei den relevanten Normen in der RL-RB im Ergebnis im Wege eines politischen Kompromisses gemacht werden mussten.[1512]

b) Art. 10 Abs. 4 bis 6 RL-RB

Das Recht auf Rechtsbeistand im Ausstellungsstaat eines Europäischen Haftbefehls ist in Art. 10 Abs. 4 bis 6 RL-RB geregelt.

Nach Art. 10 Abs. 4 RL-RB steht einer gesuchten Person das Recht zu, einen Rechtsbeistand im Ausstellungsmitgliedstaat *„zu benennen"* (engl. Fassung: *„to appoint"*).[1513] Über dieses Recht im Ausstellungsstaat ist die gesuchte Person unverzüglich nach dem Entzug der Freiheit von der Behörde im Vollstreckungsstaat zu unterrichten (Art. 10 Abs. 4 S. 1 RL-RB). Dabei blieb unklar, ob

---

1506 Vgl. ablehnend Ratsdok. 15826/11 v. 24.10.2011, S. 4; Ratsdok. 18215/11 v. 6.12.2011, S. 9; zudem Kritik der Niederlande, Ratsdok. 16320/11 v. 3.11.2011, S. 2.

1507 Vgl. Art. 11 Abs. 3 und 4 RL-RB-E; begrüßend u.a. DAV-Stellungnahme Nr. 64/2011 v. Dezember 2011 (abrufbar unter www.anwaltverein.de) [Stand: 29.10.2018], S. 8; *Demenko*, in: Malolepszy/Hochmayr/Nalewajko (Hrsg.), Auslieferung von eigenen Staatsangehörigen, S. 61 (67).

1508 Vgl. Begründung Nr. 28, Erwägungsgrund Nr. 22 RL-RB-E.

1509 Vgl. Allgemeine Ausrichtung des Rates, Ratsdok. 10467/12 v. 31.5.2012, S. 27.

1510 Vgl. Ratsdok. 15826/11 v. 24.10.2011, S. 4; *Cras*, eucrim 2014, 32 (43).

1511 Ebenso und näher zur Entstehungsgeschichte der Regelung *Cras*, eucrim 2014, 32 (42 f.); *Anagnostopoulos*, EuCLR 2014, 3 (18).

1512 Vgl. auch *Cras*, eucrim 2014, 32 (43); *Anagnostopoulos*, EuCLR 2014, 3 (18).

1513 Vgl. aber auch G/P/K/*Schneider*, III D 18, Rn. 88, wonach sich dieses Recht nur implizit aus der Belehrungspflicht ergebe.

Unterschiede zwischen einem „*benennen*" und dem „*Zugang*" zu einem Rechtsbeistand bestehen sollen, wie er in der restlichen RL-RB verwendet wird.[1514] Der Begriff der Benennung könnte der Distanz zum Ausstellungsstaat geschuldet sein. Das Recht ist nicht von weiteren Voraussetzungen abhängig, auch wenn diese im Gesetzgebungsverfahren diskutiert wurden.[1515]

Welche Rolle dem Rechtsbeistand im Ausstellungsstaat zukommen soll, wird ebenfalls in Art. 10 Abs. 4 RL-RB festgelegt: Der Rechtsbeistand im Ausstellungsstaat soll unterstützend tätig werden, indem er den Rechtsbeistand im Vollstreckungsstaat „*mit Informationen versorgt und berät*", damit die gesuchte Person ihre Rechte nach dem RbEuHb wahrnehmen kann (vgl. Art. 10 Abs. 4 S. 2 RL-RB). Die Rolle des Rechtsbeistandes aus dem Ausstellungsstaat ist mithin begrenzt.[1516] Diese Begrenzung geht weitgehend auf den Rat zurück[1517], aber auch die Kommission war darum bemüht, dem Rechtsbeistand aus dem Ausstellungsstaat keine eigenständige aktive Rolle im Ausstellungsstaat zuzusprechen[1518]. Insbesondere sollte mithilfe eines zweiten Rechtsbeistandes weder im Ausstellungs- noch im Vollstreckungsstaat der Gegenstand der Beschuldigung während des Übergabeverfahrens näher untersucht werden, um das Prinzip der gegenseitigen Anerkennung nicht zu unterlaufen.[1519]

1514 Vgl. *Cras*, eucrim 2014, 32 (43).

1515 Von den Mitgliedstaaten wurde zwischenzeitlich eine Begrenzung auf schwerwiegende Fälle oder Fälle eines Europäischen Haftbefehls zur Strafverfolgung überlegt, vgl. Progress Report, Ratsdok. 16521/12 v. 3.12.2012, S. 37, Fn. 33.

1516 Vgl. krit. *Anagnostopoulos*, ERA-Forum (2014) 15, 9 (16).

1517 *Cras*, eucrim 2014, 32 (43).

1518 Vgl. Art. 11 Abs. 4 RL-RB-E („*limited to what is needed*"). Krit. zu der Beschränkung der Kommission schon u.a. DAV-Stellungnahme Nr. 64/2011 v. Dezember 2011 (abrufbar unter www.anwaltverein.de) [Stand: 29.10.2018], S. 8; Joint Briefing on the Directive on the right of access to a lawyer in criminal proceedings (…) von Amnesty International, ECBA, Fair Trials International u.a. v. 15.4.2013 (abrufbar unter www.ecba.org) [Stand: 29.10.2018], S. 6 („*must also be able to provide representation in the issuing state*"). Vgl. auch Opinion of the Council of Europe Secretariat on the Commission's Proposal v. 9.11.2011, S. 7 („*appears unduly restrictive*").

1519 Vgl. deutlich noch Begründung Nr. 28 Abs. 1 zum RL-RB-E: „*This provision will not have the effect of compromising mutual recognition; the merit of the case will not be addressed by the lawyer in the issuing Member State at this stage since his role will be limited (…)*"; zudem Erwägungsgrund Nr. 22 RL-RB-E: „Da der Europäische Haftbefehl auf dem Grundsatz der gegenseitigen Anerkennung fußt, soll dies nicht mit dem Recht verbunden sein, den Fall im Vollstreckungsmitgliedstaat in der Sache nachzuprüfen."

Darüber hinaus sieht Art. 10 Abs. 5 RL-RB praktische Pflichten für die beteiligten Mitgliedstaaten vor, um es der gesuchten Person zu erleichtern, das Recht in dem anderen Staat wahrzunehmen. Wenn die gesuchte Person noch keinen Rechtsbeistand im Ausstellungsstaat hat, soll die zuständige Behörde im Ausstellungsstaat unverzüglich durch die zuständige Behörde im Vollstreckungsstaat über den Wunsch der Person unterrichtet werden (Art. 10 Abs. 5 S. 1 RL-RB). Der Ausstellungsstaat hat der gesuchten Person sodann unverzüglich Informationen zur Verfügung zu stellen, um ihr die Auswahl zu erleichtern (S. 2). Dies könne etwa eine aktuelle Liste von Rechtsbeiständen sein, erstellt durch die entsprechende Rechtsanwaltskammer.[1520]

Dieser Ansatz überzeugt insofern, als dass der Zeitdruck der Situation berücksichtigt wird („unverzüglich") und die Zurverfügungstellung von Informationen die derzeitige Problematik erleichtern kann, dass eine doppelte Verteidigung oftmals davon abhängen wird, ob der Rechtsbeistand im Vollstreckungsstaat zufällig einen Kollegen im Ausstellungsstaat kennt[1521]. Hervorzuheben ist zudem die Erwägung, wonach die Liste solche Rechtsbeistände aufführen sollte, die *„in Fällen im Zusammenhang mit dem Europäischen Haftbefehl informieren und beraten können"*.[1522] Wie die doppelte Verteidigung konkret organisiert werden kann, bleibt im Einzelnen allerdings offen und damit letztlich der gesuchten Person überlassen.[1523] Insbesondere enthält Art. 10 Abs. 5 RL-RB weder für den Ausstellungsstaat noch für den Vollstreckungsstaat Vorgaben dazu, inwieweit sie verpflichtend tätig werden müssen, um tatsächlich für Rechtsbeistand im Ausstellungsstaat zu sorgen.[1524] Im Ergebnis wird daher bezweifelt, dass dieser Ansatz für die Sicherung einer effektiven Verteidigung ausreicht.[1525]

Um der Sorge der Mitgliedstaaten entgegenzuwirken, dass die Benennung eines Rechtsbeistandes im Ausstellungsstaat das Übergabeverfahren verzögern

---

1520 Vgl. Erwägungsgrund Nr. 46 RL-RB.

1521 Vgl. zu dieser Schwierigkeit JUSTICE Report (Fn. 52), S. 43; Joint Statement on the Directive on the Right of Access to a Lawyer and to Communicate Upon Arrest v. neun internationalen Nichtregierungsorganisationen (u.a. JUSTICE, Fair Trials International, ECBA) v. 7.5.2012 (abrufbar unter www.ecba.org) [Stand: 29.10.2018], S. 9.

1522 Vgl. Erwägungsgrund Nr. 46 RL-RB.

1523 Vgl. *Arnold*, S. 119.

1524 Vgl. G/P/K/*Schneider*, III D 18, Rn. 89; krit. auch *Anagnostopoulos*, ERA-Forum (2014) 15, 9 (16) („*the competent authorities of the executing Member State are under no obligation to actively pursue such appointment of second counsel in the issuing jurisdiction*").

1525 Vgl. G/P/K/*Schneider*, III D 18, Rn. 89 m.w.N.

könnte und Mehrkosten entstehen, wurde Art. 10 Abs. 6 RL-RB in den Richtlinientext aufgenommen.[1526] Danach bleiben die Fristen des RbEuHb sowie die Pflicht der Mitgliedstaaten, innerhalb dieser Fristen und nach Maßgabe der Bedingungen des RbEuHb über die Übergabe der Person zu entscheiden, von dem Recht auf Benennung eines Rechtsbeistand im Ausstellungsstaat unberührt (Art. 10 Abs. 6 RL-RB).[1527] Die Sorge der Mitgliedstaaten ließ sich nicht gänzlich von der Hand weisen, da einzelne Aspekte des Verfahrens im Vollstreckungsstaat zunächst durchaus länger dauern oder Unterbrechungen erfordern könnten, um Rechtsbeistand und Informationen im Ausstellungsstaat einzuholen.[1528] Zugleich war jedoch zu Recht vielfach betont worden, dass das Recht auf Rechtsbeistand im Ausstellungsstaat das Übergabeverfahren insgesamt beschleunigen könnte, da die Unterstützung durch einen Rechtsbeistand im Ausstellungsstaat in vielen Fällen zum Widerruf des Europäischen Haftbefehls, einer einvernehmlichen Lösung oder einer besseren Einschätzbarkeit von Ablehnungsgründen führt.[1529] Darüber hinaus wurde zutreffend vorgebracht, dass es gleichermaßen das Ziel eines beschleunigten Übergabesystems sein müsse, die Rechte der gesuchten Person wirksam zu wahren.[1530] Im Ergebnis dürfte durch Art. 10 Abs. 6 RL-RB mithin insbesondere das bisherige Problem des Zeitdrucks für die Organisation und Wirksamkeit einer doppelten Verteidigung[1531] trotz Hilfestellungen nach Art. 10 Abs. 5 RL-RB oftmals bestehen bleiben[1532].

1526 Vgl. *Cras*, eucrim 2014, 32 (43).

1527 Vgl. aber auch Erwägungsgrund Nr. 47 RL-RB.

1528 So schon JUSTICE Report (Fn. 52), S. 13 („*in some cases this may mean that the warrant takes longer to process…*“).

1529 Vgl. u.a. Joint Statement on the Directive on the Right of Access to a Lawyer and to Communicate Upon Arrest v. neun internationalen Nichtregierungsorganisationen (u.a. JUSTICE, Fair Trials International, ECBA) v. 7.5.2012 (abrufbar unter www.ecba.org) [Stand: 29.10.2018], S. 11; JUSTICE Report (Fn. 52), S. 13 f.; zudem Begründung Nr. 28 Abs. 2 zum RL-RB-E (schnellere Zustimmung der informierten Person zur vereinfachten Auslieferung).

1530 Vgl. schon JUSTICE Report (Fn. 52), S: 13; treffend auch Joint Statement on the Directive on the Right of Access to a Lawyer and to Communicate Upon Arrest v. neun internationalen Nichtregierungsorganisationen (u.a. JUSTICE, Fair Trials International, ECBA) v. 7.5.2012 (abrufbar unter www.ecba.org) [Stand: 29.10.2018], S. 11 („*In any event, speed should not be at the expense of protecting the rights of requested persons.*“).

1531 Vgl. JUSTICE Report (Fn. 52), S. 43; ähnlich *Wahl*, in: Pilot Project (Fn. 53), S. 329.

1532 Krit. auch *Arnold*, S. 119 f.

c) *Umsetzung in Deutschland*

Der deutsche Gesetzgeber hat die RL-RB mit Gesetz vom 27. August 2017 umgesetzt.[1533] Für das Recht auf Rechtsbeistand im Ausstellungsstaat nach Art. 10 Abs. 4 RL-RB wurde für Deutschland als Ausstellungstaat eines Europäischen Haftbefehls kein Umsetzungsbedarf gesehen: Insoweit sei es ausreichend, dass sich die gesuchte Person in Deutschland bereits nach § 137 Abs. 1 StPO in jeder Lage des Verfahrens eines Verteidigers bedienen könne.[1534] § 137 Abs. 1 StPO gelte für gesuchte Personen bei einem Europäischen Haftbefehl sowohl in Fällen der Strafverfolgung als auch nach Rechtskraft des Urteils im Strafvollstreckungsverfahren.[1535]

Umsetzungsbedarf bestand jedoch hinsichtlich der erforderlichen Belehrung über dieses Recht durch Deutschland als Vollstreckungsstaat (Art. 10 Abs. 4 RL-RB).[1536] Dafür wurde § 83c IRG (bisher: Fristen) um die Überschrift „*Verfahren*" und einen neuen Absatz 2 ergänzt.[1537] Eine Umsetzung im allgemeinen Teil des IRG (etwa bei § 40 IRG) wurde als nicht möglich befunden, da dieser auch für klassische Auslieferungsverfahren gilt und jenseits der Grenzen der Europäischen Union nicht sichergestellt sei, dass ein Recht auf Benennung eines Beistands zu diesem Zeitpunkt des Verfahrens bestünde.[1538]

Nach § 83c Abs. 2 IRG n.F. ist die gesuchte Person nunmehr unverzüglich über das Recht zu unterrichten, im Ausstellungsstaat einen Rechtsbeistand zu benennen.[1539] Die Begründung zum Gesetzentwurf der Bundesregierung konkretisierte dies dahingehend, dass die Belehrung über das Recht unverzüglich nach Entzug der Freiheit und zunächst durch die festnehmenden Polizeibeamten zu erfolgen habe.[1540] Das zu übergebende Formblatt zu den Rechten der Person werde entsprechend angepasst.[1541]

1533 Vgl. Art. 1 bis 6 des Zweiten Gesetzes zur Stärkung der Verfahrensrechte von Beschuldigten im Strafverfahren und zur Änderung des Schöffenrechts vom 27.8.2017, BGBl. I 2017, 3295 v. 4.9.2017. Näher und krit. (zum Gesetzesentwurf) G/P/K/*Schneider*, III D 18, Rn. 97 ff.; *Esser*, KriPoZ 3/2017, 167 ff. Stand hier August 2019. Die Norm wurde in Umsetzung der RL-PKH erneut überarbeitet.

1534 Vgl. BT-Drucks. 18/9534, S. 19

1535 Vgl. BT-Drucks. 18/9534, S. 19.

1536 Vgl. näher BT-Drucks. 18/9534, S. 18, 28.

1537 Vgl. Art. 3 in BGBl. I 2017, 3295 v. 4.9.2017.

1538 Vgl. BT-Drucks. 18/9534, S. 28.

1539 Die Terminologie des IRG lautet dabei „Verfolgter" und „ersuchender Staat".

1540 Vgl. BT-Drucks. 18/9534, S. 28.

1541 Vgl. BT-Drucks. 18/9534, S. 28.

Hinsichtlich der praktischen Verpflichtungen der beteiligten Mitgliedstaaten (Art. 10 Abs. 5 RL-RB) bestand ebenfalls Umsetzungsbedarf, damit die gesuchte Person ihr Recht auf doppelten Rechtsbeistand ausüben kann.[1542] Der deutsche Gesetzgeber entschied sich in Anbetracht der bisherigen Systematik für eine Umsetzung in den RiVASt.[1543] Unter der Überschrift „*Weiterleitung von Anträgen der verfolgten Person an den ersuchenden Mitgliedstaat*" sieht Nr. 156a Abs. 1 RiVASt nunmehr vor: „*Wünscht die verfolgte Person bereits vor Überstellung im ersuchenden Mitgliedstaat einen Rechtsbeistand zu benennen, so unterrichtet die Generalstaatsanwaltschaft umgehend die zuständige Behörde im ersuchenden Mitgliedstaat.*" Hinsichtlich der Klarstellung zu den Fristen (Art. 10 Abs. 6 RL-RB) wurde kein Umsetzungsbedarf gesehen.[1544]

III. Unentgeltlicher Rechtsbeistand im Ausstellungsstaat

Entscheidend ist freilich, ob eine gesuchte Person tatsächlich in der Lage sein wird, ihr Recht auf Benennung eines Rechtsbeistandes im Ausstellungsstaat effektiv auszuüben und diesen Rechtsbeistand zu finanzieren. Die Gewährleistung doppelten Rechtsbeistands während des Übergabeverfahrens kann mit erheblichen Kosten für die gesuchte Person einhergehen. Die Frage von Prozesskostenhilfe im Ausstellungsstaat blieb in der RL-RB offen. Nach einem Überblick über das bisher geltende Recht (1) und seine Defizite (2) ist daher näher auf die Vorgaben der RL-PKH zu unentgeltlichem Rechtsbeistand im Ausstellungsstaat einzugehen (3).[1545]

1. Geltendes Recht bis zur RL-PKH

In der Praxis ist man bisher noch weit von der (doppelten) Bestellung eines Rechtsbeistandes auf Kosten der Staatskasse bzw. Prozesskostenhilfe im Ausstellungsstaat entfernt.

1542 Vgl. BT-Drucks. 18/9534, S. 19.

1543 Vgl. BT-Drucks. 18/9534, S. 19.

1544 Vgl. BT-Drucks. 18/9534, S. 19.

1545 Stand August 2019, d.h. vor Umsetzung der RL-PKH. Die RL-PKH wurde im Dezember 2019 durch das Gesetz zur Neuregelung des Rechts der notwendigen Verteidigung umgesetzt, vgl. BGBl. I S. 2128 v. 12.12.2019, mit Wirkung zum 13. Dezember 2019. Die Gesetzesänderungen werden für die Veröffentlichung dieser Arbeit unten (unter 3.) im Rahmen der Umsetzung der RL-PKH berücksichtigt.

Im Hinblick auf das nationale Recht der Mitgliedstaaten kam die Kommission zu dem ernüchternden Ergebnis, dass bisher in *keinem* Mitgliedstaat Regelungen bestünden, nach denen einer gesuchten Person während des Übergabeverfahrens ein Rechtsbeistand im Ausstellungsstaat zu bestellen bzw. Prozesskostenhilfe zu gewähren wäre, um die doppelte Verteidigung zu ermöglichen.[1546] Der Befund deckt sich mit den obigen Ergebnissen, wonach vor der RL-RB schon das Bestehen eines Rechts auf Rechtsbeistand im Ausstellungsstaat fraglich erschien und der RbEuHb keine Vorgaben zur Prozesskostenhilfe vorsah.

Dieser Befund trifft auch auf Deutschland zu. Das IRG enthält für ausgehende Ersuchen keine Vorgaben dazu, ob der gesuchten Person in Deutschland (als Ausstellungsstaat) während des Übergabeverfahrens ein Pflichtbeistand zu bestellen ist. Im Rahmen der Umsetzung des RbEuHb wurden zwar Bemühungen unternommen, um eine doppelte notwendige Verteidigung in § 40 IRG zu verankern.[1547] Diese wurden vom deutschen Gesetzgeber aber nicht aufgegriffen. Das OLG Bremen lehnte es zudem jüngst im Falle von Deutschland als Vollstreckungsstaat ab, den im Ausstellungsstaat nach dem neuen § 83c Abs. 2 IRG benannten zweiten Rechtsbeistand zusätzlich als Beistand des Verfolgten im Übergabeverfahren vor den deutschen Gerichten zu bestellen.[1548] § 40 IRG sehe eine solche zusätzliche Bestellung nicht vor und die verfahrensrechtliche Stellung des ausländischen Rechtbeistandes richte sich allein nach den Regelungen des betreffenden ausländischen Verfahrensrechts.[1549] Dem ausländischen Rechtsbeistand stehe im deutschen Übergabeverfahren im Übrigen auch kein eigenes Akteneinsichtsrecht zu.[1550]

Gleichwohl konnte es für eine gesuchte Person bisher im Einzelfall möglich sein, im Ausstellungsstaat unentgeltlichen Rechtsbeistand zu erhalten. In einigen Mitgliedstaaten kam eine Finanzierung durch den *Vollstreckungsstaat* in Betracht: So soll es in Dänemark und dem Vereinigten Königreich möglich

---

1546 Vgl. Commission Staff Working Document, Impact Assessment accompanying the Proposal for Measures on Legal Aid (…), SWD(2013) 476 final v. 27.11.2013, S. 19 („*At present, no Member State appears to provide the right to obtain legal aid for a lawyer in the issuing Member State for liaising with the lawyer in the executing state, as such a right of access to a lawyer does not exist.*").

1547 Vgl. etwa Stellungnahme der BRAK Nr. 8/2004 v. 8.3.2004 (abrufbar unter www.brak.de) [Stand: 29.10.2018], S. 7 f., mit Formulierungsvorschlag zu § 40 Abs. 2 Nr. 1 IRG von *Wehnert*.

1548 Vgl. OLG Bremen, Beschl. v. 5.9.2018, 1 Ausl. A 13/18, BeckRS 2018, 24605.

1549 Ebenda, Rn. 4 ff.

1550 Ebenda, Rn. 7.

gewesen sein, dass die Tätigkeit des zweiten Rechtsbeistandes im Ausstellungsstaat mitunter über die Prozesskostenhilfe des Vollstreckungsstaats finanziert werden konnte.[1551] Dies setzte voraus, dass die Recherchen im Ausstellungsstaat für das Übergabeverfahren des Vollstreckungsstaates erforderlich seien („*expert advice*").[1552] Hierfür war die Zustimmung des Gerichts einzuholen.[1553]

Darüber hinaus kommt grundsätzlich in Betracht, dass einer gesuchten Person durch den *Ausstellungsstaat* unentgeltlicher Rechtsbeistand für das dort zugrundeliegende *Strafverfahren* gewährt wird, etwa nach Art. 6 Abs. 3 *lit.* c EMRK. So liegen im Ausstellungsstaat bei einem Europäischen Haftbefehl zur Strafverfolgung an sich ein wirksamer nationaler Haftbefehl und ein nationales Ermittlungsverfahren vor, für das die allgemeinen strafprozessualen nationalen Beschuldigtenrechte eingreifen können. Ein solcher etwaiger Schutz ist für eine wirksame doppelte Verteidigung indes nicht ausreichend, wie auch anhand von Deutschland als Ausstellungsstaat verdeutlicht werden soll.

2. Defizite

In der Praxis wird es bisher insgesamt als sehr schwierig angesehen, doppelten Rechtsbeistand im Übergabeverfahren über Prozesskostenhilfe zu finanzieren.[1554] Ob die gesuchte Person tatsächlich *doppelten* Rechtsbeistand erhält, wird bisher stark von den finanziellen Verhältnissen der gesuchten Person sowie dem Zufall abhängen, welche Staaten an dem Verfahren beteiligt sind.[1555]

1551 Vgl. JUSTICE Report (Fn. 52), S. 40; *Wahl*, in: Pilot Project (Fn. 53), S. 326.

1552 Vgl. JUSTICE Report (Fn. 52), S. 40; *Wahl*, in: Pilot Project (Fn. 53), S. 326.

1553 Vgl. näher JUSTICE Report (Fn. 52), Defence perspective Dänemark, S. 50: „*Where a lawyer is appointed by the court, it is not possible to simply seek advice from a lawyer in another state without authorisation by the court because of incurring public funds.*"

1554 Vgl. Erfahrungen bei *Böse*, in: Pilot Project (Fn. 53), S. 354 f., zudem Recommendation Nr. 14 auf S. 367; ähnliche Erfahrungen bei *Arnold*, S. 60; zu Defiziten ferner *Goldsmith*/CCBE/European Lawyers Foundation, EAW-Rights: Analysis of the implementation and operation of the European Arrest Warrant from the point of view of defence practitioners, Final Report 2016 (abrufbar unter www. europeanlawyersfoundation.eu [Stand: 31.8.2018]), S. 50 ff.

1555 Diese Arbeit und die Normen in diesem Abschnitt haben den Stand August 2019, d.h. vor Umsetzung der RL-PKH. Durch die Umsetzung der RL-PKH zum 13. Dezember 2019 haben sich § 40 IRG sowie §§ 140 ff. StPO weitreichend verändert, vgl. BGBl. I S. 2128 v. 12.12.2019. Auf die Gesetzesänderungen wird für die Veröffentlichung dieser Arbeit nachträglich im Rahmen der Umsetzung der RL-PKH (unten 3.) eingegangen.

Dabei ist es bisher unter anderem problematisch, ob und unter welchen Voraussetzungen unentgeltlicher Rechtsbeistand im Ausstellungsstaat zur Verfügung stehen wird und ob dieser zeitnah erlangt werden kann. In vielen Mitgliedstaaten sind schon die Regelungen zu unentgeltlichem Rechtsbeistand in frühzeitigen Stadien des Strafverfahrens bisher nicht sehr ausgeprägt und variieren stark.[1556] Mitunter soll Prozesskostenhilfe im Ausstellungsstaat erst dann zur Verfügung stehen, nachdem die gesuchte Person an den Ausstellungsstaat übergeben worden ist.[1557] Auch wird es als schwierig erachtet, die erforderlichen Voraussetzungen für eine etwaige finanzielle Unterstützung im Ausstellungsstaat aus dem Vollstreckungsstaat heraus zu erfüllen, etwa im Falle einer Bedürftigkeitsprüfung.[1558] Da die Mitgliedstaaten unterschiedliche Kriterien anlegen, kann doppelter unentgeltlicher Rechtsbeistand zudem letztlich daran scheitern, dass die gesuchte Person nur in einem der beiden Staaten Prozesskostenhilfe erhält.[1559]

Diese Schwierigkeiten zeigen sich auch im Falle von Deutschland als Ausstellungsstaat eines Europäischen Haftbefehls. Da das IRG für diese Konstellation keinen notwendigen Rechtsbeistand vorsieht, kommt allenfalls in Betracht, dass der im Ausland festgenommenen gesuchten Person in Deutschland nach den §§ 140, 141 StPO ein Pflichtverteidiger für das zugrunde liegende Strafverfahren bestellt wird. So liegen bei einem Europäischen Haftbefehls zur Strafverfolgung in Deutschland ein deutsches Ermittlungsverfahren und ein deutscher nationaler Haftbefehl vor. Dabei ist es zunächst ohne weiteres denkbar, dass etwa die Hauptverhandlung in Deutschland im ersten Rechtszug vor dem Oberlandesgericht oder dem Landgericht stattfinden (§ 140 Abs. 1 Nr. 1 StPO) oder der

---

1556 Vgl. Commission Staff Working Document zur RL-PKH, SWD(2013) 476 final v. 27.11.2013, S. 20 ff.

1557 Vgl. *Goldsmith*/CCBE/European Lawyers Foundation, EAW-Rights: Analysis of the implementation and operation of the European Arrest Warrant from the point of view of defence practitioners, Final Report 2016 (abrufbar unter www. europeanlawyersfoundation.eu [Stand: 31.8.2018]), S. 52.

1558 Vgl. auch House of Lords, Select Committee on Extradition Law, „Extradition: UK law and practice", 2nd Report of Session 2014/15 v. 10.3.2015, HL Paper 126 (abrufbar unter www.publications.parliament.uk) [Stand: 30.10.2018], S. 66, insb. Zitat von *Jodie Blackstock* ("*Jodie Blackstock told us that dual representation "is possible on legal aid – although tortuous, I imagine – to make these arguments to obtain legal assistance in the Issuing State*")."

1559 Vgl. G/P/K/*Schneider*, III D 18, Rn. 40.

gesuchten Person ein Verbrechen zur Last gelegt wird (§ 140 Abs. 1 Nr. 2 StPO), was an sich die Mitwirkung eines Verteidigers notwendig macht.

Gleichwohl erscheint fraglich, ob der gesuchten Person noch während des Übergabeverfahrens ein Rechtsbeistand in Deutschland bestellt werden wird. Zum einen könnte das zugrunde liegende Strafverfahren zunächst einstweilen eingestellt worden sein, da sich die gesuchte Person im Ausland befindet. Problematisch für gesuchte Personen in Übergabeverfahren kann zudem der Zeitpunkt sein, zu dem in Deutschland regulär ein Pflichtverteidiger bestellt wird. Grundsätzlich ist nach § 141 Abs. 1 StPO ein Verteidiger zu bestellen, sobald die Person zur Erklärung über die Anklageschrift aufgefordert wurde. Dies wird bei einer gesuchten Person regelmäßig noch nicht der Fall gewesen sein: Vor Erhebung der Anklage ist rechtliches Gehör zu gewähren, und eine Anhörung der zu verfolgenden Person ist auch nicht erforderlich, um einen Europäischen Haftbefehl auszustellen[1560]. Vor der Anklageerhebung ist es in Deutschland bisher dagegen nicht sicher gewährleistet, dass einem Beschuldigten ein Pflichtverteidiger bestellt wird.[1561] Nach § 141 Abs. 3 StPO kann ein Verteidiger zwar schon während des Ermittlungsverfahrens bestellt werden, dies setzt jedoch grundsätzlich einen Antrag der Staatsanwaltschaft voraus und die Bestellungspraxis im Vorverfahren wird vielfach als defizitär kritisiert.[1562] Nach dem bisherigen Recht soll keine Pflicht bestehen, einem Beschuldigten stets bereits frühzeitig im Ermittlungsverfahren einen Verteidiger zu bestellen, selbst wenn ein Haftbefehl vorliegt.[1563]

Trotz vielfacher Kritik und Forderungen nach einer Vorverlagerung des Bestellungszeitpunktes in Strafverfahren[1564] hat sich daran bisher wenig geändert[1565].

1560 Vgl. *Hackner/Schierholt*, Rn. 59 m.w.N.

1561 Vgl. krit. etwa *Plekksepp*, S. 462 f.

1562 Vgl. näher und krit. *Augustin*, S. 100 ff., 246 ff. m.w.N.; auch mache die Staatsanwaltschaft von § 141 Abs. 3 S. 2 StPO selten Gebrauch, vgl. krit. auch LR/*Lüderssen/Jahn*, Nachtr. § 140 StPO, Rn. 5 m.w.N.; *Esser*, in: FS Kühne, S. 539 (542 ff.) m.w.N.

1563 Vgl. u.a. BGH, NJW 2015, 265 m.w.N. zu § 141 Abs. 3 S. 2 StPO; Meyer-Goßner/*Schmitt*, § 141 StPO, Rn. 5 m.w.N.; näher *Augustin*, S. 102 ff. m.w.N.

1564 Vgl. u.a. LR/*Lüderssen/Jahn*, Nachtr. § 141 StPO, Rn. 6 m.w.N.; SSW-StPO/*Herrmann*, vor §§ 112 ff. StPO, Rn. 50 ff. m.w.N.; siehe auch den Überblick bei *Mehle*, S. 348 ff. m.w.N.

1565 Vgl. eine Vorverlagerung mit knapper Mehrheit ablehnend: Bericht der Expertenkommission zur effektiveren und praxistauglicheren Ausgestaltung des allgemeinen Strafverfahrens und des jugendgerichtlichen Verfahrens v. Oktober 2015 (abrufbar unter www.bmjv.bund.de), S. 39 ff.

Die gesuchte Person kann zudem nicht von den ersten Verbesserungen in diesem Bereich profitieren. So ist einem unverteidigten Beschuldigten im Strafverfahren zwar seit 2010[1566] zwingend und unverzüglich ein Pflichtverteidiger zu bestellen, wenn Untersuchungshaft vollstreckt wird (vgl. § 140 Abs. 1 Nr. 4 i.V.m. § 141 Abs. 3 S. 5 StPO n.F.[1567]). Solange sich die gesuchte Person allerdings (nur) in „Auslieferungshaft" im Ausland und (noch) nicht in Deutschland in „Untersuchungshaft" befindet, ist § 140 Abs. 1 Nr. 4 StPO nicht anwendbar.[1568] Die inhaftierte gesuchte Person wird einem in Deutschland inhaftierten Beschuldigten nicht gleichgestellt, auch wenn sie ebenso schutzbedürftig erscheint und die Auslieferungshaft im weiteren Sinne ebenso der Sicherung des Strafverfahrens dient.[1569] Im Falle von ausländischer Auslieferungshaft greift in Deutschland als Ausstellungsstaat vielmehr nur § 140 Abs. 1 Nr. 5 StPO ein.[1570] Für diese Norm soll es nicht darauf ankommen, ob die Anstaltsunterbringung in Deutschland oder aufgrund der Anordnung eines deutschen Gerichts erfolgt.[1571] § 140 Abs. 1 Nr. 5 StPO gewährleistet dennoch keine frühzeitige Verteidigerbestellung in Deutschland während des Übergabeverfahrens, da die Norm eine Auslieferungshaft von drei Monaten voraussetzt und auf das Hauptverfahren in Deutschland ausgerichtet ist.

Auch § 141 Abs. 3 S. 4 StPO n.F. wird einer gesuchten Person nicht zugutekommen. Nach diesem ist einem Beschuldigten seit Mitte 2017 zwar ein Verteidiger für die jede richterliche Vernehmung zu bestellen, wenn die Mitwirkung eines Verteidigers aufgrund der Bedeutung der Vernehmung zur Wahrung der

1566 Vgl. Gesetz zur Änderung des Untersuchungshaftrechts v. 29.7.2009 m.W.z. 1.1.2010, BGBl. I S. 2274 (2277).

1567 § 141 Abs. 3 S. 4 StPO a.F.

1568 Vgl. Meyer-Goßner/*Schmitt*, § 140 StPO, Rn. 14; auch KK-StPO/*Laufhütte*, § 140, Rn. 12; SK-StPO/*Wohlers*, § 140, Rn. 13, 15; MüKo-StPO/*Thomas/Kämpfer*, § 140 StPO, Rn. 20.

1569 Vgl. zu Recht krit. S/L/G/H, Einl., Rn. 196 ff. („Auslieferungsuntersuchungshaft"); Meyer-Goßner/*Schmitt*, § 140 StPO, Rn. 14; *Wohlers*, StV 2010, 151 (152); zudem schon oben S. 165 ff. m.w.N.

1570 Vgl. Meyer-Goßner/*Schmitt*, § 140 StPO, Rn. 16; LR/*Lüderssen/Jahn*, Nachtr. § 140 StPO, Rn. 8.

1571 So KK-StPO/*Laufhütte*, § 140, Rn. 12, da die Nachteile des Beschuldigten bei der Vorbereitung seiner Verteidigung im Strafverfahren durch den langen Freiheitsentzug zu kompensieren seien.

Rechte des Beschuldigten geboten erscheint.[1572] Dies wird nach dem Wortlaut und Zweck der Norm allerdings eine richterliche Vernehmung durch ein deutsches Gericht voraussetzen, wohingegen sich die gesuchte Person während des Übergabeverfahrens im Ausland befindet.

Im Ergebnis zeigt sich, dass es auch in Deutschland als Ausstellungsstaat eines Europäischen Haftbefehls bisher sehr schwierig sein kann, bereits zum Zeitpunkt des Übergabeverfahrens einen zweiten Rechtsbeistand im Wege der notwendigen Verteidigerbestellung zu erhalten. Die bisherige Situation wird der Bedeutung eines zweiten Rechtsbeistandes im Ausstellungsstaat während des Übergabeverfahrens jedoch nicht gerecht. Entsprechend der hohen Bedeutung einer doppelten Verteidigung für eine effektive Verteidigung der gesuchten Person wird zu Recht seit Langem gefordert, dass bei Übergabeverfahren eine „doppelte notwendige Verteidigung" vorliegen muss, d.h. sowohl im Vollstreckungsstaat als auch im Ausstellungsstaat grundsätzlich ein Fall der notwendigen Verteidigung anzunehmen und der gesuchten Person gegebenenfalls von Amts wegen in beiden Staaten ein Beistand bestellt werden müsse.[1573] Einer gesuchten Person sollte im Ausstellungsstaat jedenfalls ab dem Zeitpunkt Prozesskostenhilfe zur Verfügung stehen, in dem sie im Vollstreckungsstaat festgenommen wird.[1574]

3. RL-PKH

Vor diesem Hintergrund gilt es nunmehr, die Vorgaben der RL-PKH zu Prozesskostenhilfe im Ausstellungsstaat näher zu untersuchen. Die RL-PKH sieht

---

1572 Einfügung zum 17.8.2017 mit dem Gesetz zur effektiveren und praxistauglicheren Ausgestaltung des Strafverfahrens, BGBl. I 3202 v. 23.8.2017, in Kraft getreten am 24.8.2017; näher *Schlothauer*, StV 2017, 557 ff.

1573 Vgl. schon *Wehnert*, StraFo 2003, 356 (358); *Salditt*, StV 2003, 136 (137); *Nestler*, ZStW 116 (2004), 332 (340 f.); zudem Stellungnahme der BRAK Nr. 8/2004 v. 8.3.2004 (abrufbar unter www.brak.de) [Stand: 29.10.2018], S. 7 f., mit Vorschlag von *Wehnert*; zustimmend auch *Schork*, S. 211.

1574 Vgl. *Goldsmith*/CCBE/European Lawyers Foundation, EAW-Rights: Analysis of the implementation and operation of the European Arrest Warrant from the point of view of defence practitioners, Final Report 2016 (abrufbar unter www.europeanlawyersfoundation.eu [Stand: 31.8.2018]), S. 53; siehe zudem Recommendation Nr. 14 bei *Böse*, in: Pilot Project (Fn. 53), S. 367 („*To ensure an effective transnational defence, it is necessary to take measures in order to foster cooperation between defence lawyers and to establish dual representation (e.g. a legal aid system financing dual representation in EAW cases)…*")

grundsätzlich einen Anspruch der gesuchten Person auf Prozesskostenhilfe im Ausstellungsstaat des Übergabeverfahrens vor (a), der jedoch Einschränkungen unterworfen wird (b). Für das Verfahren bestehen nur wenige Besonderheiten (c). Im Anschluss wird auf den Umsetzungsbedarf in Deutschland eingegangen (d).[1575]

a) *Anspruch auf Prozesskostenhilfe im Ausstellungsstaat*

Ein Anspruch der gesuchten Person auf Prozesskostenhilfe (auch) im Ausstellungsstaat eines Europäischen Haftbefehls ist in Art. 5 Abs. 2 und Abs. 3 RL-PKH geregelt.

Nach Art. 5 Abs. 2 RL-PKH hat der Ausstellungsstaat unter bestimmten Voraussetzungen sicherzustellen, dass eine gesuchte Person Anspruch auf Prozesskostenhilfe im Ausstellungsstaat für die Zwecke des Übergabeverfahrens im Vollstreckungsstaat hat. Art. 5 Abs. 2 RL-PKH lautet:

> „Der Ausstellungsmitgliedstaat stellt sicher, dass gesuchte Personen, gegen die ein Verfahren zur Vollstreckung eines Europäischen Haftbefehls zum Zwecke der Strafverfolgung anhängig ist und die gemäß Artikel 10 Absätze 4 und 5 der Richtlinie 2013/48/EU ihr Recht auf Benennung eines Rechtsbeistands im Ausstellungsmitgliedstaat zur Unterstützung des Rechtsbeistands im Vollstreckungsmitgliedstaat wahrnehmen, insoweit Anspruch auf Prozesskostenhilfe im Ausstellungsmitgliedstaat für die Zwecke eines solchen Verfahrens im Vollstreckungsmitgliedstaat haben, als Prozesskostenhilfe erforderlich ist, um den wirksamen Zugang zu den Gerichten zu gewährleisten."

Der Anspruch besteht für gesuchte Personen ab dem Zeitpunkt ihrer Festnahme im Vollstreckungsstaat (Art. 2 Abs. 2 RL-PKH). Nach Art. 5 Abs. 3 RL-PKH können die Mitgliedstaaten eine Bedürftigkeitsprüfung einführen.

Mit Art. 5 Abs. 2 RL-PKH erkennt der Unionsgesetzgeber grundsätzlich die Forderungen aus Wissenschaft und Praxis an, dass Prozesskostenhilfe im Ausstellungsstaat für eine effektive Verteidigung ab dem Zeitpunkt der Festnahme der gesuchten Person im Vollstreckungsstaat verfügbar sein müsse[1576]. Die

---

1575 Diese Arbeit hat den Stand August 2019, d.h. vor Umsetzung der RL-PKH in Deutschland. Zu diesem Zeitpunkt waren nur der Referentenentwurf und der Gesetzesentwurf der Bundesregierung veröffentlicht. Die RL-PKH wurde im Dezember 2019 durch das Gesetz zur Neuregelung des Rechts der notwendigen Verteidigung umgesetzt, vgl. BGBl. I S. 2128 v. 12.12.2019, mit Wirkung zum 13. Dezember 2019. Die Gesetzesänderungen wurden für die Veröffentlichung nachträglich im Rahmen der Umsetzung der RL-PKH (unten d) berücksichtigt.

1576 Vgl. etwa die Recommendation Nr. 14 im Pilot Project, vgl. *Böse*, in: Pilot Project; *Goldsmith*/CCBE/European Lawyers Foundation, EAW-Rights: Analysis of the

Aufnahme eines Anspruchs auf Prozesskostenhilfe im Ausstellungsstaat eines Europäischen Haftbefehls in die RL-PKH ist sehr zu begrüßen.[1577] Ein solcher Anspruch ist äußert wichtig, will man den „unschätzbaren Vorteil"[1578] der Zusammenarbeit mit einem Rechtsbeistand aus dem Ausstellungsstaat nicht nur finanziell leistungsfähigen Beschuldigten zukommen lassen. Ohne einen flankierenden Anspruch auf Prozesskostenhilfe im Ausstellungsstaat wäre die effektive Geltendmachung des Rechts auf doppelte Verteidigung nach der RL-RB von vornherein unterlaufen worden.[1579]

Dass ein Anspruch auf Prozesskostenhilfe im Ausstellungsstaat nach Art. 5 Abs. 2 RL-PKH nun besteht, ist auch deshalb als positiv hervorzuheben, da die Aufnahme der Regelung lange Zeit umstritten war. Der diesbezügliche Vorschlag der Kommission[1580] ging dem Rat entschieden zu weit.[1581] Die Mitgliedstaaten lehnten die Bestimmung fast einstimmig ab und zweifelten daran, ob das Recht erforderlich sei.[1582] Die *„strikt zweitrangige Rolle"* des Rechtsbeistandes im Ausstellungsstaat sollte es nicht notwendig machen, die Unterstützung durch Vorkehrungen der Prozesskostenhilfe abzusichern.[1583] Dass ein Anspruch auf Prozesskostenhilfe im Ausstellungsstaat dennoch in die RL-PKH aufgenommen wurde, ist auf den Einsatz des Europäischen Parlaments zurückzuführen.[1584]

---

implementation and operation of the European Arrest Warrant from the point of view of defence practitioners, Final Report 2016 (abrufbar unter www.europeanlawyers foundation.eu [Stand: 31.8.2018]), S. 53 f.

1577 Vgl. die Bedeutung von Prozesskostenhilfe im Ausstellungsstaat im Gesetzgebungsverfahren betonend auch u.a. ECBA Comments and recommendations following the Commission's proposals on Legal Aid (abrufbar unter www.ecba.org) [Stand: 29.10.2018], S. 9; International Commission of Jurists, JUSTICE, and Nederlands Juristen Comité voor de Mensenrechten, Briefing on the European Commission Proposal COM(2013) 824 v. September 2014 (abrufbar unter www.justice.org.uk) [Stand: 29.10.2018], S. 9.

1578 Vgl. *Ahlbrecht*, in: IStR in der Praxis, Rn. 1174.

1579 Vgl. auch *Arnold*, S. 136.

1580 Vgl. Art. 5 Abs. 2, 3 RL-PKH-E: Anspruch auf gewöhnliche Prozesskostenhilfe im Ausstellungsmitgliedstaat, der durch den Ausstellungsstaat von einer Bedürftigkeitsprüfung und/oder Prüfung des Rechtspflegeinteresses abhängig gemacht werden konnte.

1581 Vgl. Streichung der Regelung in der Fassung des Rates, Ratsdok. 6603/15 v. 26.2.2015, S. 20, zudem Fn. 16: Nur Frankreich, Spanien und Portugal seien für die Regelung gewesen.

1582 Vgl. Ratsdok. 15490/14 v. 17.11.2014, S. 4.

1583 Vgl. Ratsdok. 15490/14 v. 17.11.2014, S. 4.

1584 Vgl. näher *Cras*, eucrim 1/2017, 34 (41).

b) *Einschränkungen des Anspruchs*

Im Einzelnen lässt die Ausgestaltung der Regelung des Art. 5 Abs. 2 RL-PKH allerdings Defizite erkennen. So wurde der Anspruch auf Prozesskostenhilfe nach Art. 5 Abs. 2 und Abs. 3 RL-PKH insbesondere mit drei einschränkenden Voraussetzungen versehen.[1585]

aa) *Europäischer Haftbefehl zum Zwecke der Strafverfolgung*

Erstens soll ein Anspruch auf Prozesskostenhilfe im Ausstellungsstaat nach Art. 5 Abs. 2 RL-PKH nur für solche gesuchte Personen bestehen, gegen die ein Verfahren zur Vollstreckung eines Europäischen Haftbefehls *„zum Zwecke der Strafverfolgung"* anhängig ist (engl. Fassung: *„who are the subject of European arrest warrant proceedings for the purpose of conducting a criminal prosecution"*). Einer gesuchten Person, gegen die ein Europäischer Haftbefehl zum Zwecke der *Strafvollstreckung* ausgestellt wurde, wird im Ausstellungsstaat also kein Anspruch auf Prozesskostenhilfe zugesprochen.[1586]

Dieser Ausschluss ist sehr bedauerlich und steht im Widerspruch zu dem Zweck und der Bedeutung der doppelten Verteidigung.[1587] Als Hintergrund des politischen Kompromisses könnte gelten, dass eine gesuchte Person im Falle der Strafvollstreckung zumindest während des Strafverfahrens im Ausstellungsstaat bereits über Rechtsbeistand verfügt haben könnte[1588] und insoweit weniger schutzbedürftig erscheint. Allerdings soll die doppelte Verteidigung (auch nach der Konzeption der RL-RB) gerade dazu dienen, den Rechtsbeistand im Vollstreckungsstaat zu unterstützen und mögliche Auslieferungshindernisse effektiv geltend machen zu können. Auf diese Unterstützung wird eine gesuchte Person im Falle eines Europäischen Haftbefehls zur Strafvollstreckung gleichermaßen angewiesen sein, etwa zur Beurteilung der Wirksamkeit der nationalen Verurteilung, einer möglichen Zustimmung zur Übergabe oder etwaiger grundrechtswidriger Haftbedingungen im Ausstellungsstaat[1589]. Der Ausschluss betrifft

---

1585 Vgl. ähnlich *Cras*, eucrim 1/2017, 34 (41).

1586 Ebenso *Cras*, eucrim 1/2017, 34 (41).

1587 Zu dieser bereits oben S. 267 ff. m.w.N. Krit. zu der Einschränkung auch BRAK-Stellungnahme Nr. 1/2019 v. Januar 2019 (abrufbar unter www.brak.de) [Stand: 20.07.2019], S. 20.

1588 Vgl. *Cras*, eucrim 1/2017, 34 (41 f.).

1589 Näher zu den Tätigkeiten des Rechtsbeistandes aus dem Ausstellungsstaat vgl. ECBA Handbook on the EAW for Defence Lawyers, October 2017 (abrufbar unter http://handbook.ecba-eaw.org) [Stand: 29.10.2018], S. 48 ff.

insbesondere auch die oftmals problematische Konstellation von Europäischen Haftbefehlen, die zum Zwecke der Strafvollstreckung von Abwesenheitsverurteilungen ausgestellt wurden[1590] oder unverhältnismäßig sind. Vor diesem Hintergrund ist es nicht nachvollziehbar, warum die doppelte Verteidigung in Fällen der Strafvollstreckung nicht finanziell abgesichert werden soll.

Darüber hinaus wird eine doppelte Verteidigung nicht nur in Übergabeverfahren nach dem Europäischen Haftbefehl, sondern auch in anderen Konstellationen grenzüberschreitender Zusammenarbeit erforderlich sein, die auf der Grundlage gegenseitiger Anerkennung basieren und zu einem international-arbeitsteiligem Strafverfahren führen.[1591] Schon die RL-RB enthielt jedoch kein *grundsätzliches* Recht auf Zugang zu mehreren Verteidigern in mehreren Ländern in grenzüberschreitenden Strafverfahren.[1592] Diese Defizite führt die RL-PKH fort, auch wenn sich das Europäische Parlament nachhaltig und in vielen Punkten erfolgreich für eine Stärkung der Verfahrensrechte einsetzte. Nach dem Europäischen Parlament hätte der Ausstellungsstaat zudem etwa sicherstellen müssen, dass gesuchten Personen auch *in jedem anderen Mitgliedstaat* ein Recht auf Prozesskostenhilfe zusteht, in dem Beweiserhebungen oder Ermittlungshandlungen stattfinden.[1593] Diese Erweiterung schaffte es leider nicht in die RL-PKH. Sie wäre mit Blick auf Ermittlungen in mehreren Staaten und die Europäische Staatsanwaltschaft jedoch sehr wünschenswert gewesen.

bb) Erforderlichkeit der Prozesskostenhilfe

Als zweite Einschränkung soll nach Art. 5 Abs. 2 RL-PKH der Anspruch auf Prozesskostenhilfe im Ausstellungsstaat nur „*insoweit*" bestehen, als Prozesskostenhilfe „*erforderlich ist, um den wirksamen Zugang zu den Gerichten zu gewährleisten*" (engl. Fassung: "*in so far as legal aid is necessary to ensure effective access to justice*"). Diese Formulierung entspricht dem Wortlaut von Art. 47 Abs. 3 GrCh, den der Unionsgesetzgeber insoweit auch vor Augen hatte.[1594]

1590 Krit. dazu auch *Cras*, eucrim 1/2017, 34 (42).

1591 Vgl. schon *Ahlbrecht/Lagodny*, StraFo 2003, 329 (335); *European Criminal Policy Initiative*, ZIS 2013, 412 (417); *Böse*, ZIS 2014, 152 (160) im Kontext der Europäischen Ermittlungsanordnung.

1592 Vgl. krit. G/P/K/*Schneider*, III D 18, Rn. 26.

1593 Vgl. Art. 5 Abs. 2 i.d.F. von Änderung Nr. 42: „*and in any other Member State where evidence-gathering or other investigative acts are being carried out by the competent authorities*" [im Original fett gedruckt].

1594 Vgl. Erwägungsgrund Nr. 21 RL-PKH; auch *Cras*, eucrim 1/2017, 34 (42).

Damit lässt der Unionsgesetzgeber allerdings die bisher bestehende Unklarheit darüber bestehen, wann Prozesskostenhilfe im Ausstellungsstaat für diese Zwecke und nach Art. 47 Abs. 3 GrCh erforderlich sein wird. Eine erste Präzisierung findet sich zumindest in Erwägungsgrund Nr. 21 RL-PKH, wonach Prozesskostenhilfe im Ausstellungsstaat für den wirksamen Zugang zu Gericht dann erforderlich sei, wenn der Rechtsbeistand in dem Vollstreckungsstaat seine Aufgaben im Zusammenhang mit der Vollstreckung eines Europäischen Haftbefehls ohne die Unterstützung eines Rechtsbeistands aus dem Ausstellungsstaat nicht wirksam und effizient erfüllen könne. Dies ist zu begrüßen, bestätigt aber zugleich die Ausrichtung der doppelten Verteidigung nach der RL-RB, wonach die doppelte Verteidigung nur der Unterstützung des Rechtsbeistandes aus dem Vollstreckungsstaat dient und nicht auf eine Verteidigung im Ausstellungsstaat selbst abzielt.[1595] Zugleich bleibt offen, wann dies konkret der Fall sein wird – und wie diese „Erforderlichkeit" praktisch und zeitnah im Ausstellungsstaat beurteilt werden kann. Es ist abzusehen, dass es für den konkreten Schutz nach Art. 5 Abs. 2 RL-PKH zukünftig auf Konkretisierungen durch die Rechtsprechung der Mitgliedstaaten und den EuGH ankommen wird.

cc) Bedürftigkeitsprüfung nach Art. 5 Abs. 3 RL-PKH

Darüber hinaus wird es den Mitgliedstaaten nach Art. 5 Abs. 3 RL-PKH freigestellt, die Gewährung von Prozesskostenhilfe im Ausstellungsstaat zusätzlich von einer Bedürftigkeitsprüfung abhängig zu machen. Die Kriterien des Art. 4 Abs. 3 RL-PKH sollen entsprechend gelten; insoweit kann auf die obigen Ausführungen zu Bedürftigkeitsprüfungen in Übergabeverfahren verwiesen werden.[1596]

Während es für eine gesuchte Person allerdings schon schwierig sein kann, die Voraussetzungen einer Bedürftigkeitsprüfung in dem Mitgliedstaat zu erfüllen, in dem sie sich selbst befindet, wird dies umso schwieriger in und nach den Kriterien eines anderen Mitgliedstaates.[1597] Damit dies aussichtsreich erscheint, werden mindestens klare Informationen zu den Voraussetzungen im jeweiligen

---

1595 Krit. zu der begrenzten Ausrichtung auf den Zugang zu den Gerichten im Vollstreckungsstaat auch BRAK-Stellungnahme Nr. 1/2019 v. Januar 2019 (abrufbar unter www.brak.de) [Stand: 20.07.2019], S. 19 f.

1596 Oben S. 177 ff.

1597 Vgl. krit. schon ECBA Comments and recommendations following the Commission's proposals on Legal Aid (abrufbar unter www.ecba.org) [Stand: 29.10.2018], S. 9 ("*it is almost impossible for an EU-citizen detained in one Member State to fulfil the administrative requirements necessary to apply for legal aid in another Member State*").

Ausstellungsstaat erforderlich sein, die der gesuchten Person von Amts wegen in einer ihr verständlichen Sprache zur Verfügung gestellt werden sollten.[1598] Durch den Spielraum bei der Umsetzung wird der gesuchten Person zudem im schlimmsten Fall eine *doppelte* Bedürftigkeitsprüfung nach unterschiedlichen Kriterien und Anforderungen zugemutet. Durch die unterschiedlichen Kriterien der Mitgliedstaatstaaten wird es mithin bei dem Problem bleiben, dass die Finanzierung von doppeltem Rechtsbeistand äußerst mühsam ist und im Einzelfall von den konkret beteiligten Mitgliedstaaten abhängen wird.

Insgesamt ist es daher zwar als sehr wichtiger Schritt anzusehen, dass mit Art. 5 Abs. 2 RL-PKH ein Anspruch auf Prozesskostenhilfe im Ausstellungsstaat in die Richtlinie aufgenommen wurde, der die Bedeutung von doppeltem Rechtsbeistand unterstreicht. Im Einzelnen enthält die Regelung allerdings Schutzlücken. Ihre konkrete Wirksamkeit wird in besonderem Maße von der nationalen Umsetzung, der nationalen Anwendung und der zukünftigen Rechtsprechung des EuGH abhängen.

c) Verfahren im Ausstellungsstaat und weitere Aspekte

Im Hinblick auf das Verfahren für die Gewährung von Prozesskostenhilfe bzw. die Bestellung eines Rechtsbeistandes und die Qualität der Beistandsleistung gelten für die Lage im Ausstellungsstaat grundsätzlich die gleichen Vorgaben wie im Vollstreckungsstaat. Insoweit kann auf die obigen Ausführungen zu Art. 6 und Art. 7 RL-PKH verwiesen werden.[1599] Vereinzelt sieht die RL-PKH jedoch Ergänzungen vor.

Zum Verfahren stellt Erwägungsgrund Nr. 21 RL-PKH klar, dass für die Prozesskostenhilfe im Ausstellungsstaat die Regelungen des Ausstellungsstaates maßgeblich sind. Danach soll die Entscheidung über die Bewilligung von Prozesskostenhilfe im Ausstellungsstaat (i) von der im Ausstellungsstaat zuständigen Behörde getroffen werden und (ii) anhand der Kriterien, die der Ausstellungsstaat bei der Umsetzung der RL-PKH festgelegt hat.[1600] Da die Mitgliedstaaten allerdings selbst praktische Schwierigkeiten bei der Umsetzung der Prozesskostenhilfe im Ausstellungsstaat vorhersahen[1601], wären hier nähere Vorgaben hilfreich gewesen. Fraglich erscheint etwa, wie die zuständige Behörde des Ausstellungsstaates beurteilen soll, ob der Rechtsbeistand im Vollstreckungsstaat

1598 Näher zum Verfahren noch c).

1599 Oben S. 234 ff.

1600 Vgl. Erwägungsgrund Nr. 21 RL-PKH.

1601 Vgl. *Cras*, eucrim 1/2017, 34 (41).

seine Aufgaben ohne Unterstützung durch einen Rechtsbeistand im Ausstellungsstaat ansonsten nicht wirksam und effizient erfüllen kann. Hierfür dürfte sie auf Informationen zu dem Verfahren im Vollstreckungsstaat angewiesen sein.

Da sich die gesuchte Person nicht im Ausstellungsstaat befindet, kann es für sie wie aufgezeigt zudem sehr schwierig sein, aus der Auslieferungshaft im Vollstreckungsstaat heraus in einem anderen Mitgliedstaat Prozesskostenhilfe zu beantragen. Um der gesuchten Person den nun faktisch *doppelten* Aufwand bis zur Erlangung von doppeltem unentgeltlichen Rechtsbeistand zu ersparen, wäre zur Unterstützung der Person eine Pflicht zur staatlichen Mitwirkung erforderlich gewesen. Einen erheblichen Fortschritt für die gesuchte Person hätte etwa eine Regelung dargestellt, nach der der Richter im Vollstreckungsstaat *für beide Mitgliedstaaten* verbindlich prüft, ob Prozesskostenhilfe im Vollstreckungs- und Ausstellungsstaat zu gewähren ist.[1602] Eine praktische Erleichterung wäre auch der Vorschlag der BRAK zur doppelt notwendigen Verteidigung aus dem Jahr 2004 gewesen, wonach *der Vollstreckungsstaat* die Beiordnung eines Beistands beim Ausstellungsstaat beantragt, wenn der Betroffene dort keinen Verteidiger hat.[1603]

Nach der RL-PKH wird es in der Praxis dagegen zukünftig wichtig sein, dass der Rechtsbeistand im Vollstreckungsstaat die gesuchte Person bei der Beantragung von Prozesskostenhilfe im Ausstellungsstaat unterstützt. In praktischer Hinsicht sollten zudem mindestens die Voraussetzungen der Prozesskostenhilfe und das Verfahren für jeden Mitgliedstaat in allen gängigen Sprachen zur Verfügung stehen.[1604] Ebenfalls sollten die Daten von Rechtsanwälten in allen Mitgliedstaaten verfügbar sein, die über Kenntnisse des Übergabeverfahrens verfügen[1605], falls der gesuchten Person ein Auswahlrecht zugestanden wird. Für die Effektivität der doppelten Verteidigung wird es in der Praxis zudem weiterhin auf die Diskussionen ankommen, wie die Verteidigung in grenzüberschreitenden Konstellationen gestärkt werden kann.[1606]

1602 Vgl. *Roger*, S. 293.

1603 Vgl. Stellungnahme der BRAK Nr. 8/2004 v. 8.3.2004 mit Vorschlag von *Wehnert* (abrufbar unter www.brak.de) [Stand: 29.10.2018], S. 8.

1604 Vgl. *Goldsmith*/CCBE/European Lawyers Foundation, EAW-Rights: Analysis of the implementation and operation of the European Arrest Warrant from the point of view of defence practitioners, Final Report 2016 (abrufbar unter www.europeanlawyers foundation.eu) [Stand: 31.8.2018], S. 54, wonach dies zukünftig auf dem e-justice Portal der Europäischen Kommission erfolgen soll.

1605 Näher ebenda.

1606 Vgl. ausführlich *Arnold*, S. 95 ff., 187 ff.

Für die Lage im Ausstellungsstaat ist darüber hinaus Erwägungsgrund Nr. 25 RL-PKH relevant: Danach „*können*" die Mitgliedstaaten die Wirksamkeit und Qualität der bewilligten Prozesskostenhilfe für Beschuldigte und gesuchte Personen unter anderem dadurch sicherstellen, dass sie die Fortführung der rechtlichen Vertretung erleichtern. Die Mitgliedstaaten sollten die Fortführung der rechtlichen Vertretung während des gesamten Strafverfahrens und – sofern dies relevant sei – des gesamten Übergabeverfahrens erleichtern.[1607]

Erwägungsgrund Nr. 25 RL-PKH ist zwar nur als Anregung formuliert, aber für das Übergabeverfahren ist es durchaus wünschenswert, dass der Rechtsbeistand im Ausstellungsstaat die rechtliche Vertretung der gesuchten Person nach ihrer Übergabe bzw. dem Abschluss des Übergabeverfahrens noch (zumindest vorübergehend) unentgeltlich fortführt.[1608] Der Rechtsbeistand im Ausstellungsstaat kann nach der Übergabe der gesuchten Person die Anrechnung der Auslieferungshaft auf die Dauer der Untersuchungshaft und die Einhaltung etwaiger Zusicherungen wie zur Spezialitätsbindung und zu Haftbedingungen überprüfen.[1609] Über eine fortgeführte Vertretung im Ausstellungsstaat können zudem der Verfahrensablauf beschleunigt und frühzeitige Vorkehrungen für die Verteidigung der Person im nachfolgenden Strafverfahren getroffen werden.[1610] Wenn die gesuchte Person nicht übergeben wird, kann der Rechtsbeistand im Ausstellungsstaat auf eine Zurücknahme des Europäischen Haftbefehls und der Ausschreibung der gesuchten Person im SIS-System hinwirken.[1611]

Im Hinblick auf die Kosten und die Folgen eines Verstoßes gegen die Rechte der Richtlinie enthält die RL-PKH ebenfalls keine Besonderheiten für den Ausstellungsstaat. Zwischenzeitlich wurde allerdings diskutiert, welcher Staat die Kosten der Prozesskostenhilfe im Vollstreckungsstaat letztlich tragen soll.[1612] Es wurde vorgeschlagen, dass der *Ausstellungsstaat* die Kosten des Rechtsbeistandes

---

1607 Vgl. Erwägungsgrund Nr. 24 RL-PKH.

1608 Vgl. schon House of Lords, European Union Committee, 1st Report of Session 2004/05, Procedural Rights in Criminal Proceedings, HL Paper 28 (abrufbar unter www. publications.parliament.uk) [Stand: 30.10.2018], S. 39 f.; *Fichera*, S. 184.

1609 Näher zu den Tätigkeiten des Rechtsbeistandes im Ausstellungsstaat nach der Entscheidung über die Übergabe vgl. ECBA Handbook on the EAW for Defence Lawyers, October 2017 (abrufbar unter http://handbook.ecba-eaw.org) [Stand: 29.10.2018], S. 51 ff.

1610 Vgl. auch den Umsetzungsvorschlag von *Schlothauer/Neuhaus/Matt/ Brodowski*, HRRS 2018, 55 (60, 68 f.).

1611 Ebenda.

1612 Vgl. näher *Cras*, eucrim 1/2017, 34 (42).

im Vollstreckungsstaat tragen soll: Die Kosten der Prozesskostenhilfe im Vollstreckungsstaat seien keine Kosten *„durch die Vollstreckung des Europäischen Haftbefehls"* (Art. 30 RbEuHb, Kostentragung durch den Vollstreckungsstaat), sondern *„sonstige"* Kosten (Kostentragung durch den Ausstellungsstaat).[1613] Eine solche Kostentragung hätte sich abschreckend auf die Ausstellung unverhältnismäßiger Europäischer Haftbefehle auswirken können.[1614] Im Ergebnis einigte man sich jedoch darauf, dass jeder Mitgliedstaat die in seinem Staat anfallenden Kosten der Prozesskostenhilfe selbst trägt.[1615]

d) Umsetzungsbedarf in Deutschland

Das deutsche Recht genügt den Anforderungen des Art. 5 Abs. 2 RL-PKH nicht.[1616] Es ist bisher nicht sichergestellt, dass eine gesuchte Person in Deutschland als Ausstellungsstaat eines Europäischen Haftbefehls zur Strafverfolgung unentgeltlichen Rechtsbeistand erhält, wenn dies erforderlich ist, um den wirksamen Zugang zu dem Gericht im Vollstreckungsstaat zu gewährleisten (Art. 5 Abs. 2 RL-PKH).

Zur Umsetzung der RL-PKH schlagen der Referentenentwurf und Regierungsentwurf eine umfangreiche Regelung in § 83j IRG-E vor.[1617] § 83j Abs. 1 IRG-RefE sieht insoweit eine notwendige Rechtsbeistandschaft in Deutschland als Ausstellungsstaat vor und lautet:

> „In einem Verfahren zur Vollstreckung eines Europäischen Haftbefehls zum Zwecke der Strafverfolgung liegt ein Fall der notwendigen Rechtsbeistandschaft vor, wenn
>
> 1. die verfolgte Person einen Rechtsbeistand im Geltungsbereich dieses Gesetzes zur Unterstützung ihres Rechtsbeistands im ersuchten Mitgliedstaat bezeichnet und

---

1613 Vgl. *Cras*, eucrim 1/2017, 34 (42).

1614 Vgl. auch *Cras*, eucrim 1/2017, 34 (42).

1615 Vgl. *Cras*, eucrim 1/2017, 34 (42).

1616 So auch *Schlothauer/Neuhaus/Matt/Brodowski*, HRRS 2018, 55 (60); Referentenentwurf des BMJV (Fn. 42), S. 22.

1617 Vgl. Referentenentwurf des BMJV (Fn. 42), S. 13; Gesetzesentwurf der Bundesregierung (Fn. 43), S. 14 f. So nun auch das Gesetz zur Neuregelung des Rechts der notwendigen Verteidigung, mit dem die RL-PKH in Deutschland mit Wirkung zum 13. Dezember 2019 umgesetzt wurde, vgl. BGBl. I S. 2128 v. 12.12.2019 und § 83j IRG n.F. Die Gesetzesänderungen wurden nachträglich für die Veröffentlichung dieser Arbeit berücksichtigt. Das Gesetz entspricht bei den hier relevanten Normen dem Gesetzesentwurf der Bundesregierung.

2. die Bestellung des Rechtsbeistands erforderlich ist, um den wirksamen Zugang zu den Gerichten des ersuchten Staates zu gewährleisten."[1618]

Die Regelung wurde im Regierungsentwurf übernommen (so nun auch § 83j IRG n.F.).[1619] Die Regelung entspricht weitgehend den Wortlaut des Art. 5 Abs. 2 RL-PKH und behält dessen Beschränkungen auf Europäische Haftbefehle zum Zwecke der *Strafverfolgung* und die *Erforderlichkeit* der Mitwirkung für einen wirksamen Zugang zu Gericht im Vollstreckungsstaat bei, auch wenn diese wie gezeigt nicht überzeugen.[1620] Der Standort in einem neuen § 83j IRG erklärt sich dadurch, dass die Normen der §§ 78 ff. IRG nur für Übergabeverfahren nach dem Europäischen Haftbefehl gelten.[1621] Unter den obigen Voraussetzungen wird ein Rechtsbeistand in Deutschland dann nach Art. 83j Abs. 2 IRG-RefE auf Antrag der gesuchten Person oder von Amts wegen durch das nach § 83j Abs. 3 IRG-RefE zuständige Gericht bestellt.[1622] Der Regierungsentwurf präzisiert die Zuständigkeit dahingehend, dass vor der Erhebung der öffentlichen Klage über die Bestellung das Gericht entscheidet, das den nationalen Haftbefehl erlassen hat, der Grundlage des Europäischen Haftbefehls ist (§ 83j Abs. 3 S. 1 IRG-RegE) (so nun auch § 83j Abs. 3 S. 1 IRG n.F.).[1623]

Ob die Mitwirkung eines Rechtsbeistandes im Ausstellungsstaat im Sinne des § 83j Abs. 1 Nr. 2 IRG-E „*erforderlich ist*", wird demnach zukünftig der Prüfung des zuständigen Gerichts obliegen.[1624] In der Begründung zu § 83j Abs. 1 IRG präzisieren die Gesetzesentwürfe dies aber zumindest dahingehend, dass die Erforderlichkeit von Rechtsbeistand im Ausstellungsstaat für den Zugang

---

1618 Vgl. Referentenentwurf des BMJV (Fn. 42), S. 13.

1619 Vgl. Gesetzesentwurf der Bundesregierung (Fn. 43), S. 14, mit minimaler Änderung der Satzstellung. Siehe nun auch Gesetz zur Neuregelung des Rechts der notwendigen Verteidigung, BGBl. I S. 2128 v. 12.12.2019.

1620 Diese Beschränkungen fehlten dagegen im Umsetzungsvorschlag von *Schlothauer/Neuhaus/Matt/Brodowski*, HRRS 2018, 55 (60). Krit. zu den übernommenen Einschränkungen und mit einem weitergehenden Vorschlag auch BRAK-Stellungnahme Nr. 1/2019 v. Januar 2019 (abrufbar unter www.brak.de) [Stand: 20.07.2019], S. 19 f.

1621 Vgl. Referentenentwurf des BMJV (Fn. 42), S. 56. Für die Einfügung eines § 83j IRG auch bereits *Schlothauer/Neuhaus/Matt/Brodowski*, HRRS 2018, 55 (60).

1622 Vgl. Referentenentwurf des BMJV (Fn. 42), S. 13, näher S. 55 ff.; ähnlich Gesetzesentwurf der Bundesregierung (Fn. 43), S. 14, näher S. 66 f.

1623 Vgl. Gesetzesentwurf der Bundesregierung (Fn. 43), S. 14; ebenso Gesetz zur Neuregelung des Rechts der notwendigen Verteidigung, BGBl. I S. 2128 v. 12.12.2019.

1624 Vgl. Referentenentwurf des BMJV, ebenda, S. 56.

zu Gericht im Vollstreckungsstaat insbesondere dann anzunehmen sei, wenn im Vollstreckungsstaat ausnahmsweise eine Tatverdachtsprüfung erfolge oder Einwände gegen den nationalen Haftbefehl geltend gemacht werden.[1625] Diese Beispiele sind zu begrüßen und gehen über die geringe Konkretisierung in der RL-PKH hinaus. Darüber hinaus wird eine notwendige Beistandschaft auch dann in Betracht kommen müssen, wenn der Rechtsbeistand im Vollstreckungsstaat für die Geltendmachung der Rechte der gesuchten Person auf Informationen aus dem Ausstellungsstaat angewiesen ist, etwa für die Geltendmachung von Auslieferungshindernissen.

Zu Bedenken führt auf den ersten Blick § 83j Abs. 1 Nr. 1 IRG-E, der für die notwendige Beistandschaft zusätzlich voraussetzt, dass die gesuchte Person einen Rechtsbeistand in Deutschland zur Unterstützung ihres Rechtsbeistandes im Vollstreckungsstaat „*bezeichnet*".[1626] Die Gesetzesentwürfe begründen dies damit, dass Prozesskostenhilfe nach Art. 5 Abs. 2 RL-PKH voraussetze, dass die gesuchte Person ihr Recht auf Rechtsbeistand im Ausstellungsstaat nach der RL-RB wahrnehmen möchte.[1627] Dies stimmt zwar, irritiert allerdings im Kontext einer „notwendigen Beistandschaft", wie es der IRG-E vorsieht. Rechtsbeistand im Ausstellungsstaat ist also vom Willen der gesuchten Person abhängig.

Die Voraussetzung einer „*Bezeichnung*" weckt Befürchtungen dahingehend, dass die doppelte Rechtsbeistandschaft weiterhin an dem erheblichen Organisationsaufwand für die gesuchte Person oder daran scheitern könnte, dass die gesuchte Person im Ausstellungsstaat schlicht keinen Rechtsbeistand kennt. Entscheidend für die Wirksamkeit der Norm sind vor diesem Hintergrund die Klarstellungen zur Begründung in den Gesetzesentwürfen: (i) Ein Rechtsbeistand in Deutschland müsse *nicht namentlich* bezeichnet werden sondern (ii) es reiche auch aus, dass die gesuchte Person es dem Gericht überlasse, einen Rechtsbeistand aus einer von ihm übermittelten Liste auszuwählen, oder (iii) sich nach einer allgemeinen Bitte um Rechtsbeistand sich nachträglich die Auswahl des Gerichts zu eigen mache.[1628] Tatsächlich *muss* die gesuchte Person für § 83j Abs. 1 Nr. 1 IRG-E also tätig werden, um in Deutschland als Ausstellungsstaat

---

1625 Vgl. Referentenentwurf des BMJV (Fn. 42), S. 56; ebenso Gesetzesentwurf der Bundesregierung (Fn. 43), S. 66.

1626 So nun auch § 83j Abs. 1 Nr. 1 IRG n.F., vgl. BGBl. I S. 2128 v. 12.12.2019.

1627 Vgl. Referentenentwurf des BMJV (Fn. 42), S. 55; ähnlich Gesetzesentwurf der Bundesregierung (Fn. 43), S. 66.

1628 Vgl. Referentenentwurf des BMJV (Fn. 42), S. 55; ebenso Gesetzesentwurf der Bundesregierung (Fn. 43), S. 66.

notwendigen Rechtsbeistand zu erhalten.[1629] Diese Tätigkeit beschränkt sich jedoch im Ergebnis darauf, das Recht auf Benennung eines Rechtsbeistandes in Deutschland wahrzunehmen. Hierauf wird der Rechtsbeistand im Vollstreckungsstaat ebenfalls zu achten haben. Praktisch wichtig ist zudem, dass die Gesetzesentwürfe in den RiVASt eine *Unterrichtungspflicht* des nach § 83j Abs. 2 IRG-E zuständigen Gerichts über die Möglichkeit der Benennung eines Rechtsbeistandes in Deutschland und die Möglichkeit der Beantragung dessen Bestellung vorsehen möchten.[1630] Zu bedenken ist allerdings, dass diese Unterrichtung notwendigerweise in den Vollstreckungsstaat übermittelt werden muss, da sich die gesuchte Person zu dem Zeitpunkt nicht in Deutschland befindet.

Eine Fortführung der rechtlichen Vertretung in Deutschland sehen die Gesetzesentwürfe (und nun das Gesetz) nicht vor. Nach § 83j Abs. 4 IRG-E soll die Bestellung aufgehoben werden, wenn die Voraussetzungen nach Abs. 1 nicht mehr vorliegen oder die gesuchte Person überstellt worden ist.[1631] Eine weitergehende Regelung wäre wie gezeigt zur Vereinfachung und Beschleunigung wünschenswert gewesen[1632], insoweit sah die RL-PKH jedoch auch keinen zwingenden Umsetzungsbedarf vor (Erwägungsgrund Nr. 25 RL-PKH: „können").

IV. Ergebnis und Perspektiven grenzüberschreitender Verteidigung

Es wurde gezeigt, dass eine doppelte Verteidigung im Ausstellungs- sowie Vollstreckungsstaat eines Europäischen Haftbefehls schon lange gefordert wird und für eine effektive Verteidigung im Übergabeverfahren von großer Bedeutung ist (oben I.). Es ist daher sehr zu begrüßen, dass mit Art. 10 Abs. 4 bis 6 RL-RB ein Recht auf Rechtsbeistand im Ausstellungstaat während des Übergabeverfahrens aufgenommen wurde (oben II.). Mit Art. 5 Abs. 2 RL-PKH wird dieses Recht auf

1629 So ausdrücklich auch Referentenentwurf des BMJV (Fn. 42), S. 55; Gesetzesentwurf der Bundesregierung (Fn. 43), S. 66.

1630 Vgl. Referentenentwurf des BMJV (Fn. 42), S. 55 f.; ebenso Gesetzesentwurf der Bundesregierung (Fn. 43), S. 66.

1631 Vgl. Referentenentwurf des BMJV (Fn. 42), S. 13, näher S. 56 f.; ebenso Gesetzesentwurf der Bundesregierung (Fn. 43), S. 14, näher S. 67. So nun auch § 83j Abs. 4 IRG n.F., vgl. BGBl. I S. 2128 v. 12.12.2019.

1632 Oben S. 294 f. Vgl. etwa den Umsetzungsvorschlag von *Schlothauer/Neuhaus/Matt/Brodowski*, HRRS 2018, 55 (60, 68 f.); auch den Vorschlag der BRAK: BRAK-Stellungnahme Nr. 1/2019 v. Januar 2019 (abrufbar unter www.brak.de) [Stand: 20.07.2019], S. 20..

doppelten Rechtsbeistand nun – gegen den Widerstand der Mitgliedstaaten – durch einen Anspruch auf Prozesskostenhilfe im Ausstellungsstaat finanziell abgesichert (oben III.). Der Anspruch auf Prozesskostenhilfe nach Art. 5 Abs. 2 RL-PKH ist ein sehr wichtiger Schritt, um das Recht auf doppelten Rechtsbeistand im Übergabeverfahren zu stärken und finanziell zu ermöglichen.

Gleichwohl ist der Anspruch auf Prozesskostenhilfe im Ausstellungsstaat mit verschiedenen Einschränkungen versehen, die seine Bedeutung und Wirksamkeit relativieren. Hierzu zählen (i) die Begrenzung auf Europäische Haftbefehle zur Strafverfolgung, (ii) das Kriterium der „Erforderlichkeit" der Prozesskostenhilfe und ihre Ausrichtung allein auf den Zugang zu Gericht im Vollstreckungsstaat und (iii) die im schlimmsten Fall drohende doppelte Bedürftigkeitsprüfung im Vollstreckungs- als auch Ausstellungsstaat, die eine gesuchte Person vor Aufwand und Schwierigkeiten stellen kann (III.3.). In praktischer Hinsicht kann es für eine gesuchte Person aus dem Vollstreckungsstaat heraus zudem weiterhin schwierig sein, einen Rechtsbeistand im Ausstellungsstaat zu benennen (II.3.b) und zeitnah Prozesskostenhilfe im Ausstellungstaat zu erlangen (III.3.c).

Vor diesem Hintergrund wird es für die Effektivität der doppelten Verteidigung auch in Zukunft auf die Diskussionen ankommen, wie die Verteidigung in grenzüberschreitenden Konstellationen gestärkt werden kann. Um auf die Schwierigkeiten grenzüberschreitender Verteidigung zu reagieren und ihre strukturellen Probleme zu kompensieren, werden seit Langem weitere Maßnahmen diskutiert, wie die Schaffung einer Institution für die europäische Verteidigung („Eurodefensor"), einem European Criminal Law Ombudsman, oder eine engere Kooperation von Strafverteidigern aus verschiedenen Ländern.[1633] Das weitreichendste Modell des „Eurodefensors" sieht eine *institutionelle* Stärkung der europäischen Verteidigung vor, um die Verfahrensbalance bei grenzüberschreitenden Verfahren zu gewährleisten und ein adäquates Gegengewicht zur europäischen Strafverfolgung zu schaffen.[1634] Eurodefensor soll eine unabhängige Behörde auf EU Ebene sein, besetzt mit Beamten der EU aus allen

1633 Vgl. näher die Beiträge von *Nestler*, *Szwarc* und *Mitchell*, in: Schünemann (Hrsg.), Ein Gesamtkonzept für die europäische Strafrechtspflege, S. 166 ff., 181 ff., 191 ff.; näher zudem *Arnold*, S. 95 ff., 187 ff.; *Esser*, in: Sieber/Satzger/v. Heintschel-Heinegg (Hrsg.), Europäisches Strafrecht, § 59, Rn. 21 ff.; ferner *Rohlff*, S. 144 f.; *Salditt*, StV 2003, 136 (137); *Heine*, S. 123.

1634 Umfassend zum Eurodefensor *Nestler* und *Szwarc*, in: Schünemann (Hrsg.), Ein Gesamtkonzept für die europäische Strafrechtspflege, S. 166 ff., 181 ff.; im Überblick *Esser*, in: Sieber/Satzger/v. Heintschel-Heinegg (Hrsg.), Europäisches Strafrecht, § 59, Rn. 28 ff.

Mitgliedstaaten.[1635] Während eine Abteilung „Rechtsschutz" von Eurodefensor die Interessen eines Beschuldigten insbesondere dann wahrnehmen soll, wenn er wie bei heimlichen Ermittlungsmaßnahmen noch keinen Rechtsbeistand haben kann, soll die strikt davon getrennte Abteilung „Unterstützung" den Rechtsbeistand des Beschuldigten unterstützen, etwa durch die Vermittlung von Rechtsbeiständen und der zur Verfügung Stellung von Kenntnissen zu anderen Rechtsordnungen.[1636]

Die RL-RB und RL-PKH sehen eine solch weitreichende Institutionalisierung der Verteidigung naturgemäß nicht vor, da sie sich auf die Schaffung von Verfahrensgarantien und ihrer finanziellen Absicherung konzentrieren. Man könnte der EU-Rechtspolitik vorwerfen, dass die Stärkung der Prozesskostenhilfe im Vergleich zu dem Ausbau der transnationalen Strafverfolgung weiterhin nur *„den Anblick einer lächerlichen Maus"* biete.[1637] Zugleich ist allerdings zu beachten, dass das Modell des Eurodefensor auch in der Anwaltschaft überwiegend sehr kritisch gesehen wird, unter anderem da eine Institution nicht zu dem Selbstverständnis der Anwaltschaft passe.[1638] Vor diesem Hintergrund ist es verständlich, dass der Weg zu einer Institutionalisierung der europäischen Strafverteidigung von Seiten der EU-Rechtspolitik derzeit „weder praktisch beschritten [wird], noch besteht der Wille, ihn zu gehen"[1639].

Soweit der Eurodefensor jedoch auch die Kosten für die Bestellung eines Verteidigers in grenzüberschreitenden Konstellationen übernehmen können soll[1640], wird mit der RL-PKH für das Übergabeverfahren ein wichtiger Schritt in diese Richtung gemacht. Eine stärkere Vernetzung und Selbstorganisation der Anwaltschaft und der Zugang zu Informationen aus anderen Mitgliedstaaten

1635 Vgl. *Nestler*, in: Schünemann (Hrsg.), Ein Gesamtkonzept für die europäische Strafrechtspflege, S. 166 (172 f.).

1636 Vgl. näher *Nestler*, in: Schünemann (Hrsg.), Ein Gesamtkonzept für die europäische Strafrechtspflege, S. 166 (173 ff.) zur Abteilung „Rechtsschutz", sowie *Szwarc*, in: Schünemann (Hrsg.), Ein Gesamtkonzept für die europäische Strafrechtspflege, S. 181 (186 ff.) zur Abteilung „Unterstützung".

1637 So *Schünemann*, StV 2016, 178 (182), noch zum Richtlinienentwurf.

1638 Vgl. krit. schon *Mitchell*, in: Schünemann (Hrsg.), Ein Gesamtkonzept für die europäische Strafrechtspflege, S. 191 ff., etwa S. 192: „völlig töricht"; siehe zudem die Interviews von *Arnold*, S. 97 ff., 187 ff.

1639 *Arnold*, S. 187, auch in Bezug auf die interviewten Rechtsanwältinnen und Rechtsanwälte.

1640 Vgl. *Szwarc*, in: Schünemann (Hrsg.), Ein Gesamtkonzept für die europäische Strafrechtspflege, S. 181 (188 f.).

bleiben gleichwohl wichtig, um eine effektive grenzüberschreitende Verteidigung in Übergabeverfahren zu erreichen. Auch weist die RL-PKH wie gezeigt Schutzlücken auf. Die RL-PKH stellt dementsprechend zwar eine sehr wichtige Maßnahme für gesuchte Person in Übergabeverfahren dar, auf die jedoch weiterhin Bemühungen zur Stärkung der Verteidigung in einem einheitlichen Raum der Freiheit, der Sicherheit und des Rechts folgen müssen. Die RL-RB und RL-PKH schaffen mit der Verankerung einer doppelten Verteidigung in Übergabeverfahren eine gute Grundlage für weitere Diskussionen.

G. Zusammenfassung und Ausblick

Mit einem Europäischen Haftbefehl nach dem in nationales Recht umgesetzten RbEuHb ist es seit 2002 möglich, einen Beschuldigten in einem anderen Staat zum Zwecke der Strafverfolgung oder Strafvollstreckung festnehmen und überstellen zu lassen. Der RbEuHb beruht auf dem Grundsatz der gegenseitigen Anerkennung und ersetzt zwischen den Mitgliedstaaten der Europäischen Union das klassische Auslieferungsverfahren. Einem Europäischen Haftbefehl liegt im Ausstellungsstaat ein nationaler Haftbefehl oder eine rechtskräftige Verurteilung zugrunde. Die gesuchte Person wird im Vollstreckungsstaat regelmäßig festgenommen und in Auslieferungshaft genommen und kann unter anderem einem vereinfachten Verfahren zustimmen und Einwendungen gegen die Zulässigkeit der Übergabe erheben.

Eine derart gesuchte Person wird regelmäßig auf die fachkundige Unterstützung eines Rechtsbeistandes angewiesen sein, um in dem auf Beschleunigung angelegten Übergabeverfahren ihre Rechte wirksam geltend machen zu können. Auf unionsrechtlicher und völkerrechtlicher Ebene bestehen dazu bisher nur wenige gemeinsame Mindeststandards. Der RbEuHb verweist für das Recht einer gesuchten Person auf Rechtsbeistand und Prozesskostenhilfe im Übergabeverfahren auf das nationale Recht der Mitgliedstaaten. Die Beschuldigtenrechte des Art. 6 EMRK und Art. 14 Abs. 3 IPBPR finden in Auslieferungs- und Übergabeverfahren zudem keine Anwendung, weil diese nicht als Strafverfahren im engeren Sinne oder Teil eines Strafverfahrens gelten. Über die Schuld der gesuchten Person wird im Vollstreckungsstaat nicht entschieden. Gleichwohl sollte Art. 6 EMRK in Übergabeverfahren aufgrund des arbeitsteiligen Vorgehens der Mitgliedstaaten und dem engen Zusammenhang zu dem Strafverfahren im Ausstellungsstaat zukünftig Anwendung finden. Als EU-weit geltender Mindeststandard für Prozesskostenhilfe in Übergabeverfahren ist zumindest Art. 47 Abs. 3 GrCh zu berücksichtigen, wenngleich seine Auswirkungen noch unklar sind.

Vor diesem Hintergrund ist es sehr zu begrüßen, dass mit den EU-Richtlinien auf der Basis des „*Fahrplan[s] zur Stärkung der Verfahrensrechte von Verdächtigen oder Beschuldigten in Strafverfahren*" vom 30. November 2009 auch die Rechte gesuchter Personen gestärkt werden sollen. Die EU-Richtlinie 2016/1919 über Prozesskostenhilfe für Verdächtige und beschuldigte Personen in Strafverfahren sowie für gesuchte Personen in Verfahren zur Vollstreckung eines Europäischen Haftbefehls vom 26. Oktober 2016 (*RL-PKH*) sieht verbindliche

Mindestvorschriften zum Recht auf Prozesskostenhilfe für Verdächtige und beschuldigte Person in Strafverfahren und insbesondere auch für gesuchte Personen in Übergabeverfahren vor. Die RL-PKH ergänzt die EU-Richtlinie 2013/48 über das Recht auf Zugang zu Rechtsbeistand in Strafverfahren und in Verfahren zur Vollstreckung des Europäischen Haftbefehls vom 22. Oktober 2013 (*RL-RB*), mit der bereits gemeinsame Mindeststandards für das Recht auf Zugang zu einem Rechtsbeistand festgelegt wurden. Die RL-PKH soll die Effektivität des Rechts auf Zugang zu einem Rechtsbeistand nach der RL-RB gewährleisten, indem Verdächtigen, beschuldigten Personen und gesuchten Personen die Unterstützung eines durch die Mitgliedstaaten finanzierten Rechtsbeistands zur Verfügung gestellt wird (Erwägungsgrund Nr. 1 RL-PKH). Die Anwendbarkeit der RL-RB und RL-PKH auf Übergabeverfahren ist in Anbetracht der bisherigen geringen gemeinsamen Verfahrensstandards bereits für sich als Mehrwert zu begrüßen und geht über den Schutz des Art. 6 EMRK hinaus.

In Deutschland als Vollstreckungsstaat eines Europäischen Haftbefehls kann sich eine gesuchte Person bisher nach § 40 Abs. 1 IRG i.V.m. § 78 Abs. 1 IRG in jeder Lage des Verfahrens eines Beistandes bedienen. Nach § 40 Abs. 2 IRG i.V.m. § 78 Abs. 1 IRG ist einer gesuchten Person nur dann ein Rechtsbeistand auf Staatskosten zu bestellen, wenn die Sach- oder Rechtslage schwierig ist, die gesuchte Person ihre Rechte ersichtlich nicht selbst hinreichend wahrnehmen kann oder sie noch nicht achtzehn Jahre alt ist. Die Untersuchung des Status quo hat jedoch offenbart, dass die Mitwirkung eines Rechtsbeistandes in Deutschland bisher nur im Einzelfall als notwendig angesehen wird. Die bisherige Bestellungspraxis zu § 40 Abs. 2 IRG in Auslieferungs- und Übergabeverfahren in Deutschland gilt als äußerst restriktiv. Es werden bisher weder die grundsätzliche Komplexität der Materie, die Haftsituation der gesuchten Person noch die insgesamt bestehenden Schwierigkeiten einer grenzüberschreitenden Verteidigung im Vollstreckungs- und Ausstellungsstaat berücksichtigt. Dies hat zur Folge, dass die wirksame Ausübung des Rechts auf Rechtsbeistand und der Schutz für gesuchte Personen in Übergabeverfahren oftmals von ihren finanziellen Möglichkeiten abhängen wird.

In dieser Hinsicht führt die RL-PKH für gesuchte Personen zu einem signifikanten Mehrwert und einer erheblichen Stärkung des Rechts auf Rechtsbeistand und Prozesskostenhilfe in Übergabeverfahren. Nach Art. 5 Abs. 1 RL-PKH hat jede gesuchte Person einen Anspruch darauf, dass ihr im Vollstreckungsstaat des Europäischen Haftbefehls ab ihrer Festnahme Prozesskostenhilfe gewährt wird. Damit ist Prozesskostenhilfe in Übergabeverfahren nach Art. 5 Abs. 1 RL-PKH *stets* im Interesse der Rechtspflege erforderlich und darf nicht von zusätzlichen materiellen Kriterien abhängig gemacht werden. Dies geht erheblich über das bisherige deutsche Recht hinaus. Den Mitgliedstaaten steht es nach Art. 5 Abs. 3 RL-PKH jedoch frei, für die Gewährung von Prozesskostenhilfe eine Bedürftigkeitsprüfung einzuführen. Bei der Ausgestaltung der Bedürftigkeitsprüfung verbleibt den Mitgliedstaaten viel Spielraum. Im Unterschied zur notwendigen Verteidigung kann eine gesuchte Person zudem grundsätzlich auf das Recht auf Rechtsbeistand und Prozesskostenhilfe verzichten. Die RL-PKH ist an sich keine Richtlinie zur notwendigen Verteidigung, sondern will unentgeltlichen Rechtsbeistand gewährleisten. Den Mitgliedstaaten können sich jedoch gegen die Verzichtbarkeit des Rechts entscheiden.

Art. 5 Abs. 1 RL-PKH führt in Deutschland zu erheblichem Umsetzungsbedarf. Der Referentenentwurf des BMJV von Oktober 2018 und der Gesetzesentwurf der Bundesregierung von Juni 2019 zur Umsetzung der RL-PKH sehen unter Beibehaltung der notwendigen Beistandschaft zu Recht vor, dass einer gesuchten Person ab ihrer Festnahme zukünftig *stets* ein Pflichtbeistand zu bestellen ist.[1641] Dies ist nachdrücklich zu begrüßen und wird dem Schutzbedarf gesuchter Personen und den Schwierigkeiten des Übergabeverfahrens gerecht. Als besonders positiv ist zudem hervorzuheben, dass die Neuregelung des § 40 Abs. 2 IRG-E nach der Intention des Referentenentwurfs und Regierungsentwurfs über die Anforderungen der RL-PKH hinaus zukünftig auch für verfolgte Personen in klassischen Auslieferungsverfahren mit Drittstaaten gelten soll.[1642] Mit der Umsetzung der RL-PKH wird die schon seit langem erhobene Forderung erfüllt, dass ein Pflichtbeistand in Auslieferungs- und Übergabeverfahren die Regel sein müsse. Die Gesetzesentwürfe bleiben entsprechend der Umsetzung im bisherigen System der notwendigen Beistandschaft dabei, die Frage der Unentgeltlichkeit des Rechtsbeistandes erst im Rahmen der Vollstreckung der Kosten zu behandeln.[1643]

Zu begrüßen ist zudem, dass Art. 5 Abs. 1 RL-PKH zu einer Vorverlagerung des Zeitpunktes führen wird, zu dem in Deutschland unentgeltlicher Rechtsbeistand gewährt wird. Während ein Pflichtbeistand in Deutschland bisher oft erst nach der ersten richterlichen Vernehmung bestellt wird, sieht Art. 5 Abs. 1

1641 So nun auch das Gesetz zur Neuregelung des Rechts der notwendigen Verteidigung, mit dem die RL-PKH in Deutschland mit Wirkung zum 13. Dezember 2019 umgesetzt wurde, vgl. BGBl. I S. 2128 v. 12.12.2019 und § 40 Abs. 2 IRG n.F. Die hier relevanten Gesetzesänderungen entsprechen dem Gesetzesentwurf der Bundesregierung.

1642 So nun auch § 40 Abs. 2 IRG n.F., vgl. BGBl. I S. 2128 v. 12.12.2019.

1643 So nun auch das Gesetz zur Neuregelung des Rechts der notwendigen Verteidigung, BGBl. I S. 2128 v. 12.12.2019.

RL-PKH einen Anspruch auf Prozesskostenhilfe ab Festnahme der gesuchten Person im Vollstreckungsstaat vor. Im Einzelnen trifft die RL-PKH für Übergabeverfahren jedoch nicht genügend Vorkehrungen, damit unentgeltlicher Rechtsbeistand tatsächlich und auch im Falle einer Bedürftigkeitsprüfung ab der Festnahme der gesuchten Person gewährt wird.

Im Hinblick auf das Verfahren bis zur Bestellung eines unentgeltlichen Rechtsbeistandes in Übergabeverfahren in Deutschland war es bisher insbesondere problematisch, dass der Rechtsbeistand durch den Richter ausgewählt wird und nicht zwangsläufig über Fachkenntnisse des Auslieferungsrechts verfügen wird. Die RL-PKH belässt den Mitgliedstaaten für das Verfahren viel Spielraum bei der Umsetzung. Wichtig ist jedoch Art. 7 RL-PKH, der von den Mitgliedstaaten insgesamt eine angemessene Qualität des Prozesskostenhilfesystems und der konkreten Beistandsleistung verlangt. Der Referentenentwurf und Regierungsentwurf sehen als erste Verbesserung daher (indes begrenzte) Qualitätsanforderungen an Pflichtbeistände vor, die bei der Auswahl eines Rechtsbeistandes durch das Gericht zu beachten sein sollen.[1644] Für die Vergütung des Pflichtbeistandes bringt die RL-PKH dagegen keinen Fortschritt.

Darüber hinaus ist es sehr zu begrüßen, dass in Art. 5 Abs. 2 RL-PKH ein Anspruch auf Prozesskostenhilfe im *Ausstellungsstaat* eines Europäischen Haftbefehls aufgenommen wurde, um das Recht auf Benennung eines dortigen Rechtsbeistandes nach Art. 10 Abs. 2 RL-RB zu ergänzen. Mit Art. 5 Abs. 2 RL-PKH geht die RL-PKH auf die spezifischen Bedürfnisse gesuchter Personen ein, die im Übergabeverfahren durch die Notwendigkeit doppelten Rechtsbeistandes bestehen. Die Aufnahme der Vorschrift stellt einen wichtigen Schritt zur Stärkung und Finanzierung der doppelten Verteidigung in einem grenzüberschreitenden Übergabeverfahren dar. Das Recht auf sogenannten doppelten Rechtsbeistand ist für eine effektive Verteidigung in Übergabeverfahren von erheblicher Bedeutung, hängt doch bereits die Geltendmachung der Rechte der gesuchten Person im Vollstreckungsstaat oftmals von Kenntnissen und Informationen aus dem Ausstellungsstaat ab.

Im Einzelnen ist die Vorschrift des Art. 5 Abs. 2 RL-PKH allerdings mit drei Einschränkungen versehen, die ihren Mehrwert je nach Ausgestaltung des nationalen Rechts empfindlich relativieren können. Nicht nachvollziehbar ist dabei insbesondere, dass der Anspruch nicht bei Europäischen Haftbefehlen zum

1644 So nun auch das Gesetz zur Neuregelung des Rechts der notwendigen Verteidigung, vgl. § 142 Abs. 6 StPO n.F., anwendbar über § 40 Abs. 8 IRG n.F., BGBl. I S. 2128 v. 12.12.2019.

Zwecke der Strafvollstreckung gelten soll. Darüber hinaus muss die Prozesskostenhilfe erforderlich sein, damit der Rechtsbeistand im Ausstellungsstaat den Rechtsbeistand im Vollstreckungsstaat unterstützen kann. Nach der RL-PKH ist die doppelte Verteidigung (wie schon nach der RL-RB) auf die Verteidigung im Vollstreckungsstaat ausgerichtet, und nicht auf diejenige im Ausstellungsstaat. Der gesuchten Person kann je nach Ausstellungsstaat zudem eine zweite Bedürftigkeitsprüfung zugemutet werden, die nach unterschiedlichen Kriterien ausfallen kann als im Vollstreckungsstaat. Es bleibt abzuwarten, wie die Vorschriften in der Praxis umgesetzt werden. In Deutschland ist hierzu ein neuer § 83j IRG geplant[1645], der die Einschränkungen der RL-PKH übernimmt.

Insgesamt ist die RL-PKH ein sehr wichtiger Schritt, um die Verfahrensrechte und das Recht auf Verteidigung von gesuchten Personen zu stärken und ein Gegengewicht zu dem Ausbau der europäischen Strafverfolgung zu schaffen. Der Schutz von gesuchten Personen in Übergabeverfahren wird durch die RL-PKH verbessert, vorbehaltlich einer effektiven Umsetzung in den Mitgliedstaaten.

Gleichwohl bleiben die grundsätzlichen Schwierigkeiten bestehen, die mit der Verteidigung in grenzüberschreitenden Verfahren und dem Grundsatz der gegenseitigen Anerkennung selbst einhergehen. Dem Unionsgesetzgeber kann zudem weiterhin der Vorwurf gemacht werden, dass die besonderen Schwierigkeiten nicht hinreichend berücksichtigt werden, denen sich Beschuldigte in grenzüberschreitend geführten Ermittlungsverfahren mehrerer Mitgliedstaaten ausgesetzt sehen[1646]. So wurden mit der RL-RB und der RL-PKH zwar die Rechte von Personen in Übergabeverfahren gestärkt. Andere Akte der Rechtshilfe wie die grenzüberschreitende Beweissammlung blieben jedoch von vornherein unberücksichtigt.[1647] Auch kann eine doppelte Verteidigung nicht nur in Übergabeverfahren nach dem Europäischen Haftbefehl, sondern auch in anderen Konstellationen der grenzüberschreitenden Zusammenarbeit erforderlich sein.[1648] Für diese bietet die RL-PKH keine Verbesserung. Vor diesem Hintergrund stellt die RL-PKH zwar eine sehr wichtige Maßnahme für gesuchte Person

---

1645 Nun § 83j IRG n.F., vgl. BGBl. I S. 2128 v. 12.12.2019.

1646 Vgl. zu diesem Vorwurf schon *Böse*, ZIS 2014, 152 (164) („blinden Fleck"); zustimmend *Arnold*, S. 149 f.; auch *Zeder*, EuR 2012, 34 (59); ähnlich *Thurnberg Schunke*, S. 126 f.; ähnlich A/K/R/*Meyer*, vor §§ 78 ff. IRG, Rn. 782 f.; *Roger*, S. 292 f.; sehr kritisch auch *Schünemann*, StV 2016, 178 ff.

1647 Vgl. G/P/K/*Schneider*, III D 18, Rn. 26, 83, zur RL-RB.

1648 Vgl. schon *Ahlbrecht/Lagodny*, StraFo 2003, 329 (335); *European Criminal Policy Initiative*, ZIS 2013, 412 (417); *Böse*, ZIS 2014, 152 (160) im Kontext der Europäischen Ermittlungsanordnung.

in Übergabeverfahren dar, auf die jedoch weiterhin Bemühungen zur Stärkung der Verteidigung in einem einheitlichen Raum der Freiheit, der Sicherheit und des Rechts folgen müssen.

Literaturverzeichnis

Ahlbrecht, Heiko/Lagodny, Otto, Einheitliche Strafverfahrensgarantien in Europa? Eine kritische Bestandsaufnahme, StraFo 2003, 329 ff.

Ahlbrecht, Heiko, Strukturelle Defizite Europäischer Verteidigung – Gründe und Möglichkeiten ihrer Überwindung, StV 2012, 491 ff.

Ahlbrecht, Heiko/Böhm, Klaus Michael/Esser, Robert/Eckelmans, Franziska, Internationales Strafrecht. Auslieferung – Rechtshilfe – EGMR – internationale Gerichtshöfe, 2. Aufl., Heidelberg 2018 (zitiert: *Bearbeiter*, in: IStR in der Praxis).

Albers, Pim/Beauvais, Pascal/Bohnert, Jean-François/Böse, Martin/Langbroek, Philip/Renier, Alain/Wahl, Thomas, Pilot Project, Towards a common evaluation framework to assess mutual trust in the field of EU judicial cooperation in criminal matters, Final Report v. März 2013 (abrufbar unter www.jura.uni-bonn.de) [Stand: 18.10.2018].

Ambos, Kai/König, Stefan/Rackow, Peter (Hrsg.), Rechtshilferecht in Strafsachen, 1. Aufl., Baden-Baden 2015 (zitiert: A/K/R/*Bearbeiter*).

Anagnostopoulos, Ilias, Criminal justice cooperation in the European Union after the first few "steps": a defence view, ERA-Forum (2014) 15, 9 ff.

Anagnostopoulos, Ilias, The Right of Access to a Lawyer in Europe: A Long Road Ahead? EuCLR 2014, 3 ff.

Arnold, Jörg, Auf dem Weg zu einem Europäischen Strafverteidiger?, StraFO 2013, 54 ff.

Arnold, Jörg, Grenzüberschreitende Strafverteidigung in Europa. Praktische Erfahrungen und theoretische Überlegungen anhand von Interviews mit Strafverteidigerinnen und Strafverteidigern, Berlin 2015.

Augustin, Christian Georg, Das Recht des Beschuldigten auf effektive Verteidigung. Eine Analyse des Status quo sowie Vorschläge zur Qualitätssicherung, Baden-Baden 2013.

Bahns, Rene/Burker, Tim/Guthke, Kai/Kitlikoglu, Lefter/Scherzberg, Thomas, Neuordnung der Pflichtverteidigerbestellung, Policy Paper der Strafverteidigervereinigungen, Schriftenreihe der Strafverteidigervereinigungen, Berlin 2018.

Baker, Scott, The Baker Review, „A Review of the United Kingdom's Extradition Arrangements" v. 18.10.2011 (abrufbar unter www.homeoffice.gov.uk/) [Stand: 29.10.2018].

Barendrecht, Maurits/Kistemaker, Laura/Scholten, Henk Jan/Schrader, Ruby/ Wrzesinska, Marzena, Legal Aid in Europe: Nine Different Ways to Guarantee Access to Justice?, Full Report v. 21.2.2014 (abrufbar unter www.hiil.org/projects) [Stand: 18.10.2018].

Blackstock, Jodie, Procedural Safeguards in the European Union: a Road well travelled?, EuCLR 2012, 20 ff.

Böhm, Klaus, Das neue Europäische Haftbefehlsgesetz, NJW 2006, 2592 ff.

Böhm, Klaus, Europäischer Haftbefehl – Mindeststandards der Haftbedingungen im Ausstellungsstaat. Anmerkung zu EuGH (GK), Urt. v. 5.4.2016, C-404/15 und C-659/15 PPU (Pál Aranyosi und Robert Căldăraru), NJW 2016, 1713 f.

Böhm, Klaus, Aktuelle Entwicklungen im Auslieferungsrecht, NStZ 2019, 256.

Böhm, Klaus, Aktuelle Entwicklungen im Auslieferungsrecht, NStZ 2020, 204.

Böse, Martin, Der Grundsatz der gegenseitigen Anerkennung unter dem Vertrag von Lissabon, in: *Ambos, Kai* (Hrsg.), Europäisches Strafrecht post-Lissabon, Göttingen 2011, S. 57 ff.

Böse, Martin (Hrsg.), Europäisches Strafrecht, mit polizeilicher Zusammenarbeit, Enzyklopädie Europarecht, Band 9, Baden-Baden 2013 (zitiert: *Bearbeiter*, in: Böse (Hrsg.), EnzEuR Bd. 9).

Böse, Martin, § 27 Ausblick, in: *Böse, Martin* (Hrsg.), Europäisches Strafrecht, mit polizeilicher Zusammenarbeit, Enzyklopädie Europarecht, Band 9, Baden-Baden 2013, S. 965 ff.

Böse, Martin, Die europäische Beweisanordnung – Beweistransfer nach neuen Regeln?, ZIS 2014, 152 ff.

BRAK-Stellungnahme v. 8.1.2003 zu dem „Konsultationspapier der Kommission über Verfahrensgarantien für Verdächtige und Beklagte in Strafverfahren“ (abrufbar unter www.brak.de) [Stand: 29.10.2018].

BRAK-Stellungnahme Nr. 8/2004 v. 8.3.2004, zum Europäischen Haftbefehl in Deutschland (BT-Drucks. 15/1718) mit Formulierungshilfen (abrufbar unter www.brak.de) [Stand: 29.10.2018].

BRAK-Stellungnahme Nr. 39/2012 v. Juli 2012, zum Vorschlag für eine Richtlinie des Europäischen Parlaments und des Rates über das Recht auf einen Rechtsbeistand in Strafverfahren und das Recht auf Kontaktaufnahme bei der Festnahme (abrufbar unter www.brak.de) [Stand: 29.10.2018].

BRAK-Stellungnahme Nr. 2/2013 v. Januar 2013, zum gegenwärtigen Stand der Trilogverhandlungen zum Vorschlag für eine Richtlinie (RL) des Europäischen Parlaments und des Rates über das Recht auf einen Rechtsbeistand in Strafverfahren und das Recht auf Kontaktaufnahme bei der Festnahme (KOM [2011] 326 vom 8.6.2011) (abrufbar unter www.brak.de) [Stand: 29.10.2018].

BRAK-Stellungnahme Nr. 20/2014 v. Juni 2014, zum Vorschlag für eine Richtlinie des Europäischen Parlaments und des Rates über vorläufige Prozesskostenhilfe für Verdächtige oder Beschuldigte, denen die Freiheit entzogen ist, sowie über Prozesskostenhilfe in Verfahren zur Vollstreckung eines Europäischen Haftbefehls und zu den Empfehlungen der Kommission vom 27.11.2013 zum Recht auf Prozesskostenhilfe in Strafverfahren für Verdächtige oder Beschuldigte (abrufbar unter www.brak.de) [Stand: 29.10.2018].

BRAK-Stellungnahme Nr. 34/2018 v. Oktober 2018, Eckpunkte einer Umsetzung der Richtlinie (EU) 2016/1919 betreffend Prozesskostenhilfe für Verdächtige und Beschuldigte in Strafverfahren (abrufbar unter www.brak.de) [Stand: 29.10.2018].

BRAK-Stellungnahme Nr. 1/2019 v. Januar 2019, Referentenentwurf des BMJV eines Gesetzes zur Neuregelung des Rechts der notwendigen Verteidigung (Umsetzung der Richtlinie [EU] 2016/1919 betreffend Prozesskostenhilfe für Verdächtige und Beschuldigte in Strafverfahren) (abrufbar unter www.brak.de) [Stand: 20.07.2019].

BRAK-Stellungnahme Nr. 9/2019 v. März 2019, Heraufziehende Gefahren für die europarechtskonforme Umsetzung der Richtlinie (EU) 2016/1919 betreffend Prozesskostenhilfe für Verdächtige und Beschuldigte in Strafverfahren (abrufbar unter www.brak.de) [Stand: 20.07.2019].

Brants, Ch., Procedural safeguards in the European Union: Too little, too late?, in: *Vervaele, John* (Hrsg.), European Evidence Warrant. Transnational Judicial Inquiries in the EU, 2005, S. 103 ff.

Breitenmoser, Stephan, Art. 6 EMRK und Art. 47 GRC in Verfahren der internationalen Amts- und Rechtshilfe, in: Festschrift für Thomas Würtenberger, Berlin 2013, S. 425 ff.

Brodowski, Dominik, Strafrechtsrelevante Entwicklungen in der Europäischen Union – ein Überblick, ZIS 2011, 940 ff.

Brodowski, Dominik, Strafrechtsrelevante Entwicklungen in der Europäischen Union – ein Überblick, ZIS 2013, 455 ff.

Brodowski, Dominik, Pflichtverteidigung ab der ersten Stunde – Europa liefert!, Editorial StV 8/2017.

Burchard, Christoph, § 14 Auslieferung (Europäischer Haftbefehl), in: *Böse, Martin* (Hrsg.), Europäisches Strafrecht, mit polizeilicher Zusammenarbeit, Enzyklopädie Europarecht, Band 9, Baden-Baden 2013, S. 537 ff.

Burhoff, Detlef, Die anwaltliche Vergütung in Verfahren nach Teil 6 Abschn. 1 VV RVG, StRR 2010, 143 ff.

Burhoff, Detlef, Gedanken zur nicht erfolgten Umsetzung der PKH-Richtlinie 2016/1919, StRR 7/2019, S. 5 ff.

Calliess, Christian/Ruffert, Matthias, EUV/AEUV mit Europäischer Grundrechtecharta, 5. Aufl., München 2016 (zitiert: Calliess/Ruffert/*Bearbeiter).*

Cape, Ed/Namoradze, Zaza/Smith, Roger/Spronken, Taru (Hrsg.), Effective Criminal Defence in Europe, Antwerpen u.a. 2010.

Capus, Nadja, Strafrecht und Souveränität. Das Erfordernis der beidseitigen Strafbarkeit in der internationalen Rechtshilfe in Strafsachen, Bern u.a. 2010.

Carrera, Sergio/Guild, Elspeth/Hernanz, Nicholas, Europe's most wanted? Recalibrating Trust in the European Arrest Warrant System, CEPS Paper in Liberty and Security in Europe, Nr. 55 v. März 2013 (abrufbar unter www.ceps.eu) [Stand: 30.10.2018].

Christl, Erik, Europäische Mindeststandards für Beschuldigtenrechte – Zur Umsetzung der EU-Richtlinien über Sprachmittlung und Information im Strafverfahren, NStZ, 2014, 376 ff.

Corell, Christian/Sidhu, Karl, Das Recht auf Rechtsbeistand nach dem europäischen Fahrplan zur Stärkung der Verfahrensrechte in Strafverfahren, StV 2012, 246 ff.

Cras, Steven, The Directive on the Right of Access to a Lawyer in Criminal Proceedings and in European Arrest Warrant Proceedings, eucrim 1/2014, 32 ff.

Cras, Steven, The Directive on the Right to Legal Aid in Criminal and EAW Proceedings. Genesis and Description of the Sixth Instrument of the 2009 Roadmap, eucrim 1/2017, 34 ff.

DAV-Stellungnahme Nr. 64/2011 v. Dezember 2011, zum Vorschlag für eine Richtlinie des Europäischen Parlaments und des Rates über das Recht auf Rechtsbeistand in Strafverfahren und das Recht auf Kontaktaufnahme bei der Festnahme (abrufbar unter www.anwaltverein.de) [Stand: 29.10.2018].

DAV-Stellungnahme Nr. 59/2012 v. Juni 2012, Entwicklungen des Richtlinienvorschlag KOM(2011) 326 über das Recht auf Rechtsbeistand in Strafverfahren und das Recht auf Kontaktaufnahme bei der Festnahme (abrufbar unter www.anwaltverein.de) [Stand: 29.10.2018].

DAV-Stellungnahme Nr. 26/2014 v. Mai 2014, zum Vorschlag für eine Richtlinie des EP und des Rates über vorläufige Prozesskostenhilfe für Verdächtige oder Beschuldigte, denen die Freiheit entzogen ist, sowie über Prozesskostenhilfe in Verfahren zur Vollstreckung eines europäischen Haftbefehls vom 27.11.2013 (COM[2013] 824 final) und zu den Empfehlungen der Kommission vom 27.11.2013 zum Recht auf Prozesskostenhilfe in Strafverfahren für Verdächtige oder Beschuldigte (C[2013] 8179 final) (abrufbar unter www.anwaltverein.de) [Stand: 29.10.2018].

DAV-Stellungnahme Nr. 58/2018 v. November 2018, zum Referentenentwurf des BMJV zur Umsetzung der EU Richtlinie 2016/1919 (abrufbar unter www.antwaltverein.de) [Stand: 20.07.2019].

Demenko, Anna, Der Europäische Haftbefehl aus der Sicht der Strafverteidigung. Ausgewählte Aspekte, in: *Malolepszy, Maciej/Hochmayr, Gudrun/Nalewajko, Pawel* (Hrsg.), Auslieferung von eigenen Staatsangehörigen – Probleme in der Praxis der deutsch-polnischen Zusammenarbeit in Strafsachen, Berlin 2013, S. 61 ff.

Demko, Daniela, Das Recht des Angeklagten auf unentgeltlichen Beistand eines staatlich bestellten Verteidigers und das Erfordernis der »interests of justice«, in: HRRS-Festgabe für Gerhard Fezer: zum 70. Geburtstag am 29. Oktober 2008, Hamburg 2008, S. 1 ff.

Deutscher Richterbund, Stellungnahme des Deutschen Richterbundes Nr. 14/18 v. November 2018 zum Referentenentwurf eines Gesetzes zur Neuregelung des Rechts der notwendigen Verteidigung, (abrufbar unter www.drb.de) [Stand: 20.07.2019].

Dörr, Oliver/Grote, Rainer/Marauhn, Thilo (Hrsg.), EMRK/GG Konkordanzkommentar zum europäischen und deutschen Grundrechtsschutz, 2. Aufl., Tübingen 2013 (zitiert: KK-EMRK/GG/*Bearbeiter).*

ECBA Cornerstones on access to a lawyer in criminal proceedings, 2nd Statement on the Proposal for a Directive of the European Parliament and of the Council on the Right of Access to a Lawyer in Criminal Proceedings and on the Right to Communicate upon Arrest (abrufbar unter www.ecba.org) [Stand: 29.10.2018].

ECBA Comments and recommendations following the Commission's proposals on Legal Aid (COM(2013) 824 and C(2013) 8179/2) (abrufbar unter www.ecba.org) [Stand: 29.10.2018].

ECBA Touchstones – Minimum Standards for the right to Legal Aid (Measure C part 2) v. 25.6.2013 (abrufbar unter www.ecba.org) [Stand: 29.10.2018].

ECBA Handbook on the European Arrest Warrant for Defence Lawyers, October 2017 (abrufbar unter http://handbook.ecba-eaw.org) [Stand: 29.10.2018].

Esser, Robert, Die Europäische Menschenrechtskonvention als „zweiter Rahmen" der Auslieferung in Europa, ERA-Forum 2003, 70 ff.

Esser, Robert, Strafprozessuale Verfahrensrechte in der Europäischen Union. Rahmenbeschluss versus EGMR System. Vorteile einer europäischen Regelung gegenüber der bestehenden Rechtslage, BRAK-Mitteilung 2/2007, 53 ff.

Esser, Robert, Initiativen der Europäischen Union zur Harmonisierung der Beschuldigtenrechte. Zugleich eine kritische Analyse der Richtlinie 2012/13/EU zum Recht auf Belehrung und Unterrichtung in Strafverfahren, in: Gesamte Strafrechtswissenschaft in internationaler Dimension, in: Festschrift für Jürgen Wolter zum 70. Geburtstag am 7. September 2013, Berlin 2013, S. 1239 ff.

Esser, Robert, Zur Bestellung des Verteidigers im Ermittlungsverfahren. Plädoyer für eine Reform des § 141 Abs. 3 StPO im Lichte der EMRK und der EU-Richtlinie zum Recht auf Rechtsbeistand, in: Festschrift für Hans-Heiner Kühne zum 70. Geburtstag am 21. August 2013, Heidelberg u.a. 2013, S. 539 ff.

Esser, Robert, § 53 Garantien in der EU; § 59 Perspektiven Europäischer Strafverteidigung, in: *Sieber, Ulrich/Satzger, Helmut/von Heintschel-Heinegg, Bernd* (Hrsg.), Europäisches Strafrecht, 2. Aufl., Baden-Baden 2014, S. 950 ff., 1085 ff.

Esser, Robert, Anwendungsbereich der Grundrechtecharta – Konsequenzen der Bindungswirkung, in: *Jahn, Matthias/Radtke, Henning* (Hrsg.), Deutsche Strafprozessreform und Europäische Grundrechte – Herausforderungen auch für die Rechtsprechung des BGH in Strafsachen? – 5. Karlsruher Strafrechtsdialog am 12.6.2015, S. 55 ff.

Esser, Robert, Stellungnahme: Entwurf eines Zweiten Gesetzes zur Stärkung der Verfahrensrechte von Beschuldigten im Strafverfahren und zur Änderung des Schöffenrechts, KriPoZ 3/2017, 167 ff.

Esser, Robert, Europäisches und Internationales Strafrecht, 2. Aufl., München 2018 (zitiert: EuIntStR).

Esser, Robert/Gaede, Karsten/Tsambikakis, Michael, Übersicht zur Rechtsprechung des EGMR in den Jahren 2010 bis 2011 (Teil 2), NStZ 2012, 619 ff.

European Criminal Policy Initiative, Manifest zum Europäischen Strafverfahrensrecht, ZIS 2013, 412 ff.

Fair Trials International, „The European Arrest Warrant seven years on – the case for reform" v. Mai 2011 (abrufbar unter www.fairtrials.net) [Stand: 29.10.2018].

Fair Trials International, Report, The practical operation of legal aid in the EU v. Juli 2012 (abrufbar unter www.fairtrials.org) [Stand: 29.10.2018].

Fair Trials und LEAP (Legal Experts Advisory Panel), Position paper on the proposed directive on provisional legal aid for suspects or accused persons deprived of liberty and legal aid in European arrest warrant proceedings v. Feb. 2015 (abrufbar unter www.fairtrials.org) [Stand: 29.10.2018].

Fichera, Massimo, The implementation of the European Arrest Warrant in the European Union: law, policy and practice, Cambridge 2011.

Fromm, Ingo E., Die Verteidigung in Auslieferungsverfahren nach IRG. Zur Beachtung der Mindestanforderungen der Beschuldigtenrechte und der Gewährung des effektiven Rechtsschutzes für den Verfolgten, StRR 2011, 208 ff.

Fromm, Ingo E. Vergütung des Verteidigers in Auslieferungsverfahren (EU-Haftbefehl), RVG-News v. 14.8.2014 (abrufbar unter www.rvg-news.de) [Stand: 30.10.2018].

Grützner, Heinrich/Pötz, Paul-Günter/Kreß, Claus/Gazeas, Nikolaos (Hrsg.), Internationaler Rechtshilfeverkehr in Strafsachen, Loseblatt August 2018, Heidelberg (zitiert: G/P/K/*Bearbeiter).*

Gaede, Karsten, Fairness als Teilhabe – das Recht auf konkrete und wirksame Teilhabe durch Verteidigung gemäß Art. 6 EMRK. Ein Beitrag zur Dogmatik des fairen Verfahrens in europäischen Strafverfahren und zur wirksamkeitsverpflichteten Konventionsauslegung unter besonderer Berücksichtigung des Rechts auf Verteidigerbeistand, Berlin 2007.

Gaede, Karsten, Minimalistischer EU-Grundrechtsschutz bei der Kooperation im Strafverfahren, NJW 2013, 1279 ff.

Gaede, Karsten, § 3 Grund- und Verfahrensrechte im europäisierten Strafverfahren, in: *Böse, Martin* (Hrsg.), Europäisches Strafrecht, mit polizeilicher Zusammenarbeit, Enzyklopädie Europarecht, Band 9, Baden-Baden 2013, S. 97 ff.

Garlick, Paul, The European Arrest Warrant and the ECHR, in: *Blekxtoon, Rob/van Ballegooij, Wouter van* (Hrsg.), Handbook on the European Arrest Warrant, Den Haag 2004, S. 167 ff.

Gerson, Oliver Harry, Das Recht auf Beschuldigung. Strafprozessuale Verfahrenbalance durch kommunikative Autonomie, Berlin 2016.

Gillmeister, Ferdinand, Auslieferung und Auslieferungshaft – mit Berücksichtigung des Betäubungsmittelrechts, NJW 1991, 2245 ff.

Goldsmith, Jonathan/CCBE/European Lawyers Foundation, EAW-Rights: Analysis of the implementation and operation of the European Arrest Warrant from the point of view of defence practitioners, Final Report 2016 (abrufbar unter www.europeanlawyersfoundation.eu) [Stand: 31.8.2018].

Grabitz, Eberhard/Hilf, Meinhard/Nettesheim, Martin (Hrsg.), Das Recht der Europäischen Union, 64. Aufl., Loseblatt Stand Mai 2018, München 2018 (zitiert: Grabitz/Hilf/Nettesheim/*Bearbeiter).*

Hackner, Thomas/Schierholt, Christian, Internationale Rechtshilfe in Strafsachen. Ein Leitfaden für die Praxis, 3. Aufl., München 2017.

Handbuch der Europäischen Kommission mit Hinweisen zur Ausstellung und Vollstreckung eines Europäischen Haftbefehls v. 28.9.2017, C(2017) 6389 final (abrufbar unter https://e-justice.europa.eu.) [Stand: 30.10.2018].

Heine, Henriette, Die Rechtsstellung des Beschuldigten im Rahmen der Europäisierung des Strafverfahrens, Frankfurt am Main 2009.

Heydenreich, Carl W., Die unverzügliche Beiordnung – Fluch oder Segen?, StraFo 2011, 263 ff.

Hodgson, Jacqueline S., Safeguarding Suspects' Rights in Europe: A comparative Perspective, NCLR 14 (2011), 611 ff.

House of Lords, European Union Committee, 1st Report of Session 2004/05, Procedural Rights in Criminal Proceedings, HL Paper 28 (abrufbar unter www. publications.parliament.uk) [Stand: 30.10.2018)].

House of Lords, Select Committee on Extradition Law, „Extradition: UK law and practice", 2nd Report of Session 2014/15 v. 10.3.2015, HL Paper 126 (abrufbar unter www.publications.parliament.uk) [Stand: 30.10.2018].

International Commission of Jurists, JUSTICE, and Nederlands Juristen Comité voor de Mensenrechten, Briefing on the European Commission Proposal for a Directive on Provisional Legal Aid for Suspects or Accused Persons Deprived of Liberty and Legal Aid in European Arrest Warrant Proceedings COM(2013) 824 v. September 2014 (abrufbar unter www.justice.org.uk) [Stand: 29.10.2018].

Internationaler Kommentar zur Europäischen Menschenrechtskonvention, Lieferung 1 – Grundwerk, Loseblatt Stand 1986, Köln u.a. (zitiert: *Bearbeiter*, in: IK-EMRK).

Jahn, Matthias, Zur Rechtswirklichkeit der Pflichtverteidigerbestellung. Eine Untersuchung zur Praxis der Beiordnung durch den Strafrichter nach § 140 Abs. 1 Nr. 4 StPO in der Bundesrepublik Deutschland, Berlin u.a. 2014.

Jahn, Matthias/Zink, Sarah, Verteidiger der ersten Stunde *ante portas*: Legal Aid und das Pflichtenheft des deutschen Strafprozessgesetzgebers, in: Festschrift zu Ehren von Marie Luise Graf-Schlicker, Köln 2018, S. 475 ff.

Jarass, Hans D., Charta der Grundrechte der Europäischen Union, 3. Aufl., München 2016.

Jeker, Konrad, Der Europäische Haftbefehl aus der Sicht der Verteidigungsrechte, in: *Baudenbacher, Carl* (Hrsg.), Aktuelle Entwicklungen des europäischen und internationalen Wirtschaftsrechts, Band 5, Basel 2003, S. 151 ff.

Joint Briefing on the Directive on the right of access to a lawyer in criminal proceedings and the right to inform a third party upon deprivation of liberty von Amnesty International, ECBA, Fair Trials International u.a. v. 15.4.2013 (abrufbar unter www.ecba.org) [Stand: 29.10.2018].

Joint Statement on the Directive on the Right of Access to a Lawyer and to Communicate Upon Arrest v. neun Nichtregierungsorganisationen (u.a. JUSTICE, Fair Trials International, ECBA) v. 7.5.2012 (abrufbar unter www.ecba.org) [Stand: 29.10.2018].

JUSTICE Report, European Arrest Warrants, Ensuring an effective defence, 2012, geschrieben von *Blackstock* (abrufbar unter www.justice.org.uk/european-arrest-warrant/) [Stand: 18.10.2018].

Karlsruher Kommentar zur Strafprozessordnung. Mit GVG, EGGVG und EMRK, hrsg. von *Hannich, Rolf*, 7. Aufl., München 2013 (zitiert: KK-StPO/Bearbeiter).

Karpenstein, Ulrich/Mayer, Franz C. (Hrsg.), Konvention zum Schutz der Menschenrechte und Grundfreiheiten. Kommentar, 2. Aufl., München 2015 (zitiert: Karpenstein/Mayer/*Bearbeiter).*

Kirsch, Stefan, Schluss mit lustig! Verfahrensrechte im Europäischen Strafrecht, StraFo 2008, 449 ff.

Klip, Andre, European Criminal Law. An Integrative Approach, 3. Aufl., 2016.

Köberer, Wolfgang, Anmerkung zu OLG Dresden, Verfügung vom 12. März 2010, OLG Ausl 53/10, StRR 2011, 150 f.

Kühne, Hans-Heiner, Strafprozessrecht. Eine systematische Darstellung des deutschen und europäischen Strafverfahrensrechts, 9. Aufl., Heidelberg 2015.

Lagodny, Otto/Schallmoser, Nina Marlene, Die Geltung der Garantien des Art. 6 EMRK im Auslieferungsverfahren des ersuchten Staates, in: Festschrift für Wolfram Karl, Völkerrecht und die Dynamik der Menschenrechte, Wien 2012, S. 125 ff.

Leitmeier, Lorenz, Zwei gegen einen – zur Verfassungswidrigkeit des § 142 StPO, StV 2016, 515 ff.

Leutheusser-Schnarrenberger, Sabine, Der Europäische Beschuldigte, StraFo 2007, 267 ff.

Lorz, Ralph Alexander/Sauer, Heiko, Wann genau steht Art. 3 EMRK einer Auslieferung oder Ausweisung entgegen?, EuGRZ 2010, 389 ff.

Löwe-Rosenberg, Die Strafprozessordnung und das Gerichtsverfassungsgesetz: StPO, Band 11 – EMRK/IPBPR, 26. Aufl., Berlin 2012 (zitiert: LR/*Esser*, EMRK).

Löwe-Rosenberg, Die Strafprozessordnung und das Gerichtsverfassungsgesetz: StPO, Band 4 – §§ 112 – 150, 26. Aufl., Berlin 2007 (zitiert: LR/*Bearbeiter*, StPO).

Löwe-Rosenberg, Die Strafprozessordnung und das Gerichtsverfassungsgesetz: StPO, Band 12 – Nachtrag, 26. Aufl., Berlin 2014 (zitiert: LR/*Bearbeiter*, Nachtr. StPO).

Mansell, Daniel, The European Arrest Warrant and Defence Rights, EuCLR 2012, 37 ff.

Marin, Luisa, Effective and legitimate? Learning from the Lessons of 10 Years of Practice with the European Arrest Warrant, NJECL 2014, 327 ff.

Mathisen, Gjermund, On the fairness of proceedings for extradition or surrender, EHRLR 2010, 486 ff.

Matthies, Kamila, Der Europäische Haftbefehl in der rechtsanwaltlichen Praxis in Deutschland, in: *Malolepszy, Maciej/Hochmayr, Gudrun/Nalewajko, Pawel* (Hrsg.), Europäischer Haftbefehl und Übergabeverfahren zwischen Deutschland und Polen, Berlin 2012, S. 73 ff.

Mehle, Bastian, Zeitpunkt und Umfang notwendiger Verteidigung im Ermittlungsverfahren, Berlin 2006.

Merten, Detlef/Papier, Hans Jürgen (Hrsg.), Handbuch der Grundrechte in Deutschland und Europa, Band VI/1 — Europäische Grundrechte I, Heidelberg u.a. 2010 (zitiert: *Bearbeiter,* in: Merten/Papier (Hrsg.), HBG).

Meyer, Frank, Der Grundsatz gegenseitigen Vertrauens- Konzeptualisierung und Zukunftsperspektive eines neuen Verfassungsprinzips, EuR 2017, 163 ff.

Meyer, Jürgen (Hrsg.), Charta der Grundrechte der Europäischen Union, 4. Aufl., Baden-Baden 2014 (zitiert: Meyer/*Bearbeiter*).

Meyer-Goßner, Lutz/Schmitt, Bertram, Strafprozessordnung mit GVG und Nebengesetzen, 62. Aufl., München 2019.

Meyer-Ladewig, Jens/Nettesheim, Martin/von Raumer, Stefan (Hrsg.), Europäische Menschenrechtskonvention. Handkommentar, 4. Aufl., Baden-Baden 2017 (zitiert: Meyer-Ladewig/*Bearbeiter*).

Meyer-Mews, Hans, Umsetzung der EU-Richtlinie über Prozesskostenhilfe im Strafverfahren, ZRP 2019, 5.

Michalke, Reinhardt, Reform der Untersuchungshaft - Chance vertan?, NJW 2010, 17.

Mitchell, Jonathan, Stellungnahme zum Konzept eines „Eurodefensor" als Mittel zur Stärkung der Verteidigung in transnationalen Strafverfahren (Korreferat), in: *Schünemann, Bernd* (Hrsg.), Ein Gesamtkonzept für die europäische Strafrechtspflege, Köln u.a. 2006, S. 191 ff.

Morgan, Caroline, The EU Procedural Rights Roadmap. Background, importance, overview and state of affairs, in: *Vermeulen, Gert* (Hrsg.), Defence Rights. International and European developments, Antwerpen u.a. 2012, S. 73 ff.

Morgan, Caroline, The European Arrest Warrant and Defendants' Rights: An Overview, in: *Blekxtoon, Rob/van Ballegooij, Wouter van* (Hrsg.), Handbook on the European Arrest Warrant, Den Haag 2004, S. 195 ff.

Münchener Anwaltshandbuch Strafverteidigung, 2. Aufl., München 2014 (zitiert: MAH Strafverteidigung/*Bearbeiter*).

Münchener Kommentar zur Strafprozessordnung, hrsg. von *Kudlich, Hans*, Band 1 – §§ 1-150 StPO, 1. Aufl., München 2014 (zitiert: MüKo-StPO/*Bearbeiter*).

Murschetz, Verena, Auslieferung und europäischer Haftbefehl. Kontinentaleuropäische und anglo-amerikanische materielle Prinzipien des Auslieferungsrechts im Vergleich zum europäischen Haftbefehl und dessen Umsetzung in Österreich, Wien u.a. 2007.

Murschetz, Verena, Das „Übergabe"-Verfahren nach dem Europäischen Haftbefehl im Vergleich mit dem herkömmlichen Auslieferungsverfahren, in: *Lagodny, Otto/Wiederin, Ewald/Winkler, Roland* (Hrsg.), Probleme des Rahmenbeschlusses am Beispiel des europäischen Haftbefehls. Ein neues Instrument der europäischen Integration aus Sicht von Europarecht, Strafrecht, Verfassungsrecht und Völkerrecht, Wien 2007, S. 85 ff.

Namoradze, Zaza, Adoption of the Legal Aid Directive in the EU: Step Forward to end class Justice?, Conference Paper 2017 (abrufbar unter http://internationallegalaidgroup.org) [Stand: 31.10.2018].

Nestler, Cornelius, Europäisches Strafprozessrecht, ZStW 116 (2004), 332 ff.

Nestler, Cornelius, Europäische Verteidigung bei transnationalen Strafverfahren, in: *Schünemann, Bernd* (Hrsg.), Ein Gesamtkonzept für die europäische Strafrechtspflege, Köln u.a. 2006, S. 166 ff.

Noltenius, Bettina, Die Europäische Idee der Freiheit und die Etablierung eines Europäischen Strafrechts. Zum Zusammenhang von freiheitlicher Rechtsverfassung und Strafe, Berlin 2017.

Oehmichen, Anna, Anm. zu OLG Dresden: Keine Pflichtbeistandsgebühren für die Vertretung bei der Anhörung im Auslieferungsverfahren, FD-StrafR 2018, 400418.

Pieronczyk, Anna-Katharina, Die prozessualen Rechte des Verfolgten im Auslieferungsverfahren nach dem Zweiten Teil des IRG. Eine Untersuchung de lege lata und de lege ferenda, Baden-Baden 2018.

Plekksepp, Allan, Die gleichmäßige Gewährleistung des Rechts auf Verteidigerbeistand. Eine Voraussetzung der gegenseitigen Anerkennung strafrechtlicher Gerichtsentscheidungen in Europa, Berlin 2012.

Polakiewicz, Jörg, Durchsetzung von EMRK-Standards mit Hilfe des EU-Rechts? Chancen und Risiken Europäischer Rechtsetzung erläutert am Beispiel der Verfahrensgarantien in Strafverfahren, EuGRZ 2010, 11 ff.

Riedel, Fritz/Sußbauer, Heinrich, Rechtsanwaltsvergütungsgesetz, Kommentar, 10. Aufl., München 2015 (zitiert: Riedel/Sußbauer/*Bearbeiter*).

Roger, Benjamin, Grund und Grenzen transnationaler Strafrechtspflege. Eine strafprozessuale Untersuchung der Rechtshilfe unter besonderer Berücksichtigung des Prinzips gegenseitiger Anerkennung in der EU, Berlin 2016

Rohlff, Daniel, Der europäische Haftbefehl, Frankfurt am Main u.a. 2003.

Salditt, Franz, Doppelte Verteidigung im einheitlichen Raum, StV 2003, 136 f.

Satzger, Helmut/Schluckebier, Wilhelm/Widmaier, Gunter (Hrsg.), Strafprozessordnung mit GVG und EMRK, Kommentar, 3. Aufl., Köln 2018 (zitiert: SSW-StPO/*Bearbeiter*).

Satzger, Helmut/Zimmermann, Frank, Europäische Kriminalpolitik „reloaded": Das Manifest zum Europäischen Strafverfahrensrecht, ZIS 2013, 406 ff.

Peers, Steve/Hervey, Tamara/Kenner, Jeffer/Ward, Angela (Hrsg.), The EU Charter of Fundamental Rights. A Commentary, Oxford u.a. 2014 (zitiert: *Bearbeiter* in: GrCh Commentary).

Schaffner, Daniel, Das Individuum im internationalen Rechtshilferecht in Strafsachen. Die dritte Dimension bei schweizerischer Unterstützung fremder Strafverfahren, Basel 2013.

Schallmoser, Nina Marlene The European Arrest Warrant and Fundamental Rights: Risks of Violation of Fundamental Rights through the EU Framework Decision in Light of the ECHR, EJCCLCJ 2014, 135 ff.

Schallmoser, Nina Marlene, Europäischer Haftbefehl und Grundrechte. Risiken der Verletzung von Grundrechten durch den Rahmenbeschluss über den Europäischen Haftbefehl im Lichte der EMRK, Wien 2012.

Schlothauer, Reinhold, Neuregelung der Pflichtverteidigung: effektiver und praxistauglicher? StV 2017, 557 f.

Schlothauer, Reinhold, Europäische Prozesskostenhilfe und notwendige Verteidigung. Zur Umsetzung der "Legal Aid"-Richtlinie EU 2016/1919 in deutsches Strafprozessrecht, StV 2018, 169 ff.

Schlothauer, Reinhold, Europäische Prozesskostenhilfe im System notwendiger Verteidigung und Pflichtverteidigung. Zum „Entwurf eines Gesetzes zur Neuregelung des Rechts der notwendigen Verteidigung (Referentenentwurf des BMJV v. 11.10.2018), KriPoZ 1/2019, S. 3 ff.

Schlothauer, Reinhold/Weider, Hans-Joachim/Nobis, Frank, Untersuchungshaft. Mit Erläuterungen zu den UVollzG der Länder, 5. Aufl., Heidelberg 2016.

Schlothauer, Reinhold/Neuhaus, Ralf/Matt, Holger/Brodowski, Dominik, Vorschlag für ein Gesetz zur Umsetzung der Richtlinie (EU) 2016/1919 betreffend Prozesskostenhilfe für Verdächtige und Beschuldigte in Strafverfahren, HRRS 2018, 55 ff.

Schmidt, Jens, Verteidigung von Ausländern. Transnationale Verteidigung, 4. Aufl., Heidelberg 2016.

Schoeller, Sven, Die Praxis der Beiordnung von Pflichtverteidigern, Baden-Baden 2016.

Schoeller, Sven, Das neue Recht der Pflichtverteidigung – richtlinienkonformer und praktikabler Prozesskostenhilfeersatz? Zum Referentenentwurf eines Gesetzes zur Neuregelung des Rechts der notwendigen Verteidigung, juris Literaturnachweis zu Schoeller, StV 2019, 190 ff.

Schomburg, Wolfgang, Die Rolle des Individuums in der Internationalen Kooperation in Strafsachen. Eine Kurzbetrachtung aus einer deutschen Sicht, StV 1998, 153 ff.

Schomburg, Wolfgang/Lagodny, Otto/Gleß, Sabine/Hackner, Thomas, Internationale Rechtshilfe in Strafsachen, 5. Aufl., München 2012 (zitiert: S/L/G/H/*Bearbeiter*).

Schork, Alexander, Das Auslieferungsverfahren in der Schweiz und in Deutschland unter Einbeziehung des europäischen Haftbefehls, Frankfurt am Main u.a. 2009.

Schünemann, Bernd, Die Rechte des Beschuldigten im internationalen Ermittlungsverfahren, StraFo 2003, 344 ff.

Schünemann, Bernd, Verteidigung in Europa, StV 2006, 361 ff.

Schünemann, Bernd, Mindestbedingungen einer effektiven Verteidigung in transnationalen europäischen Strafverfahren, StV 2016, 178 ff.

SK-StPO, Systematischer Kommentar zur Strafprozessordnung. Mit GVG und EMRK, Band 2– §§ 94-136a StPO, 5. Aufl., Köln 2016; Band 3– §§ 137-197 StPO, 5. Aufl., Köln 2016, Band 10– EMRK, 5. Aufl., Köln 2019; (zitiert: SK-StPO/*Bearbeiter*).

Spielmann, Dean, Die Entscheidungen des Europäischen Gerichtshofs für Menschenrechte und des Europäischen Gerichtshofs. Grenzen und Überschneidung, IWRZ 2017, 147 ff.

Spronken, Taru/Vermeulen, Gert/de Vocht, Dorris/van Puyenbroeck, Laurens, EU Procedural Rights in Criminal Proceedings, 2009 (abrufbar unter http://arno.unimaas.nl/show.cgi?fid=16315) [Stand: 18.10.2018].

Streinz, Rudolf (Hrsg.), EUV/AEUV. Vertrag über die Europäische Union, Vertrag über die Arbeitsweise der Europäischen Union, Charta der Grundrechte der Europäischen Union, 3. Aufl., München 2018 (zitiert: Streinz/*Bearbeiter*).

Symeonidou-Kastanidou, Elisavet, The Right of Access to a Lawyer in Criminal Proceedings: The transposition of Directive 2013/48/EU of 22 October 2013 on national legislation, EuCLR 2015, 68 ff.

Szwarc, Andrezj. J., Eurodefensor - Unterstützung der Verteidigung, in: *Schünemann, Bernd* (Hrsg.), Ein Gesamtkonzept für die europäische Strafrechtspflege, Köln u.a. 2006, S. 181 ff.

Thurnberg Schunke, Malin, Whose Responsibility? A Study of Transnational Defence Rights and Mutual Recognition of Judicial Decisions within the EU, Cambridge 2013.

Tinkl, Christina, Die Rechtsstellung des Einzelnen nach dem Rahmenbeschluss über den europäischen Haftbefehl. Im Vergleich zu seiner Rechtsstellung im traditionellen Auslieferungsverfahr

en. Zugleich eine Untersuchung zur Rechtsnatur des Rahmenbeschlusses, Frankfurt am Main u.a. 2008.

Trechsel, Stefan, Grundrechtsschutz bei der internationalen Zusammenarbeit in Strafsachen, EuGRZ 1987, 69 ff.

Tully, Marc/Wenske, Marc, Zur Pflichtverteidigerbestellung im Rahmen haftrichterlicher Vorführungen, NStZ 2019, 183.

Van den Wyngaert, Christine, Applying the European Convention on Human Rights to Extradition: Opening Pandora's Box?, ICLQ 39 (1990), 757 ff.

Vogel, Joachim/Matt, Holger, Gemeinsame Standards für Strafverfahren in der Europäischen Union, StV 2007, 206 ff.

Vogler, Theo, Das neue Gesetz über die internationale Rechtshilfe in Strafsachen, NJW 1983, 2114 ff.

Vogler, Theo, Der Schutz der Menschenrechte bei der internationalen Zusammenarbeit in Strafsachen, ZStW 105 (1993), 3 ff.

von der Groeben, Hans/Schwarze, Jürgen/Hatje, Armin (Hrsg.), Europäisches Unionsrecht. Vertrag über die Europäische Union, Vertrag über die Arbeitsweise der Europäischen Union, Charta der Grundrechte der Europäischen Union, 7. Aufl., Baden-Baden 2015 (Zitiert: von der Groeben/Schwarze/Hatje/*Bearbeiter)*.

Wächtler, Hartmut, Der europäische Haftbefehl - oder: Europa als Bedrohung, in: Arbeitsgemeinschaft Strafrecht im DAV u.a. (Hrsg.), Strafverteidigung auf neuen Wegen? 2. Dreiländerforum Strafverteidigung, Regensburg, 15./16. Juni 2012, Wien 2012, S. 105 ff.

Wahl, Thomas, Die EU-Richtlinien zur Stärkung der Strafverfahrensrechte im Spiegel der EMRK, ERA-Forum 2017, 311 ff.

Wehnert, Anne, Europäischer Haftbefehl, StraFo 2003, 356 ff.

Wenske, Marc, Die Beiordnung des „Pflichtverteidigers (§§ 141 IV, 142 StPO). Alte Fragen im neuen Gewand?, NStZ 2010, 479 ff.

Wohlers, Wolfgang, Die „unverzügliche" Beiordnung eines Pflichtverteidigers: Gefährdung des Anspruchs auf effektive Verteidigung?, StV 2010, 151 ff.

Yalçın, Ünal, Das Stigma des Finanzierungsvorbehalts – Stärkung der Beschuldigtenrechte im Strafverfahren, ZRP 2013, 104 ff.

Zeder, Fritz, Europastrafrecht, Vertrag von Lissabon und Stockholmer Programm: Mehr Grundrechtsschutz?, EuR 2012, 34 ff.

Ziegenhahn, Dominik, Der Schutz der Menschenrechte bei der grenzüberschreitenden Zusammenarbeit in Strafsachen, Berlin 2002.

www.ingramcontent.com/pod-product-compliance
Ingram Content Group UK Ltd.
Pitfield, Milton Keynes, MK11 3LW, UK
UKHW021836290926
8980IPUK00004B/487

9 783631 836200